国家出版基金项目
NATIONAL PUBLICATION FOUNDATION

"十三五"国家重点图书出版规划项目

中国海军
长江抗战纪实

马骏杰　著

山东画报出版社
济 南

图书在版编目（CIP）数据

中国海军长江抗战纪实/马骏杰著 .—济南：山东画报出
版社,2023.12
　（中国近代海军史研究丛书 / 刘震, 张军勇主编）
　ISBN 978-7-5474-3167-2

　Ⅰ.①中… Ⅱ.①马… Ⅲ.①海军 - 抗日战争 - 史料 - 中
国 Ⅳ.①K265.06

中国国家版本馆CIP数据核字(2023)第227635号

ZHONGGUO HAIJUN CHANGJIANG KANGZHAN JISHI
中国海军长江抗战纪实
马骏杰　著

责任编辑　怀志霄
装帧设计　Pallaksch

主管单位　山东出版传媒股份有限公司
出版发行　山东画报出版社
　　社　　址　济南市市中区舜耕路517号　邮编 250003
　　电　　话　总编室（0531）82098472
　　　　　　　市场部（0531）82098479
　　网　　址　http://www.hbcbs.com.cn
　　电子信箱　hbcb@sdpress.com.cn
印　　刷　山东临沂新华印刷物流集团有限责任公司
规　　格　976毫米×1360毫米　1/32
　　　　　　15.5印张　180幅图　507千字
版　　次　2023年12月第1版
印　　次　2023年12月第1次印刷
书　　号　ISBN 978-7-5474-3167-2
定　　价　118.00元

如有印装质量问题，请与出版社总编室联系更换。

自 序

在写作这本《中国海军长江抗战纪实》时，心情始终是十分沉重的。虽然有些事迹间或能让人产生一些兴奋，但无论如何也难以填削亏欠的遗憾和躁动思绪的膨胀，因为这毕竟是一段让人心痛的历史，每一个海军军人都必须从责任的角度去审视她。

谈到海军的长江抗战，人们自然而然地会联想到甲午年那场悲壮而屈辱的战争，因为在这两场中日战争中，海军的作战方式有着天壤之别。甲午战争中，北洋海军尽管全军覆没，但与日本海军进行了三次真正的海上较量，特别是黄海海战，是近代以来世界上少有的大规模的铁甲舰之间的战争。而42年后的抗日战争，中国海军已经完全丧失了在海上与敌人抗衡的能力，主力不得不退缩于长江之中，利用沉船、水雷、炮台等最简单的手段打了一场"窝火"的战争。

42年的光阴让中日海军的实力差距越拉越大，究竟是一条怎样的发展道路将中国海军导向了这样的结局？

个人的一点感想算作"自序"吧。

中国近代海防建设起始于19世纪60年代的洋务运动。当时，西方先进的工业技术猛烈撞击着中国的国门，国内政治局势在清政府镇压太平天国以后进入了暂时的平稳时期。而帝国主义对中国政治、经济、文化的入侵却有不断加深的趋势，特别是中国的近邻日本，面向中国磨刀霍霍。这样的国际国内环境给了中国海军以发展的需要和契机。1888年，晚清政府建成了中国第一支近代化的海军——北洋海军。

然而，晚清统治阶级并没有理解近代化海军的全部意义，为北洋海军制定了一套消极、保守的海军战略，试图不通过战争，以"猛虎在山之势"的威慑，达到守住国门的目的。在帝国主义瓜分世界的狂潮中，这一海军战略无疑是难以奏效的。1895年2月，北洋海军全军覆没。

甲午战争是一场海军制胜的战争，海军的命运决定了中华民族的命运。因此，战后统治阶级迫不及待地对海军建设展开反思，可结论却出现了分歧。

湖广总督张之洞认为，今日御敌大端，惟以海军为第一要务，所以，今日无论如何艰难，总宜复设海军。而刘坤一却认为，海军既覆，不惟一时巨款难筹，将才尤属难得。因此，目前不必遽复海军名目，不必遽办铁甲兵轮。这两种观点，代表了晚清统治阶级对海防建设的两种不同的认识。一边是不发展海军，就无法改变中华民族的命运的观点；一边是在强大的帝国主义联合进攻之下，通过发展海军难以摆脱奴役和掠夺的论调，它们将中国海军建设推向了进退两难的境地。

1907年，经过阵痛的清政府，在内外强大的压力下开始了重振海军的工作。当时任练兵处提调的姚锡光充满激情地制订了一系列海军发展计划，为重振后的中国海军描绘了美丽的蓝图。但清政府并没有那样的决心，帝国主义也不可能放任中国海军自由发展，姚锡光的计划又一个接一个地变成空文。然而，清政府还是在辛亥革命之前统一了全国的海军，建立起了一支拥有巡洋和长江两支舰队的海军，只不过这支海军已经不能与北洋海军同日而语了。

1911年爆发了辛亥革命，彻底推翻了腐朽的清王朝。以孙中山为代表的民族资产阶级试图在中国建立起资本主义的社会制度。此时正是西方各国海军在马汉的海权理论指导下飞速发展的时期，中国海军也在期待着一个新时代的到来。

可事与愿违，对马汉的海权理论刚刚有所耳闻的中国，没有如同西方各国发展海军的客观环境，软弱的民族资产阶级最终没有建立起他们所希望的资本主义制度，辛亥革命的成果被新的封建势力所窃取，帝国主义和封建势力的压迫依然深重，中国仍然在半殖民地半封建社会的道路上苦苦挣扎，抑制中国海军发展的政治、经济、文化因素依然顽固地存在着。

袁世凯控制北京政府以后，政治上，对外投靠帝国主义，对内实行独裁统治；经济上，疯狂掠夺人民的财富用于战争，国家经济滑向崩溃的边缘，海军失去了健康发展的重要基础。

袁世凯死后，在帝国主义势力的影响下，北京政府内部发生了分裂，直、皖、奉三派军阀各依附于不同的帝国主义国家，为夺占势力范围展开连年混战。海军不可避免地被卷入了军阀混战的旋涡中，处于四分五裂的状态。

内战中的中国海军，完全丧失了抵御外侮的功能，它们为着各自所追随的军阀势力，奔波于江河湖海之中，靠军阀的残羹剩饭维持着脆弱的生命。

1928年12月，张学良在东北宣布易帜，标志着国民党南京政府实现了形式上的全国统一，海军也走上了统一的道路。

可是，南京国民政府成立以后，国民党内部的矛盾日益突出。蒋介石集团在帝国主义支持下，为巩固统治地位，极力消除异己，"全国统一"既是旧军阀混战的结束，也是新军阀混战的开始。

从1929年2月蒋桂战争爆发，到1932年1月国民党实现"党内统一"，三年新军阀混战，依然使海军难以找到归宿。新军阀混战刚刚接近尾声，日本帝国主义又发动了"九一八"事变。面对日益颓废的海防建设，国内的有志之士开始大声疾呼："我们若是再不讲究海军，不但已失的地，没有实行收还的日期，还恐怕以后不断绝地断送尽在后头，结果非把整个的国土断送完了不止。"此时的海军建设似乎出现了一线生机：一方面是国民党内部的暂时统一，新军阀混战的结束；另一方面是日本的战争威胁，全国人民的抗日呼声和加强海军建设的迫切愿望。然而，蒋介石并没有把抵御外敌侵略作为首要任务，而是把巩固自己的统治地位当成当务之急，他顽固地坚持"攘外必先安内"的反动政策，承袭了旧军阀对待海军的态度，不但不发展海军用于对外，而且把仅有的一点海军力量投入剿共的战场。

纵观海军40多年走过的道路，一个不可否认的事实摆在我们面前：海军的衰弱，是几届封建政府不顾海军发展的主客观要求，长期漠视海权、轻视海防建设的结果，它给我们留下的教训是极为深刻的。

第一，社会制度是海军发展的政治条件。海军战略是国家战略的组成部分，国家战略受制于一定的社会制度。先进的社会制度必然决定国家战略的科学性，进而决定海军战略的可行性。半殖民地半封建的中国，落后的政治制度导致了畸形的国家战略，从而使海军战略失去了完整性和先进性，海军建设必然走入歧途。

第二，经济实力是海军发展的物质基础。海军是一个技术军种，对物质的依赖远远超出一般程度。西方近代海军的发展具有资本主义大工业的基础，当时，新航路的开辟促进了海上贸易的发展，进而使海军舰队的建立和发展成为必然，而大量财富的聚集又为海军的发展奠定了基础。在中国，近代海军的产生是晚清政府引进西方工业技术成果的结果，缺乏国内工业基础，这就大大抑制了海军的发展。

第三，海权意识是海军发展的推动力。如果说西方海权意识的产生是出于掠夺海外经济利益的需要，那么，对于弱小的沿海国家来说，海权意识对保护国家利益不被掠夺，也有着同样重要的意义。在中国，晚清时期正处于封建社会走向消亡的阶段，帝国主义强行打开了中国的大门，中国的资本主义在帝国主义的压迫下变得畸形，不可能出现像西方那样的大规模的原始积累时期，也就不可能出现大规模的海外贸易，从而使中国失去了发展远洋海军的客观要求，加之中国重陆轻海的传统思想影响，中国人海权意识的觉醒也就迟迟不能到来。

一个沿海国家，漠视海权、忽视海防建设，必然会付出沉重代价，这是我们必须永远牢记的历史结论。

马骏杰

2023年10月于山东威海

目　录

回望篇　从"中国的海军在哪里？"谈起 ……………………… 1

几封书信引发的争论 ……………………………………… 3

抗战前派系林立的中国海军 ……………………………… 7

屡次流产的海军建设计划 ………………………………… 23

抗战前艰难的海军装备建设 ……………………………… 31

抗战前的海军教育与训练 ………………………………… 43

"一·二八事变"后的弹劾海军风波 …………………… 53

准备篇　"江阴伟大阻塞线" ………………………………… 71

日本海军的实力及作战方针 ……………………………… 73

中国海军的战前实力和作战方针 ………………………… 88

国民政府决定阻塞长江 …………………………………… 103

在江阴建立阻塞线 ………………………………………… 120

作战篇　防御为主的阻塞、袭击战 ………………………… 151

海军参加淞沪抗战 ………………………………………… 153

在太湖、乍浦一带的战斗 ………………………………… 183

血战江阴阻塞线 …………………………………………… 192

作战篇　节节抵抗的要塞、水雷战 ········ 249

长江中上游的抗战筹划与部署 ········· 251

马当区要塞防守战 ······················ 266

湖口区要塞防守战 ······················ 291

田家镇区要塞防守战 ···················· 306

葛店区要塞防守战 ······················ 318

"中山"舰金口喋血 ···················· 327

洞庭湖区防守战 ························· 339

荆江防守战 ····························· 360

川江要塞防守战 ························· 366

作战篇　出击敌后的布雷游击战 ······· 385

军事委员会确定游击战方针 ············· 387

布雷游击队的编成 ······················ 390

水雷的制造与供应 ······················ 400

艰苦的布雷作战 ························· 420

反思篇　长江抗战的意义及其他 ······· 447

长江抗战意义何在 ······················ 449

长江抗战遗憾何在 ······················ 464

海军对自身建设的深刻反思 ············· 469

参考文献 ······························ 479

后记 ································· 485

回望篇

从"中国的海军在哪里？"谈起

1937年7月，日本发动了全面侵华战争，中国人民奋起抵抗，谱写了可歌可泣的悲壮史诗。陆军在正面和敌后战场上英勇顽强，血洒万里疆土；空军以微弱的战力与凶恶的敌人厮杀于血雨腥风的长空。可是，在广阔的海洋上，却看不到海军的踪影，日本的军舰肆意踏破我们的国门。于是，百姓心中一个巨大的疑问产生了："中国的海军在哪里？"这疑问，是中国人民在国难当头之际对海军的强烈不满，也是他们对抗战力量的急切呼唤。这疑问，如同一颗重磅炸弹，炸响在海军官兵的耳畔，冲击着他们的良心和尊严。然而，当人们将目光从外海收回到内河的时候，却发现，在急流奔涌的长江中，始终沉浮着一个个蓝色的身影，他们用舰炮、水雷，甚至是步枪与日军进行着殊死的搏斗。他们就是中国的海军！一支海军缘何不能冲出外海与敌浪战，而要蜷缩于狭窄的长江与敌周旋？对这一问题，无论是当时的民众，还是现在的史学工作者，都在苦苦搜寻答案。在一次又一次的梳理中，一条海军发展的清晰线索，延伸到了抗战爆发前的若干年……

几封书信引发的争论

　　1937年9月，一位化名"吴淞口小百姓"的人写信给邹韬奋，提出了"中国的海军在哪里？""海军部不是等于虚设吗？"的严厉质问，以及"请将海军部取消，把这笔开支用来买若干飞机，倒有一臂之助"[1]的无奈建议。10月16日，《抗战》再次刊载了一篇署名"无患"的文章，题目是《横行太平洋的日本三个舰队》[2]，文章一开头就写道："想起了东方海盗的任意横行掠夺的舰队，不禁马上会使我们联想到全部被它们封锁着的我海岸，不禁使我们联想到我无数业渔的同胞被击杀了。而我们的海军呢？却不知他们到哪里去了！国家到了这样危难的关头，谁不应该为国一死，何况分属军人？回想过去内战时的那种叱咤风云的状态真又不禁使我们有无穷之感慨了！我们不知道国家练海军到底为了什么？而海军将士养尊处优地受人民豢养，又到底为了什么？"这一连串的问号表达了当时国人对海军的不满，沉重地压在海军官兵的心头。二十多天后，一封落款为"突击读书会同人"的书信，送到了邹韬奋的手上，邹氏以《关于我国海军》[3]为题，刊登在《抗战》第25号上。书信对《横行太平洋的日本三个舰队》一文中对海军一连串的问号，作出了简要的回答，并用反问的形式挑明了"无患"对海军的误会。信中说："我们对本国海军的实力要有相当的估计。试问我

　　[1]《抵抗》，第8号，1937年9月13日出版，第12页。1937年8月19日，邹韬奋于上海创办《抗战》三日刊，并任主编。此刊受上海租界当局的干扰，一度改名《抵抗》，第30期起迁汉口出版。截至1938年7月3日，共出刊86期。之后与《全民周刊》合并，改出《全民抗战》三日刊。

　　[2]《抗战》，第18号，1937年10月16日出版，第10页。

　　[3]《抵抗》，第25号，1937年11月9日出版，第11页。

国今日的海军能够担任的，是海防区是江防区的工作？下列各点应该能引起注意：（一）阻止敌舰横行南北联系的长江，以及保卫首都及沿江各大都市不受敌舰肆虐最力者属谁？（二）为什么敌机在江防第一线——江阴——屡以'深水炸弹'，实行轰炸？（三）海军是以怎样沉痛的方法来全力死守江阴的？我们不说旁的，单就这几点来看，已尽对得住全国同胞，我们要对得住已经殉国的海军员兵们。"就写信人对海军作战的了解程度来看，人们一般会想到此人可能会是海军军人，果然邹韬奋在编者按中证实，"此信是由福建马尾海军学校寄来的"。

　　1937年12月26日，一封发自马尾、落款为"张柏年"的书信又一次寄到了邹韬奋的手中，对"吴淞口小百姓"提出的"中国的海军在哪里？""海军部不是等于虚设吗？"的质问以及"请将海军部取消，把这笔开支用来买若干飞机，倒有一臂之助"的建议，进行了严厉地批驳。邹韬奋以《海军抗战》[1]为题发表。信中明确表示："吴淞口小百姓""对于事实的真相完全不明白！未免辜负了我们海军官佐及士兵英勇抗战的牺牲精神"。"自全面抗战以来，海军就准备着牺牲全军以换取敌人更大的牺牲。我们最大的军舰不过相当于敌人三等巡洋舰，不能采取在海洋上与敌人相颉颃的战争，这是稍有常识的人都明白的。于是奉命全军调集于××[2]，以阻敌舰突破长江口防御而进袭首都。全军数十舰，除老旧的几艘用以封锁长江外，其余连最新式的两海都在××防守。敌人当然也是忌恨我们这点海军势力的，敌机五十余架来袭××就是专门为了对付我们的海军。我们的海军虽没有在海上与敌舰相见，却在江上与敌机相见了。海军官佐士兵沉着勇敢地与敌机搏斗，尤以最近才由海军学校毕业不久的两班青年军官，他们多施放高射炮，因之他们殉国的也就特别多些！搏斗到最后，舰上军火接济不来了，舰尾六寸大炮也用来打敌机，但因大炮仰角过大，倒了回来打伤自己人不少！司令受伤，舰长殉国，军官士兵殉国者更不知多少！当然在这次争生存的战争里，我们稚小的海军是牺牲了，但是敌人至少也付出了廿多架的飞机啊！难道这些还不足以说明海军在抗战吗？难道还有人

---

〔1〕《抗战》，第31号，1937年12月26日出版，第10页。
〔2〕出于保密原因，战争期间公开发表的文章，往往隐去了涉及中国军队的关键词语，诸如部队的番号、名称、数量，指挥人员的姓名、职务，部队活动的地点，武器装备的名称、数量等等。下同。

说海军是集中在××逃避吗？""关于撤销海军部以节开支的问题，我觉得如若为了战时行政机构调整计，以为现在中国完全不需要海军了，那末这问题还有提出的价值，倘若是为了不知海军到哪儿去了因而提出这问题，那我就要请提出这问题的人看看事实的真相。"最后，"张柏年"说，之所以希望刊出这封信，"这不但关于整个抗战海军的名誉，使国人知道今日的海军究竟不是虚有其名的，同时也可使国人知道我国仅有的稚小海军从敌人那里取得廿余架敌机的代价后慷慨就义了！最后让我说吧：'我们的海军是抗战的。'"

1943年7月，在抗日战争爆发六年后，海军总司令陈绍宽第一次公开回答了上述问题。他在列举了海军抗战的一系列战绩后指出："我记得在抗战刚刚开始时，有人问：'海军到哪里去了？'我并没有用口头或是文字去答复过一次，辩白过一次，我现在就是用上述事实作对这句含有多量侮辱话的答案。""中华民国的海军常在其应当在的地方，现在还在那里奋斗。"[1]

一面是普通百姓的悲叹之声，一面是海军人员承受巨大牺牲后遭人指责的含冤辩白，两种态度截然相反，真切地发生于国难当头的关键时刻，关系到中国海军的成败荣辱，成为当时人们热议的话题，也必然成为历史学者们探询真相的重要课题。面对残缺不全的史料，人们最容易提出的问题便是：在抗战之初，国人为什么没有对陆军和空军的抗战提出尖锐的质问，而唯独对海军提出这样的质问呢？当时，一位海军内部人士说过这样一段话，算是对这个问题的解释："在普通社会里，'海军'这个名词，根本就没有得到大多数人的认识。只要你穿着一个水兵的装束，或是一个海军官佐的制服，走到一个不十分繁盛的都市，尤其是乡村，他们一定会莫名其妙，以为你是一个怎样的人物：聪明的，只说你是个戏子，糊涂的却当你是汉奸、妖怪。你走一步，就有几百只眼睛注视着你，还有一大堆顽童、地痞拥着你，窥探你的举动。这种可怜可笑现象的造成，固然是国家教育的水准低，但也是我国海军的建设太少，同时海军所干的事业，也没有得到给人注意与认识的地方。"[2]

这位海军人士仅仅说明了问题的一个方面，在我们艰难的探寻中，隐约可

---

[1]高晓星编：《陈绍宽文集》，海潮出版社1994年7月版，第323页。
[2]一删：《不要埋没了抗战期中活跃的海军》，《海军抗战事迹汇编》，海军总司令部编译处1941年12月版，第106页。

以找到更进一步的答案。早在"一·二八事变"中，当蔡廷锴、蒋光鼐领导的第十九路军在上海打响著名的淞沪抗战时，空军也随即发出了抗战到底的声明，人们唯独没有听到或看到海军奋起抗敌的态度和表现。而后来查清的事实表明，海军不仅没有积极参与抗战，而且还同日本海军达成协议，商定双方均不参与战事。当第十九路军提出借用抗战物资时，海军还表示了拒绝。当时，在国民政府内外掀起了针对海军的谴责风潮，着实弄得海军灰头土脸，狼狈不堪。在人们的心目中，海军具有消极避战、临阵退缩的不良传统。同样是在大敌当前之时，同样是在淞沪地区，难道1932年的一幕又将重演？果不其然，全面抗战爆发后，当日军大兵压境之时，人们并没有看到中国海军冲出海口，同日本海军进行海上拼战，相反却看到担当防卫京畿重任的国民政府中央海军完全退进了长江以内，这不能不让人又一次感到悲哀和激愤。由此，国人对海军的质问和谴责，也就顺理成章了。

那么，事实究竟是怎样的呢？当时的海军军人给出的答案是这样的："世人有许多不明了我们海军动态，常常会这样地发问道：'江阴战后的中国海军哪里去了呢？'这是难怪的，因为此则我们的海军大部分已不是原来真面目了。例如：一个穿着陆军制服的要塞炮兵，寻常人必不会相信他是海军军人；再如一个穿着便服的雷队士兵，寻常人更不会相信他是海军军人。事实上，自江阴战后，我们海军军人只有更广泛而有计划地遍布到陆上的要塞，和内地的河川，没有一个要塞，缺少得我们远距离的舰炮，和技术谙熟的炮兵，没有一个河川，不浮击着我们威力猛烈的水雷，和驻留着出生入死的雷队。总而言之，没有一个战区，没有我们的海军军人公开地秘密地站立在抗战的重要岗位，负荷着抗战的重要使命。'中国海军哪里去了？'我将代答道：中国海军没有去也没有来，只是永远地散布于整个抗战阵地的前方，直至最后胜利的一天。"[1]或许，这一答案依然不能完全解除人们心中的困惑，那么，本书就从这里切入，通过对史料的挖掘和分析，把海军抗战前的状态、抗战过程中的表现，以及抗战得失一一进行探究，以还原或接近历史真相。

---

〔1〕曾万里：《由海军抗战事迹说到现阶段海军军人的重大使命》，《海军抗战事迹汇编》，海军总司令部编译处1941年12月版，第103页。

抗战前派系林立的中国海军

晚清海军自甲午战争遭到重创之后一蹶不振。尽管穷途末路的清政府也曾做过复兴海军的努力，但终究没有使海军振兴起来。辛亥革命的枪声响起之后，国人曾一度对海军的复兴产生过希望，但这希望昙花一现，随之而来的旧军阀之间的连年战争，无疑是海军建设的噩梦。在一系列混战中，海军只不过是可有可无的附属物。它如同一只永远也填不满肚皮的鳄鱼，接受着军阀以军饷诱惑的扭曲训导。它眼望着岸上的猎物，空留一身勇气。在饥饿难耐之时，它也会突然反转身体，给训导者以致命一击。中国海军就这样在恶劣的水土条件下，维持着病态的生命，与西方列强拉开了越来越大的差距。

国军编遣会议与海军的"统一"编制

1928 年 12 月，张学良在东北易帜，蒋介石实现了形式上的全国统一，南京国民政府俨然成了全国"统一"的中心。然而，此时各派新军阀依然拥兵自重，各霸一方，海军也自然沿袭了封闭式的宗派形式，依附于各派新军阀，维持着四分五裂的局面。为尽快统一军事，1929 年 1 月 1 日，国军编遣会议在南京开幕，该会议历时 25 天，于 1 月 25 日闭幕，对国民党全国军队进行了统一编成。海军统一编为第一、第二、第三、第四四个舰队。第一、第二舰队，由原中央海军的第一、第二舰队编成，第三舰队由原东北海军编成，第四舰队由原广东海军编成。从表面上看，这次编遣会议是全国军队的重新理顺，但实际上，各大军阀各有打算，白崇禧称病拒不出席会议，阎锡山暗中挑拨蒋介石与李宗仁的关系，由这些足可以看出当时国民党内部各派新军阀之间的派系倾轧，这不可避免地使编遣会议变成了各派新军阀军事权力的重新认定与分配。会议期间，涉及海军的问题更加复杂。代表海军总司令杨树庄出席编遣会议的原海军第一、第二舰队司令陈季良和陈绍宽，因为所提海军建设议案未获通过，愤然离京回沪，电请辞职。事情是这样的：在编遣会议召开之前，杨树庄向国军编遣委员会提交了《关于海军之三提案》[1]，这三个提案包括《请令各舰归队统一调遣案》《请缓裁海军总司令部案》《请设海军专部案》。第一个提案，力陈全国海军"各自为政，号令不能统一"的弊端，请求除吉黑两省"将来应另派员督饬所属舰队，专司防守外，其余全国各军舰，现有驻守东北者，又有驻守珠江者，应由政府迅饬该军舰等，使悉按民国五年以前之旧轨，各归原队，听候调遣，以成统一"。第二个提案，极力反对《编遣条例》第七条所载将海军总司令部裁撤的规定，提出了三条理由。第三个提案，力陈设立海军部的必要，提出五点理由。与此同时，陈绍宽也递交了《条陈扩充海军呈文》[2]，提出两条建议："（一）海军自辛亥以来，因缺乏经费之故，教育几至完全停顿。兹拟定最低限度先从培育训练员兵入手，计须建设军官学校及士兵训练营，所费约须一百五十万元。（二）吾国海岸线绵长，港湾纷歧，外有外人越境侵权之患，内有海盗遵海剽劫之警。如不添造新舰，加厚军实，则现有舰队，不独出海之力量薄弱，抑且深感其不敷分配。兹拟以最低限度，请添造驱逐舰四艘，约须一千二百万元；潜水艇二艘，约须六百万元；巡洋舰三艘，约须三千万元；飞机母舰一艘，约

媒体对国军编遣会议的报道

[1]《海军总司令杨树庄关于海军之三提案》，《海军期刊》第一卷第七期"专件"，第1—6页。
[2]《海军署署长第二舰队司令陈绍宽条陈扩充海军呈文》，《海军期刊》第一卷第七期"专件"，第7页。

须二千万元。合之建设校营，所用统计仅
共六千九百五十万元。"从杨树庄和陈绍宽
所陈提案来看，加强海军建设，巩固海防
的意图十分明显，体现了他们作为海军军
人的忧患意识。但从中也可感受到他们的
另一种心思，那就是重立"闽系"海军的
霸主地位。特别是在杨树庄所力陈的第一
个提案中，他不满东北、广东地方军阀势
力对海军的控制，提出要使海军回到民国
五年的状态。而民国五年海军的编制，仅
有第一舰队、第二舰队和练习舰队，"闽
系"对海军具有绝对的控制权，地方军阀
并无正规的海军建制。实际上，在编遣会
议上，各派军阀都十分清楚，从杨树庄到
陈绍宽、陈季良，都是福建人，是海军中
"闽系"的代表人物，他们提出提案的意
图，明显地带有为"闽系"争地位的意味，
因而军阀们对杨、陈的提案没有任何响应

陈绍宽，字厚甫，福建省闽县人，
生于1889年10月7日。17岁入南洋
水师学堂读书，从此投入海军。毕业
后历任见习官、大副、副长、艇长、
海军总司令部副官、驻英使馆海军武
官、海军第二舰队司令、海军部政务
次长、海军部部长、海军总司令等职。
曾授海军一级上将军衔，是"闽系"
海军的主要代表人物之一

也就在情理之中了。然而，出席会议的陈绍宽和陈季良对此不能忍受，他们双
双愤然辞职。后来，蒋介石亲赴上海当面挽留，才使二人打消了辞职念头。由
此可见，此时海军的编制虽已完全统一，但其控制权依然处于分散状态，要使
海军完全统一，任重而道远。

　　也可能是陈绍宽和陈季良的愤然辞职，真正触动了蒋介石等人的神经，
1929年4月12日，也就是编遣会议结束后的两个多月，国民政府明令撤销原
来隶属军政部的海军署，设立海军部，直隶于行政院，掌理全国海军行政事
宜。海军部于6月1日正式成立，任命杨树庄为海军部部长，陈绍宽为政务次
长。杨因兼管福建省政，并且身体不佳未能到任，海军部日常事务实际由陈绍
宽代理。1932年1月，杨树庄辞去海军部部长职务，由陈绍宽接任，陈季良接
任政务次长，同时增设常务次长，由总务司司长、福建人李世甲兼任。1934年

2月，常务次长一职由海军马尾要塞司令、福建人陈训泳继任。此后直至1938年1月海军部撤销为止，海军部的部、次长人事未再变动。由此看来，蒋介石"统一"全国军事后，国民政府海军最高部门依然掌控在"闽系"手中。

然而，在海军部统制之下的海军各舰队，未能如杨树庄所愿回到民国五年的状态，却出现了各派系之间分庭抗礼的局面。以东北海军为基础建立的第三舰队和以广东海军为基础建立的第四舰队，基本处于各自为政的状态，国民政府海军部难以直接调遣和指挥。正如当事人所说，"东北海军编为第三舰队，由东北边防司令长官公署管辖，不受制于中央海军部。因此东北海军仍然保持它的独立地位，以青岛为根据地，控制长江口以北的海洋"。[1] 而广东海军则因为广东军阀激烈的派系倾轧，被玩弄于军阀的股掌之中，也不可能听命于国民政府海军部。

各派系海军的形成

中国近代海军自建立以来，由于地域及军阀混战等原因，形成不同派系，长期处于分裂状态。各派系海军主要包括属于"东北系"的东北海军、属于"粤系"的广东海军、属于"闽系"的中央海军，以及属于"电雷系"的电雷学校。

东北海军

1917年十月革命以后，苏维埃政府宣布放弃帝俄时代在中国攫取的特权，废止中俄间的不平等条约，为中国政府收回乌苏里江、黑龙江和松花江三江航运权，重建东北江防提供了机会。1919年7月，北京政府为保护中国商船在黑龙江的航行不受白俄军及其他土匪的骚扰，决定成立吉黑江防舰队。经过近一年的筹备，1920年5月，吉黑江防舰队在哈尔滨成立，由北京政府海军部视察、福建闽侯人王崇文担任司令，隶属于北京政府海军部。这支弱小的舰队，仅有"江亨""利绥""利捷""利济"等四艘炮舰和"江平""江安""江通"等三艘由商船改装的军舰，以及一艘拖船"利川"号。这些舰艇吨位最大的也不过550吨，其防务范围也仅限于松花江，对松花江的航运起到了一定的保护作用。此后的三年中，由于北京政局混乱，海军部不能提供必需的经费支持，最多时

---

〔1〕张凤仁：《东北海军的分裂与两舰归还建制》，《文史资料选辑》第4辑，第41页。

欠饷达十个月之多，这支本来就实力单薄的舰队，到1922年就维持不下去了。

就在这一年5月，张作霖在第一次直奉战争中失败，宣布东北三省自主，脱离北京政府，成立了东北边防司令长官公署，并开始筹备建立海军舰队。8月，张作霖指示航警处处长、湖北天门人沈鸿烈，将水警、渔业、航运及吉黑江防舰队舰船收编，成立了东北江防舰队，此为东北海军建立的开始。

1924年11月，第二次直奉战争之后，张作霖又成立了东北海防舰队，同时成立东北海防总指挥部，沈鸿烈为总指挥，基地设于营口。1926年1月，东北海防总指挥部更名为东北海军总司令部，沈鸿烈任总司令，司令部设于沈阳，统辖东北海军江防舰队和东北海军海

沈鸿烈，字成章，湖北省天门县人，生于1882年。1906年考入日本海军学校。回国后历任海军部科员、海军局参谋、江防司令部参谋、东北江海防联合舰队司令、东北舰队副司令、海军第三舰队司令、东北海防总指挥部总指挥等职，是东北海军的代表人物之一

防舰队。江防舰队由尹祖荫任舰队长，海防舰队由凌霄任舰队长。至此，东北海军完全建成。

1927年6月18日，张作霖在北京组织安国军政府，对陆海军进行重新编制，东北海防舰队改为海军第一舰队，沈鸿烈任舰队司令；将渤海舰队[1]改为海军第二舰队，吴志馨任舰队司令；张宗昌为海军总司令。1928年底，东北易帜后，东北海军纳入国民政府海军序列，编组为海防第一舰队，辖有"海圻""海琛""肇和""同安""镇海"等舰，舰队长为凌霄，驻青岛；海防第二舰队，辖有"永翔""楚豫""江利""定海""海鹤""海鸥""海青"等舰艇，舰队长为袁方乔，驻长山岛；东北江防舰队，辖有"江亨""利捷""利绥""利济""江平""江安""江清""江泰""江通"等舰（1929年10月中苏同江海战后，江防舰队受创，仅剩"江亨""利绥""江平""江清""利济""江通"等

---

〔1〕渤海舰队成立于1924年3月，由护法舰队分裂后背叛直系军阀的六艘军舰组成，舰队司令为温树德。1924年11月在青岛投靠奉系军阀张宗昌。

东北海军海防第一舰队由商船改装的水上飞机母舰"镇海"号

六舰），舰队长尹祖荫，驻哈尔滨。另外，陆上机构还有海军学校、海军造船所、海军医院等。是为东北海军的全盛时期。国军编遣会议以后，东北海军正式编为国民政府海军第三舰队。

编制的统一并未改变海军由军阀控制的事实，东北海军依然保持着军阀控制下的独特制度，对外不使用"第三舰队"的番号，还是按东北海军的旧制称为海防第一、第二舰队和东北江防舰队。甚至连舰艇上悬挂的旗帜也与中央海军不同。原本，中国海军的舰首旗是北洋政府的五色旗，舰尾旗是青天白日满地红的海军旗。北伐统一后，国民政府通令将舰首旗改为青天白日旗。但是东北海军拒绝这样的旗帜变更，依然悬挂五色旗。直到东北沦陷，东北海军南移青岛，才将舰首旗按国民政府的要求悬挂。1933年7月5日，东北海军也真正使用了"第三舰队"的番号。

1931年"九·一八事变"爆发，东北江防舰队悉数落入日军之手，东北海军代总司令沈鸿烈率领司令部人员撤出沈阳，南下青岛。1932年和1933年，东北海军内部连续发生了"崂山事件"和"薛家岛事件"[1]，导致"海圻""海琛""肇和"三艘巡洋舰出走，投奔广东海军，大大削弱了东北海军的力量，使之从此一蹶不振。国民政府趁机对东北海军进行改组，任命谢刚哲为第三舰队司令。

广东海军

早在晚清时期，清政府就在广东设水师提督行营。辛亥革命后，该行营被广东军政府接管。1913年2月，广东都督设海防办事处，统率"广海""广金""广玉""宝璧""保民""广庚"等炮舰，另设水上警察厅，统率内河舰艇百余艘。1916年袁世凯复辟帝制后，广东的部分舰艇在革命党人的策动下，参加了粤桂两省组织的护国运动。1917年7月，孙中山联合滇桂军阀发起护法运动。此时北京政府的"海圻""飞鹰""同安""永丰""豫章""舞凤""福安"等七艘军舰，在海军总司令程璧光、第一舰队司令林葆怿的率领下南下护法，于8月5日驶抵广州，与已在粤海的"海琛""永翔""楚豫"三舰会合，是为护法舰队。次年，驻泊福建的"肇和"舰也加入其中。9月10日，孙中山在广州成立护法军政府，设立海军部，程璧光任海军总长，林葆怿任海军总司令。然而，好景不长，由于孙中山所依靠的滇桂粤军阀之间的争斗，孙中山两次护法均告失败，程璧光也在军阀的争斗中毙命，护法舰队失去了护法的热情，先是倒向桂系，后又发生分裂，其主力"海圻""海琛""肇和""永翔""楚豫""同安""豫章"等七舰在舰队司令温树德的率领下投向直系军阀（"豫章"舰在红湾海面因机械故障掉队，后被中央海军截获，编入第二舰队），六舰到达青岛后被编为渤海舰队；其余舰艇留在广州编为练习舰队，直属广州陆海军大元帅大本营，参加国

1917年，北京政府海军总司令程璧光南下护法。此为1911年出访美国时的程璧光

---

[1] 详见张凤仁《东北海军的分裂与两舰归还建制》，《文史资料选辑》第四辑。

民革命。从此广东海军自成一系，被称为"粤系"海军。

1924年3月，广州陆海军大元帅府成立广东海防司令部，任命林若时为司令。同年5月31日，成立海军练习舰队司令部，任命潘文治为司令。1925年7月1日，广州陆海军大元帅府改组为国民政府，同时设置军事委员会，管理全国海陆空兵力及军事制造机关，将各系军队统一改编为国民革命军。在军事委员会之下，设立海军局，统辖广东海军各舰艇。次年，军事委员会撤销海军局，设立海军处，依然统辖原有各舰艇。1926年12月，广州国民政府迁往武汉，其军事委员会无法直辖广东的海军，于是在广东设立舰队司令部，由在广东主持军政的国民革命军第八路军总指挥李济深管辖。李济深掌握广东海军后，对这支微弱的海军进行了重新编组，设海防、江防、运输三个舰队，其中海防舰队辖"中山""飞鹰""广金""民生""自由""舞凤"六舰；江防舰队辖"江固"等大小舰艇23艘；运输舰队辖"福安"等19艘舰艇。1927年11月，张发奎夺取广东军政大权，撤销广东海军舰队司令部，成立广东军事委员会舰务处。不久，李济深重新执掌广东政务，于1928年1月复职，任命广东人陈策为广东海军司令。此时，广东海军拥有大小舰艇共60艘，总吨位8000余吨。

1929年国军编遣会议后，广东海军被编为第四舰队，陈策担任舰队司令。然而，第四舰队的名称仅仅维持了两年。1931年夏，陈济棠接管广东，将第八路军总指挥部改为第一集团军总司令部，自任司令，将第四舰队司令部改为海军总司令部。一年以后，又将海军总司令部改为舰队司令部，归第一集团军总司令部节制，司令为张之英。1933年7月，东北海军的"海圻""海琛""肇和"三舰南投广东后，编成粤海舰队，司令为姜西园。1935年4月，陈济棠撤销粤海舰队，将三舰并入第一集团军舰队，引起三舰官兵的强烈不满，"海圻""海琛"二舰出走，投奔中央海军。1936年7月，陈济棠垮台，余汉谋主持广东军政，第一集团军舰队随之改为广东省江防司令部，冯焯勋任司令，辖有"肇和""永福""福安""海瑞""海虎""广金""舞凤""江大""江巩""坚如"等大小舰艇三十余艘，另有雷舰队、陆战队、海军学校、练营、水鱼雷队、特务营等。

　　隶属广东省江防司令部的"肇和"号巡洋舰，宣统年间清政府从英国订购，民国初年来华

　　广东省江防司令部的"坚如"号炮艇

中央海军

中央海军属于"闽系"海军，而"闽系"海军的出现由来已久。早在19世纪60年代，晚清政府为了维护行将灭亡的封建统治，发起了以振兴中国军事为先导的"洋务运动"。在这场运动中，闽浙总督左宗棠为培养海军人才，于1867年在福建的马尾创办了中国近代第一所海军学校——福州船政学堂，拉开了中国近代海军教育的帷幕。随后，在国内其他地方也先后创办了一些海军学堂，但就规模和影响来说，都远在福州船政学堂之下。福州船政学堂历届所招学生绝大多数来自福建当地，少数来自广东和其他省份。此后，福建的海军教育经久不衰，以至人们将福建称为"中国近代海军的摇篮"。这就造成了中国近代海军人才中福建人居多的状况，也就为"闽系"海军的形成奠定了基础。在北洋海军成军以后，"闽系"海军的雏形就显现出来。福建人刘步蟾、林泰增、方伯谦、林永升、叶祖珪、邱宝仁、黄建勋、林履中等主要将领几乎占据着90%以上的舰长职位。在南洋、广东、福建三支海军中，情况也大致相同。当时就有人对此表示怀疑，北洋大臣李鸿章认为，福建人"文秀有余，而威武不足"，他担心对未来海军的发展带来不利影响。然而，培养海军人才与培养陆军人才不同，它周期长，技术含量高，条件要求严格，在短时期内无法改变因地域原因造成的状况，更何况福建籍将领在海军建设中发挥了积极的作用，中国近代海军不得不接受闽人控制海军的现实。

甲午战争后，清政府重振海军，并第一次实现了全国海军的统一。此时，"闽系"海军的萌芽也在不断生长。清政府任命萨镇冰为海军统制（总司令），下辖巡洋、长江两舰队，分别由程璧光、沈寿堃担任统领，而萨镇冰、程璧光、沈寿堃三人均是福建人。在任命的舰长中，也以福建人居多。是为"闽系"海军成为中央海军的开始。

辛亥革命以后，孙中山在南京成立了中华民国临时中央政府，设立了海军部，任命福建人黄钟瑛为海军总长。袁世凯篡权后，对海军部人员进行重新任免，任命刘冠雄为海军总长，汤芗铭为海军次长，黄钟瑛为海军总司令。在这三个关键人物中，除汤芗铭外，其余两人均是福建人。黄钟瑛辞职后，总司令一职还是由福建人李鼎新继任。在同时任命的34名舰艇长中，福建人占据了绝大多数席位，以后陆续出任第一舰队司令和第二舰队司令的也多为福建人，这就意味着"闽系"海军开始逐渐形成了。此时，"闽系"海军掌握的第一舰队下辖"海圻""海筹""海容""海琛"等四艘巡洋舰，"飞鹰""永丰""永翔""联鲸""舞凤"等五艘炮舰，"建康""豫章""同安"等三艘驱逐舰，"南琛""福安"等两艘运输舰；第二舰队下辖"建威""建安""江元""江亨""江利""江贞""楚同""楚泰""楚有""楚豫""楚观""楚谦""江鲲""江犀""拱宸""建中""永安"等17艘炮舰，"湖鹏""湖鹗""湖鹰""湖隼""辰字""宿字""列字""张字"等八艘鱼雷艇；练习舰队下辖"肇和""应瑞""通济"等三艘巡洋舰。其整体实力远超东北海军和广东海军。

萨镇冰，字鼎铭，福建省福州人，生于1859年3月30日，1869年考入福州船政学堂。毕业后被派往英国格林尼治皇家海军学院学习，学成后历任军舰大副、管带、海军统制等，是"闽系"海军的重要代表人物

　　就在"闽系"海军实力逐渐增强，地位越来越高之时，毕业于各个海军学校，分布于海军中各重要部门的山东、广东等省籍的海军人员，也逐渐形成了"青岛系""黄埔系"等派系，对"闽系"海军构成了或多或少的威胁。不过，由于"闽系"海军的实力较之它们要强得多，因而始终是政府依靠的主要力量，也是各派军阀相互争夺的目标。

　　海军对物质基础的过分依赖，决定其必须依靠一定的势力才能得以生存。在军阀派系林立、革命力量不断增长的北京政府时期，"闽系"海军根据各派军阀势力的消长、革命力量的强弱决定自己的向背，其分裂是难以避免的。从1917年到1922年这五年间，"闽系"海军发生了两次分裂。第一次分裂源于孙中山领导的护法战争。1917年7月，海军总司令程璧光响应孙中山号召，和第一舰队司令林葆怿一起率领七艘军舰脱离北京政府海军，南下广东，编成护法舰队参加护法。第二次分裂发生于袁世凯死后北洋军阀割据混战之时。从1920年7月开始，北洋军阀内部各派之间矛盾激化，相继爆发了直皖战争和两次直奉战争，在军阀混战中，海军必须表明态度，决定依附于谁。在直皖战争中，海军追随直系军阀，用兵湘鄂。在第一次直奉战争中，海军依然助直攻奉，协助吴佩孚打败张作霖。直系军阀在取得第一次直奉战争胜利后，力量迅速扩张，野心也越来越大，叫嚣"武力统一全国"。直系军阀孙传芳的势力渗入福建，这样就直接触动了福建地方势力，引起福建民众的抗拒，也自然刺激了"闽系"海军的神经。在福建民众"闽人治闽"的呼声中，驻上海的海军第一舰队在皖系军阀收买之下，携"海筹""永绩""建康""列字"等四艘舰艇，于1923年4月宣布独立，成立海军上海领袖处，推举已经被北京政府海军总长刘冠雄免职的原第一舰队司令林建章为领袖，福建人曾以鼎为参谋长，周兆瑞为舰队司令。这一事件被称为"沪队独立事件"。1924年9月，直系江苏督军齐燮元与皖系浙江督军卢永祥争夺上海，卢永祥失败，"海筹""永绩"等舰艇又重新北归，投奔北京政府海军总司令杜锡珪。

"闽系"海军的两次分裂，纯粹是革命形势发展和军阀混战局势加剧所致，并不表明"闽系"海军的凝聚力不强。"沪队独立"后各舰艇的复归，充分说明了这一点。而从"闽系"海军中分裂出来的护法舰队，在瓦解时其主力舰艇北上成立"渤海舰队"，而没有重归"闽系"，是因为在护法运动后期，按照孙中山的指示，非闽籍人员曾发起"夺舰事件"，将护法舰队中的福建人全部驱逐，在后来的"渤海舰队"中已无闽籍人员，权力控制在山东人温树德手里。

1926年7月，在中国共产党和国民党左派的推动下，广州国民政府出师北伐。此时，北京政府海军中的"闽系"海军控制在直系军阀吴佩孚和孙传芳手里，共有第一舰队、第二舰队和练习舰队。其中第一舰队司令兼闽厦警备司令陈季良驻马尾，舰艇部署于闽厦地区；第二舰队司令陈绍宽驻南京，舰艇部署于长江流域；练习舰队司令李景曦驻上海，舰艇部署于淞沪。海军总司令杨树庄在上海指挥。北伐开始以后，国民革命军势如破竹，吴佩孚和孙传芳纷纷溃败，"闽系"海军审时度势，看清了革命的大趋势，在共产党和国民党左派的策动和争取之下，纷纷倒戈，加入国民革命。1926年11月，驻闽海军第一舰队首先发难，支援国民革命军作战，12月正式接受改编。从1926年10月开始，驻沪海军部分舰艇相继支援上海三次工人武装起义，驻宁海军也跃跃欲试。1927年3月14日，杨树庄率领各舰队司令及全体海军官兵公开发出通电，宣告归附国民革命军，参加国民革命，改挂青天白日旗。北伐军总司令蒋介石将"闽系"海军编成国民革命军海军第一舰队、第二舰队和练习舰队，杨树庄就任国民革命军海军总司令。这样，"闽系"海军就从北京政府中央海军，变成了广州国民政府中央海军。

"闽系"海军各舰队在北伐战争中的相继倒戈，充分说明"闽系"海军具有很强的派系观念，这一方面使得中央海军在长江抗战中能够精诚团结，密切配合，抗战到底，另一方面也使其始终没有成为浙江人蒋介石的嫡系而影响了自身的发展。

1929年1月，国军编遣会议召开，"闽系"海军被编为第一舰队、第二舰队和练习舰队。由于这支海军在北京政府、广州国民政府时期的地位和作用，自然无可动摇地成为南京国民政府的中央海军。就这样，历史将"闽系"海军推上了长江抗战的最前线，而这支历经坎坷，成长艰难的海军，必将在即将到来的残酷抗战中接受严峻的考验。

电雷学校

之所以要谈到电雷学校，是因为自这所学校开办以来，中国海军中又成长起一个新的派系——"电雷系"，而这个派系也参与了长江抗战。

蒋介石"统一"全国军政后，尽管海军部队有了统一的编制和番号，但无论是东北海军还是广东海军，均不可能听命于蒋介石。而国民政府直辖的中央海军，也由"闽系"控制，未能成为蒋介石的嫡系。这是民国军事的一个重要特点。正因为如此，蒋介石做梦都想拥有属于自己的嫡系海军。"九·一八事变"前，曾被蒋介石送往英国考察海军的江西人欧阳格回国，此人因在1922年参与过"夺舰事件"，与"闽系"结下很深的恩怨，所以归国后受到

欧阳格，江西省宜黄人，生于1895年，少时先后入江南水师学堂、烟台海军学校、吴淞海军学校学习。加入海军后历任舰长、电雷学校教育长等职，是"电雷系"的主要代表人物

与电雷学校英制鱼雷快艇颜杲卿中队同型的鱼雷快艇

"闽系"冷遇,被排斥在中央海军之外。为了在海军找到落脚之地,他向蒋介石建议成立一所新海军学校,从培养人才入手逐渐建立起属于蒋介石自己的嫡系海军。这一建议立即得到蒋介石的响应,也得到考试院院长戴季陶和军政部部长何应钦的支持。于是,蒋介石指示欧阳格,立即着手办学。当时,国内已有的海军学校完全可以满足培养海军人才的需要,实在无须再办新校,如要强行办学,势必会引起各派海军的反对。为了避免各派海军的不满,蒋介石决定在新办学校的名称中,避开"海军"二字,叫做"电雷学校",并在编制上直接隶属参谋本部(后改隶军政部),以掩人耳目。实际上,后来建成的电雷学校,无论是编制体制,还是课程设置,均与正式海军学校毫无二致,甚至连学生的服装也基本相同。

1932年,欧阳格在镇江西门的北五省会馆旧址和北固山甘露寺选定了校址,并开始筹建。次年初夏招收第一期学生50名,其中20名来自中央军校第八期第二总队,另外30名则自报名的两千多人中公开考选。还招收了300名学兵。电雷学校校长为欧阳格,教务主任为冯涛,教官中有德籍顾问劳威及留英军官冯滔等,带队军官则由中央军校教导总队长桂永清协助调充。教职员大部分是黄埔海校、青岛海校系统和马尾系中不满于闽人的人物,闽人一个都不用,就连招收的学生和学兵也没有一个是闽籍。[1]电雷学校第一期学生黎玉玺回忆说:"我到镇江西门外的北五省会馆电雷学校报到时,只觉得是一所海军学校,并不知道学校里究竟学些什么,开学上课后才恍然大悟,这是一所海军军官学校,讲授的全是海军课程。教务主任冯涛上校兼授船艺学,冯滔上校讲授兵器学,苏团云上校讲授航海学,三位都是学养深厚的长者。"[2]1935年1月,第一期学生和学兵同时毕业,派往舰上实习,主要是作布雷和扫雷练习。随后,由南京考试院招收第二期学生50名、学兵300名入学。

在电雷学校的建设中,蒋介石采用"黄埔建军"的做法,把办学与建军结合起来,想使电雷学校成为一所既能培养人才,又能参加作战的新型学校。在开学典礼的训话中,欧阳格秉承蒋介石的旨意,声称要把电雷学校办成"海军中的黄埔军校",奉行"敬畏爱勇"的校训。他在培养学生和学兵能文能武的同时,着手筹建作战部队。

蒋介石对电雷学校也寄予了很大希望,学校成立之初,他就将参谋本部的江阴电雷大队划归该校,并由浙江外海警局拨来"海静"巡逻艇一艘,另购置"镇海"驳船及"零一"汽艇各一艘,经改装后,供学生、学兵练习布雷之用。后又接收了江南造船所制造的"同心""同德"两艘浅水炮舰,作为布雷舰。与此同时,向英、德两国购买了水雷。1936年,向英、德两国订购的鱼雷艇到货,蒋介石指示欧阳格将三艘德国鱼雷艇编为岳飞中队,将八艘英国鱼雷艇编为史可法、文天祥两个中队(1938年初,又将来华的四艘鱼雷艇编为颜杲卿中队)。1937年1月,又将一艘商船改装为练习舰,命名为"自由中国"号。至此,电雷学校已经独立拥有了二十余艘舰艇,规模达到了相当可观的程度,也就名副其实地形成了"电雷系"。

蒋介石和欧阳格创办电雷学校,并打造出"电雷系",遭到了"闽系"海军的抵制。陈绍宽曾几次借故不准电雷学校使用海军标志和着海军服装,甚至要求取消该校,但都未成功。"电雷系"和"闽系"的矛盾逐渐加深,到1936年底达到高峰。西安事变发生时,欧阳格害怕陈绍宽乘机消灭电雷学校,甚至

---

[1]陈景芗:《旧中国海军的教育与训练》,《福建文史资料》第8辑,第129页。
[2]《黎玉玺先生访问记录》,台湾"中央研究院"近代史研究所1991年6月版,第14页。

电雷学校从英国购买的鱼雷艇中的一艘

把枪支配发给学生，实行紧急戒严。后来抗战爆发，双方以大局为重，同在长江中作战。

从上述各派系海军的产生和发展过程来看，它们是伴随着军阀混战在不断的分合之中形成的，这种状况不仅不能促进海军的长足发展，而且使极其微弱的海军力量因内耗而不断削弱，注定要在即将到来的艰苦抗战中消耗殆尽。

屡次流产的海军建设计划

对中国海军建设的艰难状况，许多有识之士都有相当深刻的认识。他们在各个历史时期把海军建设与国家危亡联系起来，极力推动海军发展，在每一个历史时期都能催生海军建设计划。但中国近代的积弊，使得所有计划均遭流产。

孙中山拟定《国防计划纲目》

孙中山在从事资产阶级革命的过程中，始终主张维护中国海权。他认为，中国如果没有一支强大的海军，不仅海权会丧失，甚至还会导致中华民族亡国灭种。他说："因为我们的海陆军和各险要地方没有预备国防，外国随时可以冲入，随时可以亡中国。最近可以亡中国的是日本。……日本的大战船像巡洋舰、潜水艇、驱逐舰都是很坚固，战斗力都是很大的。譬如日本此次派到白鹅潭来的两只驱逐舰，中国便没有更大战斗力的船可以抵抗。像这种驱逐舰在日本有百几十只，日本如果用这种战船来和我们打仗，随时便可以破我们的国防，致我们的死命。……再由日本更望太平洋

1912年孙中山在南京就任中华民国临时大总统时留影

东岸，最强的是美国。……美国自动员之日起，到攻击中国之日止，只要一个月。故中美绝交，在一个月之后美国便可以亡中国。再从美国更向东望，位于欧洲大陆与大西洋之间的，便是英伦三岛。……英国到中国不到四五十天……自动员之日起，不过两个月都可以到中国。故中英两国如果绝交，最多在两个月之内，英国便可以亡中国。"[1]他充分预测了可能来自海外的威胁，同时又对中国海军的状况表示了极大的忧虑。他说："中国之海军，合全国之大小军舰，不能过百只，设不幸有外侮，则中国危矣。何也？我国之兵船，不如外国之坚利也，枪炮不如外国之精锐也，兵工厂不如外国设备齐完也。"[2]

有鉴于此，孙中山于中华民国建立之后，便拟定了《国防计划纲目》，对海、陆、空三军建设都作了比较长远的规划。这个《纲目》中有关海军的建设计划内容，大致分为四部分：一是"海军的一般建设"，规定了发展海军的计划，拟定组织海、空、陆军队的标准；二是"建造舰械"，规定向列强定制潜水舰、航空机、坦克炮车、军用飞艇、气球等形式兵器，制定海军建舰计划等；三是"训练人才"，规定举行全国国防总集员令的大演习计划和全国空、海、陆军队国防攻守战术大操演，拟定聘请列强军事专家人员来华教练我国海、陆、空军事学生意见计划书，制定训练不败的海、陆、空军军队大计划；四是"建筑军港"，规定各地军港、要塞炮台、航空港的新建设计划。抗日战争时期，一篇发表于《党军日报》的署名文章，给予孙中山的《国防计划纲目》以很高的评价。现录其中的主要观点：

> 这是一个最精察完备的国防计划大纲，大概正当孙先生起草完成建国方略以后所预定的一个著作目录，证以民族主义自序所说于各书思想之线索，研究之门径，规划就绪，这一部准备著作的国防计划的目录，就居然在给廖仲恺先生信中保存下来。现在我们虽然不能窥见孙先生关于国防计划的整个内容，但孙先生关于这个计划的伟大思想和深谋远虑的规模，就

---

〔1〕《孙中山全集》第九卷，中华书局1986年4月版，第233页。
〔2〕《孙中山全集》第二卷，中华书局1982年7月版，第390页。

可在这六十二条的纲目中略知一二。

第一点：孙先生这个国防计划是包括多方面的，所以计划的内容，涉及内政外交精神物资任何方案，是以国防政策为中心的，这是在目录第五项"制定永远国防政策，与永远国防军备，充实建设，为立国之政策"可以证明这个政策。

第二点：孙先生的国防计划，是一个伟大的十年计划，它是要完成经济的军事的国防建设。在物质的建设上，要在十年之内，完成工业、农业、矿业、商业、交通等事业。在军备的建设上，要完成海军、空军、陆军的发展，军舰飞机各种新式枪炮、战车及科学兵器、机器兵器的建造，军港要塞、炮台、航空港的建设，各兵工厂的扩充，各国最近兵具的购置和仿制。在人才的建设上，要完成训练国防基本人员二千万，国防物质工程技术人员一千万，这规模是何等宏伟。我们看目录第十六项所定的是"完成十年国防重要建设计划一览表"，大约孙先生这个伟大的国防计划，是预定要经过十年的奋斗来完成的。

第三点：孙先生的国防计划是积极的自卫的政策，也就是要求国家独立自由的必要计划，所以一方面在目录第四十四项有"抵御各国侵略中国计划之方略"和第六十项"各国之远东远征海陆空军与我国国防"的计划，同时又在第四十二项有"收回我国一切丧失疆土及租借割让地之计划"。前者是一种自卫的国防，后者就有相当攻势的国防，因为只有这样，才能完成中国国防的任务。[1]

可是，民国建立后不久，政权便被袁世凯窃夺，随之而来的是护国运动和护法战争，孙中山理想中的国防建设计划不可避免地落得流产的结局。

---

〔1〕高良佐：《总理十年计划是攻势的！》，《海军抗战事迹汇编》，海军总司令部编译处1941年12月版，第120—122页。

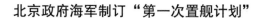

北京政府海军制订"第一次置舰计划"

北京政府成立后，袁世凯任命刘冠雄为海军总长。刘冠雄是资深海军将领，曾任北洋海军"靖远"舰帮带大副，参加过中日黄海海战、威海保卫战，甲午战后出任"飞鹰"舰管带，后升任"海天"巡洋舰管带。不寻常的海上经历，使他深刻认识到建设海军的重要性。他接任海军总长之后，制定了民国海军体制，整顿海军教育。1913年3月21日，刘冠雄向袁世凯呈报了由他制订的海军《第一次置舰计划》，强调了发展海军的重要性，对海军建设规模提出了设想。他认为，"规划海军，必先预定取守、取攻之主义。或专主攻势，或专主守势，或攻守兼营。要必各因其势之所宜，与其力之所及，而后制备舰艇，乃能有所取准而策进行。凡专主攻势者，当专力筹备巨舰；专主守势者，务多备猎舰、潜艇诸种；攻守兼营，则以兼事制备上述两项舰艇为宜。海线之绵长、港湾之纷杂如我国，自于海军应取攻守兼营主义。然以目前财力、人才之两难，似暂宜专主守势。守之道，不外巡弋防御与守卫防御二端。兹按之现在形势，万不可不设军备之处，酌拟配置舰艇器械及附属营、库、厂、坞数目，分'守防计划''巡防计划'两种"，各以五年为期。第一期五年为"守防计划"，把沿海和沿江的大沽、北塘、烟台、扬子江口、江阴、镇江、南京、芜湖、九江、镇海、定海、温州、三都、长门、厦门、汕头、虎门、北海、榆林等19处列为重要港湾，拟定了在这些地方分配和建造舰艇、营区、仓库、工厂、船坞的数量。第二期五年为"巡防计划"，拟设巡防舰队三队，第一队以战斗巡舰（每艘2.6万吨）为主，以各等装甲、穹甲巡舰为副；第二队和第三队以一等装甲巡舰（每艘1万吨）为主，以二、三等穹甲巡舰（每艘5000吨或3500吨）为副；每队各附有侦察巡舰及运输船。同时，计划把沿海划分为三个巡防区：扬子江口以北至辽东湾为第一区，由第一队巡防；扬子江口以南至铜山为第二区，由第二队巡

北京政府海军总长刘冠雄

防；铜山以南至琼州为第三区，由第三队巡防。巡防各队共拥有舰船54艘。[1]

为了让这一计划得到实施，同年4月5日，参谋本部又呈报了《民国三年至十年第一次造舰计划案并理由书》，以日本为假想敌，陈述了完成造舰计划的紧迫性。按照"第一次造舰计划"，至1920年为止，北京政府海军将拥有2.8万吨的战斗巡洋舰30艘，3500吨的侦察舰12艘，1000吨的鱼雷猎舰100艘，740吨的大潜水艇50艘，总吨位将达到100多万吨。[2]

这是一个庞大的海军建设计划，所要求的舰艇数量和质量，都达到了前所未有的水平。对于这样一个计划，北京政府从上到下都十分清楚，其实现的可能性等于零。海军当局也心中有数，这仅仅是一个"理想"的扩张案，并没有现实实现的力量。之所以要提出这个"理想"，无非是为了用扩大海军胃口的手法促使政府提高满足幅度，加大海军投入。在进行了"胃口扩张"以后，海军当局紧接着提出了一个"谨慎"的扩张计划，把舰艇总吨位降到30万吨，将胃口突然缩小，以增加实现的可能性。

然而，刘冠雄完全忽视了北京政府政局败坏、国内局势动荡、财政状况急剧恶化的现实状况，只能眼睁睁看着精心策划的"置舰计划"变成一纸空文。此后，海军在一系列战争中连现状也难以维持，更不敢妄谈扩张了。

南京国民政府海军制订六年计划

与北京政府的建立一样，南京国民政府的成立，也给海军带来了发展的希望。海军领导机构充分利用最高军事当局雄心勃勃地要实现"统一军政""实施训政"的心理，几乎年年呈送海军建设具体计划。1928年6月，国民革命军设立了军事研究会，主要研究军事建设问题，海军总司令部立即拟定了海军全面建设计划、海军防守计划、建筑要塞计划呈送研究会审核。这些计划对国民党规划军事方案产生了很大的影响。1928年8月，国民党二届五中全会在南京召开，通过了《整理军事案》，明确提出海军要"根据国防计划另谋新建设"，这个"新建设"，就是参考海军总司令部的意见，"十年之中要扩充海

---

[1]殷梦霞、李强选编：《国家图书馆藏民国军事档案文献初编》第四册，国家图书馆出版社2009年6月版，第477—505页。

[2]同上，第511—517页。

蒋介石在"咸宁"舰下水典礼上曾夸下"十年之内建成六十万吨军舰"的海口

军军舰达到六十万吨的地位"。会后不久，蒋介石就兴致勃勃地在"咸宁"军舰下水典礼上，向外界公开宣布了这一决议。他说："今天'咸宁'下水，是民国十七年来海军第一次的建设。从今天起，我们的海军，在建设上须有长足的进步。我们的海军吨数，至少须达到六十万吨以上。我们希望海军各司令长官和士兵，后此不断地奋斗，都如今天一样，才不负今天的建设精神。"[1]时隔五个多月，蒋介石在"永绥"军舰下水典礼上再次谈到这个问题。他说："今天'永绥'军舰下水，是海军在五个月内建设一千五百吨的表现，如此推演下去，在最近期间，我们可建成很大的海军。去年在'咸宁'军舰下水的时候，我们曾讲过在十五年以内，有建设六十万吨海军的希望。照这样看来，我们在五年以内，或者即可完成与世界上列强的海军相抗，巩固我们的国防。"[2]

1929年6月，海军部成立。根据蒋介石"我们的海军吨数，至少须达到六十万吨以上"的承诺，海军很快拟定了《训政时期海军部工作年表》[3]，先就前六年的建设项目进行了具体规划，被称为"海军建设六年计划"。该计划分年建设项目大致如下：

第一年，拟建造装甲巡洋舰、巡洋舰、运输舰各1艘，两年完工；小型驱逐舰、潜水艇各4艘，一年完工；小型炮舰2艘，大型扫雷艇8艘，飞机10架，一年完工。筹建象山军港，整顿海军各医院，大修原有各舰队¼，小修也¼。应整理的有江南及马尾海军造船所、马江飞机制造处及全军无线电报机、各舰艇电器、海军航空处，应筹设的有舰队材料及制造材料的储备总所。改换全军

---

〔1〕《咸宁军舰进水纪盛》，《海军期刊》第一卷第四期"专件"，第12页。

〔2〕《永绥军舰举行下水典礼》，《海军期刊》第一卷第八期"永绥特载"，第4页。

〔3〕《申报年鉴（二十二年度）》"国防·海军"，第22页。

旧式步枪2500支、手枪500支、机关枪150支。添购猛力开花药弹1万颗、海军要塞高射炮16尊。添设海军学校。派员留学等。

第二年,第一期拟建装甲巡洋舰、巡洋舰、运输舰、潜艇母舰各1艘,大型驱逐舰8艘,大型潜水艇4艘,大型扫雷艇1艘。第二期建巡洋舰1艘,大型扫雷艇4艘,飞机10架。建筑1000尺长船坞1所,750尺长船坞1所,海军医院1所,大修小修旧舰各¼,筹设炼钢厂。配换全军旧式瞄准器150副。添购3英寸高射炮30尊,4英寸20尊,要塞6英寸速射炮8尊。建测量舰2艘。设龙口新洋港无线电报警台。设海军大学。

第三年,建设巡洋舰、潜艇母舰、大型扫雷艇、飞机母舰各1艘,大型驱逐舰8艘,大型潜艇4艘,小型潜艇、小型炮舰、小型驱逐舰各4艘,飞机10架。建筑400尺长船坞2所,大小码头10处,屯栈50所,大修小修旧舰各¼。建设要港弹药库10座。添购新式300磅及500磅水雷各500具。整理船厂。测量要港等。

第四年,建大型驱逐舰4艘,飞机10架,小型潜艇4艘,大型炮舰2艘,装甲巡洋舰1艘,大潜艇2艘,小型扫雷艇1艘,潜艇母舰1艘,大型医院舰1艘。设浮标50个,建弹药库3所,设军港司令部1处,建大小兵房各1所,大修小修旧舰各¼。配换全军探海灯,添购射击指挥台仪器30副,添购要塞8英寸速射炮8尊。建测量舰实施远洋测量。建南日屿、榆林港无线电报警台2处。

第五年,建设装甲巡洋舰、小型扫雷艇、潜艇母舰、运输舰各1艘,大型潜艇2艘,大型医院舰1艘,大小驱逐舰各2艘,大潜艇2艘,小潜艇4艘,小型扫雷艇6艘,飞机10架。军港设备建数座无线电报警台,飞机厂1所,旗台灯塔各2座。军械部分添购新式鱼雷炮20座,鱼雷120尾,配置旧舰;又鱼雷炮20尊,鱼雷120尾,配置新舰。

第六年,建设大小驱逐舰各4艘,大潜艇2艘,小潜艇4艘,潜艇母舰、运输舰、小型医院舰各1艘,大炮舰30艘,小型雷艇6艘,飞机10架。军港设1.5万吨浮坞1座,潜艇停泊场2处,水鱼雷库3所。军械添购要塞12英寸炮8尊,改换全军辅助炮300架,扫雷各种器具50副。添购4000吨以上巡洋舰4艘等。

综计六年建设工作计划,军政部分有舰队建设、军港设备及军事卫生三大项；舰政部分整理现有舰队；军械部分改换及添置新式枪炮；海政部分有测量、观象、报警各事；军学部分拟设海军各级学校，培养人才；经理部分整理军需规划预算等。筹建的舰队计为主力舰队者大小合计71艘，共10.5万吨，浅水炮舰6800吨，水面飞机60架；属于辅助舰队者大小共34艘，共5.37万吨。

　　这一计划就舰艇建造来说，尽管距离蒋介石60万吨的承诺相差很远，但全面、详尽、具体，而且循序渐进，可操作性强。此计划如果得以实现，哪怕是部分实现，也必将对未来的海军抗战产生重大影响。然而，蒋介石自从夸下"我们的海军吨数，至少须达到六十万吨以上"的海口以后，态度逐渐发生了变化。其中的原因，一方面是他把主要人力物力用于围剿中国共产党领导的红军，难以顾及海军建设；另一方面，他认为把有限的财力投入海军，不如建设空军更有效益。1931年3月19日，蒋介石在对航空班第一期学生训话时说："中国想要对抗帝国主义者，充实国防自卫，使得中华民族完全独立。若是用海军，造大兵舰至少要有几千万。建造海军几条兵舰，我们全国全年的收入还不够开支，而且建造出来的海军，仍旧是不够与任何帝国主义者斗争……所以用海军陆军去求国防的独立与自卫，至少需二十年以后……"从中可以看出，此时蒋介石已经产生放弃主要发展海军的念头，从国民政府对海军的资金投入上也可以明显地看到这一点。当时，国民政府每月拨归海军的经费不过50万元，占国民政府军费总额的5%。这点经费在海军的扩展时期显然是杯水车薪。即便是这样，国民政府还是经常拖欠海军经费。"一·二八事变"后，为限制海军的行动，拖欠的数额越来越大，甚至出现了对解决海军经费财政部与军政部互相推诿的现象。这一切，注定了海军建设六年计划从制订那天起，就是一纸空文。

　　纵观抗战前的中国海军，各个时期都有强烈的发展欲望，所制订的建设计划不可谓不全面，也不可谓不长远，更不可谓不具体。但没有哪一届政府愿意把投入多、见效慢的海军建设作为急先发展的项目加以重视和实施。究其原因，最主要的是各届政府代表新老军阀，它们始终把军阀间的争夺和对革命的镇压，凌驾于抵御外侮之上，而从事内战是不需要大力发展海军的。因此，一项项周密而详尽的海军建设计划流于形式，最终束之高阁，也就成了历史的必然。那么，抗战前现实的海军建设是什么样子呢？

抗战前艰难的海军装备建设

装备是军队战斗力的主要构成要素之一。对于海军这个技术军种来说,装备建设尤为重要。在抗日战争中,正是由于中国海军的武器装备不仅数量少,而且质量差,才不得不避开日本海军的强大舰队,退入长江与日军鏖战。抗日战争之前中国海军艰难的装备建设,是将中国海军限制在长江之内实施抗战的主要原因。

自造舰艇不敷堪用

翻开中国古代历史我们会发现,中国曾经有过发达的造船业。在那些辉煌的年代里,中国造船业的文明成果,曾经引导着世界造船业走向一个又一个鼎盛时期。然而从明朝末年开始,由于种种原因,中国的造船业逐渐走了下坡路。在以后的漫长岁月里,不仅被西方国家赶上,还被他们远远地抛在了后面。特别是到了清朝末年,中国的造船业已经衰败到了极点。恰在此时,西方的工业革命爆发了,由此引发的船舶工业革命悄然兴起,中国的造船业痛苦地开始了近代化的发展历程,成为影响中国海军发展的主要因素。

在北洋海军创设之时,中国的造船企业曾经为海军建造过多艘舰艇,如福建船政建造的"万年青""湄云""伏波""安澜""镇海""扬武""飞云""济安""海镜""威远""超武""康济""开济""广甲""广乙"等;江南制造总局建造的"恬吉""操江""海安""驭远""金瓯"等。

进入民国后,北京政府时期,中国相继建立的各地造船企业又为海军制造和改造了一批舰艇,包括江南、马尾、大沽三个造船所制造和改造的13艘舰

31

福建船政建造的"伏波"舰

由江南制造局建造的"操江"舰,这是被日本俘虏后的照片

艇。但这些舰艇吨位小，质量差，只有江南造船所制造的两艘炮舰"永健""永绩"排水量在860吨，大沽造船所制造的浅水炮舰"海燕"在560吨，其余舰艇多在200吨以下。江南造船所制造的缉捕船"瑞辽""安海"150吨，拖船"利川"375吨，浅水炮舰"海凫""海鸥"150吨；马尾造船所制造的浅水炮舰"海鸿""海鹄"190吨；大沽造船所制造的浅水炮舰"海鹤"227吨，"海鹰"140吨，"海鹏"120吨。由此可见，

福建船政建造的"扬武"号巡洋舰

在长达17年的时间里，海军新增自造舰艇寥寥无几，外购舰艇也是凤毛麟角，仅靠晚清留下的一点家底，承担着因军阀混战而不断扩大的海军内耗，其建设根本无从谈起。

南京政府时期，中国实现了名义上的"统一"，似乎为海军的发展提供了契机。陈绍宽等海军将领试图抓住这一时机，敦促政府在海军建设上投入适当的人力和物力。1928年12月，陈绍宽发表了题为《世界上有不要海军的国家么？》[1]的讲话。他满怀激愤，饱含忧虑，力陈中国加强海军建设的迫切需要。他说："现在世界各国天天扩张海权，年年增添海军舰数吨数，不知道费了几千万金钱。比较陆军，格外重视得很，这又为的是什么？因为海即是国境的边界，海权被人侵占，比陆地被人侵削更厉害。海算是国家的门户，譬如住家，必有大门，大门以内，要开便开，要关便关，当然属诸主人的主权，别的人都不容任意出入。如果大门先把不住，那末外人随意进出，就是盗贼也可以升堂入室，予取予求，还有什么主权不主权呢？国家也就如是，没有海军，简直是

---

〔1〕高晓星编：《陈绍宽文集》，海潮出版社1994年7月版，第3—6页。

门户无人把守。别的国家尽可以乘其不备来侵略他了。如入无人之境，再也没有什么关阑。所以国家要是没有海军，简直不能立国。""我们要知道，英日各国工商业所以发达，都由于海军的强盛。什么一等国、二等国、三等国……皆不在陆地的大小，而在于海军军备的多少，这更是一个国际上划分明显的证据。""你看英国的海军有一百五十万吨，日本也有一百万吨，其次各国也有七八十万吨的，也有三四十万吨的。单独我们中国海岸线又长，海军军舰又少，差不多连陈旧的、不能作战的、各国视同废舰的统统算起来，总数还不上十万吨。所以各国人把我们认作不列等的国，你道可耻不可耻呢？我们现在不但在国际上没有说话的力量，弄到最后地步，恐怕不止体面不体面成为问题，连民族存亡怕也成为问题了。几年前，各国派二十多只兵舰到广州来，就是帝国主义用海军的力量来进行他们经济压迫的手段。我们的沿海地方，像威海卫、旅顺、大连、青岛、九龙、广州湾各处都被他占领，这就是我们和他有没有海军的辨别。从这点上看，我们若是再不讲究海军，不但已失的地，没有实行收还的日期，还恐怕以后不断绝地断送尽在后头，结果非把整个国土断送完了不止。"为了实现自己的愿望，陈绍宽还利用辞职来引起政府对海军的重视。

在陈绍宽等人的强烈呼吁下，国民政府适当加大了对海军的投入，自造舰艇有所增加。民国初年，江南船坞移归海军部管辖，改称江南造船所，1927年更名为海军江南造船所，此后承担起了海军造船的主要任务。1929年陈绍宽出任海军部次长后，为了能充分利用好现有经费，保证造舰质量，亲自出任江南造船所所长。从1927年开始到1937年止，江南造船所共为海军建造军舰16艘，总吨位达9万余吨。尽管这对世界海军强国来说微不足道，但对中国来说，这十年算是掀起了海军舰艇建设的一个小高潮，为即将到来的长江抗战贡献了一份战斗力。

1928年8月16日，"咸宁"号炮舰下水，它是全国"统一"后海军新添的第一艘军舰，其典礼盛况空前，表达了海军内外对于增强海军实力企盼已久的心情。"咸宁"于1928年2月21日安放龙骨，8月16日下水，10月底完工，成军后拨归第二舰队。它舰长54.6米，宽7.3米，吃水1.8米，航速16.5节，排水量420吨，属小型舰艇。下水这一天，天气晴朗，位于上海高昌庙的海军江南造船所，宾客络绎而至。参加典礼的有国民党中央党部代表蒋介石、国民政

江南造船所西码头

海军江南造船所建造的"咸宁"号炮舰试航

府代表张定璠、军委会代表张群、淞沪警备司令钱大钧、福建省政府主席方声涛、海军总司令杨树庄、第一舰队司令陈季良、第二舰队司令陈绍宽、游击鱼雷队司令官曾以鼎，以及上海党政军警机关代表。下午2时，典礼开始。蒋介石当即宣布了海军舰艇吨数，至少须达到60万吨以上的决定。张定璠在演说中说："我们中国非但领海权被人剥夺，就是旅顺、威海卫以及其他军港，都被外人占领。推其原因，确是因为中国没有强大的海军。前清海军的经费，被慈禧太后拿去，造颐和园。仅成的一点海军，又于甲午之战，被日本掳去几只。日本用掳去的军舰作基础，一意扩张，竟成了世界上第三海军国。有一年日本大操，我国派了一只兵舰去观操，日本全国都非常惊奇。现在日本怎样，我们中国又怎样？现在北伐成功，国民政府预计在十年以后，得六十万吨的海军，以恢复我们的海权。"张群也说："现在海军总司令部新造两只军舰，一是今天下水的'咸宁'，一是将要下水的'永绥'。问起吨数，合共仅有一千多；问其所需的钱，合共不过三百多万。而时间也不过共须几个月，同各国比较起来，真算不了什么。但在北伐期中，有了这个建设，确很有可注意的价值。民国十七年来，对于海军，何以不曾建设呢？因为是军阀当国，只知破坏，不知建设；只知内战，不知御侮。现在北伐总算完成，建设的革命从今天即行开始，扩充海军，巩固海防，实行国民政府的主张。"[1]随后，熊式辉、钱大钧都在发言中"慷慨陈词"，赞颂海军的造舰行动。

一艘小型舰艇的下水典礼能引来国民党和国民政府的高官云集，能营造如此的盛况，说明了两点：一是在全国"统一"后，海军内外对海军建设都给予了高度关注，企盼海军强盛之心情普遍存在，在环境不利、经费筹措极其艰难的情况下，海军建设出现了难得的契机；二是自民国以来，海军建设严重迟滞，海军积弊已久，一艘小型舰艇的下水也足以引起各界的兴奋，这种情形对一个沿海大国极具讽刺意味。

但无论如何，这是一个良好的开始。

就在"咸宁"下水的同时，"永绥"也在建造中。这艘军舰长68.1米，宽9.2米，吃水1.8米，航速18节，排水量600吨，1928年5月5日安放龙骨，

---

〔1〕《咸宁军舰进水纪盛》，《海军期刊》第一卷第四期"专件"，第11—13页。

1929年1月27日下水，4月底完工，成军后拨归第二舰队。在"永绥"下水之时，海军专门发表了《为永绥下水告全国同志同胞书》和《永绥下水告本军全体同志书》，表达了一种强烈的矛盾心情。一边是兴高采烈，因为"半载之间，接连造了两只军舰，实在开我们海军建设的先河"，"开民国以来未有的记录，同时也是提高国际地位的先声"；一边是忧心忡忡，因为与列强海军相比，中国海军"真是何止相差十万八千里"，"国家的海军力薄弱如此，这岂不是露出我们中华民族的弱点？尤其是我海军同志们的奇耻大辱！"[1]而且，建造"咸宁"和"永绥"两艘军舰是"蒋主席提倡于先，两湖人士赞助于后"[2]，推力并非完全出自政府之手，此后能否为继，还是未知数。正如陈绍宽在"永绥"下水典礼的答词中所说，"这一艘的永绥军舰，和前回下水的咸宁都因为造舰的费用，多半得了两湖官民帮助的力量，所以就采择两湖的县名来做舰名。咸宁是湖北的属县，永绥是湖南的属县。以后希望得着一省一省的力量，造成了一艘一艘的新军舰。"[3]这就是中国海军建设的尴尬局面。

　　1929年9月21日，"民权"号炮舰在上海海军江南造船所下水。该舰长60米，宽7.9米，吃水1.8米，航速17节，排水量460吨。成军后编入第二舰队。1930年11月11日，"逸仙"号轻巡洋舰下水，在孙中山诞辰的前一日举行下水典礼，具有特殊的意义。该舰长82.4米，宽10.4米，吃水3.54米，航速19节，排水量1550吨，是新一轮

"逸仙"号轻巡洋舰下水典礼

〔1〕《海军期刊》第一卷第八期"专件"，第11—17页。
〔2〕《永绥军舰举行下水典礼》，《海军期刊》第一卷第八期"永绥特载"，第1页。
〔3〕同上，第6页。

建造军舰高潮中较大的一艘，成军后编入第一舰队。1931年5月5日，"民生"号炮舰下水。该舰长59米，宽7.9米，吃水1.8米，航速16节，排水量500吨。成军后编入第二舰队。

在军舰建造过程中值得一提的是"平海"号巡洋舰的建造。就在1931年5月5日"民生"号炮舰下水后，海军决定再筹建一艘较大的新舰。该舰与中国在1930年向日本订造的"宁海"号巡洋舰属同一类型，江南造船所在日本提供图纸的基础上，对该舰作了设计改造，轮机等设备则购自日本。该舰长109.8米，宽11.9米，吃水4米，航速21节，排水量2555吨，是民国以来自造的最大舰艇。1931年6月28日，"平海"号安放龙骨，陈绍宽代海军部长亲自到江南造船所工地，打下了第一颗铆钉。由于"一·二八事变"的战事影响及经费支绌，工程时断时续，直到1936年才完成。1937年4月，"平海"号交付海军使用，编入第一舰队作为旗舰。

从1932年到1934年，海军又建造了"江宁""海宁""抚宁""绥宁""肃宁""威宁""崇宁""义宁""正宁""长宁"等十艘炮艇。这些炮艇吨位都在300吨[1]，明眼人一看便知，它们绝不是用来抵御外侮的，在内河航行倒十分合适。加强海军建设，为何舰艇越造越小？资料显示，1931年之前，国民政府要员和海军高官在一艘艘新舰下水时，无不高谈建舰御侮，但从1932年开始建造上述小艇时，其口气明显发生了变化。1932年10月，海军部当月的工作概况透露了原因："海部前以沿江沿海盗匪出没无常，军舰巡防颇感不敷分配，遂决定添造炮艇十艘，以资调遣。"[2]此时，蒋介石正在推行"攘外必先安内"的反动政策，处心积虑地调动大军围剿红军，海军的行为动机也就不言自明了。1932年1月15日，海军江南造船所举行了"江宁""海宁"的开工典礼，后续小艇建造接踵而至。至此，"咸宁"号下水时各界建设海军洗雪耻辱、维护国防的勃勃雄心，已经演变成了剿"匪"拿"盗"的区区小志。实际上，这是蒋介石的意图所在，是海军的无奈之举。就在"江宁""海宁"开工典礼举行前的

〔1〕殷梦霞、李强选编：《国家图书馆藏民国军事档案文献初编》第八册，国家图书馆出版社2009年6月版，第101页。

〔2〕《海军部十月份重要工作概况》，《海军杂志》第五卷第三期"专件"，第2页。

半个月，陈绍宽在《元旦就职训词》[1]中说过这样一段话，颇令人感慨："我国自有海军以来，数十年并未能替国家出过多大力量，其原因无非在自身力量不足。这是过去的满清政府和从前的北方政府，向不注重海军，并不

海军江南造船所建造的"绥宁""抚宁"两舰下水典礼

是历次的海军当局未有筹备。历任的海军当局口已说干，腿已跑肿，努力的结果，仍是不能得有相当的建设。所以到了国难的今日，海军没有力量可以负起责任。就以在南京而论，人家有军舰驻在此地，我们就没法子可以将它怎样，所以说起来非常惭愧，非常痛心。在这新年庆祝当中，真是痛苦万分。今天是今年的第一天，我们希望我们的政府、全国的人民，都明白海军对于国家的重要，想法子来充实我们海军的军费，使海军实力增厚起来，给帝国主义者一点顾虑。"几近声泪俱下。

　　除了新造舰艇以外，海军还对一些陈旧舰艇进行了改造。1927年至1937年，改造的舰艇计有轻巡洋舰"大同""自强"，浅水炮舰"威胜""德胜"，测量舰"公胜"，炮艇"顺胜""义胜""勇胜""诚胜""仁胜""青天"。

　　到1937年抗日战争爆发之前，海军部共拥有舰艇66艘，5.9526万吨，其力量无可与日本海军相提并论。

外购舰艇力不从心

　　中国近代海军初创时期，由于自身建造舰艇的能力薄弱，大量主力舰艇只能购自国外。北洋海军中的铁甲舰"定远""镇远"，巡洋舰"致远""靖远""经远""来远""济远""超勇""扬威"，炮舰"镇东""镇西""镇南""镇

---

〔1〕高晓星编：《陈绍宽文集》，海潮出版社1994年7月版，第73页。

北""镇中""镇边"，练习舰"敏捷"，鱼雷艇"左一""左二""左三""右一""右二""右三"等，均从英德购得。南洋海军也从英德购买了不少小型舰艇。舰艇的外购尽管耗费了大量银两，但这些舰艇在抗击外敌入侵中发挥了无可替代的作用。甲午战后，清政府试图重振海军，先后从英德两国订购了"海容""海筹""海琛""海天""海圻"等五艘巡洋舰，"飞霆""飞鹰"等两艘炮舰，"海龙""海青""海华""海犀"等四艘鱼雷艇。湖广总督张之洞从日本订购了"楚泰""楚同""楚豫""楚有""楚观""楚谦"等六艘浅水炮舰和"湖鹏""湖鹗""湖鹰""湖隼"等四艘鱼雷艇。这些舰艇在辛亥革命之前陆续来华。辛亥革命前夕，清政府又从英、德、日、意、奥、美等国订购了"同安""建康""豫章""江鲲""江犀""肇和""应瑞""永丰""永翔""鲸波""龙湍""飞鸿"等十一艘舰艇，前九艘在辛亥革命后来华，而从意大利订购的"鲸波"号炮舰、从奥匈帝国订购的"龙湍"号驱逐舰以及从美国订造的"飞鸿"号巡洋舰，因经费问题而未能交货。综上可见，在晚清时期，清政府强忍着甲午战争失败的创痛，依然通过国内筹资、国外贷款等方式，从国外订购了为数不少的舰艇。在这些舰艇中，有些如"海筹""海琛""海天""海圻"等巡洋舰，无论在技术上，还是在作战能力上，都属于世界上较为先进的舰艇。晚清时期外购的舰艇，成为抗战前中国海军建设的重要物质基础。

北京政府时期，由于国内局势动荡，政府更替频繁，财力微弱，不可能拿出更多的钱来建设海军，更不可能从外国大量订购舰艇，海军主要靠接收清政府遗留下来的舰艇。在这一时期，北京政府仅向外国购进了"建中""永安""拱辰"三艘浅水炮舰和一艘测量舰"甘露"号。

南京政府成立以后，海军装备建设随之开始。特别是1930年以后，国民政府拨给海军的临时费有所增加，决定向外国造船企业订购新型巡洋舰。1930年，经蒋介石同意，海军部与日本播磨造船厂签订了建造两艘2400吨级巡洋舰的合同，制造费用以东北大豆折价，分期交付。这两艘军舰就是"宁海"号和"平海"号。"宁海"号在日本施工，"平海"号在中国施工，日方派人来华指导，并供应武器装备。"宁海"号于1931年2月21日在日本开工建造，当年10月在播磨造船厂举行了隆重的下水典礼。该舰艇尺寸与"平海"号完全一样，吨位是2498吨。下水那天，中国海军派出的监造官、海军部总务司司长李世甲

晚清时期清政府从日本订购,1913年建成来华的"永翔"号炮舰

"海天"与"海圻"是同型舰,英国阿姆斯特朗厂建造。1904年4月,该舰奉清政府之命赴江阴接运军械,因沿途大雾,行至吴淞口海面时误撞鼎星岛搁浅,经救援无效,即行拆废,管带刘冠雄因得到袁世凯庇护,只受到革职处分,后担任海军总长

以及监造员二十余人参加了典礼。另外，中国驻日公使蒋作宾、驻神户领事周珏也出席典礼，蒋作宾代表蒋介石宣读了命名书，说明国民政府上下对该舰的建造十分重视。1932年8月26日，"宁海"号驶回中国，编入第一舰队。

30年代中期，海军部还向德国订购了五艘潜艇，其中250吨的两艘，280吨的两艘，600吨的一艘，还有一艘潜艇母舰。这批舰艇后来因为中日战争的爆发，日本出面干涉，而使德国撕毁了合同。

除了海军部订购舰艇以外，电雷学校也在1933年至1937年之间向英德两国购买了15艘鱼雷快艇。此外，广东海军在这期间也在香港船厂订购了四艘炮艇，命名为"坚如""执信""仲元""仲恺"，前两艘的吨位各220吨，后两艘的吨位各60吨，它们分别于1929年竣工。[1]

从总体上看，南京政府时期，尽管海军购进了最先进的"宁海"号巡洋舰，但外购舰艇数量极少，对海军建设的帮助并不大，与自造舰艇的作用相比，不能同日而语。究其原因，一方面是经费问题，另一方面，也是最重要的，就是由于内战不断而导致的对海军建设的漠视。拿前面提到的陈绍宽评价北京政府之前海军建设的话，同样可以评价南京政府时期的海军建设状况："并不是历次的海军当局未有筹备。历任的海军当局口已说干，腿已跑肿，努力的结果，仍是不能得有相当的建设。"

---

〔1〕在南京政府时期，还有一些订购后因战争原因而未能来华的军舰，其详情见马幼垣《抗战期间未能来华的外购舰》，台湾《中央研究院近代史研究所集刊》第26期，第319—338页。

抗战前的海军教育与训练

　　战斗力的构成，人才是关键，尤其是海军作为一个技术军种，对人才的要求更高。中国近代海军自初创开始就深明这一道理。因此，培养和造就人才，伴随着海军建设的始终，也对海军抗战产生了重大影响。

　　海军人才的培养和造就，主要是通过学校教育和部队训练两种方式实现。

海军学校教育

　　中国近代海军的学校教育，发端于19世纪60年代。1867年1月，清政府在福建马尾创办了中国近代第一所海军学校——求是堂艺局，后改为福州船政学堂。随后，各地相继创办了天津水师学堂、广东水陆师学堂、江南水师学堂、昆明湖水操学堂、威海水师学堂等培养海军人才的专门学校。这些海军学校，不仅为中国近代海军教育探索了一条新路，而且开了近代海军向国外派遣留学生的先河，先后派出学生赴英法学习驾驶、管轮、舰船制造、枪炮工程、火药等，大大提高了人才培养的质量。就在晚清政府行将灭亡之际，又有烟台海军学堂、湖北海军学堂相继诞生。进入民国以后，随着西方近代海军装备技术的不断传入，对海军人才的需求更加迫切。

　　北京政府时期，海军一方面整理和续办晚清遗留下来的原有学校，一方面创办新的海军学校。原有的"学堂"均改为"学校"，例如福州船政学堂的前学堂改为福州海军制造学校，后学堂改为福州海军学校；烟台海军学堂改为烟台海军学校；广东水师兼办的工业学堂，改为黄埔海军学校。新创办的海军学校有海军军官学校、海军电雷学校、海军鱼雷枪炮学校、海军飞潜学校、葫芦岛航警学校等。这些学校不仅注重学生中学文化课程的补习教育，而且还不断增加高等自然科学基础课程，把西方海军的航海、船艺、鱼水雷、枪炮、弹道、通信、轮机、战术等专业学科，与中国传统的技艺相结合，逐渐形成了适合中国海军实际的教育内容。在学校管理上，也借鉴了西方国家海军学校的一些管理方式，甚至引进它们的法律法规，聘请它们的顾问，来从事学校管理和教学。为了把所学理论知识与实际相结合，在刘冠雄的主张下，海军部从海军舰队中选调最新最好的大舰作练习舰。1913年7月，由"肇和""应瑞""通济"三艘舰船编成练习舰队，专供海军学校毕业生实习之用。正因为如此，各海军学校培养的学生基本能够胜任海军的各个岗位。

北京政府时期仅派遣留学生60人，但所学领域却大大拓展，增加了飞机制造、潜艇制造、航空飞行、新式鱼雷等项目。国家也由英、法、德、日等，扩大到美、意、奥、菲等国。

在发展学校教育的同时，为了教育和训练海军士兵，北京政府海军部还在晚清海军所办练营的基础上进行扩充。1912年，将晚清烟台水师练营改为烟台海军练营，后迁往福州马尾，改名为马尾海军练营；将晚清海军的广东水师练营改为广东海军练营。

始建于1903年的烟台海军学校，20年代毁于战火

南京政府成立初期，海军学校仅有北京政府时期延续下来的福州海军学校、福州海军艺术学校、葫芦岛航警学校和海军医学校等少数几所学校。后来，随着国内形势的变化，海军学校出现了一些调整。葫芦岛航警学校于1931年改称葫芦岛海军学校，"九·一八事变"

马尾海军学校正门

后迁至威海，1933年8月再迁青岛，改名为青岛海军学校。广东军阀陈济棠于1930年6月将已经停办的广东海军学校恢复，更名为黄埔海军学校。1932年，蒋介石新办了电雷学校。另外还在一些学校中设立了专门的训练班。

尽管抗战前南京政府拥有的海军学校数量不多，但教育水平却比北京政府时期有了进一步提高。值得一提的是，海军学校教育强调理论联系实际，更加重视培养学生的任职能力。以黄埔海军学校为例，该校招收新生之后，先将新生送到广东军事政治学校接受为期七个月的入伍教育，培养军人的素质。入伍教育结束后，并不急于进入课堂教学，而是将新生直接派到军舰上进行为期六个月的实地教学。曾是黄埔海军学校第二十二期学员的钟汉波，描述了他入学后不久的舰上实习生活。他实习的军舰是排水量4300吨的巡洋舰"海圻"号。上舰后，学生首先要熟悉"磨甲板""泼煤""荡艇"等士兵从事的工作。一段时间后，着重学习军官的服勤。他说："与海校有关的科目如'轮机学'就更加详细讲解，而且教的都是现场教习。在'海圻'军舰上，就拿舰上所有轮机装备作为讲解的实体模型，因此能避免只用教科书时，全凭图表想象。"教官还带领他们到"肇和"练习舰上见学，适逢"肇和"维修蒸汽涡轮，使他们第一次亲眼见到了其内部结构。钟汉波说："难得的是趁'肇和'军舰打开蒸汽涡轮检查，能见识其内部结构。这种机会教育，可遇而不可求，一生难得一见。"对于航海和鱼雷课程，他印象也十分深刻："航海与鱼雷两课，教得非常实用；后来回到海校的课程却是以书本教学为主，不无遗憾。舰上航海方面的

1933年，马尾海军学校学生正在进行仪容检查

讲授，远不如海校课本所教之内容，但教官的见习教学，例如将舰上的航海设备仪器详加介绍，却很实用，包括磁罗经之调整，车钟之使用，编队航行定位用的测距仪（有别于枪炮部门的自备基线测距仪），以及海图如何列册入柜，以便立即抽出所需之海图，并教我们如何翻阅水道志等，都是以舰上实物来讲解。"[1]可以说，这些知识是在课堂教学中难以学到的。

　　除了黄埔海军学校以外，其他海军学校也有舰上实地教学的环节，只不过有些放在课堂教学之后，有些则放在课堂教学之前。经过课堂和实地教学相结合培养的学生，大多毕业后能够直接上舰服勤。长江抗战时，在"平海"和"宁海"巡洋舰上，就有不少刚刚走出海军学校校门的实习生。他们在战斗中的表现可圈可点，说明当时的学校教育已经达到了比较高的水平。

　　南京政府时期的士兵训练，沿袭了北京政府时期的海军练营，同时在一些海军学校中设立了学兵队。1932年8月，从海军练营毕业了一批练兵，海军部

有这样的记载："海军练营于去年六七两月新招第二队信号练兵四十九名，开课月余，经该营长督同各教官、教习详加考验，严行甄别，王依清部十一名皆属性质鲁钝，于信号难期通晓，均予淘汰，饷洋截至本年八月十五日止。又张文举等三名体格尚属强壮改编练兵，以资造就。经呈部请予备案。又本届毕业练兵五十一名、鼓号练兵四名业于九月一日移送楚观军舰矣。"[1]从中可以看出当时对士兵的训练也是比较严格的，还采取了淘汰制。

对于军官，海军部长陈绍宽认为，"海军战术日新月异，各军官在校时虽曾经学习，惟世界学术进步甚速，当更求高深军事学，以资应用"。所以他主张根据情况对军官进行不定期的培训。1932年，海军部聘请英国海军军官古乐门为总教练官，对驻南京的各舰艇长进行海军战略战术培训。6月9日开班，为期六个星期，7月22日结束，"学习成绩甚佳"[2]。毕业时，陈绍宽亲自到场祝贺，并合影留念。

海军的舰队训练

早在晚清时期，海军就重视舰队的训练，认为舰艇部队的训练是培养和提高官兵海上作战能力和战斗意识，操练战斗技术、战术的重要途径，也是培养舰队各舰之间协同作战能力的唯一方法。因此，北洋海军一方面模仿西方海军的做法，另一方面把中国旧式水师的训练方法融合其中，形成了近代海军单舰训练和编队训练的一些模式，对于锻炼和提高舰队的指挥、协同、攻防能力，都发挥了重要作用。

北京政府成立初期，海军对训练也比较重视，这一点，从当时的记载就可以清楚地看到。1913年6月，海军进行了一次大规模的校阅，其训练内容有多个方面。19日，海军第一舰队齐集天津大沽口外，指派"联鲸"军舰为刘冠雄的座舰，舰队分为左右两队，接受检阅。检阅仪式完毕后，舰队出发，开始操演。刘冠雄在呈报给北京政府的舰队校阅情形中，报告了操演的大体经过："计自六月二十日起，沿海演阵，驶赴庙岛，排日校阅，或合全队会操，或就一舰

---

〔1〕《海军部八月份重要工作》，《海军杂志》第五卷第一期"专件"，第16页。
〔2〕同上，第9页。

"宁海"号官兵在操演高炮

考验，并派员分舰调查；另委专员前赴烟台学校、练营考察。回沽之日，复躬行履勘船坞以及机器各厂。于七月二日事竣回京，三日赴部办事。"这次操演的具体内容，刘冠雄有详细报告，包括"操练阵法""检点官佐士兵""巡视全船""大操御敌""步队操枪""大炮打靶""洋枪打靶""舢舨竞捷""舢舨离船救火""舢舨出攻""勘验机器""考验鱼雷""考察舰体""调查杂项"等，另外还检查了烟台海军学校的管理和训练，勘察了大沽船坞的情况。对于这次校阅和操演，刘冠雄这样评价："综计躬亲考验以及各员报告按之，海军完全程度虽尚不无缺点，惟比年以来，疲于奔命，一切操法尚见娴习整齐，较之民国成立之初已有进步。此后但得军港成立，练舰编成，应改良应修整者亟行修整，海军前途方有起色。"

此次校阅和操演，尽管规模较大，时间较长，但也暴露了若干问题。例如"操练阵法"，虽然"距离部位尚见整齐，变阵转旋亦颇灵速"，但也能明显看到"计自光复以来差务繁多，各舰四处奔波久不操阵"的痕迹；对于"大炮打靶"，"此项成绩最不足观。虽亦有中靶者，究居少数"。火药也存在"藏之过久，变质已多"的问题。[1]其他方面，问题比比皆是，海军的状况由此可见一斑。即便是如此水平的校阅和操演，此后也再无记载。

南京政府时期，当新军阀的混战暂时告一段落之时，海军曾经有过短暂的平稳期，不仅建设有所加强，舰队训练水平也有所提高。首先，海军训练走

〔1〕杨志本主编：《中华民国海军史料》，海洋出版社1987年5月版，第397—406页。

48

水兵在进行射击训练

上了正轨，制定了比较严格的规章制度。1932年，海军在北京政府时期制定的《修正军舰职员勤务令》的基础上，公布了《军舰职员服务规则》，对舰长、副长、海正、枪炮正、鱼雷正、值更官、轮机长等各职位的主要人员的行为进行了严格、详细的规定，其中涉及大量的训练内容。例如，规定"凡施行各种战斗操练之前，舰长应集合各军官告以关于操练之计划；在施行中宜就切于实战者实地训练；练毕再集合各军官评论其成绩，且使各述意见，以资改良"。"演习船阵时，舰长须集合军官于舱面，以便实地研究"。"枪炮、鱼雷及各种操法，舰长应按定章施行之；若有应行改良之处，得陈述意见于所属长官"。"凡定期操练以外，舰长得施临时操练；但须请示所在资深长官"。"副长承舰长之命综理士兵之教育训练"，"得掌全舰人员操练之号令"等等。[1]此外，国民政府海军部还制定了具体训练的操作表，分为每日、每周、每月、每季、每半年、每年的操作要领。例如，规定每周必须进行攻防、炮队登岸、荡舢板等项目的操演；每月必须打枪靶一次；每季必须大炮用膛内炮打靶一次；每半年必须操放鱼雷一次；每年必须大小炮实弹打靶一次，参加校阅一次、会操两次等等。

---

〔1〕杨志本主编：《中华民国海军史料》，海洋出版社1987年5月版，第458—468页。

其次，海军训练在一定程度上坚持了对规章制度的落实。尽管在现有资料中很难见到海军具体训练状况的记载，但能够体现海军综合训练水平的校阅和会操，却有比较详细的记载。校阅和会操逐渐展开于1928年，在抗战以前，基本上每年要进行一次校阅和两次会操。

校阅是对海军各项工作，特别是训练工作的全面检查。南京政府成立之初，海军的校阅工作就进行得十分认真。1928年9月，海军部对驻沪海军进行了一次大规模的校阅，从当时的记载可以了解其详情。海军部命令海军第一舰队司令陈季良担任校阅官，抽调海军部参谋副官及各处长担任校阅人员。校阅内容包括全体管理、人事、舰内组织、餐食之设备、舰务及军纪、杠具各舱、修配事项、航海设备、兵器、机锅、军需医务、精神教育、航次、救生、操演船阵、航次或泊次之备战、大操、火警、碰船塞漏操演、舢板操演、陆战、信号、体育、电务等24大项，351小项，可谓详细之至。陈季良在校阅中对员兵训话时说："校阅之事本应每年举行一次，典礼非常隆重。近以连年作战以致到今日始能实行。""此次校阅好处，大家互相观感，互相勉励，以期达到更进一步。其尚有不甚好者要努力改善，至于平时官长之训练要时刻研究，不可忘记，因为海军科学的事情甚多，并且人数分配又少，一人须当作数人之用。战时我们对峙者当然是敌人，即平时我海军亦均有敌人，此敌人为何，即浓雾风涛。故航海稍不慎，不独一支价值数百万之舰不能保，即一舰员兵之生命，亦将难保，何论建设。本司令盼望大家凡事务须努力，以期达到使本党主义快快切实现之目的。"[1]1931年4月的一次校阅规模更大。这次校阅是海军全军通常校阅，海军部代部长陈绍宽担任校阅委员长，总务司司长李世甲，军衡司司长杨庆贞，军械司司长林献炘，舰政司司长唐德炘，海政司司长许继祥，经理处处长罗序和、参事任光宇、技政沈笋玉任校阅委员。此次校阅从4月开始，到10月止，历时半年，共校阅舰艇51艘，足见海军对校阅工作的重视。[2]

---

〔1〕《国民革命军海军第二舰队司令陈绍宽校阅记录》，《海军期刊》第一卷第五期"专件"，第4—30页。

〔2〕殷梦霞、李强选编：《国家图书馆藏民国军事档案文献初编》第七册，国家图书馆出版社2009年6月版，第339页。

　　此后，海军的校阅照例进行。"海军部对于全军各舰艇各机关，每年例须举行通常校阅一次，考察所属之军纪、教育、训练等成绩，医务卫生之概况，人员服务之勤惰，以及建筑物、舰体、轮机、兵器、军需保管之得失，以昭慎重。"[1]会操是对单舰或舰队训练项目的综合演练，是检验单舰或舰队综合作战能力的主要手段，也是提高单舰与单舰、单舰与多舰之间的相互配合能力的主要方法，因为它接近实战而备受重视。南京国民政府成立以后，海军的第一次会操是在孙中山第一次领导起义的纪念日，即1929年9月9日举行。9日，海军部电令第二舰队各舰艇集中于南京、镇江一带，等待开往浙江沿海会操。10日凌晨2时，陈绍宽带领海军部人员乘"江贞"号旗舰，督同"楚泰""楚谦""楚观""勇胜"等各舰艇，向浙江沿海进发。各舰艇士兵沿途操演万国通语旗号、雾号、信号等。当晚驻泊于吴淞口。11日，舰队开始航次，操演各种船阵。这天，海上风猛浪激，舰艇随波漂荡，"但士兵久历风涛，变换阵势均极捷，舰艇长亦指挥若定"。当夜，舰队抛锚于舟山群岛。12日拂晓，舰队奉令开往六横山港外演习炮靶。虽然海上风涛险恶，舰身颠簸摇摆，但"士兵训练有素，故瞄准命中成绩均优"。13日早晨，陈绍宽召集各舰艇长训话后，命令各舰艇舢板演习船阵及流锚各动作。到了夜间，则演习灭火、夜战及劫船防御。14日黎明，各舰艇又开赴牛鼻山港外演放炮靶，夜间则操演灯号、火号及火警急救等。此后三天，舰队开赴舟山海面会操船阵。18日拂晓，各舰艇陆续离开定海，沿途操演本军通语、旗号及演习各种海战。19日，陈绍宽得知张发奎部对长江上游构成威胁，决定缩短会操日程，率舰队开赴吴淞口。这样，此次会操历时十天。会操期间，还有少数舰艇从福建开来参加，"江鸥"号飞机也从上海赶来参加会操。此次会操尽管仅是一次单个舰队的演练，但它"开海军会操史上空前之新纪录"[2]。此后，各舰队集中大规模的会操每年都要举行。

　　抗战前海军的舰队训练，对提高作战能力起到了很大的作用，特别是在这

　　[1]《海军部二十二年九月份重要工作概况》，《海军杂志》第六卷第二期"专件"，第3页。

　　[2]《一年来海军工作之实纪及训政时期之规划》，《海军期刊》第二卷第五期"特载"，第20—21页。

期间，海军舰艇还不时地参加一些小规模的战斗，对官兵的作战技能提高均有促进。然而，海军建设规模却抑制了训练效果的发挥。抗战开始后，海军主力退缩长江，在大洋上所进行的操演项目，大多无可施展，不能不说是一个很大的遗憾。

"一·二八事变"后的弹劾海军风波

"一·二八事变"是日军在全面侵华之前挑起的一次试探性的进攻，也是对中国军队反应能力的严峻考验。在日军的进攻面前，英勇的第十九路军向全国人民竖起一面抗敌旗帜，令人感奋不已。而海军的表现却为自己抹上了永远洗刷不掉的污点，至今令人唏嘘感叹。事变平息后，一场弹劾海军的风波随之而起。由于这场风波与后来的海军抗战有一定的关联，因而在此略述一二。

"一·二八事变"中海军的表现

关于海军在"一·二八事变"中的表现，时任海军部总务司司长、代理常务次长的李世甲后来有一段回忆：

> 一九三二年一月，日舰云集上海，并出动海军陆战队借端挑衅。二十七日，陈绍宽和李世甲因公在沪（当晚陈绍宽回南京）。二十八日二时，从虹口传来隆隆炮声，日军向我进攻，十九路军奋起抵抗，双方已不宣而战。时陈季良（政务次长兼第一舰队司令）驻防高昌庙，他和李世甲紧急地研究了时局，认为如果全面抗战，政府当有命令；如果局部冲突，要慎重考虑，不易轻举妄动。是日上午，陈季良接到日本海军第一舰队（实际上是日本海军扬子江巡视舰队）少将司令官盐泽的信，意谓：日本海军陆战队与上海中国驻军发生冲突，纯系地方性质，希望双方海军维持友好，幸勿误会。陈绍宽于二十八日早也接到盐泽和驻南京日本海军武官营沼大佐的信，内容略同。沪战日趋紧张，日增派海军中将野村率领"出

海军部总务司司长、代理常务次
长李世甲

云"旗舰来沪指挥。二月初的一天，一艘日本商船闯进我高昌庙江防警戒线，我守卫在江南造船所的哨兵开枪自卫，毙其船长福田。日军早图沪南，遂趁机向海军挑衅。司令官盐泽以哀的美敦书方式照会我方，要求惩办凶手，道歉赔偿，保证以后不发生类似事件，限二十四小时以内答复。陈季良和李世甲商量后由李世甲通过友人李择一，向驻上海日本海军武官北岗大佐探询妥协，答应日军要求。

二月中旬，十九路军和上海各社团要取用上海海军仓库内储存的大炮、弹药和钢板，陈季良借口须向上峰请示，拒绝了他们的要求，引起上海各方人士的不满。蒋介石在上海"一·二八事变"中本着不抵抗政策，采取妥协态度。当时陈季良成了蒋介石不抵抗政策的奉行者，被社会舆论指责为亲日分子。[1]

这段回忆，清楚地表明了海军在"一·二八事变"中的表现：一是与日本海军达成不战协议；二是对日军无理要求妥协退让；三是拒绝借武器装备给英勇抗战的第十九路军。

李世甲作为海军决策的主要当事人，他的叙述总的看是符合事实的，但有些细节并未涉及，同时，他所说的人们指责的矛头仅仅对准陈季良也是片面的。实际上，当陈绍宽和陈季良分别接到日军的信件后，海军部密令各舰队："准日海军司令来函，'此次行动，并非交战，如中国海军不攻击日舰，日舰亦不攻击中国军舰，以维友谊'等情，凡我舰队，应守镇静。"1932年2月1日下午，日本海军在南京下关开炮，海军部急令各舰长不准还击。同时上海高昌庙

───────────────

〔1〕杨志本主编：《中华民国海军史料》，海洋出版社1987年5月版，第971—972页。

舰队也接到相同的命令。3日，上海日舰炮击吴淞各地，中国海军均奉命"不准还击"。此外，日本船长福田被击毙后，中国海军接受惩凶、道歉、赔偿等屈辱条件，以赔偿抚恤费2万元国币了事。

如此，在大敌当前之时，作为维护国家利益的海上武装力量，做出如此丧失国格的行为，其后果是十分严重的。随即，上海各界不能容忍海军的行为，掀起了谴责海军的风潮，谴责的目标也不仅仅是陈季良，而是整个海军。

来自社会的严厉谴责

面对日军的暴行，广大民众出于对国家和民族危亡的焦虑，出于对不抵抗政策的愤慨，展开了对海军的猛烈谴责，表现了强烈的爱国主义精神。发表于邹韬奋在上海主笔的《生活》周刊上的一篇题为《国难期中的海军当局》[1]的读者来信，就代表了民众的这种情绪。这封署名为"何煌基"的来信一开头就说："韬奋先生伟鉴，鄙人素不文，尤其不会白话文，因读先生大作愤懑哀痛中的民意后，觉此种败类，非予以有力之警告，则赵欣伯之流将复见于海军，素仰先生以至诚为国家民族奋斗，必表同情，故特上此信。如有刊登之价值，请代斧正刊出，或供作小言论之材料尤妙。鄙人真姓名未便奉告，如有事下询，请在贵刊书数字相召，当即走访。"接下来便是信的正文：

> 当沪战初发生时，我们的舰长即得到部长的密令，大意谓"准日军司令盐泽来函，谓此次日军所采行动，完全自卫，并非两国交战，为维持友谊起见，如中国海军不攻日舰，则日舰亦不攻击中国军舰，惟日舰如被攻时，则日舰为自卫计，必还击等语，我军此后应确守镇静态度……"据说此函乃我们次长李世甲斡旋之力。次日我们又得舰长命令，谓日舰即炮攻狮子山或南京城市，亦与我军无干，除日舰炮击我舰时，方准还击，同时高昌庙各舰员兵亦奉到相似命令。我们员兵俱悲愤不胜，但以舰长命令，只得容忍。及野村来沪，李世甲更与其来往得殷勤，时常同坐汽车往各处战壕参观。在两军血战中，此种举动，是否创闻，让大家来批评罢。

---

〔1〕《国难期中的海军当局》，《生活》第七卷第十六期，1932年4月23日出版。

夸大善吹勇于内战之陈绍宽，自沪战发生后，对员兵训话，每谓日军如何强，我军如何弱，必不堪一战，但以我们所知，暗中可以援助之办法尚多。（此种办法或尚有用，暂不宣布。）十九路军以水雷炸敌旗舰，即是一法，难道陈绍宽竟想不到么？此后十九路军借大炮，借铁板（退却用），均被拒绝。尤可痛心者，日运输舰装载日兵军火等项，搁浅白龙港至二三日之久，海军当局明知之，亦代守秘密！（我们当时不知。）甚至本季士兵应发之毛织棚，亦仍向三菱公司定制，非媚日何至如是？凡此种种，俱有实据可考，非出虚构。惟李世甲何故亲日，则不可解。以我们所知，李世甲曾经手向日方购械制船，（购新炮每以废炮油新搪塞，配件亦零落不全，全军敢怒不敢言。）个人大有好处，意或以是感恩日人乎？吾人对东北伪政府之赵张熙臧等，极其厌恶，我们尤不愿中央政府更有此种败类，我们怨愤极了，希望借贵刊宝贵篇幅予以警告，希望国人随处严密监视此种败类之蔓延。希望海军将士团结起来，打倒此种无耻卖国之长官，并准备于最近将来中日再有战事时，作勇敢之牺牲。末了，我们更希望国人了解，我国现时海军之实力实等于零。新建设之民主、民权、逸仙等舰，都是小炮舰，即正在建设之平海宁海，亦不过是较大之炮舰，我们鉴于此次因缺乏强大之海军，使日军长驱直入，我们应合力来建设新的海军。最近许多人主张废除海军，实属大谬，我们应请此种近视眼的人们，注意侨胞所受之痛苦啊！

这封入情入理、充满激情、极具感染力的读者来信，让邹韬奋十分感动，他特意为这封信加了一段意味深长的"编者按"：

何君这封信所言如数家珍，非局内人莫办。我们不愿攻击任何私人，但如何君所言果确，则事关国家民族，个个中华民国国民都有顾问的责任，所以把这封信公开出来，虽痛于"往者不可谏"，仍希望"来者犹可追"。依我们所知道，当立法院开会讨论与日绝交问题的时候，海军部长陈绍宽氏出席说明海军状况，谓中国海军仅可打三分钟！以月费七十万元养着这样丝毫无补国防的海军，已是国民极痛心的事情，但实力毫无还是另一个问题，而存心媚敌，更是无可恕的丧心病狂的行为。我们到如今才知道一国之所以要有海军，非但与国防无关，而且是用来对敌"维持友谊起见"！

《生活》周刊具有相当大的发行量，读者来信一经刊出，在社会上引起了很大反响。

读者来信中所列举的海军的"罪状"，虽然到目前为止还没有充足的史料证明其全部的真实性，但与日本海军达成不战协议、拒绝借给第十九路军武器装备，却是千真万确的事实，这从李世甲上述的回忆已经得到证实。即便如此，海军也已经在国人面前成了"卖国""无耻"的代名词。那么对这封足以使海军顶上"卖国媚日"沉重骂名的信，海军能够无动于衷吗？如果不能无动于衷，又该作何解释呢？

1932年2月，陈绍宽首先做出了反应。他向行政院院长汪精卫表示："目下国难方殷，江海防务弥形吃紧，外间颇有不察真相，以海军无抵抗之能力或加责备，不知海军实力之强弱与国家经济状况实有联带关系。就历来政府所拨海军之经费而论，维持现状尚虞不给，更何足以言巩固国防之设备。横遭指谪，〔实属〕痛心。""事势危逼，挹注术穷，惭疚难安。"[1]但这仅仅是对政府的表示，并未对外公开。就在《生活》周刊发表读者来信十几天后，一封出自李世甲之手的答复信，出现在《生活》周刊的版面上，是海军对公众的第一次公开表态。信的标题是《关于〈国难期中的海军当局〉的来函》[2]，其全文如下：

主笔先生台鉴：顷阅贵社四月二十三日第七卷第十六期周刊内载《国难期中的海军当局》一篇，其投函内容乃本无根之谈，任意诬蔑，不值识者一噱。世甲生平办事，只求心之所安，知我罪我，不因无价值之毁誉，有所加损。第函中所叙各种事实，关系世甲人格，不得不为声辩。按原文所云日军司令盐泽来函，由世甲斡旋一节，查盐泽为日本遣外舰队司

〔1〕高晓星编：《陈绍宽文集》，海潮出版社1994年7月版，第77页。
〔2〕《关于〈国难期中的海军当局〉的来函》，《生活》第七卷第十八期，1932年5月7日出版。

令官,以世甲所处地位,平时对外交际虽有照例来往,并无特别交谊,自九一八事变发生,即未与之谋面。所指由世甲斡旋,来函之事,全属子虚。且世甲在部所有函牍均经寓目,何以未见盐泽来函。究竟凭证何在,应须明白揭出。如此重大事件,岂宜信口造谣,淆惑观听。按原文又云,世甲与野村在沪同往各处参观战壕一节,查野村从前亦系日本遣外舰队司令官,世甲当时在舰长任内,仅有一次与之周旋,纯为国际联络,此后未尝晤及,况两军对垒之际,无论何国战区范围以内,岂容敌人窥探?稍有常识者当知绝对不成事实,此节可不辩而自明。按原文又云,本季士兵应发毛织棚仍向三菱公司定制等语,查毛织棚却由三井公司定制,但在数年以前,而原文指为三菱公司,举此一端,可见其皆属误会。盖我军颁给士兵毛织棚,向来冬季发出,夏季缴回,洗净收库,用时再发,本季所发之件,实系从前缴存,并非新近订购。若谓与日方订购物品即可指为媚日,然则当中日战事未发生以前,我政府机关向该国所购之件,其数量较我军何止倍蓰。皆得谓之为媚日乎?按原文又云,世甲经手向日方购械制船,每以废炮油新搪塞等语,查我军近年虽向日方购炮计前后四次,为数不外十余尊,现已装配各新舰,均称适用。且当时订购系由最高长官主裁,世甲仅在与闻之列,兼以历次派有少校以上之官员前赴日兵工厂跟同试验发射,并检点配件完全,始行接收,尚须由经理处核明付款手续,一切异常慎重。倘该炮果为废物,宁有大众同负责任,甘受世甲一人欺蒙之理?所云实据可考,如能将确证交出,世甲即受法律裁制,毫无异词。至向日厂制舰,亦在两年以前,现在尚未完工,将来自有公评,一时无须置辩。素仰贵主笔宗旨纯正,特举该投函所指各节,分析剖白,俾免以讹传讹。如果世甲行为有如原文所云,匪特有玷官箴,而且自贬人格,则被舆论攻击,固所甚愿。兹以该函均属捏词耸听,殊难默尔而息,应请贵社即将此函登报更正,以明是非,至为感盼。顺颂著安。

仔细研读李世甲的来函,就会发现:第一,海军当局以李世甲个人名义回函澄清,可以避免招致更严厉的攻击,也可防止出现越抹越黑的结果,说明海军方面对此进行了周密的研究,回函澄清并非李世甲的个人行为。第二,面对事关海军名誉的媒体谴责，回函却抱着温和的态度对待之，说明一方面海军对民众的爱国情绪给予充分的理解，另一方面谴责确实触及了海军的痛处，无法理直气壮地进行辩解。第三，针对读者来信中所列举的罪名，李世甲仅就与盐泽斡旋、与野村参观战壕、从日本订购毛织棚、在日本购械制船等四项进行了辩解，而对战争结果有重大影响的与盐泽达成协议、下令各舰不准还击、拒绝借武器装备给第十九路军等三项完全避开，这无疑是默认了后者的存在。由此可以断定，海军在"一·二八事变"中的表现，确凿无误地损害了中华民族的利益和尊严，在中国海军史上留下了难以抹去的污点。直到抗日战争全面爆发，民众的脑海中依然留存着海军的"丑恶"形象，成为产生"中国的海军在哪里"疑问的一个重要原因。

那么，海军为何要做出有辱国格、军格、人格的事情呢？从李世甲遮遮掩掩、苍白无力的辩解中我们隐约感到，在这背后一定有着更大的背景和隐藏着更深层次的原因。

海军为什么不抵抗

海军为什么不抵抗？这是一个无论当时还是现时，人们都急于求寻答案的问题。就现有资料分析，大概有以下几个原因。

第一，蒋介石采取不抵抗政策。

"一·二八事变"发生前夕，蒋介石、汪精卫等人在全国人民的抗日激情迫使下，曾不得不做出"无论如何困难，决以不丧国土，不辱主权"[1]的表态。事变发生之初，蒋介石还宣称："我十九路军将士既起而为忠勇之自卫，我全军革命将士处此国亡种灭，患迫之燃眉之时，皆应为国家争人格，为民族求生存，为革命尽责任，抱宁为玉碎，毋为瓦全之决心，以与此破坏和平，蔑弃信义之暴日相周旋。"[2]然而不久，蒋介石等人便背弃了先前的承诺，开始实施不抵抗政策。他将国民政府迁往洛阳后，指示负责南京方面事务的军政部长何应钦给第十九路军将领发布指示："惟我国目前一切均无准备，战事延长扩大

---

[1]《申报》，1932年1月26日。
[2] 秦孝仪编：《总统蒋公思想言论总集》卷三十七，台湾国民党党史委员会1984年10月版，第36页。

均非所利。""望蒋总指挥、蔡军长、戴司令通令所部严守纪律与秩序,非有上官命令不得任意射击,在前线部长尤须遵守。"[1] 2月5日,又致电蒋光鼐等:"除日机加以抵抗外,即对日海军决不抛掷炸弹。"[2] 2月13日,京沪卫戍司令长官陈铭枢又向第十九路军转达了蒋介石的旨意:"我军进攻无论如何牺牲,亦不能达到任何目的,在全般计划未定以前,仍取攻势防御为要。"[3] 同一天,何应钦也转达了蒋介石的旨意:"以十九路军保持十余日之胜利,能趁此收手,避免再与决战为主。"[4] 这与事变发生之初"慷慨激昂"的态度完全是两个调子。蒋介石等人在事变前后坚持了"先行安内,方可攘外"的方针。

依据这一方针,在事变爆发之时,陈季良与李世甲进行了紧急磋商,决定在政府指令到达之前静观事态变化。2月中旬,第十九路军要取用上海海军仓库内储存的大炮、弹药和钢板用于抗敌,陈季良鉴于没有接到政府抗敌的指示,借口向上峰请示,拒绝了他们的要求,引起上海各方人士的不满。对此,海军部长陈绍宽强调:"海军购置军械军火历经呈报有案,有无高射炮暨钢板可以拨借,早在政府鉴察之中。即使有之,亦不得私相授受。"[5] 实际上是在向人们表明,对待抗战海军必须服从政府的命令。

1932年6月1日,陈绍宽在海军部成立三周年纪念会上发表开会词时更是有针对性地说:"在国难期间,本部发号施令,所采应付的方针,一面是政府之旨意,一面是不但为本军打算,尤其是为了国家打算,为了民众打算,为了地方打算。"[6] 6月18日,他在回答记者提问时进一步指出:"海军非畏暴日,实因未奉命令,不能妄动。"[7] 7日,他在反驳高友唐弹劾海军时又强调:"中日未经实行正式宣战,海军非奉政府命令,安敢擅自行动。"[8] 这充分说明海

---

〔1〕中国第二历史档案馆:《中华民国史档案资料汇编》第五辑第一编外交(二),江苏古籍出版社1994年6月版,第668页。

〔2〕同上,第673页。

〔3〕中国第二历史档案馆:《中华民国史档案资料汇编》第五辑第一编军事(五),江苏古籍出版社1994年6月版,第496页。

〔4〕中国第二历史档案馆:《中华民国史档案资料汇编》第五辑第一编外交(二),江苏古籍出版社1994年6月版,第682页。

〔5〕《海军部七月份重要工作》,《海军杂志》第四卷第十二期"专件",第9页。

〔6〕高晓星编:《陈绍宽文集》,海潮出版社1994年7月版,第88页。

〔7〕同上,第94页。

〔8〕《海军部七月份重要工作》,《海军杂志》第四卷第十二期"专件",第9页。

军在政府旨意面前没有越雷池一步。从海军部记载的1932年1月至3月的重要工作中看，在这期间，海军部共发布重要工作50项，其中没有一项与抗战有关，相反，却有13项是"剿赤"的内容，这进一步说明当时海军的工作重点在"安内"，而不在"攘外"。

第二，海军经费捉襟见肘。

前次已经分析过，自南京政府成立以来，在海军的不懈努力下，蒋介石曾一度给海军以很大的关注，也增加了一些投入，表示要在十年以内，建设60万吨的舰艇，与世界列强的海军相抗衡，巩固中国国防。但好景不长，他很快就失去了对海军建设的兴趣，从国民政府对海军的资金投入上可以明显看到这一点。20年代末，国民政府每月拨归海军的经费不过50万元，占国民政府军费总额的5%。这点经费在海军的扩展时期显然是杯水车薪。事变发生时，中央海军的舰艇总吨位也不过4万吨，与60万吨的目标相差甚远，并且大多是小型炮舰，只能分驻各沿江沿海供缉私拿盗之用。即便这样，国民政府还是经常拖欠海军的经费。特别是事变发生之后，为了限制海军的行动，拖欠的数额越来越大，甚至出现了对解决海军经费财政部和军政部互相推诿的现象。1932年6月，陈绍宽诉苦说："我们因困难所受最大的影响就是经济。我们建设的计划，因此不能充分进行，将士们不能按月发饷，衣服不能备置完妥，应用的物件不能充足。本军每月应领经费本是五十万，但在过去的一年之中，没有一次领得完全，其中有两个月且分文未曾领到，有的只领十余万。一年总算，至多本部只领到三分之二，不足三分之一。其实若连本部经费计算，月共六十万，每年即应有七百二十万，而所领到者只三四百万。在这种情形之下，我们应该这一年都得发半饷。"[1]

海军建设的特点是投入大、周期长，从舰艇的建造到人才的培养，再到军港的建设，需要大量资金和漫长的周期。事变发生时，海军正面临着这样十分尴尬、十分艰难的境况，这一情况不能不说是海军采取不抵抗政策的一个客观原因。

第三，与日本海军实力悬殊。

事变爆发时，驻扎上海高昌庙的中国海军是国民政府中央海军第一舰队，

---

[1] 高晓星编:《陈绍宽文集》，海潮出版社1994年7月版，第88—89页。

司令是陈季良，海军总务司司长、代理常务次长李世甲也参与舰队行动的策划。30年代初期，中央海军共编为第一舰队、第二舰队、练习舰队、鱼雷游击队、测量队和巡防队等五个部分，拥有舰艇50艘，约4万吨。其中第一舰队拥有舰艇13艘，包括巡洋舰3艘，小型炮舰10艘，总吨位不足2万吨。而参与进攻上海的日本海军在事变前夕就有舰艇23艘，其中包括航空母舰1艘、巡洋舰2艘、驱逐舰16艘以及其他辅助舰只，还有舰载机十余架。事变爆发后，日本海军进一步增强在淞沪地区的力量。1月30日，有驱逐舰4艘到达黄浦江；31日，又有航空母舰"加贺""凤翔"载第一航空队飞机三十余架到沪，同时到达的还有3艘巡洋舰。仅这两艘航空母舰的吨位之和就有1.9万吨，相当于中央海军第一舰队所有舰艇的吨位。在中日双方激战中，日本海军舰艇还源源不断从日本开往上海。可见，此时中日双方海军的实力差距已经相当悬殊。从这一点上看，如果中国海军选择与日本海军决一死战的话，可以断定，中国海军绝无取胜的希望。

上述客观原因对海军选择自己的行为产生了决定性的影响，这种影响，可以说远远超过了海军行动决策者对事变的主观认识。人们往往会认为，第十九路军可以在蔡廷锴和蒋光鼐等将领的率领下，不顾蒋介石的不抵抗政策，奋起抗击，给日寇以沉重打击，为什么海军就不能呢？显然，在这里人们忽略了一个事实，那就是海军与陆军的军种差别。

国民政府海军部部长陈绍宽

毋庸讳言，第十九路军在事变中表现出了强烈的民族自尊心和坚定的抗敌决心，这种精神动力不是国民党军队内部所有将领都具有的，海军将领在事变中就没有表现出这样的抗敌决心，这是令人十分痛心的。但是，我们还必须注意到一个不可忽视的客观因素，那就是陆海军的军种差别和作战方式的不同。就淞沪抗战中的陆战而言，作战地域相对广阔，部队的防御和进攻有一定的纵深，攻守均有余地。在当时来说，战争有前方和后方之分，中方军队在陆地上能够得到广大民众在人员和物资上的支援，完全可以脱离政府的支持而独立作战。在这种情况下，即使中方武器装备处于劣势，也不会立即陷入失败；即使作战暂时失利，也可以转入持久抗战。这无疑对第十九路军官兵的心理产生了重要影响。

海军的情况就大不相同了。海军是一个特殊的军种，它技术性强，对物质的依赖性大。它需要有一定数量和质量的舰船及武器装备；需要有经过专门训练的各种技术人才；需要有充足的粮、煤、油等物资的供应和保障；需要有设施较完备的基地作为依托。如果没有这些物质上的有力保障，海军就无法生存和发展，就谈不上有较强的战斗力，这就决定了海军对政府的依赖性较之陆军要大得多，不可能脱离政府单独地作战。抗日战争时期，一位中国海军军官曾谈论过陆海军人才培养的差别，他说："夫陆军之训练，费时较短，而收效较速，即兵器之补充，亦无须长久时间，倘训练得宜，配备充足，即可出而应战。普通人士皆可成为陆军干练参谋，欧战时，具有特长之士，在陆军部队担任要职者，颇不乏人。海军则不然，海军军官，使非由海军学校出身，不足充任高级指挥官，纵令其补受高等教育，予以升任高级官长之机会，但与由幼年学生出身者相较，则为年龄资格所限，不免相形见绌也。"[1]从历史上看，海军的分分合合，大多是由不同派系的军阀对海军的物质支持不同造成的。就淞沪抗战而言，海军舰艇的速率和淞沪的地理环境，决定了海军的作战方式只能是海上决战或坚守港口，不可能与日寇进行海上游击战。在得不到政府和民众物质支持的情况下，中日双方海军的实力就决定了海上决战或坚守港口的结果必然是中国海军第一舰队的全军覆没。

也就是说，对于陆军，抗战并不意味着失败，但对于海军，抗战就一定意味着毁灭，而第一舰队的毁灭对中国海防建设的长远发展是极其不利的，陈绍宽在战后反复表明过这样的态度，这正是蒋介石不抵抗政策对陆海军产生不同影响的原因所在。所以海军局内人士辩称，一方面，南京最高当局在"不忘和平"的口号下，"没有抵抗敌人的勇气和决心，对于陆上部队和沿江要塞部队，也没有配备完善，我们海军实力，虽不值敌军百分之零点五，完全处于劣

---

〔1〕《抗战与海军建军》，《海军抗战事迹汇编》，海军总司令部编译处1941年12月版，第110页。

势";另一方面,"我们海军若果自动参战……不啻要糜烂沿江沿海各大城市,并必影响我们整个的外交、军事与国运,所以当时陈绍宽先生,瞻前顾后,忍怨耐辱,依据政府政策,运用军事外交手腕,化一二八为名义上局部战争"。[1]

然而,大敌当前之时无动于衷,无论如何也说不过去。因而,海军在"一·二八事变"中的表现,是国人永远的伤痛,更是海军永远的伤痛。正因为如此,在五年多以后的长江抗战中,海军将领中那些"一·二八事变"的亲历者们,想用行动来抚慰这一伤痛。

弹劾海军尽显派系斗争

如果说"一·二八事变"以后国人对海军的谴责是出于强烈的爱国热情和民族义愤,那么,在国民政府内部出现的弹劾海军风波,却将问题引向了歧途。

1932年4月,国民政府在洛阳召开了国难会议,以图解决民族危机。会上,国民政府军事委员会委员丁默邨等人,提出了《彻底改造海军并整饬海防以抗暴日》[2]的提案。提案中指出:"海军各舰早成废物",而海军将舰艇"视作钢饭碗,甚至贩土运盐投机自肥","于国家民族久已不生关系,除鸣礼炮外,另无其他效用"。有鉴于此,提出了"八项改造方案"。第一项,请政府于军事委员会下重新设立海军海防建设委员会,现有海军部及所属海军机关、学校、工厂一律取消,万一有须继续存在者,亦须彻底改组,不得依循旧规;第二项,现有海军高级负责人员畏缩把持,贻害国家,应请一律罢斥,以谢国人,并期海军得彻底改造;第三项,现有海军中下级人员须经严格考验,并受相当技术及道德训练后,方得重新录用;第四项,请另行派遣精干人员赴英美研求海军最

国民政府军事委员会委员丁默邨

---

〔1〕翁仁元:《抗战中的海军问题》,黎明书店1938年5月版,第15页。
〔2〕高晓星编:《陈绍宽文集》,海潮出版社1994年7月版,第82—84页。

新学识，尤其舰艇之制造等特殊技能，但现有海军人员绝对无被派资格，又被派人员之省籍亦须特别注意，不可又蹈以前被某一地方人把持垄断、贻害国家之覆辙；第五项，现有舰艇完全落伍，应全部拍卖，所得价款，即以兴建新舰；第六项，现有海军经费每月数十万元，应逐月储存，备为新舰建筑、海防整饬之费；第七项，重新建立海军，整饬海防，绝非细款可办，仅拍卖旧舰，储存现有海军经费，仍不济事，但政府目前亦绝无此种巨款足资应付，故须另行举办国民自动募集海军海防建筑捐，其数并须至少规定两万万元，由本会发起，并推举委员负责募集及保管，以备政府大举修造新舰充实海防之需，其募集及保管办法另以章程定之；第八项，政府应于三个月内延请专家编制新海军海防之建筑计划，但其完成期间至多十年，最好五年，并须以其大要不碍军事者向国人宣布。

国难会议聚集了国民政府最高级别的官员，讨论的是处置国家危亡的大事，引起国内外的普遍关注。丁默邨在会上提出的提案，犹如一颗炸弹，引起一片哗然。一时间，中外人士纷纷前往海军部探询情况。特别是外国人，对丁默邨等人列举的海军内部的弊端以及"八项改造方案"，"或作诧异之词，或露惊疑之色"[1]，令陈绍宽难以辩解。

仅仅过了不到一个月，针对海军的又一颗炸弹在国民政府内部炸响，那就是高友唐等人弹劾海军案。

1932年5月4日，监察委员高友唐、邵鸿基、周利生、王平政等四人，向监察院提出《弹劾海军案》[2]。提案中除了列举海军与日本海军订立互不攻击协议、拒绝借武器装备给第十九路军、李世甲陪同日军司令野村参观各处战壕、在从日本制船购炮中弄虚作假以外，还列举了"海军陆战队第一旅金振中在闽省福安、宁德、福鼎、霞浦、长乐、连江等县令该陆战队种烟，所有收获由陈绍宽、李世甲瓜分饱入私囊"的罪行。因此提出弹劾，要求"请将海军部长陈绍宽、海军部次长李世甲一并交付惩戒，并紧急处分，将陈绍宽、李世甲交付军法会审治罪，以肃军纪而作士气"。同时建议政府"毅然废除无用海军，将

---

〔1〕高晓星编：《陈绍宽文集》，海潮出版社1994年7月版，第79页。
〔2〕《监察委员高友唐等弹劾海军全案》，《海事》第六卷第七期"选录"，第7—8页。

各舰改作商船行驶外洋，以运货载客，所入之资仍可不失福建人之饭饱，即腾出前项饷糈改练潜水艇，以固国防而御外侮，不致再蹈淞沪覆辙"。

在这个提案中，还有一段引人注目的文字："海盗猖獗时，有劫船越货发生，海军亦形同聋瞽，不闻不问。平日除争权夺利盘踞福建全省、劫夺两淮盐税、保护私运烟土外，毫无工作。试问国家年糜千万巨款养此纸糊海军何用？以全国人民脂膏为福建系世袭专利海军之供养，天下不平之事，孰有过于此者。"恰恰是这段话，把矛头明确地指向了"闽系"海军。

7月，高友唐赴北平路过济南时，又对新闻记者发表了谈话，称"于院长常谓，何苦以全国人民血汗金钱保持福建人饭碗？因现在之海军已成世袭罔替之福建人之天下也。余主张将海军根本取消，将舰售与商家作商船，因海军年费百余万等于无海军，何若腾出此数，再加以售舰所得，可购潜水艇二百只。要知中国海军原不希望去打人，以二百只小艇防守海口，较胜于无用军舰多多"[1]。随后，北平、天津、上海、武汉等地各大报纸相继刊登了高友唐弹劾海军的消息。一时间，民众"莫不眦裂发指，痛恨海军"[2]。一位作者在《海事》月刊上撰文，特为高友唐辩护和叫好。他写道："故二十年来，举夫国家命脉与存与亡之海军，一以委之少数闽系海军军阀（以下简称闽系海阀）之手，莫之或问。及大权既集，一意孤行，视中华民国全国之国防海军，为少数闽系海阀之专利品，更莫之敢问。遂酿成海军误国之罪，变此国难危局，至于不可收拾。彼举国上下，坐而论者，作而行者，且无有知其罪在海军者，不亦大可哀耶。""国难而后，地坼天崩，如丧考妣，国人始以国难之痛，研讨国防，又以国防之危，责及海军。海军二十年来之主持军令军政者，就民国历史及现今政治言之，自不能不谓为闽系海阀所包办。包办不得其法，贻误海军，坏我国防，于是薄则斥海军之无用，主张裁废，厚则诋将帅之失当，责备贤者，辗转推求，互相印证，闽系海阀所负海军误国之罪，遂昭然暴露于天下。此监察院监察委员高友唐之所以弹劾海军部长陈绍宽也。"[3]

从丁默邨的提案，到高友唐的弹劾案，无疑已将清算海军"卖国媚日"的

---

〔1〕《海军部七月份重要工作》，《海军杂志》第四卷第十二期"专件"，第8—9页。
〔2〕《监察委员高友唐等弹劾海军全案》，《海事》第六卷第七期"选录"，第9页。
〔3〕玄楼：《海军部呈政府究办监察委员高友唐文私议》，《海事》第六卷第一期，第5页。

"罪行"，明显转向了派系斗争。因为在他们的指责中，虚虚实实，难辨真伪，造势迹象十分明显。

从时间上看，丁默邨、高友唐等人对海军的指责已经超出了"一·二八事变"的范围，实际上包括了南京政府成立以后到事变前的整个时期。在高友唐的弹劾案中，指责的重点并不是海军在事变中的表现，对于海军与盐泽"订立条件"和拒绝借武器装备给第十九路军的行为，只不过是"实太令人下不去"，而对"坐视海盗猖獗，未闻海军有剿除计划"的行为，则是"可耻殊甚"。在丁默邨等人的指责中，对海军在事变中的表现更是只字不提，这充分说明海军在事变中的表现，只不过是丁默邨、高友唐等人掀起派系斗争的借口而已。

从内容上看，丁默邨和高友唐等人的指责不仅包括海军在"一·二八事变"中的表现，而且还包括海军的编制体制、人员的素质以及武器装备等各个方面。特别是人员的素质，是指责的重点。在他们看来，海军的高级人员"贻害国家"，中下级人员在"技术和道德"方面还需受"相当"的训练。高友唐甚至认为，海军还在干着人们最为痛恨的事情，那就是"在福建种鸦片，仗势欺压人民"。

从目的上看，丁默邨和高友唐等人的指责不是从巩固海防建设出发，而是单纯地要消除"闽系"海军。丁默邨指出，在派往英美学习的海军人员中，"现有海军人员绝对无被派资格，又被派人员之省籍亦须特别注意，不可又蹈以前被某一地方人把持垄断、贻害国家之覆辙"。很明显，"现有海军人员"中，绝大多数都是福建人，显然"某一地方"指的就是福建省。高友唐说得更加明确，"于院长常谓，何苦以全国人民血汗金钱保持福建人饭碗？因现在之海军已成世袭罔替之福建人之天下也"，因而"主张将海军根本取消"，以便彻底铲除"闽系"海军。为了达到这一目的，他们不惜削弱国家的海防建设，竟提出"将舰售与商家作商船"，"以二百只小艇防守海口"的主张。

事关海军的名誉，事关"闽系"海军的生存，陈绍宽等人面对派系倾轧，当然不会坐以待毙。他们一改在民众面前耐心而温和的态度，展开了措辞严厉的抨击。

对丁默邨的提案，陈绍宽于4月13日致电汪精卫进行驳斥，指出："海军为历来环境所牵掣，以致实力薄弱至此。际兹国难当头，举国上下果有御侮决心，自应一致协助，俾得积极扩展。报端所载立法院某员之谈话如果属实，是不啻摧残海军，漠视国防，影响殊非浅显。敬乞俯赐训示，以正全国之言论，而杜中外之骇疑。"[1] 5月13日，陈绍宽再次致电汪精卫，做了更加"充分"和"详细"的辩解。他说："此种言论，殊昧国家制度。该丁默邨等身为会员，不问事实若何，漫肆诋诽，挑动省界恶感，恐含有他种作用。且指军舰为饭碗，不独负失言之咎，实未免侮辱国家太甚，似须严加训斥。贩运盐土，则有干国法，关系本军名誉尤巨，乃竟信口雌黄，故入人罪，已触诬告之律，涉及刑法范围。""丁默邨等凭空构陷，希图欺蒙，应请令其指出确证，依法究办。"同时，对于丁默邨等人提出的"八项改造方案"，陈绍宽也一一进行驳斥。

针对第一项陈绍宽指出："本部及各附属机关均系奉令成立，其组织法亦经政府核准公布，不知丁默邨等据何国制度欲将海军基本完全推翻，究之海军应否完全取消，或须若何改组，政府自有权衡，非本部所能置喙。第该会员等仇视海军若此，谓无倾陷阴谋，其谁敢信。应请严究，以杜乱源。"针对第二项陈绍宽指出："海军高级人员恪遵政府命令处理事务，非可自由行动。即凡进退升降，其权亦操诸政府，安有把持之事？至畏缩所指何事，军人以勇敢为尚，乃加以此种恶名，既与本军名誉有关，亦为政府威信所系，非切实追究不足以儆效尤。"针对第三项陈绍宽指出："海军官佐均系学生出身，并已受严密之试验及训练，其学问道德原有相当程序。该会员等既乏知识，又好讪毁于学问道德，已无足论之价值，亦当反躬内省，不自厚而责人，期期以为不可。"针对第四项陈绍宽指出："本部比年以来，业经先后派遣海军员生前往英美等国肄习海军技术，即欲造成学业高深人才。此项留学人员原属部分省籍，其被派资格一依考验成绩如何以为衡，该会员等对于本军情形毫无所知，任意妄揣，其常识，其眼光，实远不如外国一小学学生，殊未合会员之资格。"针对第五项陈绍宽指出："本军所属各舰艇除新建数艘外，舰龄虽旧，随时修理，尚足暂供绥靖之用。新舰建造需时，且造费甚昂。如照该会员等所提办法，旧舰既均出售，新舰又未造成，在此青黄不接之时，江海方面绝无舰艇之迹，果何所资以巡缉奸宄，保卫闾阎。似此不顾大体，罔恤利害之主张是否可行，当

---

〔1〕高晓星编：《陈绍宽文集》，海潮出版社1994年7月版，第80页。

亦难逃钧察。"针对第六项陈绍宽指出:"海军内维江海治安,外关国际之地位,如果实行停办,靡特长国内之寇氛,亦恐贻外人之讥笑。"针对第七项陈绍宽指出:"该会员等似应先加训练,俾有海军常识,并考察国民情况,立论方有依据,未可抹煞事实,专就片面渺茫之理想,妄行发表意见。"针对第八项陈绍宽指出:"政府对于所属机关待遇一秉大公,乃谓优容海军,是不止诬蔑海军,且亦诬蔑政府。海军捍卫国家,虽未必有可纪之迹,亦何至有大负国家之罪。本军将士对此侮辱之言尤滋愤懑。"[1]除此之外,陈绍宽还利用在海军内部训话、接受记者采访等机会,对丁默邨等人的指责进行辩解。

对高友唐的弹劾案,陈绍宽等人表现得更加激愤,不仅在公开场合进行澄清,而且还在政府内部按照程序提出申辩。李世甲在申辩书中先解释说:"原拟即日依据法律事实纠正高友唐等之疵谬,第仰体政府息事之至意,深恐真相披露,高友唐等诬蔑之心迹,无可避掩,有损人格,并妨及监察院之尊严,故暂容忍不宣。讵料世甲方委曲求全,而彼方竟不顾一切,比日北方报纸,复将此案任意登载,妄加摘指,而京沪各小报,亦有披露。回忆本年七月间,高友唐违犯《弹劾法》第十条,擅将未经移付惩戒机关之《弹劾海军案》,对外宣泄,上海《申报》及首都《新京日报》,曾载该员谈话。藉报章为攻击工具,原系高之惯技,此次报端传播,恐亦不免有受人指使之嫌,倘再投鼠忌器,自守缄默,彼将不计政府威信,监察尊严,愈演愈烈,外间不察世甲退让之苦心,转以为有所畏葸,不敢剖辩,兹特就该弹劾案捏造各节,逐项加以辩驳,以明真相。"[2]随后,李世甲以"十九路军商借炮械事难私授遑论其无""野村同车参观战壕系道听途说之谰言""在日订造宁海军舰浮冒滥支均非事实""种烟分肥不辩自明海军剿匪事实俱在"为标题,进行逐一辩驳。

不仅如此,陈绍宽等人还以海军的名义,于7月12日呈行政院转呈中央执行委员会《呈请究办高友唐案》,实施反弹劾,其中明确指出:"监察委员高友唐破坏军誉,摇惑人心,淆乱院章,干犯功令,恳请转呈究办。……伏查高友唐弹劾海军消息,报端所载已非一次,本部不欲为无谓之争辩,一再容忍。

〔1〕高晓星编:《陈绍宽文集》,海潮出版社1994年7月版,第82—85页。
〔2〕《监察委员高友唐等弹劾海军全案》,《海事》第六卷第七期"选录",第10页。

讵该委员变本加厉，益肆咆哮，竟到处发言，诬蔑中央各机关，以炫其弹劾之能事，资为谈助。其所云各节，均系蓄意挑拨，侵辱政府。兹专就诬蔑海军谈话谨为纠正。"[1]而辩驳的内容与李世甲的申辩基本一致。

海军与丁默邨、高友唐等人的指责与反指责、弹劾与反弹劾的斗争，在"一·二八事变"后闹得沸沸扬扬，本应有个明白的结局。但由于海军在"一·二八事变"中奉行了蒋介石政府的不抵抗政策，而丁默邨、高友唐等人的指责和弹劾又迎合了蒋介石牵制"闽系"的策略，因而蒋介石在两者之间难以取舍，始终缄默不语。最终，国民政府采取"冷处理"的办法，使事情不了了之。

弹劾海军风波是由海军不抵抗引发的一场国民党内部的派系斗争，一方面反映了国民党内部关系的复杂性；另一方面反映了中国海军建设的尴尬现状和不利环境。此事后来成了海军史上的污点而被屡屡诟病，也成了后人调侃历史的笑谈。更重要的是，它影响了国民政府内部一批人对于海军的不正确看法，因此而使海军建设受到很大影响。"一·二八事变"后不久，中央执行委员会第四届第三次会议就讨论并原则通过了孙科等27位委员提出的《中国力挽救危亡案》，此案中第六项明确指出："海军以能供国防上的防御为目的，注力于潜水艇、鱼雷艇之建造，不适于国防之军舰，应停止建造，或酌量改为商船。"[2]使中国的海军建设更加步履维艰。

综上所述，抗战前的中国海军，尽管在海防建设观念、人才培养理念、舰艇制造质量、教育和训练方法等诸方面都超过了晚清时期，但是由于历届政府不重视海军建设，投入极其微弱，加之派系斗争产生了严重的内耗，使海军建设受到极大影响，其规模远不如晚清时期。因而在抗战中，中国海军无力与敌人进行真正的海上战争，不得不退缩于各港口以及长江内，在狭小的水域中与日寇进行屈辱而悲壮的战斗。其抗战的枪炮声，渐渐被淹没在正面战场和敌后战场陆上抗战的声威中，以至于在民众的眼里，这支海军已经销声匿迹了，于是就有了"中国的海军在哪里"的疑问，而这一疑问，一直存续了几十年。

---

〔1〕《海军部七月份重要工作》，《海军杂志》第四卷第十二期"专件"，第8页。
〔2〕中国第二历史档案馆：《中华民国史档案资料汇编》第五辑第一编军事（一），江苏古籍出版社1994年5月版，第683页。

准备篇

"江阴伟大阻塞线"

1937年7月，全面抗战爆发。在华东战场上，日军以其强大的海上力量为支撑，企图实现沿长江水陆并进深入我国腹地，与南下日军会合的战略意图。因此，长江航线便成为日军实现其意图的一条战略动脉。此时的中国海军，在内忧外患中步履蹒跚地一路走来，历届政府用蒙骗、挤压和施舍，维持着这个兵种脆弱的生命。当民族的危亡突然而不出所料地降临之时，它无力将日本海军拒于长江之外，只能退守长江，紧扼这条动脉，在与"海军"名分极不相称的地方，释放着它所有的力量。于是，在中国抗战史上，由海军创造的第一个"奇迹"——"江阴伟大阻塞线"诞生了，中国海军的长江抗战便从这里拉开了帷幕。

日本海军的实力及作战方针

日本海军发展的历史回顾

日本侵略中国的图谋由来已久。早在1868年，经过了明治维新走上资本主义发展道路的日本，迅速把对外扩张奉为基本国策，为此，日本明治政府制定了首先征服朝鲜和中国的"大陆政策"。日本是一个岛国，要实现它的"大陆政策"，大力扩充海军是唯一的出路。1968年7月14日，明治政府军务官在奏折中说："耀皇威于海外非海军而莫属，当今应大兴海军。"同年10月，明治天皇在谕令中指出："海军之事为当务之急，应从速奠定基础。"[1]因而，从1868年开始，日本近代化的海军开始筹建。

通过创立海军理论、颁布征兵令、创办海军学校、派员出国留学、购买和建造舰艇等一系列措施，到1894年7月，日本建成了能与中国的北洋海军相抗衡的近代化的联合舰队，并在1894年打败了北洋舰队，在1905年打败了俄国舰队，迅速跻身世界海军强国之列。

日俄战争后，日本提出了发展大海军计划。1907年4月，明治政府制定了"帝国国防方针"，规定"海军为使主要假想敌国在远东不敢发动战争，平时必须拥有一支最精锐的舰队，而且至少要有以下兵力：战列舰8艘，共2万吨；装甲巡洋舰8艘，共1.8万吨。这两种舰是舰队的主力。为充分发挥其战斗力，还必须拥有巡洋舰和大小驱逐舰若干艘。以上兵力为海军第一线舰队。"[2]这就是日

〔1〕（日）外山三郎：《日本海军史》，解放军出版社1988年1月版，第13页。
〔2〕同上，第76—77页。

73

本海军著名的"八八舰队"计划。为实现这一计划，日本政府上下共同努力，虽然由于经费问题和政府内部的重重矛盾步履维艰，但是在建造大型战舰方面，日本取得了巨大进展，到1917年，日本海军已经拥有舰龄不满八年的主力舰11艘，包括"超弩级"主力舰"扶桑"号和4艘"金刚"级主力巡洋舰，以及"半无畏级"的主力舰"萨摩""安艺""河内""摄津"，大型巡洋舰"鞍马""伊吹"等。

正当日本雄心勃勃地实现它的"八八舰队"的梦想之时，被第一次世界大战后疯狂的军备竞赛拖累得精疲力竭的美、英等国，首先发出了限制军备的呼声。1921年7月，美国向日、英、法、意、比、荷、葡、中等国发出邀请，建议召开会议，讨论限制海军军备问题。这就是华盛顿"关于太平洋问题中的海军装备问题会议"。日本此时尽管为已经取得的海军建设成就沾沾自喜，但巨大的经济负担也令国内民众怨声载道。当它的假想敌美国提出裁军的建议后，日本也决定利用这次机会，限制美国海军的发展，同时减轻国内的经济压力，于是同意出席会议。

1921年11月12日，华盛顿会议正式开幕，出席会议的有美、英、日、法、意等"五强"，外加中国、荷兰、葡萄牙和比利时共九个国家。经过各国激烈的讨论，最终签订了《四国会议》、《五国海军条约》(《华盛顿条约》)、《九国公约》等三个主要文件。其中《五国海军条约》分为两部分：第一部分是确定美、英、日、法、意五国主力舰的比例为5∶5∶3∶1.75∶1.75，这个规定使日本提出的美、英、日三国主力舰的比例10∶10∶7的方案受挫，也使得英国放弃了海上霸权，与美国平起平坐；第二部分是禁止在西太平洋区域包括菲律宾、关岛、阿留申群岛和新加坡修建海军基地，以维持西太平洋的现状。这一规定无疑给日本带来了巨大的战略利益，使它有机会在太平洋与英美相抗衡。总而言之，华盛顿会议既限制了日本海军的发展，又给日本带来了巨大机会。1922年8月17日，《五国海军条约》经各国批准开始生效，暂时结束了列强在主力舰上的竞赛，保持了列强在远东和太平洋的均势。

然而，《五国海军条约》并未对辅助舰艇的建造做出规定，原因是各国在这一问题上意见分歧较大。所以，在华盛顿会议之后，各国开始在建造"辅助舰艇"的名义下，加紧建造巡洋舰、潜水艇等各类舰只，力争取得海上优势。在激烈的竞争中，日本开始建造四艘重巡洋舰。有鉴于此，美国于1927年2月

10日建议"五强"在日内瓦召开第二次海军裁军会议。6月20日至8月4日，日内瓦会议召开，参加会议的只有美、英、日三国，法、意未出席。会上，由于在辅助舰艇的比例问题上，美英间发生严重对立，导致无限期休会，实际上这次会议以流产告终。

日内瓦会议失败后，各国的海军竞争有增无减，日本也不断扩大海军建设规模。1929年，美英两国妥协，再次决定召开裁军会议。这次是英国外交大臣发出邀请，希望美、法、日、意代表到伦敦开会。1930年1月21日至4月22日，"伦敦海军裁军会议"正式召开，"五强"悉数到会，日本代表是前首相若槻礼次郎和海相财部彪。会上，各国再次展开激烈争论。这次是美日之间争论最为激烈，双方提出的建造舰艇的比例差距太大。经过激烈地讨价还价，各国均做出妥协，最终达成了《限制和裁减海军军备的国防条约》，即《伦敦条约》。条约规定：将主力舰的停建期限延长五年，即延长到1936年；立即按英美各拥有主力舰15艘，日本9艘的原则，废弃多余的舰只；将《华盛顿条约》中未包括在内的1万吨以下的航空母舰也纳入限制的范围；美、英、日三国的重巡洋舰之比为10：10：6；轻巡洋舰和驱逐舰之比为10：10：7；潜艇三国相等；限制潜艇的吨位和装备的火炮，将600吨以下的水面舰艇排除在外；将勤务舰只航速限制在20节以下；各国须承担在辅助舰开工和竣工时，通报各缔约国的义务；条约有效期到1936年12月31日；另外确定于1935年召开缔约国会议，以缔结新条约。

《伦敦条约》的签订引发了日本海军内部激烈的矛盾冲突。海军少校草刈英治对条约内容极度不满，企图谋杀参加"伦敦海军裁军会议"的代表财部彪，失败后卧轨自杀。海军军令部部长加藤宽治和海相财部彪先后辞职。海军内部的一致看法是："不论是华盛顿会议也好，伦敦会议也好，都是美英两国策划而成的，其最终目的是为了实现美英称霸世界的野心，而当面目标则是扼杀新兴的日本。""海军裁军条约规定的日本海军力量难以保障国防安全。"[1]然而，日本政府也无能为力，只能面对现实，决定尽力充实航空兵力及限制之外的舰船，加强训练，改善防御设施，充分发挥协定范围内的舰只的作用。

按照《伦敦条约》的规定，在条约终止之前的1935年，需要召开缔约国会

---

[1]（日）外山三郎：《日本海军史》，解放军出版社1988年1月版，第91页。

议，以缔结新的条约。早在1934年5月17日，英国外相西蒙斯就以个人名义，向《华盛顿条约》的五个参加国提议，在伦敦召开预备会议，以讨论废除《华盛顿条约》和修改《伦敦条约》问题，各国都接受了提议。日本指派驻英大使松平恒雄等参加了该次会议。但是，由于与会各国分歧太大，谈判于7月17日暂时停止。10月23日，谈判重新恢复，海军少将山本五十六奉命前往伦敦参加谈判。这次谈判依然没有达成协议。12月3日，日本内阁会议通过了单方面废除条约的通告，并于12月29日指令驻美大使斋藤将通告递交给美国国务卿赫尔。这样，日本首先单方面解除了《华盛顿条约》的限制。

　　1935年10月25日，英国为召开第二次伦敦会议分别照会美、日、法、意四国，得到各国的赞同。日本派遣永野修身海军大将和永井松三大使为全权代表出席会议，随员之一是国际法学者海军书记官榎本重治。12月9日，第二次伦敦会议正式开幕。与以往的会议一样，这次会议依然充满了火药味，各国的提案差距悬殊，被迫于16日休会。1936年1月6日复会后，依然没有找到解决的办法，特别是日本的提案被各国彻底否定，日本代表恼羞成怒，在得到日本政府的许可后，于1月16日宣布退出裁军会议。这样，对于日本来说，1936年12月31日将彻底解除《伦敦条约》的限制。1936年1月13日，蒋介石在南京官邸接见了日本右翼分子中野正刚。中野正刚狂妄地对蒋介石说：日本"海军亦可对付英美，此次伦敦海军会议中，日本完全以理论对抗英美，今已准备会议决裂；决裂之后，对日本毫无关系。盖英美造舰现在尚未满足海约所许可之限度，而日本则已经满足，故以日本现有海军对抗英美，实无多大问题。院长（蒋介石——引者）为军事家，对此类军事问题，必较鄙人更为明悉。且在海约失效以后，日本海军不受任何限制，更可利用其特殊之研究，加紧造舰。论者以为与英美作造舰竞争，其财力恐非日本之财力所堪，但日本确有建造保守东亚最大限度海军之决心与能力。再则日本远在东亚，地位特殊，与英美作海军竞争，另有许多便利。例如因五万吨之兵舰，即不能通过巴拿马运河，故日本添造一艘，美国即须添造两艘。故日本无论何时，可以依东亚特殊之地位，建造东亚之特殊海军。"[1]

　　〔1〕秦孝仪编：《总统蒋公思想言论总集》卷三十八，台湾国民党党史委员会1984年10月版，第36—37页。

1937年1月，世界海军的发展再次进入了无条约时代，军备竞争死灰复燃，给日本疯狂扩充海军提供了大好时机。此时美、英、日三国的舰艇吨位分别是：美国约80万吨，英国约100万吨，日本约70万吨。[1]日本为在竞赛中取得有利地位，开始实施"〇三计划"[2]，把排水量达6.4万吨、世界上最大的战列舰"大和"号和"武藏"号也列入建造日程。到发动侵华战争前，日本海军实力已与美英海军相差无几。日本防卫厅公布，据1937年6月调查，日本海军舰艇总吨位为115.3万吨，其中不包括大量炮艇、登陆艇和辅助船只以及正在建造的舰艇。日本海军航空兵拥有舰载飞机182架，陆基飞机629架。1937年初，日本海军官兵总人数为12.6万人。[3]

1937年日本发动全面侵华战争前夕，其海军舰队的编制为：

联合舰队　司令长官　海军中将米内光政

下辖：

　　第一舰队　司令长官　海军中将米内光政（兼）

　　下辖：

　　　　第一战队　司令官　海军中将米内光政（兼）

　　　　下辖："长门""陆奥""日向"

　　　　第三战队　司令官　海军中将有地十五郎

　　　　下辖："榛名""雾岛"

　　　　第八战队　司令官　海军少将南云忠一

　　　　下辖："鬼怒""名取""由良"

　　　　第一水雷战队　司令官　海军少将斋藤二郎

　　　　下辖："川内"、第九驱逐队、第二十一驱逐队

　　　　第一潜水战队　司令官　海军少将小松辉久

---

〔1〕（日）外山三郎：《日本海军史》，解放军出版社1988年1月版，第101页。

〔2〕从1927年到1945年，日本海军制订了一系列扩充计划，包括1927的"最新补充计划"、1931年的"〇一计划"、1934年的"〇二计划"、1937年的"〇三计划"、1939年的"〇四计划"、1940年的"〇临计划"、1941年的"〇急计划"和"〇追计划"、1942年的"〇五计划"和"〇改计划"、1943—1944年的"〇战计划"等。"〇三计划"包括建造战列舰、航空母舰等67艘舰艇，排水量总计28万余吨。

〔3〕（日）《防卫手册》，1980年版，第428页。

下辖："五十铃"、第七潜水队、第八潜水队

第一航空战队 司令官 海军少将高须四郎

下辖："凤翔""龙骧"、第三十驱逐队

第二舰队 司令长官 海军中将吉田善吾

下辖：

第四战队 司令官 海军中将吉田善吾（兼）

下辖："高雄""摩耶"

第五战队 司令官 海军少将小林宗之助

下辖："那智""羽黑""足柄"

第二水雷战队 司令官 海军少将坂本伊久太

下辖："神通"、第七驱逐队、第八驱逐队、第十九驱逐队

第二潜水战队 司令官 海军少将大和田芳之助

下辖："迅鲸"、第十二潜水队、第二十九潜水队、第三十潜水队

第二航空战队 司令官 海军少将堀江六郎

下辖："加贺"、第二十二驱逐队

第十二战队（直隶于联合舰队司令长官） 司令官 海军少将宫
田义一

下辖："冲岛""神威"、第二十八驱逐队

联合舰队附属舰船："闻宫""鸣户"

第三舰队 司令长官 海军中将长谷川清

下辖：

第十战队 司令官 海军中将长谷川清（兼）

下辖："出云""天龙""龙田"

第十一战队 司令官 海军少将谷本马太郎

下辖："安宅""鸟羽""势多""坚田""比良""保津""热海"
"二见""栗""拇""莲"

第五水雷战队 司令官 海军少将大熊政吉

下辖："夕张"、第十三驱逐队、第十六驱逐队

第三舰队辅助舰船："嵯峨"

练习舰队　司令长官　海军中将古贺峰一

下辖："八云""磐手"[1]

全面侵华战争开始后，日本更是加快了海军建设的步伐，1939年的六年造舰计划（即第四次海军扩充计划）投入甚巨，为1295.57亿日元，五年海军航空部队计划为3.48亿日元，海军军火补充计划为1.88亿日元。[2]

1924年春，停泊于马公海面的日本轻巡洋舰"夕张"号

1924年4月，停泊在汉口江面的日本海军第二舰队第二水雷战队

〔1〕《日本海军画报》1937年2月号，《海军杂志》第九卷第六期、第七期转载。

〔2〕张泽善：《抗战与海军建军》，《海军抗战事迹汇编》，海军总司令部编译处1941年12月版，第112页。

日本海军二等巡洋舰"利根"号（初代）

日本海军巡洋舰"日进"号的内火艇

日本海军"长门"舰和"陆奥"舰的舰载水雷艇

日本海军的在华实力及作战方针

在全面侵华战争开始前，日本海军常驻中国的是第三舰队，分散驻泊于自北向南的整个中国沿海海域。其中所辖第十一战队主要在长江流域活动，第十战队和第五水雷战队则频繁出没于中国近海各海域。另外，其他舰队的舰艇也时常从日本本土等地开来中国，从事各种活动。全面侵华战争开始以后，日本派往中国的海军力量大增。据日本防卫厅公布，战争初期日本政府派往中国的海军战斗序列为：

第二舰队（华北），司令长官为海军中将吉田善吾，下辖第四、五、十二战队，第二水雷战队，第二潜水战队，第二联合航空队。

第三舰队（华中、华南），下辖第十、十一战队，第五水雷战队，第一潜水战队，第一联合航空队，第一、二航空战队，第二十一、二十二、二十三航空队。

上海特别陆战队。

第四舰队（从其他舰队抽调兵力，于1937年10月20日编成），下辖第九、十四战队，第四、五水雷战队。

关于日本海军的作战方针，早在1936年8月，日本政府就确定了《国策基准》。根据这一文件的精神，军方制定了昭和十二年度（1937年）的作战计划。其中有关海军的部分规定："海军要击灭中国舰队，压制中国沿海及长江流域，与陆军协力占领要地。"1936年11月，日本政府又制订了《陆海军军事协定》，对全面侵华以后陆海军协同问题，以及作战地区、主攻方向等问题都做了详细的规定。

"卢沟桥事变"爆发后，日本海军紧紧跟随陆军的作战部署，有时甚至比陆军更加积极，不断制订作战方案。当时，日本参谋本部第一部长石原莞尔少将认为，"目前我国正专心致志完成满洲建设和对苏战备以巩固国防，不要因插手中国而弄得支离破碎"。[1] 因此主张采取不扩大事态，就地解决的方针，但遭到陆军部内部的强烈反对。8日，日本海军中央部鉴于中国方面形势不稳以

---

〔1〕（日）日本防卫厅防卫研究所战史室：《中国事变陆军作战史》第一卷第一分册，中华书局1979年10月版，第137页。

进入黄浦江的日本海军第三舰队舰艇

及陆军对事件的态度，考虑到事件扩大时的问题，根据军令部的方针，首先着手：（一）在台湾演习的第三舰队返回原防地；（二）加强警备，以备事件扩大，禁止任意行动；（三）准备好机动兵力，以备对华紧急出兵。[1]10日，参谋本部便做出了向华北增兵的决定。11日，发表了《关于向华北派兵的政府声明》，同时参谋总长下达了派兵的命令。同一天，海军军令部与海军省协商后确定了用兵方针，其中关于"适应准备"一项指出："此次事件的处理方针当然是极力避免事态扩大，按平津地方局部事件迅速解决。但鉴于中国经常出现局部事件波及全中国的情况，海军应对波及中国各地有所准备，目的在于保护我国权益和日侨。第三舰队及旅顺、马公两要港部之舰船现均分泊于各主要地方担当警戒。"同时与陆军协商制订了《陆海军关于在华北作战的协定》和《陆海军关于华北作战的航空协定》两个协定。在第一个协定中，"作战指导方针"一项中规定，"陆海军要协同作战"；"作战任务的分配"一项中规定，"在华中、

---

〔1〕（日）日本防卫厅防卫研究所战史室：《中国事变陆军作战史》第一卷第一分册，中华书局1979年10月版，第137页。

日本海军第三舰队"夕张"号巡洋舰泊于上海码头

华南方面，以海军为主担任警戒"；"兵力派遣及护卫"一项中规定，海军增派兵力，华北方面为第五战队，华中、华南方面为第八战队。对青岛、上海方面的兵力输送依靠海路，海上护卫由第四战队、第二水雷战队、第二航空战队、第二联合航空队以及第三舰队之一部担任间接护卫，必要时应直接护卫。在第二个协定中规定，"在华中、华南方面消灭敌空军力量主要由海军担任，陆军为自卫而进行航空作战"；"海军飞机应陆军运输船队的需要，针对空、陆之敌，担任海上护卫和到达登陆地前后的掩护"；"在陆军登陆时及陆军航空飞行准备完了前陆军的空中勤务，必要时由海军航空兵担任之"；"在同一方面陆、海军飞机任务的分配、协同要领等细则，由出征部队相互自行协定"。[1]

从7月12日开始，日本一方面确认原来的"局面不扩大""现地解决"的方针和避免全面战争的基本态度，一方面积极做着全面战争的准备。海军军令部下达了《关于对华作战用兵秘密指示》：

---

〔1〕（日）日本防卫厅防卫研究所战史室：《中国事变陆军作战史》第一卷第一分册，中华书局1979年10月版，第149—152页。

一、作战指导方针

（一）以执行自卫权的名义进行作战，不公开宣战。但当对方提出宣战或因战争形势的变化则公开宣战，称之正规战。

（二）只要是以讨伐第二九军为目的，战局即限于平津地区。根据情况采取局部战、空战、封锁战，在最短期间内达到保护侨民及惩罚中国之目的。

（三）陆海军要协同作战。

二、用兵方针

（一）按时局限制在局部的方针，当前以陆军兵力进入平津地区，达到迅速惩罚第二九军的目的。海军除运送和护卫陆军并在天津方面协助陆军外，要准备全力对华作战（第一阶段作战）。

（二）战局扩大时大致按下列方针作战（第二阶段作战）。

1. 要确保上海及青岛使其成为作战基地，同时在现地保护侨民。其他地区的侨民迁至上述两地。

2. 华中作战要调遣确保上海所必要的海军、陆军部队，并主要以海军航空兵扫荡华中敌空军力量。

3. 华北作战陆、海军共同努力确保青岛，其他地区由陆军控制。

4. 陆军兵力的使用，对平津方面由关东军及朝鲜军增援，并由国内派出三个师团。此外，计划对上海、青岛方面再派两个师团，其分配办法按情况决定。但海军认为有必要派三个师团，已向陆军方面提出要求。

5. 封锁线在扬子江下游、浙江沿岸及其他我兵力所在地附近，实行局部地区的平时封锁。要以中国船只为对象，不要和第三国发生纠纷。但根据战争形势变化，其地区和内容都将扩大。

6. 对中国海军发出警告，使其大致保持严格的中立态度及原地不动，否则坚决予以攻击。

7. 初期第三舰队担任对全中国的作战，第二舰队专门担任运输和护卫陆军。

8. 到出兵青岛方面时，第二舰队担任华北作战，华中、华南作战由第三舰队担任之。两舰队的作战境界为海州湾、陇海线（包括华北作战）。

9.华南方面作战要以很强的指挥官和部队充当之。第三舰队司令部要为专心从事华中作战，进行编制。

对于这一秘密指示，日本侵华海军最高指挥官、第三舰队司令长官长谷川清提出以下意见：

一、关于作战指导方针，应取消讨伐第二九军的第一目的，而以讨伐中国的第二目的作为作战的唯一目的。

二、关于用兵方针，（一）所谓战局扩大场合（即所谓第二阶段作战），应从最初就开始。（二）华中作战应以必要的兵力确保上海和攻占南京。（三）为华中作战应派遣陆军五个师团。[1]

1937年7月28日，日本海军军令部下达了准备进攻上海的命令。8月4日，长谷川清根据海军军令部的指示，制定了《关于上海登陆作战计划》，并于同一天要求秘密地陆续向上海派遣特别陆战队。8日，他向部队正式下达了作战部署。第二天，日本海军特别陆战队西部派遣队队长、海军中尉大山勇夫和司机，驾驶一辆汽车，并携带武器，冲进上海虹桥机场，肆意挑衅，制造发动战争的借口，被守卫机场的中国卫兵开枪击毙。事件发生后，长谷川清立即命令在日本国内佐世保

日本海军第三舰队司令长官长谷川清中将（左四）和幕僚合影

---

〔1〕（日）日本防卫厅防卫研究所战史室：《中国事变陆军作战史》第一卷第一分册，中华书局1979年10月版，第168—169页。

待机的海军部队赶赴上海，准备发动进攻。到12日为止，云集上海附近的日本海军兵力计军舰三十余艘、海军航空兵一部，海军陆战队近五千人。13日凌晨，日军在重炮的掩护下，突然发动了对闸北、虹口、江湾等地中国驻军的进攻，淞沪战役由此打响。至此，日本已彻底放弃"不扩大方针"，誓将战火引向全中国，并发出了"三个月灭亡中国"的狂妄叫嚣。

中国海军的战前实力和作战方针

到1937年抗日战争全面爆发之前，中国海军编制如下：

海军部设总务司、军衡司、军务司、舰政司、军学司、海政司、军械司、军需司、海军编译处、海军警卫营。部长陈绍宽，次长陈季良、陈训泳。

下辖：

第一舰队　司令陈季良

下辖：

> 巡洋舰："海容"（2950吨，舰长欧阳勋）、"海筹"（2950吨，舰长林镜寰）、"宁海"（2498吨，舰长陈宏泰）、"平海"（2555吨，舰长高宪申）

> 轻巡洋舰："逸仙"（1550吨，舰长陈秉清）、"自强"（1050吨，舰长张日章）

> 炮舰："大同"（1050吨，舰长罗致通）、"中山"（844吨，舰长萨师俊）、"永健"（860吨，舰长邓则勋）、"永绩"（860吨，舰长曾冠瀛）

> 驱逐舰："建康"（390吨，舰长齐粹英）

> 运输舰："克安"（1290吨，舰长汪肇元）、"定安"（1140吨）

第二舰队　司令曾以鼎

下辖：

> 炮舰："楚泰"（745吨，舰长程嵋贤）、"楚有"（745吨，舰长郑耀恭）、"楚同"（745吨，舰长林建生）、"楚谦"（745吨，舰长

王致光)、"楚观"(745吨,舰长任光海)、"江元"(565吨,舰长刘孝鋆)、"江贞"(565吨,舰长郑耀枢)、"永绥"(600吨,舰长傅成)、"民权"(460吨,舰长刘焕乾)、"民生"(500吨,舰长郑世璋)、"咸宁"(420吨,舰长薛家声)、"德胜"(930吨,舰长郑体慈)、"威胜"(930吨,舰长王夏鼐)

浅水炮舰:"江鲲"(140吨,舰长杨道钊)、"江犀"(140吨)

鱼雷艇:"湖鹗"(96吨)、"湖隼"(96吨,艇长高鹏举)、"湖鹰"(96吨,艇长梁聿麟)、"湖鹏"(96吨,艇长贾珂)

第三舰队　司令谢刚哲

下辖:

巡洋舰:"海圻"(4300吨,舰长唐静海)、"海琛"(2950吨,舰长张凤仁)

练习舰:"肇和"(2460吨,舰长方念祖)

炮舰:"楚豫"(745吨,舰长李信侯)、"永翔"(860吨,舰长曹树芝)、"江利"(565吨,舰长孟宪愚)

驱逐舰:"同安"(390吨,舰长晏治平)

运输舰:"镇海"(1400吨,舰长汪于洋)、"定海"(900吨,舰长谢渭卿)

练习舰队　司令王寿廷

下辖:

练习舰:"应瑞"(2460吨,舰长陈永钦)、"通济"(1900吨,舰长严寿华)

巡防队

下辖:

炮艇:"顺胜"(380吨,艇长汤宝璜)、"义胜"(350吨,艇长熊兆)、"仁胜"(260吨,艇长曾国奇)、"勇胜"(200吨)、"江宁"(300吨,艇长郭鸿久)、"海宁"(300吨,艇长何乃诚)、"肃宁"(300吨,艇长郑畴芳)、"威宁"(300吨,艇长李孟元)、"抚宁"(300吨,艇长蒋元福)、"绥宁"(300吨,艇长曾伟)、"崇宁"(300吨,艇长叶水源)、"义宁"(300吨,艇长严传经)、"正宁"(300吨,艇长林庚

藩）、"长宁"（300吨，艇长林良镠）

测量队

下辖：

测量舰："甘露"（1400吨，舰长梁同怡）、"皦日"（500吨，舰长谢为良）、"青天"（280吨，舰长叶裕和）

测量艇："诚胜"（280吨，艇长李申荣）、"公胜"（280吨，艇长何传永）

未编队

炮舰："武胜"（740吨）

鱼雷艇："辰字"（90吨）、"宿字"（90吨）

运输舰："普安"（3400吨）

另外，海道测量局（局长为刘德浦）还下辖引水传习所；海岸巡防处还下辖苏浙闽巡防分处，东沙观象台，嵊山、坎门、厦门、沈家门、吴淞报警台。

海军还辖有闽口要港司令部，厦门要港司令部，第一独立陆战旅，第二独立陆战旅，海军学校，练营，江南、厦门、马尾造船所，海军航空处，海军军械处，医院，养病所，电台，煤栈等。

中国海军共有舰艇66艘，5.9526万吨。这些舰艇中，有相当一部分老旧不堪，其中吨位最大的巡洋舰"海圻"号（4300吨），已有近四十年的舰龄，它们在建立阻塞线时只能自沉于江底，发挥水下阻塞作用。

除此之外，还有属于电雷学校的"同心"、"同德"（各约500吨）、"自由中国"（1080吨）等舰和快艇大队史可法中队（辖"史34""史102""史181""史223"等4艘英制快艇，排水量各为14吨）、文天祥中队（辖"文42""文88""文93""文171"等4艘英制快艇，排水量各为14吨）、岳飞中队（辖"岳22""岳253""岳371"等3艘德制快艇，标准排水量为46.5吨，满载排水量为58吨），合计2000余吨。[1] 这便是中国海军参加长江抗战的全部实力，与日本海军相比差距巨大。无怪乎日方轻蔑地说：中国海军"各舰艇都是旧

---

〔1〕电雷学校于1937年10月又向英国订购了六艘鱼雷快艇，于1938年初运抵香港，香港政府强行买下两艘，放行四艘，经粤汉铁路直接运抵武汉，编为颜杲卿中队，编号为"颜53""颜92""颜161""颜164"，这些鱼雷快艇排水量依然为14吨。

式的，威力很小，仅能在沿岸或江河一带，协助陆上战斗，或只能担任警备而已"。[1]陈绍宽也多次叹息："就海军物质而论，敌强我弱，敌多我寡，无可讳言。""如与敌为大规模之海战，力量固属不逮。"[2]"我国海军力量微弱，以经费言，不及敌寇五百分之一；以实力论，不及敌寇二十五分之一。"[3]连军政部部长何应钦也承认，"海军方面，为经费所限制，未能作大量之建设"。[4]有鉴于此，海军必须制定与现实状况相符的作战方针，才能充分发挥现有力量的作用。

"九·一八事变"后，在全国人民的抗日声浪中，国民政府开始进行了一些抗战准备，包括陆海空军队的整训与建立、铁路公路的兴修、财政币制的改革、导淮水利的规划、电话事业的推进等。在军事方面，主要是编遣陆海空军、构筑国防工事、颁布军事法规、推行征兵制度、制定对日作战计划等。1933年夏天，国民政府有关部门制定了《国防作战计划》，在《国防作战计划纲要草案》中规定了海军的"作战要领"是："海军除广东驻在舰队维持广东海岸之交通及珠江口之防务外，其余一、二、三各舰队集结于长江内，任肃清长江内敌舰之责。"在"作战计划"中对敌情的判断，海军方面是"日本海军约七十余万吨，大小舰艇约二百余艘，除主力警备太平洋防务外，其遣外之第一、二舰队是以扰乱我海疆而有余"。而"指导要领"中规定："长江内之敌舰，由沿长（江）各地警备部队协同要塞部队及海空军击灭之，并于沿江各险要处配置游动炮兵施行要（腰）击。""海军应协同陆空军肃清长江内之敌舰，以维护江面交通，但在胶州湾之舰队应于适当时期驶入长江协同抗战。"[5]

1934年，国民政府又一次制定了《国防计划》，其中规定的"海军基础政策"是："一、以某一国海军为目标，对于该国海军之自中国海侵入者，海军力在防御的攻势之下，须能于中国海海上与之对抗而歼灭之，以谋获得中国之

〔1〕（日）日本防卫厅防卫研究所战史室：《中国事变陆军作战史》第一卷第一分册，中华书局1979年10月版，第95页。

〔2〕高晓星编：《陈绍宽文集》，海潮出版社1994年7月版，第288、289页。

〔3〕同上，第305页。

〔4〕秦孝仪主编：《中华民国重要史料初编——对日抗战时期》绪编（三），台湾中国国民党中央委员会党史委员会1981年9月版，第380页。

〔5〕《1933年国防作战计划》，《民国档案》2006年第4期，第21—23页。

制海权。二、在最近十年之间，最低限度，海军力须能一举歼灭某一国海军之驻于吾沿海沿江者及其临时增遣者之联合力，以谋于太平洋海战未决之期间，能完全管制中国海之交通。""海军一般政策"是："一、力谋与英国或美国或英、美两国之海军提携，列为外交政策之一。二、一面刷新现有人才，振作现有海军；一面建设相当新海军，用以达成管制中国海及与英、美海军成犄（吾犄其后）角（英、美角其前）之目的。三、暂置主力不建，取小舰主义，而侧重潜水舰及水上飞机，以弥无主力舰之缺陷。四、当决定海军诸势力之时，以能胜海上战斗者为主，而以夺得中国海海上之交通为第一，以保护沿海交通为第二。"该计划还把中国之沿海地区划分为四个"海军区"：第一海军区"自胶州湾至鸭绿江口。设警备司令部于胶州湾内，掌管该区内警备事项。并在胶州湾内设潜水舰根据地"。第二海军区"自胶州湾南方至沙埕港。设军港于象山，设潜水舰根据地于定海。并设象山军港司令部，以掌管该区内之警备事项"。第三海军区"自沙埕港至厦门。设军港及潜水舰根据地于三都澳。并设三都澳军港司令部，以掌管该区内之警备事项（厦门要港司令部及马尾要港司令部酌量裁并）"。第四海军区"自汕头至东兴。设军港及潜水舰根据地于大鹏湾。并设大鹏湾军港司令部，以掌管该区内之警备事宜"。另外，计划中还制订了"军港计划"和"海港统一计划"。[1]

1935年，海军部拟定了《改定海军作战计划之草案》[2]，从现存资料看，这一计划草案分为"要旨""海军战务之区分""扬子江内海军作战计划"三部分。在"要旨"中指出："海军行动必须在陆军行动之先，而以争得中国海海上交通为主，至少须与敌争持不相下。""第一次行动，取攻势攻击主义，以海军全力偕同所有航空队全力，在空军直接掩护及海空军直接协同作战之下，有时藉要塞之协力，在最先最短期之内，扑灭长江内之敌海军；然后移于第二次行动。以存状之姿势，时时出诸防御的攻击，而以轻快舰艇及航空队等机动于中国海之上，冀先造成争持不相下之局；俟敌之敝，或伺得其瑕，然后再并力以向上，而期争得中国海海上之交通。"

---

〔1〕杨志本主编：《中华民国海军史料》，海洋出版社1987年5月版，第266—268页。
〔2〕同上，第306—308页。

中国海军主力战舰"宁海"号巡洋舰

"海军战务之区分"规定：

一、海军行动在陆军之先。

二、第一次取攻势攻击，肃清长江；第二次取攻势防御，保障江、浙沿海；第三次仍取攻势防御，争持东海与黄海。其攻势防御之要领如下：

（甲）在存状之姿势之下，以攻为守。

（乙）以攻击敌之军队输送为主，抽出轻快舰艇破坏敌之海上贸易次之。

（丙）以攻击敌之陆军上陆为主，参加沿岸作战次之。

"扬子江内海军作战计划"规定：

一、想定

敌以其第一线海军，留以对抗英、美，其能来吾国者唯其驻华舰艇，或连合、或再加派而编成为一舰队，主在侵袭吾长江及长江口外苏、鲁、浙之沿海，以为彼陆上作战之地，而掣吾陆上作战之肘。

二、情况

长江为交通之大动脉。平时，敌海军既深入堂奥，扼要分驻上海、汉口，其侨民亦众，上海且有陆战队之常驻，一旦有事，势必里应外合。对

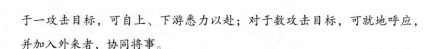

于一攻击目标，可自上、下游悉力以赴；对于数攻击目标，可就地呼应，并加入外来者，协同将事。

三、判断

第一步以战争手段或以政治手段觅吾海军而解决之；并清扫长江之水中防御，如水雷等物，炮击当面要塞，使之沉默。江路通平之后，然后从事于第二步：以其一部分舰艇协合汉口侨民，企图攻击汉口，以胁吾背；以其大部分舰艇及商船密载并密运陆战队及其武装侨民等，企图攻击南京，以扰吾心；以其一部分舰艇及商船密载或密运陆战队及武装侨民等，企图袭取江阴要塞，藉以洞开吾东门，以便其海陆空协同作战之进行。但其第二步有时或与第一步同时并行，或先第一步而行，盖敌素有轻视吾海军及要塞之心，不难双管齐下。

四、处置

在开战之先，集海军之全军为一集团，驻于南京之附近；同时以水中防御物严堵狼山水道一带或江阴一带，以绝敌东来之援。

这一计划草案，尽管后半部分已经遗缺，但其主要思想还是十分清晰的。它的可取之处在于，已经意识到在华东战场上，日军的主要攻击重点是长江沿岸目标，因而长江是海军作战的主要区域，对海空军在长江的协同作战进行了初步计划。同时，想象在战争发起后，对长江以内采取攻势攻击，对沿海采取攻势防御。但是，该计划没有对日本海军的航空力量以及以空制海的战法做出必要的估计，这就使得计划脱离了实际，显然无法在实战中实施。当然，这个计划草案是与国民政府对海军建设的认识，以及中国海军的实力水平相适应的。

对于这样一些粗线条的作战计划，随着中日关系的日益紧张，国民政府显然不能满意，参谋本部认为，中国海军欲求其能与日本在海上作战，至少须有其海军军力之七成。考日本之海军军力共计76.3万吨有奇，故中国应有海军54万吨左右，始足以资对抗。而中国之海军建设需时甚久，要塞又需费孔巨，暂时无法达到要求，故只能放弃与日本海军争夺近海制海权的战略方针。由此决定海军建设的重点为水中防御力量，以阻止日本海军进入内河及随意登陆。

1936年，国民政府制定了《江南作战计划纲要》和《苏杭方面防御方案》，但都以陆上部署为主，海军的任务是"在杭州湾及扬子江下游协助陆军作战，警戒阵地之左右翼侧。"并明确表示"中国海军，现时有名无实"。[1]就在这年年底，国民政府参谋总长程潜奉命拟定了《民国二十六年度国防作战计划》，于1937年3月修订完成，并得到蒋介石的审批。这个计划就比之前的计划来得详细、具体、符合实际。该计划分"甲""乙"两案。"甲"案分"敌情判断""敌情判决""作战方针""作战指导要领""战斗序列及战场区分""集中""各兵团之任务及行动""航空与防空""海军""要塞""交通、通信""兵站""警备""战场区分"等14项，其中，海军方面在长江下游的敌情为：

长江下游太湖附近之地区，为我国最重要之经济工业中心及首都所在地，敌今在上海已构成相当根据地，将以有力之部队，在本方面登陆，协同海军而进攻，期挫折我国抵抗之意志。

现敌驻我沿海及内河之第三舰队，为廿三艘，三万余吨。台湾马公要港所属舰队四艘，三千吨。以我海岸线之延长，海军兵力之薄弱，即敌不增加其主力舰，亦足以扰乱海疆而有余。故将利用其海军之优势，行动完全自由，仅以一部协同空军掩护陆军之登陆，余或集中于长江协同其陆军作战。或于开展初期，破坏我沿海要地，并袭用其不宣而战之故技，以阻碍我长江交通。

根据上述敌情，在"作战指导要领"中明确规定：

长江下游地区之国军，于开战之初，应首先用全力占领上海，无论如何，必须扑灭在上海之敌军，以为全部作战之核心，尔后直接沿江海岸阻止敌之上陆，并对登陆成功之敌，决行攻击而歼灭之。不得已时，逐次后退占领预设阵地，最后须确保乍浦—嘉兴—无锡—江阴之线，以巩卫首都。对杭州湾、江阴之江面实行封锁，阻绝敌舰之侵入。

―――――――――

〔1〕《国民政府筹备抗战档案史料一组》，《民国档案》1997年第2期，第7、8页。

海军的任务是：

以全力于战争初期迅速集中于长江，协力陆空军扫荡敌舰。

在"海军"一项中规定，海军的作战"要领"是：

应避免与敌海军在沿海各地决战，保持我之实力，全力集中长江，协力陆空军之作战。

"行动概要"是：

一、第一、二舰队，于宣战时，藉机敏之行动，迅速集中长江。在宣战同时，与我空军及要塞协力，扫荡江内之敌舰，尔后与要塞担任长江下游之警备，协力陆军之作战。二、第三舰队平时应警备山东半岛沿海岸，务于开战之先，迅速集中长江，担任下游之警备，并协力陆军之作战。三、各舰队于平时应严整战备，以防敌海军不意之袭击。[1]

"乙"案与"甲"案内容基本一致，但规定的海军任务稍有不同：

海军于开战初期，以全部迅速集中于长江，协同陆、空军及要塞扫荡扑灭敌在我长江之舰队，尔后则封锁长江各要口并杭州湾、胶州湾、温州湾，阻止敌之登陆。

在"海军"一项中规定：

海军应避免与敌海军在沿海各地决战，全部集中长江，协同陆空军

---

〔1〕《国民党政府1937年度国防作战计划（甲案）》，《民国档案》1987年第4期，第40—50页。

扫荡扑灭敌在长江内之舰队，尔后任封锁长江口及各港湾，阻止敌舰之
侵入。[1]

从后来抗战的实际看，海军基本上是执行了"乙"案。

由上可见，从"九·一八事变"到"卢沟桥事变"，国民政府为应对日本
发动侵略战争，几乎每年都在制定作战计划，但这些计划始终置于一个前提之
下，那就是"中国现有之各种兵力与日本比较相差悬殊，日本有随时发动之可
能，故开战之权不在中国，但在列强均势维持之下，尚能借国际同情之潜势力
与暴日以无形之制裁。故目前中国除努力自强，以外交方式借国际势力以迁延
暴日发动之时机，使我有整理图强之余裕"。[2]从而暴露了国民政府的矛盾心
态：一方面害怕日本发动战争，试图有所准备；另一方面又寄希望于国际势力
对日本进行抑制，以争取和平。这就使得在矛盾中形成的作战计划，带有不完
整、不系统、不全面、不细致的弊端。从作战计划中与海军有关内容来看，由
于国民政府在日本全面发动战争之前，始终把华北作为未来主要战场，把中国
东南沿海的防卫放在了次要的地位，故对海军的运用简单而粗略，对日军可能
采用的以空制海战法没有必要的想定。同时，出于中日海军力量相差悬殊的现
实，从一开始就把海军完全置于被动防御的地位，为海军的主力预设了长江战
场，尽管也提出了"攻势攻击""攻势防御"的概念，但对于如何组织"攻势
攻击"和"攻势防御"没有做出具体部署。另外，在有的计划中，把海军建设
目标定得太高，严重脱离了实际，无益于战争准备。

1937年7月7日，"卢沟桥事变"爆发，全国掀起抗日高潮。此时，蒋介石
正在浙江奉化溪口养病，9日才获悉事变消息。据时任南昌行营设计委员会主任
委员的陈布雷回忆，当时，"蒋公知敌人意在挑起衅端，顾仍不愿和平破裂，命
宋哲元氏就地抵抗，抱定不屈服不扩大之方针，并于谈话会中发表讲演，声明
我方最低限度之四点，以待敌国政府之觉悟"。[3]此后，尽管蒋介石在军事上做

---

〔1〕《国民党政府1937年度国防作战计划（乙案）》，《民国档案》1988年第1期，第36、
39页。

〔2〕《国民政府筹备抗战档案史料一组》，《民国档案》1997年第2期，第8页。

〔3〕《陈布雷回忆录》，台湾王家出版社有限公司1989年10月版，第168页。

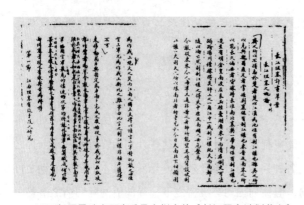

了紧急部署，但部署的重点集中于华北，而对长江的防御作战，仅仅讨论了"封锁长江"的有关事宜，以及做出了"撤除长江之灯塔航标"的决定。同时"与陈季良次长接洽，请其妥定海军使用计划"。[1]

1937年国民政府军事委员会拟定的《长江阻塞计划草案》

随着日本侵华战争的逐渐扩大，蒋介石才逐渐下定了抗战的决心，接受了中国共产党提出的建立抗日民族统一战线的正确主张。1937年8月6日，蒋介石主持召开了国防委员会会议，正式做出了阻塞长江的决定。1937年8月7日，蒋介石在南京励志社主持召开了国防联席会议，做出了抗战的决定。随后，国民政府制定了《长江阻塞计划草案》。草案中首先明确了阻塞长江的原因是"以陆空二军对抗敌之海陆空三军尤为作战上无比之难事，由此言之，制江权非极力获持之不可"。在"江面阻塞有效手段之研究"一节中，规定了阻塞的地点："以狼山水道与芜湖附近为最要，镇江及汉口一带次之。阻塞狼山水道者所以断其里应外合之势，阻塞芜湖附近之其他地点者，所以□□敌海军于数区划之内以便于次第而各个击破也。"规定了阻塞的时间顺序："阻塞时期以狼山水道与芜湖附近为最先，在开战之先阻塞之，以使海空军一举而歼灭江阴芜湖间之敌海军，其他地点则随战况而施阻塞。"规定了阻塞程度："阻塞程度以狼山水道为最，芜湖附近及其他地点次之，萃集大部分之最精良材料及最优秀人才以从事于狼山水道。"在"敌舰之破坏及其阻止"一节中，规定"关于敌舰破坏及其阻止之动的工作已于另案海军作战计划中长江海军作战计划定之"。同时，对"长江防务上之区分及哨船之配备与其任务""各地区之防御"等，都做了比较详细的规定。另外，还特别规定了"水雷敷设和演习"，把水

---

〔1〕《卢沟桥事变后国民党政府军事机关长官会报第一至十五次会议记录》，《民国档案》1987年第2期，第7页。

雷作为阻塞长江的重要兵器使用等。之所以做如此规定，是因为江阴要塞至关重大，"敌之海军在驰过通州水道天险之后，入于江阴江面之坦途之时，其作战方法有二：一、以巡洋舰攻击江阴要塞，趁正在交战之时，以驱逐舰之前导舰，张以破雷卫，一面清扫水雷，一面通过；二、举海军全力制压江阴要塞，俟其沉默之后，然后以驱逐舰清扫江面，其余随后通过"。[1]总之，这一计划草案，是指导海军长江抗战较具体、较详细的作战计划，说明海军抗战已经逐渐进入了实施阶段。

8月20日，国民政府大本营颁布了国军《战争指导方案》，规定海军的任务是："淞沪方面实行战争之同时，以闭塞吴淞口，击灭在吴淞口以内之敌舰，并绝对防制其通过江阴以西为主，以一部协力于各要塞及陆地部队之作战。"[2]同一天，大本营还颁发了《第三战区作战指导计划》，明确海军的行动是"敌舰进入长江下游企图强行登陆或转用兵力时，应尽全力攻击之，以协同陆军作战，纵有牺牲亦在所不辞。"[3]11月，参谋本部又拟定了《江防计划纲领》草案，草案中对敌情的判断是："当战事爆发，敌人常驻我国长江之舰队（必要时或许另增一部），其主力似协同其陆军由上海方面溯江而上，以威胁我首都，其一部或集中某一要地，企图登岸，牵制我军之行动，或分布于各处，扰乱我大江南北之交通。"方针是："为防卫首都及使沿江诸要地之安全，且不使我军受敌舰之牵制起见，在开战之初，利用沿江诸险要，实行分段封锁，阻止其行动，折断其联系，困拘于某一地区，分别而歼灭之。"指导要领是："1.在战事不可避免之际，我方应以迅雷不及掩耳之手段，以驻在之防军，一方捕灭敌人陆上之势力（如汉口敌人租界中之驻兵及其潜伏势力）"，一方实行将长江分段封锁，使停泊长江各处之敌舰，各自分离，然后再由驻在之防军，各个击破而解决之。2.倘事先敌舰得在某一处所集结，而我方不能个别封锁时，则由敌舰集结处所之防军，一方与敌舰胶着施行牵制之手段，同时仍在

〔1〕《1937年国民政府军事委员会拟长江阻塞计划草案》，《民国档案》1997年第4期，第24—31页。
〔2〕中国第二历史档案馆：《抗日战争正面战场》（上），凤凰出版社2005年8月版，第36页。
〔3〕《南京国民政府大本营关于全面抗战作战指导方案等训令四件》，《民国档案》1987年第1期，第32页。

敌舰之上下流施行封锁，俾得困拘于一地区而歼灭之。3.设我方之江防舰队作战不利，可利用湖口之封锁，退避鄱阳湖内，再待机而动。"[1]同时又对防卫地区进行了详细划分。

从上述一系列计划来看，国民政府从"九·一八事变"以后，不断制定国防和作战计划，对于战争做出了各种各样的准备。但是，"卢沟桥事变"发生以后，针对日军发动战争的实际情况，国民政府仅仅对华北的防御做了比较充分的议定，而对于华中的防御，特别是长江的防御却犹豫不决，动作迟缓。从7月14日起，国民政府开始密集讨论"长江封锁"的问题，直到8月11日才实施封锁长江的行动，期间近一个月处于犹豫不决状态。7月16日，军政部部长何应钦主持召开了国民政府军事机关长官"卢沟桥事件第六次会报"会，会上何应钦提出了"如全部化，则绝交宣战，对敌之租界、兵舰、商船、居留民等，如何处理"[2]的疑问，但没有做出明确的决策。7月20日，召开了"卢沟桥事件第十次会报"会，会上有人反映了"海琛舰长请示，如敌舰先开一炮，是否还击。现下关敌我军舰皆装弹对峙，随时有冲突可能"，[3]也无决策。7月23日，召开了"卢沟桥事件第十三次会报"会，会报事项中有"海琛舰长报告弹药缺乏，6英寸炮每门仅20发，4英寸炮每门仅8发，请转知海军部酌予补充，为每门100发（至少50发）"。何应钦答复："函军委会办公厅令海军部照办。"[4]7月24日，召开了"卢沟桥事件第十四次会报"会，何应钦做出"海军部派一人在大本营任幕僚，但除海军事务外，不必参与"和"催海军部于一星期内将计划呈出"[5]两项决定。7月25日，召开了"卢沟桥事件第十五次会报"会，会上，军委会办公厅副主任刘光报告："海军部方面计划，迄未呈出，顷送来阻塞南通附近江面之办法，请准备器材如下：民船160只（长100尺、高6尺）、石子90万立方公尺、轮船6只、石子75万立方公尺、洋灰800桶。现拟一面交城

---

[1] 中国第二历史档案馆：《中华民国史档案资料汇编》第五辑第二编军事（一），江苏古籍出版社1994年6月版，第627页。

[2]《卢沟桥事变后国民党政府军事机关长官会报第一至十五次会议记录》，《民国档案》1987年第2期，第9页。

[3] 同上，第12页。

[4] 同上，第15页。

[5] 同上，第16页。

塞组计算需费若干，一面研究此项阻塞可否实行。"何应钦答复："如此恐长江将成泛滥，恐难实行，姑留作一案。至海军方面，仍催其对我舰队如何使用，妥为计划。"[1] 7月28日，召开了"卢沟桥事件第十八次会报"会，会上，欧阳格报告："昨晚八时，日军舰'莲'在南通青天礁一带停泊梭巡，今早六时始开走。近来日舰在长江甚为活跃，已派舰往青天礁一带搜索并监视矣。"[2]会议没有做出反应。7月30日，召开了"卢沟桥事件第二十次会报"会，会上，商定了《长江下游各要塞之阻塞及对日舰之扫荡计划》，但并未见做出最后决定的记载。从上述会报会讨论的关于长江防御的主要议题可以看出，国民政府机关的高级长官对中日战争是否全面爆发态度不明朗，因而对如何进行长江防御没有十分明确的具体方案。特别是对海军提出的阻塞长江的用料计划，持否定态度，使阻塞长江的措施无法迅速向前推进。

就读于电雷学校的黎玉玺

不过，从总体上看，国民政府自"九·一八事变"后制定的一系列计划，成为中国海军在长江抗战中的总的指导方针。按照这些方针，海军明确了抗战爆发后实施防御的大方向，从而能够在抗战前有针对性地实施一些训练。当时曾参加过布雷训练的黎玉玺回忆说："自是年（1937年——引者）一月至三月底，主要作布雷和扫雷练习，又直接参加实测确定江阴要塞区及镇江要塞区各雷区并其观测所之详确位置，以及布雷全盘计划，此项计划列为极机密案。廿六年'八·一三'沪战爆发时，即依此计划实施敷布江阴及镇江雷区。"[3]从一个侧面反映了中国海军针对日本发动侵略战争的准备情况。

然而，制定计划是一回事，落实计划又是一回事。从总的战略方针看，国民政府的抗战方针是持久战、消耗战，胜败的关键不在一时一地的得失。可是

---

〔1〕《卢沟桥事变后国民党政府军事机关长官会报第一至十五次会议记录》，《民国档案》1987年第2期，第17页。

〔2〕《卢沟桥事变后国民党政府军事机关长官会报第十六至卅三次会议记录》，《民国档案》1987年第3期，第6页。

〔3〕《黎玉玺先生访问记录》，台湾"中央研究院"近代史研究所1991年6月版，第21页。

抗战刚刚开始，国民政府就违背了这一方针。在淞沪战役中，寸土必争，牺牲惨重，恰与上述方针背道而驰。第三战区前敌总司令陈诚曾评价说："这现象显示我们似有决策，似无决策，足以引起人心的猜疑。"[1]在海军长江抗战中，"似有决策，似无决策"的现象比较明显，比如，既有计划，又不完备；既要计划实施，又不果断进行，陷入若干矛盾之中。

〔1〕《陈诚回忆录——抗日战争》，东方出版社2009年10月版，第43页。

国民政府决定阻塞长江

中国海军退守长江的方针既已决定，封锁长江就成为唯一的选择。方法不外乎沉船阻塞和水雷封锁两种。这两种方法，在特点、方式、作用、造价等方面，都有很大不同，从总体上看，各有利弊，在条件允许的情况下，两种方法相互配合效果最好。对于这些，在长江抗战爆发以前，海军人士早有清晰的认识。他们意识到，沉船阻塞具有被动性，建成阻塞线比较困难，不能致敌舰以毁损，且造价巨大，但封锁线一旦建立便非常坚固，难以突破，有利于两岸兵力和海军舰艇的作战；水雷封锁则具有进攻性，形成简便、迅速，能致敌舰以严重毁损，且造价低，但容易被突破，自然加重了两岸兵力和海军舰艇作战的负担。在战时财政极端困难的情况下，造价问题显得尤为突出。当时有人算了一笔账，以3海里长，半海里宽的封锁面积计算，如用水雷封锁，只需配备600具水雷便可构成一道坚固的封锁线，按时价每具400元（海军自制水雷价格，若为外购水雷，其价格在10倍以上）计算，所费不过二十余万元；如用舰船封锁，需要二三千吨的商船二十余艘，其总额在1500万元至2000万元之间，超过水雷价格80倍至100倍，若用军舰封锁，其价格更高。特别是在中国舰船极缺的情况下，仅有的船舶需留作后方运输之用，若一旦都集中于前方施行堵塞，对未来影响一定是非常大的。[1]然而，在战争形势极为紧急的情况下，国民政府显然无心去算这笔账，只要将敌舰拒于长江腹地之外，一定代价的付出

---

〔1〕高截：《抗战期中封锁长江水道和水雷防御的价值》，《海军抗战事迹汇编》，海军总司令部编译处1941年12月版，第83页。

是需要的。因而，国民政府毫不犹豫地决定用沉船来建立长江下游的第一道封锁线，同时在两侧辅助以水雷，足见破釜沉舟之决心。

陈绍宽回国筹划海军抗战

1936年12月，英国国王乔治六世即位，准备于1937年5月举行加冕典礼。4月2日，海军部部长陈绍宽作为贺英王乔治六世加冕副使，陪同孔祥熙赴英庆贺。跟随陈绍宽一起赴英的海军人员还有少校林献炘、少校周应骢、上尉林遵等。他们乘"维多利亚"号轮船，于5月2日抵达伦敦。参加加冕典礼之后，陈绍宽一行又赴欧洲各国考察海军，参观了海军演习，接洽了派员留学计划，并筹划订购德国潜艇。"卢沟桥事变"发生后，陈绍宽没能及时回国，海军防御筹划工作由第一舰队司令陈季良负责。陈季良编定了海军应战步骤，命令上海海军江南造船所赶修"永绩"舰，同时把第一、第二、练习三个舰队迅速集中于长江，以资防守。陈绍宽接到回国的命令后，于7月17日自柏林发出通电，表示"率海军人员回国枕戈待命"，并于7月28日飞航回国，筹划海军抗战。林献炘、周应骢也随后乘船返回国内，林遵则被派留德国。

1937年7月29日，日本驻华使馆副武官本田忠维会见陈绍宽和国民政府

1937年6月，陈绍宽参加英王加冕典礼，前排右二为孔祥熙，其身后为陈绍宽

代理军政部部长曹浩森，蛮横无理地要求中国政府对日本的侵华军事行动，不予抵抗，如果中国海军不按日方要求执行，就要用武力加以消灭。国民政府知道中日全面战争不可避免，便按照原先制定的作战计划，下令将海军主力撤入长江。海军部随即命令各舰艇作战时准备，令"楚泰""正宁""肃宁""抚宁"四艘舰艇，协同闽江口要塞，扼守闽江；"公胜"协防珠江；"诚胜"警戒山东。同时，一面令"普安"运输舰留在上海，听候调遣，一面令在厂修理的"永健"舰加速修理，修好后留在高昌庙，协同驻沪海军警卫营，保护海军在沪各机关及海军江南造船所。其余舰艇包括"平海""宁海""应瑞""海容""海筹""通济""逸仙""甘露""大同""自强""永绩""中山""楚同""楚有""楚谦""楚观""永绥""江元""江贞""民权""民生""瞰日""咸宁""建康""德胜""威胜""武胜""江犀""江鲲""青天""湖鹰""湖隼""湖鹏""湖鹗""辰""宿""江宁""海宁""绥宁""威宁""崇宁""义宁""长宁""顺胜""义胜""仁胜""勇胜""定安""克安"等，共计49艘，均开入长江以内，集中力量，拱卫京畿。

国民政府做出封锁长江决定

8月6日，蒋介石召集各地军政大员齐集南京，召开军事会议，商讨抗战事宜。会上，做出了封锁长江、保卫京畿的决定。如果这一决定能够付诸实施，不仅能阻挡优势的日本军舰进入长江，打乱日军沿长江水陆并进的战略计划，更重要的是，能将散布在长江各口的数十艘日军舰艇、部分日本海军陆战队，全部封入长江，使中国军队在长江抗战之初先占据极大的主动。会议刚刚结束，陈绍宽就做出了部署，据"通济"舰舰长严寿华回忆："约在8月7日，将近黄昏时，海军部长陈绍宽打电话来，召我到部。我到时，他引我至楼上，在他的个人办公室里，很秘密地对我说：'目前局势，万分紧张，国防部决定先把江阴港道予以封锁，阻止敌人来去长江的航路。'通济'是无武力的旧舰，你先开往江阴，做好准备，何时堵塞，另行通知。'语毕，并示以封锁线的方位。继又说：'以后抗战胜利，就会建设新的海军，此时千万不要灰心。这是密令！'我答说：'国家安危，此时莫定，对我个人毫无问题，自当遵令执行。'我受命后回舰，不动声色，准备翌早开澄（江阴简称），当日到达。启航之前，又奉令将驻舰的见习生调往马尾学习枪炮（他们趁夜离舰，由教练官陈粹昌率领，从内地绕道江山赴榕）。"[1]

可意想不到的是，就在国民政府做出封锁长江的决定之后，人们惊奇地发现，整个长江两岸的大批日侨似乎是在同一时间接到命令，分别在日本海军第三舰队第十一战队舰艇的掩护下，匆忙撤出长江。据日方资料记载，长谷川清6日后收到军令部的指示，并制定了第三舰队作战计划案。8日23时，他发布了兵力部署命令，其中有"长江流域各地之侨民应全部继续撤向上海及日本"[2]的要求，由"继续"二字推断，此前还应发布过撤侨的命令。八路军驻汉办事处在日侨撤走后，进驻位于原日本租界的大石洋行。当时担任办事处负责人之一的李克农发现，日侨在撤走时连一些贵重物品都没有来得及带走，甚至连桌上的丰盛饭菜都没有来得及动筷，说明他们是在极其匆忙的情况下撤走的，不是突然接到命令不会如此狼狈。

长江中日舰和日侨的突然撤走，给了中国军队一个措手不及，他们眼睁睁看着顺流而下的大批日舰，没有接到上峰的命令，不知如何是好。刘炳均是国民党陆军炮兵第八旅第十六团的少尉排长，他目睹了日本军舰载侨撤出长江的情景。他回忆说：

> 驻武汉的国军九十八师夏楚中部约一万人，战斗力极强，已奉命将汉口日租界内日本海军陆战队三千人包围，准备攻坚战具，待命出击，我炮兵第八旅第十六团大炮三十六门，奉命在武汉长江下游徐家棚（离武昌八里）、青山（离武昌三十里）、白虎山（离武昌六十里）、田家镇（离武昌一百二十里）分别进入江岸要塞，瞄准在长江中游弋的敌舰，待命射击。这一带江面宽约二十华里，敌舰全在我大炮有效射程内，田家镇以下，有著名的江阴要塞，除有强大的要塞炮外，并已准备有破旧轮船多只，必要时沉入江中，封锁江面，再以下有南京扼江门狮子山要塞[3]，再往下就是

---

[1] 严寿华：《抗战初期封锁江阴航道纪实》，《文史资料选编》第四卷军事政治篇第一册，福建人民出版社2002年8月版，第137—138页。

[2]（日）日本防卫厅防卫研究所战史室：《日本海军在中国作战》，中华书局1991年1月版，第185页。

[3] 此处有误，南京在江阴上游。

长江出口处的吴淞要塞。从我长江中要塞分布的情况看，当时在汉口日租界内海军陆战队三千人，及在长江中第三舰队大小兵舰二十余艘，都已成瓮中之鳖，只要政府一声令下，向敌开火，日本海陆军除全军覆没或投降外，万难逃脱出去。

武汉作战指挥部，把侦知敌长江中每艘兵舰的名称、排水量、速率、舰上配备大炮的数目印发到每个要塞上。那几天我们特别忙碌，既要扫清射界，又要作战前的一切准备，但大家精神都极兴奋，想到多年来梦寐以求的抗日战斗就要到了！

……

正在华北战火纷飞，和我们沿江要塞紧张备战之时，八月九日[1]，突然接奉武汉作战指挥部的命令云："集结在武汉日海军兵舰和陆战队三千人，及日本侨民，将于本日从长江内撤退，希沿江各要塞，严密监视，除日军首先挑衅外，未奉命令，不得开炮射击"等语。奉命后，我军进入阵地准备，下午一时许，江岸观测兵报告：从上游汉口方面，有一舰队正向我方驶来，距此约一万五千公尺。闻讯后，我要塞内士兵，各就战斗位置，严阵以待。半小时后，敌舰队已进到我要塞前江心中。当时目睹计大小兵舰十七艘，运输舰五只，浩浩荡荡，急急向下游驶去。从望远镜中看到，敌舰上大炮炮衣，都已卸去，炮口指向我方，敌兵在舰上出现忙碌紧张状态，我们也严密监视着，故军挑衅，即予还击。

初秋天气，云暗天低。我们面对滚滚长江，把这支敌舰队就这样送到了天边。此时，我们官兵，个个心事重重，互望一眼，都默然无语。大家心里都在想：要是准许我们打，小日本这支舰队，准会被我们打得落花流水，休想有一只能逃出长江口去，这一喜讯传出，全国军民不知如何的欢喜如狂。这种先声夺人之战，可以大长我民族志气，大灭日寇威风。可惜的是，我国家决策人，不以民族为重，下不了抗日决心。眼前的这一大好

---

〔1〕据推断，这里的8月9日有误。刘绍唐主编《民国大事日志》谓8月7日汉口日军及侨民完全撤退；中国抗日战争史学会和中国人民抗日战争纪念馆编《中国抗日战争大事记》谓8月7日汉口日本海军及侨民开始撤走；（日）日本防卫厅防卫研究所战史室著《日本海军在中国作战》记载，日本在汉口的全部兵力于8月9日在上海集结。

机会，竟被放过了！[1]

与刘炳均同在炮兵第八旅第十六团的湛先治，在徐家棚炮阵地上也目睹了日军汉口撤侨的情景。他说：

> 日本开始撤侨了。我在四十倍的炮队镜里隔江遥望，对日租界的撤侨情况，了如指掌。眼看着日侨，扶老携幼，匆匆上船，船上装得像沙丁鱼罐头，甚至连老人也难找到坐下的地盘。最后是日本领事，双手捧着日本国旗上船，立即启航。惶惶如丧家之犬，顺流东去。[2]

海军遇到了同样的情况。一位海军人员回忆说：

> 当时——二十六年的八月七日——我们有几艘兵舰，是在拱卫京畿的江防，有的则是从上海江南造船厂赶修完竣驶京待命。突然我们奉到紧急命令，开达湖口集中。当时的湖口，已经集中有"江贞""江元""楚同""楚泰""楚有""楚观""湖鹏""湖隼"等舰，指挥舰是"江贞"；其后八日、九日，陆续开到的又有"中山""永绩"和"建康"，而唯一口径最大的炮舰——"逸仙"也已经开到。"逸仙"到后，指挥更改属于"逸仙"。"逸仙"的炮口径是六吋，射程可达二万码以上；其他各舰，则大部为四吋七，此时的江上，真可说是战云密布了。在月黑风高之夜，我们的炮手，都通通紧张地各站在他们的炮位上。自七号起，集中在湖口的海军，全体将士的心情，是不必我来描绘的。他们没有第二个心思，他们所有的，只是孤臣孽子般，在极度紧张中，等待着后命来给敌人以打击。因为这不但可一吐中华民族几十年来的沉仇积怨，正也是中国海军几十年来难得的报仇雪耻机会。我们谁都是这样想着：最多十天半个月，我们便一定可以奉

---

[1]刘炳均：《卢沟桥事变后武汉敌舰撤退经过》，《会理文史》1986年第2辑，第16—18页。
[2]湛先治：《在徐家棚拦击日舰的炮阵地上》，《武汉文史资料（选辑）》1985年第4辑，第35页。

到奸敌的命令了。这次的部署，是这样的机密，又这样的迅速。

谁知道在九日的夜间，即十日的黎明前，敌方所有停泊在长江上游的兵舰——包括近万吨的"八重山"，满载着仓皇而遁的汉口侨民，便驶过了湖口我们的警戒线；而所有长江以内的敌舰，总数大约近二十艘，都在八·一一，江阴方面封锁之前完全驶出了长江，全都逃脱了他们最大破灭的悲运。读者当然不免要问："湖口的江面不正是有着舰队吗？你们何以会让它通过的呢？"是的！但是——

我们在湖口的舰队，虽然是已经奉到集中之命，在湖口江面警戒，但因为那是八·一三之前，距日寇在江南发动隔着四五日，自然还没有奉到向敌人开火邀击敌方军舰的命令，而且谁也不会料到：我方如此机密的决定，敌人会迅速得知。所以在九日之夜，我们舰上的官兵，即突然发现了上游居然有敌舰开来，而且是全部熄灯灭火，放倒栏杆——这就说明他们是已经有了作战的准备的，迅速地向下游开驶，就感觉到出乎意外了；然而，我们没有奉命，我们当然不能自由攻击。我们只有惊异，惊异于敌舰的行动，何以如是之速，难道已经知道了我们要封锁长江了么？这不能不说是极其奇怪的事：在我们——海军舰队里尚没有了然于自己的任务之时，而他们却已经行动——偷出了长江，而且他们已经是确然做了作战的准备的。当然，凡在我们驻泊之区，见有外舰驶行，是例有报告的。我们不晓得当时南京的海军最高当局接到湖口的报告时，其惊异为何如！而最高统帅部得到我们海军当局转呈上去的报告时，其惊异又为何如！大概也许还是因为湖口这个报告，才发觉机密的泄漏，才开始侦察黄浚的嫌疑的。

我们事后知道，汉口敌侨的撤退，是极其仓皇极其狼狈的。据讯，有一个居留民的大宴会上，领事馆官员和海军的军官们突然在欢饮中临时退席，即刻就决定了撤退留汉全体侨民的。这大约就是黄浚的报告，由南京的日领馆转到了汉口了！这能说不是我们的大失败么！这能说不是我们民族血肉的教训么？[1]

---

〔1〕梁翊周：《海军抗战的机密故事》，《海军抗战事迹汇编》，海军总司令部编译处1941年12月版，第218—220页。

据日方资料记载，到8月9日为止，侨居长江沿岸的29230名日侨全部撤到上海。[1]据中方的观察，在8月9日这一天，"由长江上游抵沪之日舰计九艘"，[2]所有日本军舰没有一艘被截留在长江以内，只有两艘日本商船"岳阳丸"号和"大贞丸"号没有逃出长江。时任"通济"舰舰长的严寿华回忆："'海容'和'海筹'二舰，担任上游巡弋，阻止船只下驶。适有日轮'岳阳丸'一艘满载日侨下驶，'海容'旗令，饬其折回返航。中有海军聘请来教战术的顾问——日本海军大佐寺冈谨平附搭此轮（他也是日本派来兼作间谍的人员），意欲准其下驶，经我方严词拒绝，该轮才折向南京上驶。到宁时，靠泊浦口码头，全部日侨改乘津浦火车到济南，转青岛而返国。"[3]

将日本海军舰艇封入长江的意图就这样落空了，这让蒋介石十分震怒。他一方面指示空军立即出动，追击逃亡日舰。据时任国民党空军第五大队分队长的王倬回忆，"八月十三日午夜（此时间有误——引者），我正在队部值班，突然接到蒋介石从南京打来的电话，说：'在长江中的日本五十艘军舰和轮船，正在向东逃跑。你们大队立即带上炸弹，于拂晓前出动追击，加以歼灭，但已经停在黄浦江里的，则不准轰炸。'我马上向大队长丁纪徐作了汇报。""大家听到出战的消息，情绪非常激昂。丁纪徐命令中队长刘粹刚率领十八架霍克Ⅲ式驱逐机，各载五百磅炸弹一枚执行任务。参加这次作战的有梁鸿云、王倬、雍沛、袁葆康、董庆祥、姚杰、余腾甲、胡庄如、董明德、张伟华、宋恩儒、刘依均、邹赓续等人。""我们这批飞机，越过江阴要塞，沿着长江向东搜索前进，但敌舰都已跑完了。"[4]另一方面，蒋介石立即下令调查日舰逃出长江的原因。时任蒋介石随身警卫的钟高玉后来回忆说："那些日子，我看到蒋介石神色不安，紧锁眉头，不时地倒背双手，怒气冲冲地在房内来回走动，牙床痛得好几天都吃不下饭，且时常对部属发脾气。""一天，蒋介石火速召集南京市

---

〔1〕（日）日本防卫厅防卫研究所战史室：《中国事变陆军作战史》第一卷第二分册，中华书局1979年10月版，第1页。

〔2〕中国第二历史档案馆：《中华民国史档案资料汇编》第五辑第二编军事（二），江苏古籍出版社1994年6月版，第186页。

〔3〕严寿华：《抗日战争时我在江阴封锁线的经过》，《旧中国海军秘档》，中国文史出版社2006年1月版，第120页。

〔4〕王倬：《中华战鹰，殊死报国》，《八一三淞沪抗战》（原国民党将领抗日战争亲历记），中国文史出版社1987年10月版，第354页。

阻塞长江的决定做出后，中国海军仅截留了两艘日本商船"岳阳丸"号和"大贞丸"号，这是"岳阳丸"号商船

内的军统、中统、宪兵司令部负责人开会"[1]研究案情，最终把侦破这一案件的任务交给了南京警备司令部专门对付日本间谍的"外事组"，由警备司令谷正伦亲自负责。

暂且不说案件的侦破过程，单说1937年8月初蒋介石召集的那次重要军事会议，由于国民政府当时的刻意隐瞒，就使人颇感神秘。时至今日，关于这次会议人们还有两个问题没有搞清：一是会议的具体日期究竟是哪一天；二是这次会议是一次什么性质的会议。

关于第一个问题，目前有以下说法：一是"8月6日"说[2]，二是"8月5日"说[3]，三是"'八·一三'上海战役爆发之前"说[4]，等等。单从先前国民政府制定的作战计划、战情的发展看，从1937年7月底起，到8月7日日军开始从长江撤出止，在这期间，蒋介石都有可能召集重要的军事会议。但是，后来对泄密案的侦破情况显示，会议内容很快被泄露，日本海军6日接到撤退训令，从7日开始撤退，那么会议定在7日前夕召开。当时的海军内部人员也说："当时若不是朝中有蓄心'举例'之秦桧，试问：黄秋岳（浚）何由进身为行政

〔1〕钟高玉：《我参与侦破"黄浚案"》，《纵横》1995年第4期，第45页。

〔2〕海军司令部《近代中国海军》编辑部编著：《近代中国海军》，海潮出版社1994年8月版，第953页。

〔3〕王晓华、张庆军：《中华民国之谜》，黄山书社2005年8月版，第271页。

〔4〕陈书麟、陈贞寿：《中华民国海军通史》，海潮出版社1993年2月版，第388页。

院（中央政治会议）之秘书？更何从列席于二十六年八月十日前——特别是六日——在南京举行的最高机密会议，如果不因为黄秋岳担任着敌人的□报，把我们最高的军事机密卖给敌人，我们对长江以内的敌舰大封锁计划，又何至败于垂成？中国海军又何止只收今天这一点战果？"[1]在后来出版的一些大事记中，有8月6日国民政府召开了一次重要军事会议的记载。如刘绍唐主编的《民国大事日志》中记载，8月6日"各地军政大员齐集南京，共赴国难"；台湾出版的《中华民国史事日志》中有8月6日"南京军事会议"的记载。

关于第二个问题，有些著述认为，蒋介石召集的是"最高国防会议"[2]，有些著述说得比较模糊，或谓"军事会议"，或谓"有关将领会议"等等。然而，在国民党和国民政府的军事机构中，并没有"最高国防会议"的设置，有的是"国防最高会议"。抗战之前，全国国防最高决定机关有一个演变过程，在国民党中央执行委员会第五届第一次全体会议以前，中央政治会议之下设有国防委员会之组织，而一中全会后，中央政治会议改为中央政治委员会，原有国防委员会因之废止。1936年7月12日，国民党中央执行委员会第五届第二次全体会议决定成立国防会议，隶属于中央执行委员会，负责处理有关国防的重大事项，并通过了《国防会议条例》，确定了国防会议的组成。《国防会议条例》规定："为整理全国国防特设置国防会议，讨论国防方针及关于国防各重要问题。"国防会议审议的事项包括国防方针、国防外交政策、关于国防事业与国家庶政之协进事宜、关于处置国防紧急事变之事宜、国家总动员事宜、关于战时之一切组织及其他与国防相关联之重要事宜。组成为：蒋介石为国防会议议长和副议长，阎锡山、冯玉祥、程潜、朱培德、唐生智、陈调元、孔祥熙、何应钦、陈绍宽、张群、张嘉璈、俞飞鹏、李宗仁、白崇禧、陈济棠、刘峙、张学良、宋哲元、韩复榘、何成浚、顾祝同、刘湘、龙云、何键、蒋鼎文、杨虎城、朱绍良、徐永昌、傅作义、余汉谋、吴鼎昌等依次为国防会议会员，同年8月29日，国民政府又特派盛世才为国防会议会员。1937年3月4日，国民党

---

〔1〕梁翊周：《海军抗战的机密故事》，《海军抗战事迹汇编》，海军总司令部编译处1941年12月版，第218页。

〔2〕海军司令部《近代中国海军》编辑部编著：《近代中国海军》，海潮出版社1994年8月版，第953页；陈书麟、陈贞寿编著：《中华民国海军通史》，海潮出版社1993年2月版，第388页。

中央执行委员会第五届第三次全体会议决定恢复中央政治委员会之下的国防委员会，并制定了《国防委员会条例》，确定了机构组成。《国防委员会条例》明确规定："国防委员会为全国国防最高决定机关，对于中央执行委员会政治委员会负其责任。国防委员会之决议及其行动应绝对秘密，凡参与会议及工作人员不得将任何决定事项向外发表。"国防委员会之职权包括国防、外交政策之决定，国防作战方针之决定，国防费用之编制与筹备，国家总动员事项之决定，国防紧急事变之审议以及其他与国防有关重要问题之决定。1937年8月11日，国民党中央执行委员会政治委员会第五十一次会议决议："设立国防最高会议，国防最高会议组织条例通过，送国民政府并送请中央执行委员会备案。中央执行委员会第五届二次全体会议议决组织之国防会议及第五届第三次全体会议议决组织之国防委员会，均请中央执行委员会撤销之。"《国防最高会议组织条例》规定："国防最高会议为全国国防最高决定机关，对于中央执行委员会政治委员会负其责任。"其主要职权包括国防方针之决定、国防经费之决定、国家总动员事项之决定以及其他与国防有关重要事项之决定。[1]

通过以上梳理可知，1937年8月初国民政府做出阻塞长江决定的那次会议，不会是"国防最高会议"，因为此时该机构还未成立，它应为"国防会议"或"国防委员会"会议，因这两个机构此时是同时存在的。而在这两个机构中，"国防委员会"成立在后，并且有"为全国国防最高决定机关"的规定，像阻塞长江这样的事关国家前途和命运的重大决定，非"国防委员会"莫属，其他机构在此时均不合适担当此任。白崇禧是"国防委员会"委员，也是当时出席会议的人员之一，他回忆说："中央既决定抗战，八月二日奉蒋委员长电召我，命我入京共赴国难。……我决定后，立刻覆电蒋委员长表示愿到南京。蒋委员长派其水陆两用座机由德籍驾驶员驾驶至桂林接我。四日下午我由桂林起飞……道经南昌，本想着陆休息，因大风雨，机场积水很深不能下降，遂直飞南京，原定在下关机场降落，也因积水而改在南京下关水上机场降落。飞抵南京大约是下午三时……当晚蒋委员长在军官学校召见，并以晚餐招待。""中央为全面抗战，在南京召开全国军事会议，冯玉祥、阎锡山、刘湘都参加，刘湘

---

[1]《国民党政府国防会议等四机构组织史料选》，《民国档案》1985年第1期。

在会议席上表示决心抗日，愿出兵五百万。"[1]

从以上分析可以断定，1937年8月初国民政府做出阻塞长江决定的那次会议，是在8月6日召开的"国防委员会"会议。

破获黄浚父子泄密案件

南京警备司令部对泄漏封锁长江机密案件的调查，自然要围绕着"国防委员会"会议与会人员进行。由于"国防委员会"会议涉及的都是各地军政大员，关系重大，谷正伦亲自出马。在调查过程中，"外事组"通过关系，结识了在日本领事馆内工作的中国理发师陈耆才，并经过工作，将其发展为秘密的情报人员，代号"23"。根据"23号"的侦察，发现多起泄密案都涉及行政院机要秘书黄浚。经过进一步调查发现，黄浚利用职务之便，与日本来华的一些人以及日本驻华的使馆、领馆外交人员频繁接触，打得火热。再进一步调查，一个以黄浚为核心的汉奸间谍组织逐渐浮出水面。原来，黄浚的政治倾向、生活状况、个人情趣，尤其他所担任的极其重要的工作，引起了日本在华间谍机关的高度重视。加之黄浚本人曾留学日本，结交了一些日本上层人士，具有贪图享乐、崇尚金钱的弱点，在日本间谍机关的重金收买之下，充当了可耻的汉奸，并且将他在外交部供职的26岁的儿子黄晟也拉下了水，还先后纠集、收买了国民政府内部一些亲日的失意高级军政人员，组成了汉奸间谍组织。黄浚利用职务之便，获取了国民政府大量重要的军事情报，让他的手下将情报直接送给潜伏在汤山温泉俱乐部的日本特工南云造子，国民政府阻塞长江的决定，就是这样泄露给日军的。南造云子出生于上海，熟悉中国国情，并受过完整的特工训练，从1926年开始就在中国进行间谍工作。1929年南云造子化名廖雅权，打入国民党海外部的汤山镇温泉招待所担任招待员，并取得不少情报。黄浚父子被捕后，供述了全部犯罪事实。案情真相大白，国民政府内部一片哗然。出于种种考虑，此案当时未对外公开，在当时的各类档案资料中，也鲜有记载，直到黄浚父子被执行枪决后，外界媒体才陆续进行了报道。

---

[1]《白崇禧先生访问记录》（上册），台湾"中央研究院"近代史研究所1989年6月版，第98—99页。

那么，黄浚是何许人也？黄浚，字秋岳，又称哲维，别号壶舟，福建侯官（今福州）人，生于清光绪十六年（1890年，一说1891年），17岁自京师大学堂译学馆毕业，授七品京官，从此时开始，其才华逐渐显露。由于他善作旧体诗文，被许多老诗人看作后起之秀，颇受赏识。后来他留学日本早稻田大学，接受日式教育。回国后，历任北京政府陆军、交通、财政等阁部参、佥、秘书及国务院参议。北京政府倒台后，他蛰居数年。1931年，国民党元老林森担任国民政府主席，十分赏识黄浚的才学，遂将其调升为行政院主任秘书，使黄浚不仅又一次开始从政生涯，而且有机会进入国民政府高层核心机构。1932年初，汪精卫出任国民党中央政治会议主席，在外交上亲近日本，对精通日语与日本事务、对日本抱有好感的黄浚十分宠信，黄浚便在行政院兼任汪精卫的机要秘书，有机会经常参加国民政府最高级别的军事会议。

黄浚是晚清名家陈衍（石遗）最得意的弟子之一。他才气横溢，能诗善文，所作诗文被孙雄选入《四朝诗史》，因名列王国垣《光宣诗坛点将录》而声名大振，与当时的权宦显要、前辈名流多有往来。

他藏有清朝"一代诗宗"王渔洋手批明刻钤山堂诗选本，征求题咏，陈衍为其题诗云："河豚有毒腴真美，孔雀虽华胆莫尝，颜色平常风味薄，尚劳诸老费评量。格天阁下豚儿贵，偃月堂中只字无，错把冰山当冰雪，新城低首接新都。始终寔臼落明人，赝体唐诗尚隔尘，未免于情加惋惜，只应清秀李于麟。圆海工诗说矫情，虞山骨稌望溪评，休论出拜安妃日，少日何曾唱渭城！"[1]王渔洋论诗，对明朝著名权臣严嵩被抄家去职非常惋惜，但在此诗中，陈衍却对严嵩大肆抨击，可惜黄浚不能理解他的老师在诗中对招权纳贿、肆行贪污的鞭挞之义，而成为遭人唾弃的汉奸。

特别值得一提的是，黄浚著有《花随人圣盦摭忆》一书，该书以记述晚清及民初的史事掌故与人物轶闻为主，兼发评议或考证，所依据的资料，除了时人文集、笔记、日记、书札、公牍、密电以及有关的一些外国人著述外，还有不少耳闻目睹和亲身所历之事，使得该书不仅内容丰富多彩、评论犀利，而且行文承转委婉、生动流畅，颇值得一读。该书内容曾在南京的《中央时事周

---

〔1〕冰莹等：《汉奸现形记》，战时出版社，第25—26页。

报》连载，颇引人注目。就在1937年8月7日由于黄浚的泄密造成日本海军开始从长江撤出的当天，《中央时事周报》刊登了《花随人圣盦摭忆》书中的一篇文章，内容是从抗战以来华北战事而展开对"汉奸"及"间谍"的考据，论列自元朝以来日本"早惯于勾买无耻施技刺探"中国情报的史实，颇具讽刺意味。全文如下：

　　幽燕烽燧，北望惊心，事势之亟，四五年前已然，疆揸至今，不能免于向搏，亦意中事。此后并力制胜，在于当前。委蛇时日以修战备之功，则咎在畴曩。异时饮至论功，当有公言，唯此浩劫，为可嗟闵。昔元人论日本书云："和好之外，无余善焉，战争之外，无余恶焉。"言简意赅，三复词令之妙，重为忾叹。元师征日时，日本已利用间谍，木宫泰彦《中日交通史》云："当时两国关系，虽极险恶，而日本商舶之赴元者，仍不绝，日本利用此种商舶，使弘安之役，被俘之宋人，潜作间谍，往探元之动静，故得知一切情形。竹林院左府记弘安六年七月一日条云，异国之事，近日其闻候今年秋可袭来之由"，读此可知彼邦早惯于勾买无耻施技刺探，即世人所谓奸细也。案奸细，又可作姦细，沈栾城诗"一朝姦细竟南奔"，此指秦桧。考《宋元通鉴》：翟汝文虽为桧所荐，然性刚不为桧屈，至对案相诟，目桧为金人姦细，是沈诗所援。览此可知吾国与外族战争，恒为姦细败事，今日当先为炯鉴。又案秦桧之为姦细，乃由金派归，挞懒攻楚州，桧与妻王氏，自军中趋涟水军，自言杀金监己者，夺舟而来，欲赴行在，遂航海之越州，帝命先见宰执，桧首言，欲天下无事，须是南自南，北自北，朝士多疑其与何栗、孙傅等同被拘执，而桧独还，又自燕至楚二千八百里，窬河越海，岂无讥诃之者，安得杀监而南？又考《金国南迁录》，亦言秦桧始终言南自南，北自北，可见此姦细乃金特以遣宋者，病在高宗赏而用之耳。又《晋书》："奖群贤忠义之心，抑奸细不逞之计"，次却用奸字，案姦多作奸，因与奸通，书，寇贼姦宄，注，劫人曰寇，杀人曰贼，在外曰姦，在内曰宄，故奸细作姦细，义较长。[1]

---

　　〔1〕黄浚：《花随人圣盦摭忆》，上海书店出版社1998年8月版，第110—111页。

1937年8月下旬，黄浚父子在自己家中被捕。8月25日（一说8月26日；一说8月28日），南京警备司令部及警察厅以卖国罪在南京雨花台刑场将其枪决，与他们一同伏法的还有罗致远、莫树英等16名汉奸。当时的媒体《上海抗战》登载了这一消息，称："上星期三在南京枪毙了十八个人，他们的被捕审讯和处死，可说是日本在中国所苦心经营的间谍机关被肃清了一个。而这个间谍组织，比之去年正月在郑州被中国官厅所破获的，是更其重要。因为该组织的头脑，正是中国行政院的秘书黄浚；据说黄浚还不是普通秘书，而是机要秘书；他所接近的机要事件当然于日本有绝大价值。"[1]还有媒体说：黄浚"入行政院当秘书（那时是汪精卫任行政院长，当时汪氏对于文人很努力地汲引，如曹攘蘅、李释堪等都是那时先后任秘书）任职数年，估不到秋岳在全国抗战的时候竟'将其职务内所管理之秘件作为情报材料供给敌人'，这真使人起'卿本佳人奈何做贼'之感叹"。[2]黄浚泄密案是抗战以来国民政府军事当局遭受的第一次沉重打击，它使"击灭在吴淞口内之敌舰"的意图未能达成，对长江抗战产生了重大影响，无疑是一个沉痛的教训。这一案件暴露了三个问题：

一是国民政府疏于防范，对日本间谍组织渗透的深度和广度估计不足。早在1936年6月，蒋介石就强调："一切国防工作，务必绝对秘密。训练部属，亦应特别注意保守秘密之教育。现在各处建筑国防工事，未免太不秘密。如构筑工事之图标，竟交由工头保管，是不啻随便出卖于敌人。须知不仅最大秘密如工事图标者为敌人所欲以探取，即普通有关国防之片纸只字，彼亦欲觅得以为研究之资料。又如武汉因材料运输不密，而使敌人知工事所在，试问何不绕道以稍避敌人之耳目？此贪小便宜而坏国家大事也。再如各处每每或未作工事而先搭草棚，正所谓'欲盖弥彰，弄巧反拙'；或既成掩体而显露形色，使敌人一望尽知，暗中轻笑。此皆不密之过！殊不知军事以秘密为成功第一要件。军人以严守秘密为最要之修养，与生命唯一之保障，故舍秘密，无可言军事，不足为军人！不守秘密，不仅无以克敌制胜，保国卫民，而且必不能自保其生命！或谓现在各种国防工事，敌人尽可以种种方法侦察明白，无论如何，不能

〔1〕冰莹等：《汉奸现形记》，战时出版社，第1页。
〔2〕同上，第25页。

秘密。此种心理，尤为错误之极！吾人应知：天下一切事物，自其客观的存在而言，固皆可以研究而得，根本无所谓秘密；但自我主观的妙用而言，则皆可以隐藏莫见，无不可以秘密。不但以千里之遥，敌我之别，凡事极易秘密，即朋友相晤一室，彼此所怀何物，亦皆不得而知。由此可知天下一切事物，绝无不可秘密之理。而国防工作，尤为无不应绝对秘密亦无不可绝对秘密！凡以秘密为不可能者，皆愚惰而卖国之人也！"[1]但他没有注意到日本间谍机构对国民政府高级机关的渗透。

二是国民政府在全面抗战问题上犹豫不决。1937年7月17日，蒋介石发表了对"卢沟桥事变"以后时局发展的看法。他说："卢沟桥事件能否不扩大为中日战争，全系于日本政府的态度，和平希望绝续之关键，全系于日本军队之行动，在和平根本绝望之前一秒钟，我们还是希望和平的，希望由和平的外交方法，求得卢事的解决。但是我们的立场有极明显的四点：（一）任何解决，不得侵害中国主权与领土之完整；（二）冀察行政组织，不容任何不合法之改变；（三）中央政府所派地方官吏，如冀察政务委员会委员长宋哲元等，不能任人要求撤换；（四）第二十九军现在所驻地区，不能受任何的约束。这四点立场，是弱国外交最低限度，如果对方犹能设身处地为东方民族做一个远大的打算，不想促成两国关系达到最后关头，不愿造成中日两国世代永远的仇恨，对于我们这最低限度之立场，应该不致于漠视。"[2]从中可以清楚看到他对战争规模的不扩大还抱有很大的幻想。从8月6日做出阻塞长江的决定，到8月11日开始实施长江阻塞，历时五天，在当时瞬息万变的战争阴云下，这五天可谓十分漫长和珍贵。并且8月11日海军的紧急行动还是在日本海军撤出长江的行动逼迫之下做出的仓促反应，否则，阻塞长江的行动可能还要往后拖延，这是蒋介石对日抱有幻想导致的必然结果。

三是国民政府阻塞长江的计划不够具体、细致和周到。做出阻塞长江的决定后，海军曾做了预先布置，但对日本海军紧急撤出长江的行动，无论是国民政府还是海军当局均毫无预料，更没有紧急情况下的处置措施，致使在日军撤

〔1〕秦孝仪编：《总统蒋公思想言论总集》卷十四，台湾国民党党史委员会1984年10月版，第345页。
〔2〕同上，第584页。

出行动长达三天的时间里，中国军队没有采取任何有效措施加以制止，海陆军也只能以没有接到上峰命令为由，眼睁睁看着日舰一批批从眼前驶过，毫无办法。这同样能够说明，国民政府没有下定长期抗战的决心，直接影响了中国军队的抗战准备行动。

黄浚泄密案本来是铁证如山的，可偏偏出现了一些不同的声音。著名记者、作家曹聚仁在《天一阁人物谭》中有一篇《也谈黄秋岳》的文章，在谈到黄浚泄密一案时说："黄秋岳父子，以文士的散漫习气，终于替日本方面做情报工作，那是事实。但做情报工作，乃是他做中央政治会议的秘书时期，他实在也很懒，只是把政治会议的决议案原封不动交给日本使馆而已。这样，日本方面公布有关国民政府的政治会议决议案，和南京方面一样迅速。这就引起了国民政府当局的怀疑，经过了侦察，知道和黄秋岳的秘书工作有关。因此，1935年的春天，便把黄秋岳从中央政治会议的秘书职位调开，他就失去了参与机密的机会了。邵力子先生也对我说：黄秋岳是不会知道军事会议的军事秘密的。""一九三七年八月间，日方已在沿海作战的计划，因此，把他们在长江的海军集中到长江下游来。他们的军舰下驶，比国军沉船封江早一星期，所以用不着黄秋岳父子来送情报的。到了今天，还说出卖长江封锁计划，也就等于说'九一八'之夕，张学良陪着胡蝶跳舞一样，不合事实。"曹聚仁并非国民政府的军事人员，不可能知道黄浚案件的来龙去脉，做出令人啼笑皆非的判断也属正常。可是，在时过境迁的今天，却有人把曹聚仁的观点当成史料加以引用，作为立论的依据。如2002年3月20日的《中华读书报》的一篇题为《民国"肃奸"的一大疑案》的文章，称"曹聚仁以其可靠的材料来源、充实的证据和严密的论证，对于政府当局及新闻传媒所指控黄秋岳父子向日本人出卖情报的犯罪情节，予以了准确而精当的辨析，并援引国民党元老、中央宣传部部长邵力子的话加以证实，从而使这一案件在基本案情上，便与当时的主流舆论，出现了明显的反差"。并说"面对一再失利的军事败绩，当局为了鼓舞军心民气，不得不拉个人出来祭刀"。[1]这着实有些荒唐。当然，在长江抗战的研究中，这点声音只不过是一个小小的插曲而已。

---

〔1〕陈礼荣：《民国"肃奸"的一大疑案》，《中华读书报》2002年3月20日。

在江阴建立阻塞线

自 1937 年 8 月 6 日国民政府做出阻塞长江的决定以后，并未给海军以具体的工作指示，致使海军的具体准备工作迟迟没有进行，直到日本海军突然撤出长江以后，蒋介石才慌忙下达了破除航路标志和阻塞长江的命令。其实，早在"卢沟桥事变"发生之前国民政府军事委员会拟定的《长江阻塞计划草案》中，就对"航路标志之消光或撤除"做了具体规定，例如对通州江阴一带的 15 个发光浮标进行消光，"如认为必要则立即撤除以断航行"。[1] 但在日本海军撤出长江之前，国民政府没有组织实施。8 月 11 日，在陈绍宽的直接指挥下，海军破除航路标志和沉船的工作才紧锣密鼓地同时展开。

破除航路标志

早在 1937 年 7 月 14 日，也就是在"卢沟桥事变"发生的一周后，国民政府军事机关长官组织了"卢沟桥事件第四次会报"，第一次讨论了"封锁长江"的问题，做出了"撤除长江之灯塔航标"的决定。但此后海军迟迟没有进行大规模的破除航标行动，直到日本海军撤出长江后，蒋介石见预先研究的阻塞长江的目的不能完全达到，十分着急。他紧急召见陈绍宽，当面指示："着即毁灭通州及通州下游航路标志。"[2] 目的是使侵入长江的日舰"失去目标，不易

---

〔1〕《1937 年国民政府军事委员会拟长江阻塞计划草案》，《民国档案》1997 年第 4 期，第 26 页。

〔2〕高晓星编：《陈绍宽文集》，海潮出版社 1994 年 7 月版，第 188 页。

活动"。[1]陈绍宽奉命后，于1937年8月11日下令对江阴下游江段实施航路标志破除，破除的设施包括灯标、灯桩、灯塔、灯船，以及测量标杆等。执行破除任务的是"甘露""曦日""青天"三艘测量舰和"绥宁""威宁"两艘炮艇。它们的具体分工是，从狼山西港至海北港沙，由"甘露"舰协同"绥宁"艇和"威宁"艇办理；从海北港沙至江阴萧山，由"青天"舰办理；从浒浦至狼山，由"绥宁"和"威宁"两艇办理。后又将通州下游标志继续撤除。经各舰艇不懈努力，先后将西周灯标，浒浦口灯标，铁黄沙附近花灯标、红灯标，西港道黑红两灯标，狼山下红灯标，姚港嘴灯标，狼山测量标杆，大姚港灯桩及红灯标，通州沙黑红两灯标，青天礁、刘海沙、长福沙各灯船，刘海沙测量标杆，海北港沙灯桩，龙潭港灯桩，福姜沙灯桩等，一律毁除。

日军发现中国海军破除航标的行动后，立即派出飞机对执行任务的中国舰艇进行轰炸。8月26日拂晓，"曦日"破坏狼山至西周灯桩后，驶过通州途中，遭遇三艘日舰跟踪追击，第一艘冒悬中国海军旗帜，至芦泾港停轮，第二艘随同急进，与第一艘并列，第三艘则在姚港，随后缓驶。[2]"曦日"立即将这一情况通知防守江阴阻塞线的第一舰队，以做好准备。7时46分，三艘日舰突然向"曦日"发炮齐击，"曦日"立即起火。随后，"曦日"利用江面难航水道，作特种航法，诱使日舰驶入浅滩。日舰果然紧紧跟随，驶入浅滩陷入困境。但此时"曦日"遭到接踵而至的日机投弹攻击，伤势严重，无法施救，至27日下午毁沉。两艘日舰趁"曦日"沉没之机，极力施救，驶出浅滩。但他们并未逃过厄运，恰被中国空军发现，连续投弹数枚，命中日舰。"霎时水柱万丈，火光荥荥，二敌舰也与我曦日舰先后沉没于江底。"[3]"曦日"测量舰是江阴阻塞线建立后牺牲的第一艘中国军舰。

"曦日"原名"联鲸"，是由上海江南制造局建造的炮舰，1911年完工。它长52.73米，宽7.62米，舱深3.84米，吃水3米，排水量500吨，航速13节。乘员军官18人，士兵76人。该舰为铁质船壳，装备有英制37毫米机炮两门，

---

〔1〕殷梦霞、李强选编：《国家图书馆藏民国军事档案文献初编》第七册，国家图书馆出版社2009年6月版，第133页。

〔2〕同上，第134页。

〔3〕翁仁元：《抗战中的海军问题》，黎明书店1938年5月版，第23页。

上海江南制造局建造的炮舰"联鲸"号后来改为测量舰"皦日"号

国产7.9毫米机枪两挺。首任管带为许建华。由于该舰造型优美，建造完成后不久便被清政府指定为海军大臣座舰，民国初年仍然担任北京政府高官检阅的座舰。1930年，该舰编入测量队，改名为"皦日"，常年活动于长江口江阴至港口一带，按时探测该处水道流沙变化情况，以保证航行安全。该舰除舰员外，有测量员六人，沉没时舰长为谢为良。

　　1937年9月，"青天"测量舰把白茆沙一带所有航行浮标全部用炮击毁，后奉令驰援"逸仙"舰。在与"逸仙"舰舰长陈秉清接洽完毕后，恰逢"建康"舰也被日机炸毁，"青天"舰遂于9月27日开赴目鱼沙探护。10月2日，日军水上飞机来袭，先后发动四次攻势，第一次在上午9时许，日机两架，掷弹三枚，其中一枚炸弹落在"青天"舰舰尾江中，两枚落于舰右舷江中，该舰驾驶台及无线电报机等被震损坏；第二次在上午11时许，日机四架用机枪扫射，子弹多打在江中及岸上；第三次在下午2时许，日机两架在"青天"舰上空盘旋，连掷四弹，一枚落于舰左舷江中，三枚落于舰右舷江中，全舰门窗玻璃、挂钟、风雨表等，几乎全部被破坏，各房间木质物品也大部被震裂，上舱面落弹片许多；第四次在下午3时许，日机三架复来袭击，开始用机枪扫射，接着投下炸弹。第一架飞机掷弹两枚，一枚落在驾驶台上，击穿了绘图房，立即引起大火；一枚落在舰左舷江中。第二架飞机也掷弹两枚，一枚落在上舱面起锚机附近，穿透上舱面直达中舱，油漆舱、灯房全部着火；一枚击中了舰右侧舭板。第三架飞机掷弹一枚，击中了舰尾，汽油舱的汽油爆炸燃烧。日机离去后，舰长叶裕和进行了查看，发现该舰前桅折断，中舱面全部焚毁，子弹舱也遭殃及。在日机袭击过程中，"青天"舰员兵在舰长率领下，一面用步枪奋勇抗敌，一面奋力救火堵漏。但由于火势过猛，无法扑救，致使全舰被焚沉没。此次战斗，"青天"舰有三名员兵烧伤。此后，员兵奉命移驻"甘露"舰，后登岸转赴南京。陈绍宽向蒋介石报告说："本月冬日〔2日〕，青天测量舰及湖鹏鱼雷艇在江阴附近起卸逸仙舰械件之际，被敌机多架掷弹炸沉。"〔1〕

"青天"测量舰，汉口合泰造船厂建造，原为民用船只，1923年完工，1928年4月被海军征用，在江南造船厂改造成军舰。它长145英尺，宽21英尺，吃水7英尺，最高航速8节，排水量280吨，舰首装备37毫米炮一门。

1937年8月13日，陈绍宽就破除航路标志情况向蒋介石作了报告："遵经即饬甘露、曦日、青天、绥宁、威宁等五舰艇于本月十一日晚起将通州下游航路标志，次第毁灭，现已藏事。"〔2〕至此，破除航路标志的任务基本完成。

就在国民政府筹划长江防务的同时，电雷学校的快艇大队也在积极做着防守阻塞线的准备工作。1937年春天，欧阳格组织各快艇艇长乘"同心""俞大猷"两舰，对江阴连成洲到南通狼山一线进行了测量，对每一处水深作了详细测绘，并将日第三舰队各舰舰型绘成图像，发交各快艇艇长人手一册，要求熟记与识别，以便在作战中给予准确打击。军事委员会参谋本部组织江防视察团乘"同心"等舰开往福姜沙、浏海沙一带视察时，各快艇艇长也随舰参加。

沉船阻塞长江

蒋介石在召见陈绍宽时还明确指示："就海军中，酌拨军舰数艘，填塞江阴以下港道，其尚需用之船只，则征集商轮拨用。"〔3〕江阴位于南京下游200多公里，距长江口约100公里，素有长江咽喉之称。当时确定阻塞的具体位置在

---

〔1〕高晓星编：《陈绍宽文集》，海潮出版社1994年7月版，第194页。
〔2〕同上，第188页。
〔3〕同上，第188页。

江阴江面福姜沙上游6公里，南岸长山和北岸罗家港桥之间，这里江面较窄，江水深度不大，便于堵塞。南岸长山一带设有炮台，可以控制下游水道，陆军江阴江防司令部和电雷学校都设在长山山麓。

1937年8月11日下午，陈绍宽向海军舰队下达了向江阴集中的命令，用于建立阻塞线的舰艇、船只以及担任掩护的海军主力舰艇陆续由各处开往江阴。陈绍宽也乘"平海"舰于11日晚10时从南京下关出发，前往江阴。当时在"平海"舰上见习的军官兰园在日记中描述了前往江阴途中的情况："在急驶中，雄怒的江风由边门拥入驾驶台，它使我们非放下帽带不可。我们船正在以高速航进，似乎极为性急。她与后面的'宁海'等形成一个'暗夜奋进的舰队情景，直［真］悲壮极了。'""部长整夜地站在驾驶台看着前方，他的脸被通信器的蓝色灯光反映着一种镇定和神秘的色彩。恰巧高舰长也回头望我们一眼，于是我和霖都同时大吃一惊，因为他把日本式的小胡子剃光了。"[1]

第二舰队司令曾以鼎作为阻塞现场指挥官，将司令部设于"通济"舰上。时任"宁海"舰舰长的陈宏泰描述了当时的情景：

> 八月十一日，淞沪战云弥漫，局势紧张。宁海舰驻泊首都，正在捞寻所失之锚。下午四时三十分，突奉海部命令，备便开行，当即下令升火待发。晚十时平海舰由下关开行下驰。本舰起锚随行。全舰员兵异常兴奋，均抱卫国杀敌之心。夜色深沉，宁海满载全舰之热烈希望，而赴前敌。故此次航行殊可纪念也。
>
> 八月十二日，拂晓到达江阴。晨曦初上中，望见通济、大同、自强、德胜、咸胜五舰，并商轮十余艘，停泊于君山附近江面。本舰随平海驰至长山江面，抛锚于平海左舷，距离四百码处，八时升旗。海军部长之旗帜，飘然于平海主桅之上。咸悉陈部长亲临指挥填塞封锁线工作，全体员兵振跃非常。少焉通济悬少将司令旗，率各舰轮驶到福姜沙江面，各就指定部位，分成行列，抛下首尾锚。陈部长发出弃船旗令，各舰轮同时放开

---

〔1〕兰园：《江阴的血与泪》，《海军抗战事迹汇编》，海军总司令部编译处1941年12月版，第180页。

海底门，渐次下沉，筑成坚固之水中堡垒，以阻敌舰前进。第二舰队司令部移驻本舰。下午海容、海筹、应瑞、逸仙等舰，陆续由京开澄，同负保卫封锁线之责。入夜工作完成，部长率平海回京。[1]

"自强"舰轮机长何承惠回忆沉船的情景时说：

> 各舰艇集合江阴口不到六小时，忽又奉海军部长的紧急命令：限各舰即刻全部，在江窄、流急的江阴航道上依次自行沉入江底。各舰艇奉令后，立即行动，在舱底打开海底水门。此时，官兵们始知任务是封锁江阴要塞。各舰队官兵完成任务后，乘坐舢板登岸。我以责任所在，最后坐舢板登陆。大约经过二十分钟左右，大小舰艇二十余艘，全部沉入江底。舰上器材、文件及私人衣物全部随舰而去。各舰官兵奉令集合南京鱼雷营待命。大家认为牺牲少数物资，换取阻止日军不能水攻，是我们的胜利。约半个月时间，海军部即令各舰艇官兵们原职原薪分到其他舰艇服役。[2]

"通济"舰舰长严寿华也对阻塞情况作了描述：

> 我们于十一日午夜奉到命令："江阴封锁线定于十二月中午十二时实行封锁，任何中外船只，均不得通行，以免危险。"并于十一日照会驻沪的各国使团。陈绍宽部长于十一日夜间约九时，乘平海到澄亲自指挥，宁海随后也开到了。命令于十二日晨五时开始执行封锁任务。除大同、自强、德胜、威胜四舰，由各该舰舰长按照既定方位自行堵塞外，其余的商船分为两部分，着由通济舰长严寿华和二队参谋陈绍基分工负责，按照方位，执行堵塞。各船的员工一概遣送登陆，由江阴至无锡，乘火车到上海，由各该公司给予遣散或安置。

---

[1] 陈宏泰：《江阴抗战纪》，《海军抗战事迹汇编》，海军总司令部编译处1941年12月版，第52页。

[2] 何承惠：《我参加沉船堵塞江阴航道经过》，《文史资料存稿选编》抗日战争（上），中国文史出版社2005年9月版，第626页。

......

约在下午五时，通济是最后执行沉船堵塞。首先集中全体员兵喻以大义。大家寂然无声，心中徒抱感慨。除必要的员兵留几人执行任务外，其余的全部先行离舰到宁海舰集中。二队司令部也即时移驻宁海。士兵除准带铺盖外，官员则不准随带任何东西，以后由政府给予代价补偿，以示破釜沉舟的决心。员兵离舰后，仅陈绍宽、曾以鼎和我三人。时有小火轮一艘，靠泊舰旁，留待我们三人与通济告别后离舰。迨"海底栓"开后，机舱里全部滚滚地进水，至舰体快要倾斜时，我们三人才黯然离舰——与通济告别了。斯时，我的心中具有无限的感慨：一为通济舰是我的第二家庭，而员兵间的感情，亲如叔侄兄弟；次则我积有几十年的心爱东西和纪念物等一旦付诸"东流"。一场心血，化为乌有，能不慨乎！在沉没时，主桅还悬着一面国旗，至沉到海底时，因水位太浅，导致主桅上的国旗还露在水面，以后设法锯断主桅，以灭痕迹。[1]

兰园的日记中写道："那样一个下午是太值得纪念的了。我们三个见习军官，随着舰长，站在舰尾。部长是立在最前的一个。看一艘一艘的军舰和商船逐渐浸水，倾斜，终至沉下。最后我们亲爱的'老通济'渐渐下沉了，我心中虽是无限伤感，可是仍然兴高采烈地笑着说：'真是痛快！'……'我是喜欢国家有这种抗战决心呵！'"[2]

阻塞线初步建成后，陈绍宽算是松了一口气，但紧接着要考虑的是如何利用阻塞线与敌人作战，他的心情依然是无法放松的。下面的记载可见一斑："在这阳光不甚耀然的下午，部长站在舰桥（驾驶台），旁边是舰兵等和我们，部长向宁海陈舰长（宏泰公）说：'如果有东洋船上来，各舰立即开炮作战。'"说明此时已经做好了战斗准备，只差悬挂起"中国深望每人能尽其至责"的旗子了。[3]

〔1〕严寿华：《抗日战争时我在江阴封锁线的经过》，《旧中国海军秘挡》，中国文史出版社2006年1月版，第120—121页。
〔2〕兰园：《江阴的血与泪》，《海军抗战事迹汇编》，海军总司令部编译处1941年12月版，第181—182页。
〔3〕同上，第181页。

"通济"号练习舰

　　此次建立江阴阻塞线，共自沉海军舰艇"通济""大同""自强""德胜""威胜""武胜""辰字""宿字"等8艘，国营招商局轮船"嘉禾"（1733吨）、"新铭"（2133吨）、"同华"（1176吨）、"遇顺"（1696吨）、"广利"（2300吨）、"泰顺"（1962吨）等6艘，惠海轮船公司轮船"回安"（1377吨）1艘，天津航业公司轮船"通利"（2260吨）1艘，宁绍商轮公司轮船"宁静"（1693吨）1艘，肇兴轮船公司轮船"鲲兴"（2455吨）1艘，通裕商号轮船"新平安"（1524吨）1艘，茂利轮船局轮船"茂利二号"（1412吨）1艘，中威轮船公司轮船"源长"（2264吨）1艘，三北轮船公司轮船"醒狮"（2018吨）1艘，中国合众码头仓库公司轮船"母佑"（1173吨）1艘，华胜轮船公司轮船"华富"（3251吨）1艘，中兴煤矿公司轮船"大贲"（1655吨）1艘，和丰新记轮船公司轮船"通和"（1233吨）1艘，寿康轮船公司轮船"瑞康"（2316吨）1艘，华新公司轮船"华新"（2338吨）1艘，共计20艘，总吨位3.7969万吨。各轮船"均由本交通部会同军政部，以租用名义向国营招商局暨各轮船公司征集而来"。[1]

　　当时在军政部兵工署担任技士的王国章，正在江阴要塞炮阵地工作，他目睹了沉船前后的情景：

　　〔1〕中国第二历史档案馆：《抗日战争正面战场》（下），凤凰出版社2005年8月版，第1722页。

1937年11月间，我正在江阴要塞安装新要塞重炮。一天，我在88高射炮阵地的山坡上遥望长江，看见有很多艘海运客货轮顺江下驶。这些海轮都是国营招商局以及私人资本经营的轮船公司所有的船只，在抗日战争之前都行驶在沿海各港口。抗战以后，为了逃避日寇海军的袭击，纷纷开进了长江内来避难。这些船下驶到了要塞下游就都停下来了。由山上远望下游江面，只见船只云集，一字排开，颇为壮观，但却不知意欲何为。第二天我又到山上炮位工作，遥望下游则一只船影都没看见，昨天的船队不知何处去了。当时心中困惑不解。又过一天我由江阴回南京汇报工作，乘的是军政部的差船（即交通船）。上船之后只见满船都是海员，随身都未携带行李，个个面目憔悴，神色张皇，情形极为狼狈。询问之下才知道他们都是那些客货轮上的海员，据他们说，前些天他们奉到命令，叫他们准备一个月的给养和燃料，等待执行特别任务。不久就要他们把船开到江阴下游停泊待命。前天晚上突然通知他们，全体船员一律离船，不许携带任何物件，并把他们赶上了另外一艘运输舰上，运到了江阴，今天要送他们到南京去。他们的轮船就在当天晚间凿沉江底了。据说这是国民党为了防止日寇军舰溯江上犯，所采取的堵塞航道的措施。[1]

八艘自沉的海军舰艇情况大致如下：

"通济"为练习巡洋舰，长期担任马尾海军学校的练习舰。该舰由福州船政建造，1894年1月14日开工，1895年4月12日下水，1896年9月15日完工。舰身为钢肋钢壳，舰长84.2米，宽11.4米，吃水5.3米，排水量1900吨，航速13节。装配有4座燃煤锅炉，乘员军官23人，士兵190人。装备有阿姆斯特朗6英寸炮2门，克房伯4.7英寸炮5门，57毫米炮3门，37毫米炮8门。该舰建造完成之初，被作为运输舰使用，命名为"建靖"，属福建舰队。1895年由北洋购买，改为练习巡洋舰。1927年编入练习舰队至自沉。

〔1〕王国章：《解放前我所接触过有关炮兵兵器的几件事》，《鞍山文史资料选辑》第1辑，第120—121页。

"自强"为驱逐舰,原名"建威",由福州船政建造完成,1898年4月7日开工,1899年1月29日下水,1902年12月完工。舰身为钢肋钢壳,舰长82.5米,宽8.5米,吃水3.7米,排水量1050吨,航速23节。装配燃煤锅炉8座,乘员139人。装备有4.1英寸炮1门,65毫米炮3门,37毫米炮6门,并有2支鱼雷发射管。1928年因设备老化处于废置状态,1931年1月20日由江南造船厂开工改造为轻型巡洋舰,6个月后完成,改名为"自强",排水量增至1050吨,编入第一舰队。该舰自沉时舰长为陈永钦。

"大同"与"自强"属同级舰,原名"建安",由福州船政建造完成,1899年2月21日开工,1900年3月3日下水,1902年12月完工。该舰于1930年1月

由"建威"舰改成的"自强"舰

由"建安"舰改成的"大同"舰

20日由江南造船厂开工改造为轻型巡洋舰，一年后完成，改名为"大同"，编入第一舰队。该舰自沉时舰长为方念祖。

"德胜"和"威胜"为同级浅水炮舰，由上海江南造船厂建造完成于1922年，钢质船壳。两舰长62.7，宽9.5米，吃水"德胜"为1.6米，"威胜"为1.5米，排水量930吨，航速15节。乘员军官15人，士兵78人。装备有4.7英寸主炮1门，80毫米炮1门，75毫米炮1门。两舰在建造之初并非军舰，后经改造成为军舰，1927年1月编入第二舰队。抗战前，两舰曾改造成为水上飞机母舰，可容纳2架飞机，但由于舰龄太长，被沉塞于江阴水道。

"武胜"原为内河船舶，由英国建造于1869年，木质船壳，1928年1月纳编入海军，隶属测量队。该舰长192英尺，宽27英尺，吃水11英尺，排水量740吨，航速11节。全舰无武装，于1935年废置。末任舰长周雪齐。

"辰字"和"宿字"为同级德国造鱼雷快艇，由伏尔铿船厂于1895年建造，艇长144英尺，宽17英尺，吃水7英尺，排水量90吨，航速18节。乘员军官5人，士兵23人。装备有机炮4门，18英寸鱼雷发射管3支。1933年4月两艇停用，直至自沉于江阴水道。

在建立阻塞线时，陈绍宽等人担心日本海军会采取破坏行动，甚至会发生战斗，将中央海军的主力舰艇开到阻塞线进行警戒，但日军并未做出反应。此后，陈绍宽将警卫阻塞线的任务交给第二舰队司令曾以鼎，曾以鼎驻节"宁海"舰，率"海容""海筹"等舰艇担任警卫工作。不久，曾以鼎被调往南京，防守阻塞线的任务正式交给了第一舰队司令陈季良。期间，陈绍宽经常从南京乘舰前往阻塞线视察，听取汇报，做出指示，并把阻塞线的情况及时向蒋介石汇报。

长江被阻截以后，江水更加湍急，持续冲击着阻塞线，致使阻塞线上的部分沉船出现位移，形成了多个较大的缝隙，可以通过舰船。为了解决这一问题，陈绍宽赶往南京继续筹措调动长江上游的船舶，用于加固阻塞线。不久，又征用了国营招商局轮船"公平"（2705吨）、丁耀东私人轮船"万宰"（1176吨）、大振航业公司轮船"泳吉"（1936吨）等3艘，共计5817吨，沉塞以填补缝隙。8月24日，蒋介石手令军委会第一部部长黄绍竑："命令汉口、九江、芜湖、南京、镇江、武穴各处地方当局，所有日本趸船，概交海军部处理可也。"〔1〕海军部遂将8艘趸船沉于阻塞线。与此同时，海军部还从"江苏、浙江、安徽、湖北各地，征用石子三千零九十四英方，又六万五千零二十担，又二千三百五十四万吨，民船盐船一百八十五艘，陆续填下，弥补罅隙，同时并从事布雷工作，将江阴一段，敷布水雷，以期在国防上造成坚强之封锁线"。〔2〕

当然，征集数量如此之巨的民船和物资，绝非一件容易的事情，据当时奉命负责征集民船的江苏省仪征县县长葛克信说，征集难度非常大。他回忆，淞沪抗战打响的第二天，他就接到省政府的密电，要仪征县供应2万吨杨柳枝，并运送过江。第三天，省政府又派了两名专员杨兆熊和汪茂庆，传达了一个新的情况：省政府奉海军部电，要求征集大船200艘，限三天内征齐，听候派用。省政府别无长策，所以把主意打在十二圩江面的运盐船上来了。葛克信说，仪征县境的十二圩，是淮盐的一大集散地，安徽、江西、湖北、湖南等省人民食用的淮盐多从这里运去，因此在十二圩江面经常停泊着几百只大大小小运盐的民船。这些船民为着代表他们的利益，处理有关共同的事务，设有总机构，名称为"十八帮公所"。这些船的运载量，最大的可载运几千吨，最小的也能载运500吨。其长度，大者七舱，小者三舱。其造价，大者需两三万元，小者至少也要几千元。葛克信说：

当时我认为这些船并不属于本县人民，仅仅是停泊在县境江面上的，只有以共赴国难的精神，激起船民的大义，但是交谈时必须说明用途期限，以及将来驶行的地段。可两名专员并未解答清楚。为了要选择大船，两位专员决定用第二天的全天工夫，要我跟他们一起到江里逐船查验，挑选妥当。这时停泊在江面的盐船虽有四百多只，可是已经装好了盐，等着开行的约有一百多只，还剩三百来只，其中大船不过百只，要一下子挑齐将不可能。他们说："先去挑着再说。"于是我立即通过当地的魏区长星夜召集"十八帮公所"的董事及代表们开会，向他们剀切地说明这件事的重

〔1〕秦孝仪主编：《中华民国重要史料初编——对日抗战时期》第二编作战经过（三），台湾中国国民党中央委员会党史委员会1981年9月版，第19页。
〔2〕陈绍宽：《海军抗战纪事》，《海军抗战事迹汇编》，海军总司令部编译处1941年12月版，第3页。

要意义和紧急需要，请他们在抗日救国的大义下，一致协助。当然有人提出用途、期限等等问题，我们只能语意含糊地说是目前将装运军用品。有些船上住着船主的全家，妇女小孩一大伙，船也就是他们的全部财产。他们的顾虑很大，实际问题也的确不少。那些董事和代表们开了一整夜会，议论纷纷，但都激于爱国热情，最后仍一致同意应征。其次一项决定是：如有损失，须请政府酌情赔偿（这个决定非常重要），因而在天亮之后，他们继续开会，将各船的价值作了公评。……我们听了"十八帮公所"这些决定之后，认为第一个难关已经过了。一清早就乘小轮船到江面去查勘，直到夜晚，挑出了一百二三十只船。八月十七日近午，省政府专员们通知我说，续接指示，着将已经选定的船只尽八月十八日内开往龙潭装运水泥和石子。到这时候，我已猜到一大半：用这些船装载的水泥和石子，很有可能和船的本身一起成为构筑工事的材料。因而再一次召集开会，宣布这项任务，并要求各船妇孺暂时移居镇上，并将较值钱的财务尽可能搬运上陆，同时我令区长征用全镇一切公共房屋和空闲的房屋做好准备。在十八日这一天内已办到八九成，这时候船户们也都有了一种预感，特别是妇女家属们有些已在哭哭啼啼，这种情况一出现，不多时候就由一家哭变成了一路哭。很多大船上的红木床及全套家具，有一人高的穿衣镜等等，堆满在整个江岸。最大的桅杆价值要两三千元，我叫他们索性也拆下来，以免损失。十九日那天，应征的船只都陆陆续续地开出去了，两位专员回省复命，却留下了一切的善后事宜，交给了"地方官"！……二十天后，才又由那两位专员携来一笔现款，按照各船原估价值先发三成，其余部分给予书面证明。[1]

由此可见，江阴阻塞线不仅承载着中国海军的牺牲，也承载了两岸人民的巨大牺牲。

保卫阻塞线的战斗打响后的9月20日，蒋介石给陈绍宽下达手令："海圻、

---

〔1〕葛克信：《构筑江阴封锁线的经过》，《南京保卫战》（原国民党将领抗日战争亲历记），中国文史出版社1987年8月版，第70—72页。

海琛、海容等，凡年在四十以上之大船须将其炮卸下，准备沉没，堵塞长江各段之用。如三日内卸拆不及，则连炮沉塞亦可。务如期办到，以示我海军牺牲之精神。"[1]不久，蒋介石再次下令："以近两日来敌机轰炸我主力舰队，情形紧张，恐有冲破我江阴防御工事之企图，应将该四舰速行沉塞，增强该处防线。"[2]从中可以看到蒋介石的急切心情。9月25日，陈绍宽按照蒋介石的指示，将"海圻""海容""海筹""海琛"等四艘巡洋舰沉塞于阻塞线上。事后，陈绍宽向蒋介石报告说："遵饬圻、容、筹、琛四舰，即将已卸各炮搬移后，经于本晨拂晓沉塞完妥。"[3]让我们回顾一下"海圻""海容""海筹""海琛"这四艘战舰的曲折经历：

"海圻"为巡洋舰，英国阿姆斯特朗厂建造，与其一起建造的还有一艘同级舰"海天"号，两舰舰长129.2米，宽14.3米，吃水16.75米，排水量4300吨，装甲厚度5英寸。舰上安装有8座锅炉，2部往复式蒸汽主机，产生动力17000匹马力，航速24节。装备有8英寸主炮、4.7英寸炮、47毫米炮、37毫米炮、马克芯机枪、18英寸鱼雷发射管等武器。乘员476人。

甲午战后，清政府决定重振海军。1896年11月，总理衙门通过海关总税务司赫德，从英国阿姆斯特朗厂订购巡洋舰两艘，由原北洋海军"广丙"舰管带程璧光等监造，每艘造价328242英镑。1899年建造完成，并交货来华，命名为"海天"和"海圻"。分别由刘冠雄和萨镇冰担任第一任管带。

1904年2月，在中国的土地上爆发了日俄战争，清政府束手无策，只好保持"中立"，并将辽河以西划为"中立区"。1904年4月，"海天"奉清政府之命赴江阴接运军械，以济辽西"中立"之需。由于沿途遇到大雾，"海天"行至吴淞口海面时误撞鼎星岛搁浅，经救援无效，即行拆废，管带刘冠雄因得到袁世凯的庇护，只受到革职处分，后竟担任了海军总长。

1910年11月，清政府统一全国海军，将全国海军编为巡洋、长江两个舰队，"海圻"被编入巡洋舰队，由汤廷光担任管带，萨镇冰升任海军统制。

---

[1]秦孝仪主编：《中华民国重要史料初编——对日抗战时期》第二编作战经过（三），台湾中国国民党中央委员会党史委员会1981年9月版，第19页。

[2]高晓星编：《陈绍宽文集》，海潮出版社1994年7月版，第192页。

[3]同上。

甲午战后清政府从英国订购的"海圻"号巡洋舰

1911年4月11日，"海圻"在巡洋舰队统领程璧光的率领下奉清廷之命赴英国参加英王乔治五世的加冕典礼及海上校阅，之后又远航美国、古巴访问和宣慰侨胞，这是中国海军史上前所未有的壮举。回国时，国内爆发了辛亥革命，晚清海军在战争中反正易帜，"海圻"随即撤下黄龙旗，挂上了五色旗，加入舰队行列。

在北京政府时期，"海圻"成为政府海军的主力舰。1917年，孙中山领导的"护法战争"爆发，北京政府海军总司令程璧光响应孙中山的号召，毅然率领"海圻"等七艘军舰脱离北京政府，南下广东护法，史称"护法舰队"。但由于护法军政府内部的派系斗争，护法舰队不久就发生分化。1923年，护法舰队司令兼"海圻"舰舰长温树德在桂系军阀的金钱引诱下背叛孙中山，随即又暗通直系军阀，12月18日，他率领"海圻"等六艘军舰北归，投靠直系军阀，结束了"护法舰队"的历史。此时正值直系军阀控制北京政府，北归舰队遂被直系军阀所控制，编成"渤海舰队"，驻扎在青岛，成为中国历史上仅有的一支不受政府控制的政府海军。

1924年9月，第二次直奉战争爆发，直系军阀吴佩孚亲登"海圻"赴秦皇岛督战，但战争的结果是直系大败，渤海舰队在青岛投靠进驻山东的奉系军阀张宗昌部，张宗昌企图将这支舰队据为己有，反对张作霖将其并入东北海军的

甲午战后清政府从英国订购的"海容"号巡洋舰

主张。1926年冬，渤海舰队的"海圻"赴旅顺进日本船坞修理，东北海军司令沈鸿烈亲到旅顺拉拢"海圻"，时任"海圻"舰长的袁方乔通电归附东北，"海圻"正式被编入东北海防第一舰队。

"海圻"加入东北海军后，投入了抵抗北伐军的战争，先后十几次南下上海，与北伐军政府和国民政府海军作战。1928年12月29日，张学良通电服从国民政府，战事宣告结束。此时的东北海军仍受张学良节制，直到1933年，才正式接受国民政府的收编。

1933年6月，东北海军内部爆发了反对沈鸿烈的浪潮，中下级军官企图谋刺沈鸿烈，但未成功，事情败露后，他们抢夺了"海圻""海琛""肇和"三舰，驶离青岛，南下广东，投奔了广东海军。"海圻"时任舰长姜西园。投粤后，三舰调整了舰长，"海圻"舰长为冉鸿翮。1935年6月1日，广东第一集团军总司令兼舰队司令陈济棠下令减发三舰军饷，引起三舰官兵不满，陈济棠撤换了三舰舰长，"海圻"舰长由方念祖担任。18日，"海圻""海琛"两舰冲出虎门，驶抵香港，并企图离港北上，遭广东飞机轰炸未遂，两舰随电请蒋介石驶往南京，蒋介石派人接收了两舰。"海圻"又被编入了国民政府海军第三舰队，舰长唐静海。全面抗战爆发后，"海圻"奉命撤入长江。

"海容""海筹"和"海琛"三舰为同级巡洋舰，德国伏尔铿厂建造，舰长

99.97米，宽12.42米，吃水5.79米，排水量2950吨，甲板装甲厚度2.75英寸。舰上安装有4座锅炉，2部往复式蒸汽主机，产生动力7500匹马力，航速19.5节。装备有克虏伯5.9英寸主炮、4.1英寸炮、37毫米炮、马克芯机枪、14英寸鱼雷发射管等武器。乘员324人。

甲午战后，清政府在向英国订购军舰的同时，还向德国订购了三艘巡洋舰，它们是"海容""海筹"和"海琛"，每舰造价163000磅。"海容"和"海筹"分别于1897年9月15日和12月11日完工，"海琛"于1898年2于12日完工。三舰分别于1898年7月27日、8月24日、9月21日来华到达大沽，北洋大臣裕禄进行了验收。清政府统一全国海军时，三舰被编入巡洋舰队，"海容"管带喜昌，"海筹"管带黄钟瑛，"海琛"管带杨敬修。

1911年10月10日，爆发了震惊中外的武昌起义，清政府大为恐慌，急派海军统制萨镇冰率舰队前往武汉前线。当时，"海容""海筹""海琛"三舰分别在广东和山东海面执行任务，接到命令后，立即赶往长江，先后到达武汉江面，投入镇压革命军的战斗。然而，此时革命的火焰已燃遍了全国，晚清政府的统治已岌岌可危，海军统制萨镇冰在各方面的影响下，放弃镇压革命，离舰引退，"海容"等舰在黄钟瑛带领下赴九江易帜，加入革命军，向清军反戈，"海容"管带喜昌告退，帮带吉升投水自杀。

海军起义后，各舰管带进行了重新调整，"海容"管带由"江贞"舰管带杜锡珪升任，"海琛"管带由本舰帮带林永谟升任，黄钟瑛继续任"海筹"管带。随后三舰参加了反清战争。

1912年1月1日，中华民国宣告成立，孙中山就任临时大总统，遭到袁世凯的军事讹诈，孙中山决定进行北伐，将"海容"和"海琛"编入北伐舰队直赴烟台。不久，南北实现统一，北京政府将巡洋、长江两舰队改为左、右舰队，又改为第一、第二舰队，"海容""海筹""海琛"三舰被编入第一舰队。

1913年3月，孙中山为维护共和制度，兴兵讨袁，发动了"二次革命"。袁世凯调兵遣将，决心消灭南方革命力量。"海筹""海琛"奉命开赴上海，投入战斗，协助袁世凯镇压了"二次革命"。

1915年12月，护国战争爆发，袁世凯急令海军总长刘冠雄率队南下福建，南下陆军乘招商局"新裕"等三轮，由"海圻""海容"两舰护航。4月20日，

甲午战后清政府从德国订购的"海琛"号巡洋舰

日军占领江阴后拍摄的江阴阻塞线

江阴阻塞线建成后的情景

船队航经温州海面时，天降大雾，舰船之间不能相见，"海容"将"新裕"轮撞沉，船上除船长（挪威人）和两名电工外，所有船员及700余名陆军官兵全部死难。时任舰长甘联璈事后被军事法庭判处撤职，永不叙用。后被刘冠雄重新起用升任第二舰队司令。1916年6月6日，袁世凯毙命，段祺瑞拒绝恢复《临时约法》，海军总司令李鼎新、第一舰队司令林葆怿、练习舰队司令曾兆麟暨各舰长在上海率先发难宣布独立，迫使段祺瑞恢复《临时约法》，随后海军撤销独立，回归北京政府。

1917年，北京政府内部各派军阀矛盾加深，段祺瑞想趁机废除《临时约法》。7月，孙中山为反对专制，决计南下护法，得到海军总司令程璧光和第一舰队司令林葆怿的支持，孙中山乘"海琛"南下广东，成立了护法军政府，从此，"海琛"与"海容"和"海筹"走向殊途。程璧光南下护法时，"海琛"加入护法舰队。温树德背叛孙中山后，率包括"海琛"在内的七艘军舰北归，投靠直系军阀，成立了渤海舰队。1927年，东北海军兼并渤海舰队，"海琛"又成为东北海军的主力舰艇，被编入海防第一舰队。蒋介石"统一"全国后，"海琛"隶属于海军第三舰队（东北海军）。

1933年6月，东北海军内部发生了反对沈鸿烈的浪潮，"海琛"随"海圻"

和"肇和"一起南下广东,后又几经周折,归附南京政府,仍归第三舰队,舰长张凤仁。

"海琛"舰加入护法舰队后,"海容""海筹"两舰留在北洋,仍属第一舰队,并在直奉战争中协助直系打败奉系。

1928年,中央海军编成,"海容""海筹"两舰隶属于第一舰队。抗战全面爆发后,"海琛"奉命集中长江,与"海容""海筹"一同担负长江防务,直到自沉于阻塞线。三舰最后一任舰长分别是欧阳勋、林镜寰和张凤仁。

至此,在江阴阻塞线上仅沉军舰、商船、趸船就达43艘,6万余吨,另沉民船、盐船185艘以及大量沙石,调用人工千余人,从事工作舰艇十数艘,费时一个多月,"卒造成固若金汤,在国防上深具价值,在历史上空前闻名之江阴伟大阻塞线"。[1]蒋介石对江阴阻塞线的建立十分重视,在阻塞线建成之后,他亲自过问,曾经于8月1日、22日、31日三次查询沉船堵塞情况和从沉舰上卸下来的大炮的安置情况,[2]说明他对这条阻塞线寄予很大的希望。

布设水雷

早在全面抗战打响以前,国民政府在筹划长江防务时就已提出在阻塞线布设水雷的计划,其中特别强调"水雷敷设和演习"问题。当时,国民政府考虑到海军电雷学校的性质,决定将敷设水雷的任务交给电雷学校来完成。1937年2月,军政部部长何应钦在国民党五届三中全会军事报告中谈到未来江海防及要塞部署时,明确提出"购置水雷,并整理电雷学校"[3]的要求。电雷学校教育长欧阳格奉命后,曾经积极考虑过布雷问题,他主持草拟了江阴和镇江的布雷计划。曾任电雷学校鱼雷快艇岳飞中队"岳253"艇艇长的黎玉玺还记得,他们"毕业后的两个月,由镇江至江阴,测量计划实际作战的布雷位置、详细内容及岸上相关设施,这是实习的一部分"。可惜,由于种种原因,战前一直

〔1〕杨志本主编:《中华民国海军史料》,海洋出版社1987年5月版,第311—312页。
〔2〕秦孝仪主编:《中华民国重要史料初编——对日抗战时期》第二编作战经过(三),台湾中国国民党中央委员会党史委员会1981年9月版,第16—19页。
〔3〕秦孝仪主编:《中华民国重要史料初编——对日抗战时期》绪编(三),台湾中国国民党中央委员会党史委员会1981年9月版,第364页。

没有做好布雷封江准备，"实际布雷时间是在'八一三'淞沪会战爆发后"。[1]陈绍宽也明确说明，在陆续封江过程中，海军也"从事布雷工作，将江阴一段，敷布水雷，以期在国防上造成坚强之封锁线"。[2]可是，在这里有两个问题黎玉玺和陈绍宽都没有明言，第一个是江阴阻塞线上的水雷从何而来？第二个是该水雷究竟由谁敷设完成？

关于第一个问题。在抗战爆发之前，海军的水雷主要依赖进口，而进口的水雷主要用于学习和训练，在水鱼雷营接受训练的海军士兵，所见过的水雷都是外国的产品。抗战爆发后，在海口被封锁、国际航线受到威胁的情况下，再谈进口已经不现实了，况且外国水雷价格昂贵，少量外购无法支持持久抗战。有鉴于此，海军当局只能把目光放在自制水雷上。中国的水雷制造到抗战时已有七十余年的历史，它最早可以追溯到晚清时期。1874年，出于海防的需要，位于上海的江南制造局设了一座水雷厂自制水雷，从建厂到1894年中日战争爆发，共制造水雷563具。中日战争结束后，该厂被取消，改为江南船坞的库房。抗日战争爆发后，由江南制造局发展而来的海军江南造船所被迫停工，水雷无法研制与制造。可是，该所的技术人员还在，海军自己制造水雷依然是可能的。后来的事实证明，江阴阻塞线上的水雷，主要是海军自己制造完成的。

关于第二个问题。前已述及，电雷学校与"闽系"中央海军的矛盾由来已久，当年电雷学校的成立，就是蒋介石抵制"闽系"海军、培植自己势力的一种手段。在发展过程中，隶属于军政部的电雷学校与"闽系"海军的矛盾越来越深，尽管抗战爆发后在大敌当前之时各派海军均能积极投入抗战，但相互之间的隔阂不会轻易消除，利益冲突的存在是显而易见的，各方在作战地域、任务划分、功绩归属等问题上存在着激烈的矛盾，因而在敷设水雷问题上存在对立和纠葛也就在所难免了。

电雷学校成立时，在蒋介石的积极关照下，长期隶属于江阴炮台的江阴电雷大队划归电雷学校管辖，蒋试图让电雷学校在拥有一支鱼雷快艇部队的同时，还拥有一支水雷部队。但由于当时的水雷主要依赖进口，造价太高，电雷

〔1〕《黎玉玺先生访问记录》，台湾"中央研究院"近代史研究所1991年6月版，第31页。
〔2〕《海军抗战纪事》，《海军抗战事迹汇编》，海军总司令部编译处1941年12月版，第3页。

学校通过洋行向英德采购水雷，每具需耗费4000元法币，在战时资金短缺的情况下，不可能长期满足需要，故电雷学校教育长欧阳格没有将有限的资金用在外购水雷上，致使电雷大队没有进口水雷的储备，始终停留在原来仅有数具老旧的视发水雷用于教学的水平上。同时，电雷学校尽管担负培养水雷人才的任务，但要批量制造和生产水雷，却缺少实际能力。有鉴于此，有人认为，如果缺少海军部的有力支持，电雷学校要单独完成在江阴阻塞线敷设水雷的任务是不可能的。事实也是如此。曾任海军部总务司文书科上尉译电员的高戡说，在中日战争还没发生以前，海军当局"对于水雷的准备，如设厂、购备等，都有详细的规划，贡献给政府。但政府为了财力的关系，对海军所拟的方案，没有付诸实施。不过当时政府也默察到水雷在国防上的地位和价值，将此项任务，另外交给一个军事机关来负责办理，可是这个机关，没有努力他的使命，放弃了他的责任，这是一个遗憾"！[1] 高戡在写下这段话时，海军抗战还在激烈地进行当中，为避免引起矛盾派系，他故意隐蔽了"这个机关"的具体名称，而明眼人一看便知，"这个机关"就是电雷学校。海军人士曾万里说得就很直白了，他说，陈绍宽"在抗战前数年，就一面整顿水鱼雷营，兴建厂舍，一面向政府建议水雷封锁方策，政府旋把这个任务交给电雷学校，不料迨抗战展开，电雷学校，关于水雷一项，既未曾购备，复不能自制，竟无以应江海防务的需要，结果还是由海军部在万分困难的情形之下，负起这重要的使命"。[2] 1939年海军总司令部在《海军年报》中对于前期制雷任务的归属问题做了总结："吾国国防设备，未臻完善，制雷专厂尚未奉准设立，惟当时制备水雷事项，曾由最高军事当局交军政部所辖之电雷学校负责办理，至战事既发，察知该校尚无准备，前海军部因事关国防大计，亟于是时筹划进行办法，并以水雷需用急迫，若恃外国供应，不特数量有限，购费高昂，且恐辗转需时，致误戎机，必须自行制造，乃足以应急需，亦可相度情势，发挥力量，实施长期作战计划，故第一步办法，即集中人才，就海军专门人员及留学员生中切实选拔共同

---

〔1〕高戡：《抗战期中封锁长江水道和水雷防御的价值》，《海军抗战事迹汇编》，海军总司令部编译处1941年12月版，第84页。

〔2〕曾万里：《由海军抗战事迹说到现阶段海军军人的重大使命》，《海军抗战事迹汇编》，海军总司令部编译处1941年12月版，第100页。

设计，并就海军军械处、海军水鱼雷营、海军各造船所内，抽选优秀员兵，襄同办理，由上海新舰监造室主持一切。所制水雷，经试验成绩优良，需费亦廉，估计一雷价格，仅及英国出品十分之一，最高军事当局遂将是项工作，改交海军担任。"[1]海军当局为避免在抗战中引起不必要的麻烦，在叙述制雷权变更的过程中，回避了其中电雷学校与"闽系"中央海军之间的矛盾。实际上，电雷学校即使在无力制造水雷的情况下，也不愿意轻易将制雷权拱手让予"闽系"海军，因为制造水雷，不仅关系到抗战荣誉，而且关系到制雷经费的划拨。对此，军事委员会十分清楚。派在新舰监造室之原"江鲲"舰舰长曾国晟曾披露说："大量船只自沉于阻塞线后，海军的主要任务是布雷，当时我被派负责制造水鱼雷及沿江布雷的工作，欧阳格亦来争夺造雷权。他向军政部请求承制五百枚水雷，并掌握全部制雷经费。经我据理力争，最后军政部决定各承制二百五十枚。我代表海军总司令（应为海军部长——引者）与军政部签订合同，如期完成了任务，而欧阳格则贪污中饱，到期无法交货，军需署严催其报销，但在军政部庇护下，此事竟不了了之。"[2]曾任海军第二舰队司令部副官的刘崇平也披露了在制雷和布雷问题上欧阳格与曾以鼎之间的矛盾，他说："欧阳格指挥电雷快艇并负责江阴布雷。由于派别关系，欧阳与曾（指第二舰队司令兼江防副总司令曾以鼎——引者）本有成见，两人之间时生龃龉。有一次曾为了解布雷地域范围，以免舰艇行驶时发生意外，往询欧阳格，时江防司令刘兴亦在座。因欧阳格中饱购备鱼雷款项，并未置办多少水雷，且向德国订购的一些水雷还未运回，故尚无布雷计划，经曾一问，推说事关秘密，未予正面回答。曾非常愤怒，当场驳斥：'对自己人为何守密？'欧阳格搪塞说这要去问军事委员会。刘兴见此亦大为不满，说要去电向军事委员会报告。"[3]

由于种种原因，电雷学校承制并敷设250枚水雷的承诺，实际上没有实现。这其中是否有如曾国晟所说欧阳格有贪污制雷经费中饱私囊的行为，笔者不得而知。不过，据说蒋介石后来决定枪毙欧阳格，是与此事有关的。

---

〔1〕殷梦霞、李强选编：《国家图书馆藏民国军事档案文献初编》第八册，国家图书馆出版社2009年6月版，第257页。

〔2〕曾国晟：《记陈绍宽》，《福建文史资料》第8辑，第178页。

〔3〕刘崇平、魏应麟：《曾以鼎其人》，《福建文史资料》第8辑，第198页。

既然欧阳格没有履行制雷的诺言，那么在布雷上是否有实际行动呢？答案是肯定的。因为电雷学校还存有一定数量的水雷，而这些老旧水雷、外购水雷是具有一定杀伤力的，欧阳格在担负重要的布雷任务的情况下，不会不充分发挥这些水雷的作用，这一情况在相当多的当事人回忆中都有提及，在后来的实战中也得到了证明。但可惜的是，当事人们大都没有给出欧阳格布雷的细节。只有在曾国晟的回忆中，我们找到了有关欧阳格布雷的某些细节，但这些细节是对欧阳格不利的证据："在执行布雷任务时，欧阳格的做法更为可笑。他只在油桶内装一些炸药，桶面涂以柏油，再接上普通电线，然后把这些根本不会爆炸的所谓'水雷'布放在上海董家渡及江阴一带。一九三七年冬我在上海，还未获悉欧阳格布雷的情况，想先在董家渡布放水雷，加强封锁线，以防日舰溯黄浦江西进危及江南造船厂，并抄袭我军后方。为此，我走访上海警备司令杨虎，杨告我欧阳格已先在该处布雷了，请我到董家渡实地勘察。我发现欧阳格竟如此布雷，认为关系国防大计，急向杨虎如实汇报，杨派参谋随我前往检验，证实欧阳格所放水雷不能通电，完全无效。我再度拜访杨虎，适淞沪左翼指挥官黄琪翔在座，我要求黄、杨将此情况向蒋介石报告，黄闻之甚为恼火。我连夜从上海到南京，向陈绍宽报告，要他请蒋查办欧阳格，但陈却叫我去向江防总司令刘兴报告。刘对欧阳格的行为亦极表不满，说他将向参谋总长汇报，然刘也不过说说而已，并未实行。"[1]这些细节不仅无助于人们理解欧阳格在布雷行动中的难处，反而加重了人们对他的不解、指责，甚至痛恨。不过，派系因素的介入，大大降低了这段记载的可信度。

综合分析上述资料，我们可以做出这样的判断：欧阳格从主观上是想履行布雷职责的，在实战中也的确下了一部分水雷，但由于水雷来源、制雷技术等问题（假如没有贪污行为），使得他及其所领导的电雷学校，没有完成应该完成的任务。

既然欧阳格领导下的电雷学校不能担负起江阴阻塞线的布雷任务，那么海军部就必须将制雷、布雷工作进行到底。

1937年9月，海军部指令新舰监造室监造官曾国晟负责组织海军江南造船

〔1〕曾国晟：《记陈绍宽》，《福建文史资料》第8辑，第178页。

所部分技术人员研究、设计、试制水雷，是为海军制造水雷的初始。1日，新舰监造室召集技术人员召开了水雷设计会议，最先参加制雷工作的，官员有周应聪、吴建彝、韩廷杰、黄璐、王荣瑛、陈兆俊、陈宗芳、王衍绍、黄良观、葛世怪等，技工有电工张裕庭、许根宝、俞作银，电焊工丽关源，士兵王宜升等。临时办公地点设在上海重庆南路原海军联欢社内，试制水雷工场先设在南市庙宇内，因白天日机轮番轰炸南市，员工只能在夜晚工作。后因工作不方便，工场迁至上海枫林桥（靠近法租界）海军海道测量局内。当时首先试制的是少量触发水雷，以配合陆军破坏沪西徐家汇桥梁，阻止日军前进，同时轰炸上海日租界日清码头。这些水雷分为两种，均属大型水雷，取名"海甲"式和"海乙"式。又试制了一种大型视发水雷，取名"海丙"式，用于轰炸停泊于上海码头的日海军舰艇。后面要介绍的谋炸日海军旗舰"出云"号所使用的水雷，就是"海丙"式水雷。枫林桥工场设备十分简陋，如熔化TNT炸药时，没有蒸汽熔药锅，只得用特大号铝锅代替，放在电炉上直接熔化，大家明明知道这样违反操作规程，危险很大，稍有不慎就可能殉职，但为了不误戎机，他们还是冒着风险生产。[1] 就这样，经过反复试验，终于成批量地生产出了水雷。这些水雷不仅用于海军的作战，而且也支援陆军作战部队。当时有人评价说："八一三战起，我海军当局不得不退思其次，牺牲二十几艘的商轮，和多艘军舰，用沉船阻塞江阴水道。然而就从这时起，海军当局又在极端困难的环境下，抓住奋斗事机，居然在不声不响中，完成了自己制雷的试验工作，以填补此水上防御武力的缺

1937年7月28日，"同心"舰载电雷学校学生赶赴江阴抗战

---

[1] 王衍绍：《抗战期间海军制造水雷概述》，《福州文史资料》第14辑，第109页。

陷。沪战后半期，上海南市水面，已经有大批的国产水雷出现，使敌人没法向南市进攻，尤其是袭击出云舰的那一个水雷，在打击敌人的作战精神，和摧毁敌舰蠢动的勇气上，收到了莫大战果。"[1]

上海局势吃紧时，制雷工场一度迁往无锡，制造了在江阴阻塞线以及镇江乌龙江方面所布设之水雷，作用颇大。然而遗憾的是，无锡陷落中国陆军撤退时，没有预先通知海军，致使部分制雷设备及产品来不及抢运，被迫自行破坏。无锡沦陷后，曾国晟等人携带部分制造水雷的仪器、原料辗转撤往南京，此时南京国民政府各机关已经全部撤往武汉，他们又赶往武汉，将制雷工场设于武昌，继续进行制雷工作。

江阴要塞的筹划

在布置阻塞长江的同时，国民政府也对江阴要塞进行了部署，1937年，参谋本部将江阴至无锡一线确定为国防第二线，成立了江防总司令部，总司令由资深的加上将衔陆军中将刘兴担任，副总司令由海军第二舰队司令曾以鼎海军少将兼任，下辖陆军第五十七军（军长为陆军中将缪徵流）、江阴要塞司令部（司令为陆军少将许康）、镇江要塞司令部（司令为陆军少将林显扬）、江阴区江防司令部（司令为海军少将欧阳格），以及海军第一舰队（司令为海军中将陈季良）和海军第二舰队（司令为海军少将曾以鼎）等。从这一组织体系可见，国民政府的目的，是想在防守阻塞线的过程中，实现陆海之间的有效协同。

江阴要塞位于阻塞线上游，是长江的狭隘之处，自古以来就是南北交通要道，也是兵家必争之地，素有"江海门户""锁航要塞"之称。要塞南岸有黄山，包括席帽、马鞍、龙头诸峰，绵延30余公里，西衔鹅鼻山、君山，东接萧山、长山、巫山，与北岸靖江孤山隔江相望，形成"枕山负水""水环峦拱"的天堑之势。在要塞区域，从清康熙年间始筑炮台，逐渐形成要塞炮台群。这里与下游的阻塞线遥相呼应，是阻塞线的后方屏障。要塞固守，将对阻塞线的坚守提供极大的支持。因此，要固守阻塞线，必须加强江阴要塞的建设。

---

〔1〕《九月来长江水雷炸沉敌舰战绩》，《海军抗战事迹汇编》，海军总司令部编译处1941年12月版，第361页。

江阴要塞炮台

江阴要塞炮台旧址

前已述及，早在1933年的《国防计划纲要草案》中，国民政府就已规定，"长江内之敌舰，由沿长（江）各地警备部队协同要塞部队及海空军击灭之，并于沿江各险要处配置游动炮兵施行要（腰）击"。1936年的《江南作战计划纲要》中，在京沪线方面，把"江阴东之长山—长泾镇—安镇—梅村—新安镇—太湖之线"作为"第二阵地线"，[1]其中自然包括扼守长江的江阴要塞。在《苏杭方面防御方案》中，设定本阵地"右翼倚托乍浦要塞，左翼受江阴要塞之支援"，[2]要求加紧江阴要塞的配置。

在1936年制订的《民国二十六年度国防作战计划（甲案）》中，专门列举了"要塞"一项，在"要领"中指出："平时各要塞应严整战备，慎密防范，得随时应敌。在作战期间，务击灭出现我要塞前敌之舰船，并支援陆军之作战。"规定"南通—江阴—江宁各区要塞，受各该区野战军之指挥，于宣战同时，出敌不意，与我海空军协力，断然袭击敌舰而扑灭之，尔后对敌舰封锁江面，并为野战军阵地之依托，而支援野战军之作战"。[3]在《民国二十六年度国防作战计划（乙案）》中，对要塞的任务作了与"甲案"基本一致的规定："南

---

〔1〕《国民政府筹备抗战档案史料一组》，《民国档案》1997年第2期，第5页。

〔2〕同上，第6页。

〔3〕《国民党政府1937年度国防作战计划（甲案）》，《民国档案》1987年第4期，第50页。

通—福山—江阴—镇江—海州各区要塞，各受该区野战军之指挥，于开战初期，出敌不意，与我陆、海、空军协力奇袭敌舰而扑灭之，尔后则封锁长江，阻止敌舰之侵入，并协同野战军之作战。"[1]扩大了对要塞规定的范围。

1937年7月24日，在国民政府军事机关长官"卢沟桥事件第十四次会报"会上，军政部部长何应钦做出决定，给电雷学校教育长欧阳格"以江阴区江防司令名义（此系秘密名义，不发表）"，[2]以加强海军对防守江阴要塞的配合。1937年8月初，国民政府对封锁和阻塞江阴航道进行了部署，为防守江阴航道专门部署了部队，规定参战部队为陆军103师和112师，还有江防军、海军、要塞守备队（包括炮兵、通信兵、工兵等）。整个作战区分江北、江南、江阴要塞三部分，设江防总司令部，统一指挥各部战斗。江阴要塞司令部设于龙岗，以许康为主管，下设五个炮台和两个守备营，全要塞共有117名长官和1783名士兵。萧山炮台由唐守信主管，东山炮台由谢光鳌主管，黄山炮台由王在胜主管，西山炮台由陈庆孚主管，鹅山炮台由谭春涛主管。第一守备营本部驻周公桥，营长唐公惠；第二守备营驻小街，营长许占元。此外还规定，以游动炮台配置于东方适当位置，以袭击江面敌舰。配置重榴弹炮兵于长山南麓，利用隐蔽地形，射击日军主力舰。在长山与萧山之间，设观察所，预先标定航线距离，以期炮兵射击的精确。长江两岸还配置监视哨和野战部队，待敌登陆时，用电话及无线电联络，袭击敌背。夜间采用手提探照灯，以一灯不断变动位置，监视江面，其余各灯配属于炮兵，射击时开灯探照。并确定各部于江中航线施放水雷，阻止敌舰入侵。[3]

本来，江阴要塞各炮台的装备比较简陋，在"八·一三"抗战打响之前，国民政府按照作战计划，加强了江阴要塞的装备建设。据当时在江阴要塞司令部工作的杜隆基回忆，"要塞的战备，从外表上是不易看出的，就是江阴要塞的工作人员，也难知其全貌。在江阴构筑要塞工程的工程处，是由参谋本部城塞组派出的。就在八一三以前，军政部兵工署突然运来8门从德国买来的8.8公分高、

---

[1]《国民党政府1937年度国防作战计划（乙案）》，《民国档案》1988年第1期，第39页。
[2]《卢沟桥事变后国民党政府军事机关长官会报第一至十五次会议记录》，《民国档案》1987年第2期，第16页。
[3]钱建明：《江阴要塞区保卫战》，《江苏地方志》1995年第3期，第48页。

平两用半自动火炮，弹药和观测、通信设备齐全，4门装在东山，4门装在萧山。这种火炮，兵工署共买了20门，江阴要塞装8门，江宁要塞装8门，还有4门装在武汉外围的白浒山。这种火炮命名为'甲炮'，其番号是江宁要塞为甲一台、甲二台；江阴要塞为甲三台、甲四台；白浒山为甲五台。甲炮高射时，射面高为6000米，射程远为9000米；平射时最大射程为14500米。当时高、平两用火炮'甲炮'算是最先进的。同时还运来4门15公分加农炮，命名为'丙炮'，装在西山为丙一台，弹药和观测、通信器材齐全，弹重为50公斤，弹型尖锐，弹种有穿甲、爆炸两种，最大射程为22000米，'丙炮'亦为当时最先进的火炮。甲三台、甲四台、丙一台的官兵，均由陆军炮兵学校要塞科负责的要塞炮兵干部训练班组织训练，当时由德国负责技术的人员陈门荪（译音）指导训练，训练完毕，即编属江阴要塞司令部。这样，江阴要塞就增强了抗战的力量"。[1]

但是，在增强江阴要塞防御力量的时候，也存在这很多弊端。王国章介绍说：

南京政府为了加强江防要塞火力，防止日本军舰沿长江上驶威胁南京，在对德国的军火交易中订购了150毫米口径的远射程要塞炮四门，和88毫米口径的高射平射两用炮八门。并决定把四门150要塞炮和四门88高射平射炮安装在江阴要塞，另外四门高射平射炮安装在江西九江下游的马当要塞。这批炮运到中国大约已在1937年5、6月间。江阴要塞安装新炮的工作由军事委员会总负责，主持人是该会某厅一位副厅长，姓袁（名字忘了）。由他组织军政部、海军部、城塞局、兵工署及江阴要塞司令部等单位成立了一个安装新要塞炮的机构。……同时参加上项工作的还有几名德国顾问，一名是德国退役海军上尉××（名字记不清了），参加炮位选择工作，一名是城塞局德国顾问齐梅曼，参加基础工作，他的翻译叫高国淦。另外还有随炮来的两名德国技师，负责火炮的操作训练工作。

江阴原是一个旧的江防要塞地区，黄山、萧山原有旧要塞炮若干门，都已落后不适合于当时的战争需要。新来的这批炮决定安在黄山区域，这是大的原则，但具体的炮位要从军事观点出发进行选择，所以要由军政部、

---

〔1〕杜隆基：《抗战中的江阴要塞》，《贵阳文史》2008年第5期，第68页。

海军部和江阴要塞司令部从战略战术方面提出意见，定出几个方案，然后组织大家到现场去实地观察，统一意见，最后定案报请上级批准。我也参加了实地调查工作，但我的主要目的是审查地形地势，考虑如何把几十吨重的炮件运上山来安置在炮位附近，以便安装，以及将来安装时出现的各种技术问题如何解决。对于军事方面的要求我则没有责任参加意见，也提不出什么意见。军事委员会主持选择炮位的袁副厅长是一个六十多岁的老军人，中将衔，好好先生，毫无主见。他下面一个助手叫吴国桢（不是当时的上海市市长，只是同名同姓），少将衔，比较认真负责，经常替袁出谋划策。海军部参加的代表名叫曾以鼎，是某海军舰队副司令，少将衔，他经常发表意见，但和吴国桢两人意见有分歧，看法不同，发生矛盾。

选择炮位工作经过视察了几个地点之后形成了几个方案，但在确定推荐结论性的方案时，大家谁也不肯发表肯定性的意见，究竟赞成那个或是反对那个，都只是说些各有优缺点模棱两可的话，因而开了几次会，拖了很久仍然定不下来，最后那位德国上尉发表了他的看法，他推荐一个方案，大家对此既不表示反对也不表示拥护，就把这个方案作为推荐的方案定下来了报请上级批准（实际上级也无人审查，只不过是备案而已）。……但是事后证明这个炮位定的确有问题。因为这个方案把四门十五公分要塞炮的炮位定在负山面江的一处山脚下，射出方向只能是对着江面，而当时日寇军队都集结在上海、无锡一带，最后也是从陆路上突破无（锡）福（山）防线直出江阴要塞之背，迫使要塞守兵弃炮逃走。如果当初炮位选在较高位置，可以四面射击，未尝不可给陆路进犯的敌兵施以打击，虽然不能说因此而能保住要塞不失守，但也不至于造成一炮未发就放弃要塞逃走的悲惨败局。[1]

王国章还说，要塞炮的安装工作大约在1937年9、10月间才开始，虽然安装得比较顺利，炮弹也运到了，但88毫米炮引信定秒机没有到，150毫米要塞

---

[1] 王国章：《解放前我所接触过有关炮兵兵器的几件事》，《鞍山文史资料选辑》第1辑，第112—117页。

炮的瞄准器也没有到，无法进行射击。等解决了引信和瞄准器的问题，已经是11月中旬了，此时上海已经陷落，形势迫在眉睫。

以上这段回忆充分说明，第一，尽管国民政府屡次强调要加强江阴要塞筹划和建设，但始终没有实质性的行动，直到战争爆发后才仓促进行，笔者从1937年10月14日第三战区副司令长官顾祝同给蒋介石的密电中看到："扬子江两岸江防队，应严密江阴附近之封锁，并担任江岸之守备，另以一部构筑江阴要塞地带之野战工事。"[1] 说明江阴要塞地带的野战工事此时才刚刚开始筹划，这样就难免存在若干缺陷。第二，尽管海军参与了江阴要塞的防卫筹划，曾以鼎此时兼任江阴江防副司令，但在职责、权限的划分上，没有明确的规定，因而难以形成江阴要塞与江阴阻塞线的密切配合。正如一位曾经参与江阴要塞建设的德国顾问所说："我发现控制长江之江阴要塞司令对于中国军队精神之改造未能充分认识，所有新时代的建议多无法实行，又与一位海军将军共分指挥大权，后者特别掌管河道咽喉处之控制，职权范围无明确划分，直到要塞危机出现时亦不能消除。此处缺乏完全信任，盖因要求特别强烈与缺少相互之了解，而且亦有周全准备之需求。"[2] 由于这些原因，江阴要塞在抗战中并未发挥应有的作用，阻止日军溯江西进的重大责任，实际上主要是落在了江阴阻塞线上。

〔1〕中国第二历史档案馆：《抗日战争正面战场》（上），凤凰出版社2005年8月版，第396页。

〔2〕《德国赴华军事顾问关于"八·一三"战役呈德国陆军总司令部报告（续一）》，《民国档案》1999年第2期，第51页。

作战篇

防御为主的阻塞、袭击战

中国海军的长江抗战大体可分为三个阶段：第一阶段，从日军发动对上海的进攻到南京失守，包括淞沪战役、江阴防御战，作战目的是协助陆军保卫京畿；第二阶段，从国民政府迁至重庆到武汉失守，包括长江中游的阻塞战、要塞战、水雷战，以及武汉保卫战，作战目的是协助陆军保卫新的政治、军事中心武汉；第三阶段，从武汉失陷到抗日战争的胜利，主要包括长江中下游的布雷游击战，作战目的是削弱长江日军的作战力量。在第一阶段的作战中，中国海军作为辅助防御力量，在上海配合陆、空军实施阻塞、水雷、袭击等作战，粉碎了日军速战速决的战略计划。在保卫江阴阻塞线的战斗中，中国海军主力舰队与日本海空军展开空前血战，付出了巨大牺牲，为迟滞日军占领南京，使国民政府及大批工业设施从容西迁，做出了重要贡献。

海军参加淞沪抗战

上海位于长江下游三角洲，境内地势平坦，河渠纵横交错，工商业发达，是中国最大的经济、金融中心和贸易港口。黄浦江和吴淞两江汇合处下游的吴淞要塞，是长江的门户。

日本挑起"卢沟桥事变"后，为了夺取在华北的战争主动权，牵制华中地区的中国兵力，决定开辟华东战场。而开辟华东战场，上海是首当其冲的夺占目标。夺取了上海，既能摧毁中国的经济中心，进而控制江浙地区，又能直捣南京，使中国尽快丧失抵抗力，实现其速战速决的战略意图。正如日本军令部总长和参谋总长后来谒见天皇时所说的那样："确保上海，使其丧失经济中心的机能。"[1]为此，日本内阁会议"决定向上海方面派遣陆军部队"。同时，海军第三舰队制定了航空作战计划，将"攻击目标选在南昌、南京、句容、蚌埠、广德、杭州等敌空军集结的重点，中攻队以远距离为目标，第一和第二航空战队以上海周围的敌机场为目标，水侦协助舰队防空及陆上战斗"。[2]为实现其战略计划，日本频繁调动军队。据1937年8月9日张治中给蒋介石的密电，此时"日军在沪兵力，近日来迭有增加，总合各方情形，计陆战队官兵约五千人，业经组织健全之在乡军人约三千人，壮丁义勇队三千五百人。各种轻重口径炮约三十余门，高射炮八门，战车及装甲汽车各约二十余辆"。"本日由长江上游抵沪之日舰计九艘，连原有在沪之日舰三艘，合计十二艘。各舰可随时

---

〔1〕（日）日本防卫厅防卫研究所战史室著：《中国事变陆军作战史》第一卷第二分册，中华书局1979年10月版，第19页。

〔2〕同上，第3、15页。

登陆之水兵，共计约三千人"。[1]8月9日，日军为寻找挑起战端的借口，制造了"虹桥机场事件"，并频繁调动军队向上海方向集结。

自"一·二八事变"后，受《中日上海停战及日方撤军协定》的限制，上海周围不准中国政府驻军和设防，故守备薄弱。但国民政府十分清楚，上海在经济、政治和军事上都具有重要的战略地位，必须对日军再次攻取淞沪，谋取华中，做一定的防备。于是，在不违背《中日上海停战及日方撤军协定》的前提下，不断做出防守淞沪的计划。在1933年制订的《国防作战计划》中，计划在"海州、吴淞、乍浦、澉浦镇、镇海、海门、温州等处各配置海岸守备部队，以防止敌之登陆"。"驻江南部队，应集结于京沪沿线及首都附近，一面任淞沪方面之增援，并相机扑灭上海之敌势力，一面防止长江内敌舰之侵扰，以维护首都"。[2]从1935年冬天开始，由京沪警备司令张治中主持修筑了吴江到福山、无锡到江阴、乍浦到嘉兴三道国防工事，到"卢沟桥事变"前已经完工。1936年，国民政府制订了《江南作战计划纲要》和《苏杭方面防御方案》，前一个文件指出："惟欲确保上海，必在长江口或在吴淞口有巨炮、水雷、陆地鱼雷等，足以扼止敌舰之侵入长江及黄浦江，并有相当之空军及榴弹炮协同陆军破坏敌军在上海之根据。"后一个文件指出："上海市附近，虽经协定划为无武装地带，然为我国南部经济之中心，进逼首都之重镇，一旦战争勃发，敌非以有力兵团首先攫取以为进略之根据地不可。因我海空军实力微弱，又受上海协定之束缚，若在沿海边境防御，事不可能，势非得用沪西河川湖沼地带，逐次迟滞敌之前进，实行渐减作战方式，将敌引至于苏州以东地区而歼灭之，地形上较为有利，沪西近西北域，河川纵横，湖沼杂错，攻防均极困难，若于该地域内施行防御工事，两翼均无适当倚托，并暴露于敌海军炮火之下，施行工事亦颇困难，兵力使用过于分割，指挥掌握、交通联络均称不便，欲完成该方面防御之任务，以利用江阴、乍浦、澉浦三要塞为阵地之倚托，中间利用较大之湖沼，选定防御阵地，较为适当，若阵地线过于后退选定，则太湖防御方针即成后方交通上之最大障碍矣。"有鉴于此，对选定、配置阵地，

---

〔1〕中国第二历史档案馆：《中华民国史档案资料汇编》第五辑第二编军事（二），江苏古籍出版社1994年6月版，第186页。

〔2〕《1933年国防作战计划》，《民国档案》2006年第4期，第22页。

兵力使用，后方联络，作战协同等做了明确规定。[1]

"卢沟桥事变"发生后，国民政府按照先前制订的作战计划，不断在淞沪一带调兵遣将。当8月9日日军在虹桥机场进行挑衅，并向中国方面提出苛刻条件时，中国守军知道战事无法避免，便于8月11日下令完成战斗准备。负责上海警备任务的上海市保安总团于8月12日凌晨3时将阵地构筑完毕，并全部占领，同时断绝交通，掩护中国军队进入预设阵地。8月13日上午9时15分，上海虹口日本海军陆战队水兵一小队冲入横浜路、东宝兴路地段，向中国保安总队射击，中国守军被迫应战。下午4时，日军海军陆战队司令官大川内少将下令向中国守军发动全线进攻，泊于黄浦江的日舰同时向上海市中心区发炮轰击，中国守军奋起抗战，淞沪战役爆发。

战役之初，为消灭敌人有生力量，国民政府决定采取攻势作战，以张治中所部攻击虹口和杨树浦；以张发奎所属强袭浦东，警备杭州湾北岸，防止日军由上海登陆。14日，中国军队在上海夺回八字桥、持志大学、沪江大学等据点。中国空军也投入战斗，猛烈轰炸虹口日海军陆战队司令部及汇山码头等日军阵地，炸伤敌第三舰队旗舰"出云"号，击落敌机多架。然而，15日，日本决定组建上海派遣军司令部，率第三师团和第十一师团大部，从18日开始由日本出发，赶往上海，从22日深夜起，在吴淞、川沙等地强行登陆。中国军队第十五集团军陈诚所部进行阻击，在宝山、月浦、罗店、浏河一线，发生激烈战斗。此后，日军不断增兵，中国守军逐渐丧失主动权，被迫转入防守。

面对陆上的惨烈战斗，中国海军不能像"一·二八事变"中那样，置民族尊严于不顾，置身事外，而是要紧紧抓住日本海军这个主要角色，用仅有的微弱力量，削弱其实力，尽最大力量配合陆上守军的作战。

建立黄浦江阻塞线

中国海军在淞沪战役中的主要任务，是配合陆军消灭在沪日军。为此，战争爆发后，中国海军依据自身的能力和条件，利用三种方式与敌作战：一是通过阻塞狭窄航道阻止日军舰艇进入黄浦江及其他港汊，运送陆战队登陆包抄中

---

[1]《国民政府筹备抗战档案史料一组》，《民国档案》1997年第2期，第4—6页。

国军队；二是主动出击，运用水雷攻击日海陆军重要目标；三是派出兵力参加陆上作战。

淞沪战役爆发之前，中国守军就密切关注日本海军的动向。据战后发表的《长谷川沪战日记》记载，淞沪战役打响的当天，日本在上海附近江上的兵力有：主队："出云"、第十六驱逐队；第一警戒部队：第十一战队；第二警戒部队：第八战队、第一水雷战队。[1]8月11日，长谷川清发布命令："一、第一警戒部队，应于8月12日以后，监视警戒在黄浦江内及上海至通州航道水域的中国舰船及飞机。二、第二警戒部队，应在佐世保镇守府第一特别陆战队及吴镇守府第二特别陆战队登陆后，暂依下述规定行动。（一）8月12日13时以后，其大部应权且由上海出发，回航吴淞，监视警戒该方面及其下游江口水域的中国舰船及航空机等。（二）一部舰船（以军舰三艘，或驱逐队两队为标准）警戒上海。除协助第一警戒队及陆战部队外，应按另外的规定，进行对上海市内地形的侦查、陆战的各项训练及补给。（三）依照特令或经本长官的批准，可派遣一部舰船到马鞍群岛方面，接受教育训练。"[2]可见日本海军依托据点，有计划地布置在各重要位置，作战分工明确。旗舰"出云"号泊在日本领事馆侧面的日本邮船虹口码头，担负黄浦江上的日舰行动的指挥之责，第十六驱逐队驻泊于浦东日本邮船码头，专事攻击浦东中国军队的野炮阵地，并与"出云"舰一起协助日军陆战队的登陆作战。第十一战队的"安宅""小鹰"两舰游动于黄浦江内，担任监视长江及黄浦江内中国舰队的任务。其他舰艇"八重山""坚田""保津""二见""梅"等，负责监视中国舰艇，防止其破除航路标志及敷设水雷，同时担任对空警戒。第八战队的"势多""热海""比良""鸟羽""莲""栗"等舰，负责监视黄浦江内水路运输点。8月13日，张治中在给蒋介石和何应钦的密电中称："淞沪一带日舰共三十二艘，其中第三舰队十三艘，任黄浦江作战，现仍泊港内；第二舰队十九艘，任长江上游方面作战，正准备陆续循长江上驶。"[3]

---

〔1〕转引自陈书麟、陈贞寿：《中华民国海军通史》，海潮出版社1993年2月版，第396页。
〔2〕（日）日本防卫厅防卫研究所战史室著：《日本海军在中国作战》，中华书局1991年1月版，第225页。
〔3〕中国第二历史档案馆：《抗日战争正面战场》（上），凤凰出版社2005年8月版，第341页。

　　针对日本海军的动向，陈绍宽在战云密布之时，命令驻沪海军练习舰队司令王寿廷，分饬所属严加戒备。战役打响后，陈绍宽再次指示练习舰队，要努力抗战，固守防地，协助陆军，联络作战。此时，战况已十分激烈，日军舰艇一面运送陆战队登陆，一面用舰炮轰击中国守军阵地及上海重要目标。陈绍宽根据日军的动向，决定在黄浦江建立阻塞线。8月14日，已经闲置多年不用的大型运输舰"普安"号被重新起用，当然不是用于参加战斗，而是被打开水底舱门，沉塞于董家渡航道，充当障碍物，建立黄浦江上第一道阻塞线。

　　"普安"运输舰原是一艘德国建造的在华商船，1896年建造完工。它长119.8米，宽13.7米，吃水7.6米，排水量3400吨，航速15节。乘员137人。装备有3英寸炮一门。该舰因舰龄太老，于1932年停用，此次阻塞黄浦江，完成了它的最后使命。

　　8月12日至10月3日，上海市警察局水巡总队先后征用了三北轮埠公司的"富阳"、中兴轮船公司的"中兴"、远兴轮船公司的"福兴""三江"、新长安轮船公司的"新华安"、直东轮船公司的"平济"、利平轮船公司的"利平"、华通轮船公司的"中和"、兴华渔船局的"中华渔"、鸿安商轮公司

被中国海军沉船封锁的黄浦江董家渡航道

的"寿昌"等十艘商船及民生实业公司的"民生二号""民生六号""民生八号""民生九号"等四艘铁壳驳船，陆续沉塞于上海十六铺航道，在黄浦江上建立了第二道阻塞线。8月17日，中国海军又将扣押的日本货船"洛阳丸""瑞阳丸""长阳丸""南阳丸""襄阳丸""嵩山丸"等六艘沉塞于烂泥渡附近，建立了第三道阻塞线。这三道阻塞线，有效迟滞了日军舰艇继续沿黄浦江深入上海腹地的行动。

然而，三道阻塞线的作用只是阻止日军向上海腹地的运动，并不能阻止日军在吴淞口的出入，所以国民政府还曾考虑在吴淞口建立第四道阻塞线，将黄浦江中敌舰彻底封入江中，以避免这些日舰溯长江西上。1937年8月20日，大本营颁布的《战争指导方案》中明确为海军规定了"淞沪方面实行战争之同时，以闭塞吴淞口，击灭在吴淞口以内之敌舰，并绝对防制其通过江阴以西为主，以一部协力于各要塞及陆地部队之作战"的任务，关于这一点，时任国民党空军第六大队大队长的陈栖霞有一段回忆：

大概是八月初，一天晚上约七时左右，我在大教场大队部接到周至柔的电话，叫我立刻到山西路他公馆去。到时看见参谋处长张有谷，轰炸大队长张廷孟、王叔铭，南京总站长石邦藩。周至柔的神色非常严肃，说有要紧的话和我们说，弄得我们面面相觑，不知道他葫芦里卖的什么药。他到前后看看无有他人，才关好门窗，用很庄重的语调，低声和我们说：

"你们的部队都准备好了吗？"

我们大家一起回答：

"早准备好了，只要有命令，随时可以出动！"

他说："好的，我刚才从委员长那边回来，今晚十二点钟，我们要封锁吴淞口。"

他说过这几句话后，目光炯炯地注视着我们每一个人，接着又说：

"据今天下午上海的情报，日军已有大小二十多艘舰艇进入黄浦江。战事难免，委员长决心先下手解决了这一部分敌舰，所以今晚动手，封锁吴淞。到半夜十二点钟，日军一发觉我们封锁吴淞后，立即就会发生反抗，明早我们的空军就要全部出动，投入战斗，协同陆海军解决了黄浦江内所有敌舰。任务是艰巨的，要绝对保守机密。"

他接着又说："现在你们大家一个也不要走，就坐在我这里，商量一下作战的行动。要等到十二点上海最后的情报。封锁吴淞口的目的达到后，你们就立即各回本队，连夜准备，明天绝早就飞往上海轰炸。"

当时我们几个人坐在周至柔公馆的客厅里神情都非常紧张，看看手表，又看看壁上挂钟，觉得钟表走得特别慢。将近十二点钟，大家又去注视着电话机，可是十二点钟到了，电话机不声不响，但是壁上时钟滴答滴答地一秒一秒走过去了，这是怎么一回事？周至柔坐立不安，起来在厅中踱方步。一直等到一点多钟，电话机好像是坏了似的，总是不响。周至柔又不敢打电话去问。只好叫我们大家且先回队部，听候命令。我虽然回到大教场本队部，一夜都不曾睡，并且在天还未亮之前就叫全大队的飞机都挂好炸弹，准备天亮出动，但在作战命令没有到达前，不把任务目的告知各队，只叫三个中队做好战斗准备。

但在飞机场上等了一天，也没有消息……[1]

陈栖霞在这段回忆中所描述的等待轰炸黄浦江中日舰的细节是可信的，这说明蒋介石想利用中国陆海空军的合力，彻底击灭黄浦江敌舰，以减轻江阴阻塞线的压力。然而，他过高地估计了中国海军的实力。就当时驻泊于上海的中国海军能力及条件而言，要封锁口宽、水深、流急的吴淞口，说什么也办不到。因而，这一计划的流产亦属必然。

就在中国空军谋炸黄浦江日舰的同一天，日军出动大批飞机展开了对淞沪中国海军机关的轰炸。海军司令部、江南造船所、海军军械处、海军制造飞机处、海军无线电台、海军上海医院、海军警卫营驻所、吴淞海岸巡防处等均先后被炸毁。但海军并没有因此而退缩，陈绍宽清楚地意识到，仅用沉船封锁只是被动的防御，为了体现中国守军的攻势作战，海军还必须想方设法制造水雷，加固阻塞线，并广泛布置于各港汊。所谓"想方设法"，是被逼无奈之举，因为在抗日战争全面爆发之前，国民政府受制于《中日上海停战及日方撤

〔1〕陈栖霞：《沪战开始时空军动态》，《文史资料选辑》第113辑，第31—33页。

军协定》，对上海的防御准备不足，完全忽视了上海河流纵横、港汊密布的实际情况，海军部历次所拟水雷方案，均因国民政府国库支绌而无法实现；电雷学校本来是当时中国唯一制雷机关，但战前也未做好准备，几乎形同虚设。这样就造成了没有充足的水雷可以利用的窘境，当练习舰队在董家渡实施航道阻塞时，就遇到了无水雷辅助的问题。海军部决定亡羊补牢，命令海军新舰监造室赶速筹划，自造水雷。遂将熟悉水雷制造的技术人员曾国晟等人集中起来，研究水雷制造事宜。1937年9月1日，曾国晟等人召开水雷设计会议，决定以上海南市各庙宇为制雷场所，昼夜不停地研制生产。果然努力没有白费，终于在当月生产出第一批水雷，很快敷设在黄浦江三条阻塞线上，以及各港汊水域中。并在陆军各防区港汊要点，分别布置小型水雷，解除陆军后顾之忧。同时，还为对日军目标展开水雷攻击提供了重要帮助。

鱼雷快艇袭击日"出云"舰

"出云"舰是日本于1900年向英国阿姆斯特朗公司订造、日俄战争中作为主力战舰使用的装甲巡洋舰。它长121.92米，宽20.93米，排水量9180吨，航速20.75节，装备有200毫米炮4门，150毫米炮14门，80毫米炮5门。日俄战争后它退出第一线改为海防舰，侵华战争开始后来华担任第三舰队旗舰，是日军在淞沪战场上的指挥中心，如果能将其击沉，必将对日军的攻势产生严重影响。所以，淞沪战役爆发以后，中国海、空军均把打击的矛头对准了"出云"舰。

1937年8月17日，上海一家报纸第一次登出"旗舰出云受重创泊公和祥码头"的消息，随后，多家媒体纷纷报道8月16日"出云"舰被中国军队打击受伤的消息，并不断跟踪报道"出云"舰的修理情况。有家报纸称："出云""舰身现受伤重创，战斗力业已消失，故不能不移转其停泊处所，而作苟延残喘之计，据一般观察：该舰即将驶返日本"。[1] 消息一出，举国振奋。特别是中国军队，在抗战之初就获得这样的战果，无疑极大地增强了战胜敌人的信心。后来，还有一种离奇的说法，陈香梅在其所著的《陈纳德与飞虎队》一书中说，当时"出云"舰遭到袭击后，并不是皮毛之伤，而是受伤很重。日本怕其在上

---

〔1〕王叔达：《八一三上海抗战史》，民强出版社1937年9月版，第59、60页。

日本海军第三舰队旗舰"出云"号是一艘曾经参加过日俄战争的老舰

"出云"舰航行于黄浦江

海滩沉没于中国军民面前，遭到国际舆论的嗤笑，而连夜将其拖出港外驶往日本抢修，但在途中因补漏不及而沉没。日本封锁了这个消息，立刻将"出云"舰的姊妹舰"磐手"舰驶来上海，代替"出云"舰。由于两舰外观极为相似，不明实情的人自然将"磐手"舰当成了"出云"舰。不过这种说法并没有官方史料的证实。据日本官方资料记载，"出云"舰于1944年回到日本，1945年7月24日在吴港被美国飞机炸沉。[1]

纵览淞沪抗战史料，从官方档案，到民间媒体报道，均证实了"出云"舰在淞沪战役开始之初，即被中国军队击伤的事实。

那么，是谁重创了日舰"出云"号？

这个问题，在当时关系到中国军队的作战士气和荣誉，在今天关系到历史真相还原，所以有弄清楚的必要。可是，在寻找这一问题答案的过程中笔者发现，事情远比想象得复杂。资料显示，中国空军的轰炸和中国海军的鱼雷快艇袭击，均是"出云"舰受伤的原因。那么，事件的具体细节究竟是怎样的呢？

中国空军从8月14日开始轰炸日舰，曾出动几十架次的飞机，多次对"出云"舰实施打击，行动之果敢，意志之坚定，均令全国人民感奋不已。于是人们对空军重创"出云"舰的战果给予更多的期待。行政院1947年8月印行的《中国空军》一书，认定了空军重创"出云"舰的战果。此书写道：

> 八月十四日，上海的战事已打了一天一夜。
>
> 清晨，上海的晴空里有机声响过，一队青天白日章机掠过苏州河，一阵猛烈的爆炸，公大纱厂和军械库，已浴在火舌乱舞的红光中，整个上海都震动了，但这不过是一个开始。
>
> 许思廉飞去后，那边又来了孙桐岗，东海大队从广德向上海出击，目标是黄浦江上的敌舰。八时十四分，黄浦江卷起愤怒的水柱，出云旗舰尾部中了弹创，敌舰第一次受到了膺惩，同时，在汇山码头上空，东海大队的机群，又扔下炸弹，杨树浦江边火光高烛。[2]

---

〔1〕http://60.250.180.26/ming/2802.html。
〔2〕中国第二历史档案馆：《抗日战争正面战场》（下），凤凰出版社2005年8月版，第2025—2026页。

上述记载并未清楚地说明"出云"舰的毁伤程度，同时该书出版于淞沪战役打响的十年以后，所依据材料也无从查考，由此难以断定"出云"舰的受伤就是中国空军轰炸造成的。况且淞沪战役开始后，中国空军的战斗要报频繁而翔实，但在1937年8月的战斗要报中并未提到炸伤"出云"舰情况。果然，上海市市长俞鸿钧在8月14日给军事委员会的密电中谈到了当日空军轰炸"出云"舰的情况："我方飞机三架，向日海军旗舰'出云'号轰炸，一弹落于'出云'舰外档，几于命中。"[1]证明中国空军当日的确没有使"出云"舰受伤。

在8月16日以前，上海媒体对战况十分关注，每天都有大量报道，其中报道空军轰炸"出云"舰三次，也可以提供一些佐证。

第一次轰炸是8月14日，当日的报道称：

> 我国空军于今晨起在上海天空开始大活跃，十时许我飞机五架，飞至杨树浦用机关枪及炸弹向日军集中之日商公大纱厂及汇山黄埔等码头扫射并轰炸，在黄浦江中停泊之日舰，亦被我空军所轰炸，其中有一日舰受重

中国空军轰炸"出云"舰

〔1〕中国第二历史档案馆：《抗日战争正面战场》（上），凤凰出版社2005年8月版，第412页。

伤，尚有一日舰受轻伤，日舰亦以高射炮机关枪向我还击，均未命中。在外滩日领署旁浦面停泊之出云旗舰，亦由我空军投弹两枚，不幸坠浦未中，我飞机在空中盘旋约二十五分钟，即行安然离沪。至下午一时左右，我空军再度出现于浦江天空，猛烈轰炸，敌损伤甚重，敌仍用高射炮及机关枪向我射击，均未命中，我机安然他去。[1]

第二次轰炸是8月15日，次日的报道称：

> 昨日下午三时三十五分，我空军飞机二架于狂风大雨之际，又呈现于浦江上空，分左右翼向敌出云旗舰进攻，猛投炸弹，并以机关枪扫射。敌舰于仓皇间，急以高射炮及高射机关枪向空中乱开，但因昨日风力强烈，射程不足，故已全失效用，我机盘旋于云雾之中，敏捷异常，无损毫末，虽风吼雨吹，势甚凶猛，然我驾驶员技术精娴，凌空腾飞，履险如夷。当时我军进攻敌舰凡三次，结果，弹珠落于敌舰甚多，敌舰发炮百余响，皆未击中。激战约十五分钟，至四时五十分许，我机始于风雨中安然飞去。

同日还报道：

> 敌第三舰队出云旗舰，自经我空军飞机进袭后，全舰日军仓皇不安，颇呈慌乱。自前晚起，该舰即忙于加装高射炮，从事种种戒严，以防御我空军袭击，至其舰身四周，均加布铁丝电网，并有小艇巡逻保护。入晚灯火全熄，呈现死寂之象。但有时则以探海灯向空探射，或放空炮不止，其戒备不敢稍懈。至舰上重要军事长官，闻已避匿他处，附近日领事署人员，亦迁至某处办公。[2]

---

〔1〕王叔达：《八一三上海抗战史》，民强出版社1937年9月版，第29—30页。
〔2〕同上，第39—40页。

第三次轰炸是8月16日，当日的报道称：

　　今晨七时十分，中国空军飞机一大队，共计二十架，奉命出动，攻袭敌出云旗舰。华机共分四组，由东西北三面进发，取包抄形势，齐向敌舰猛投炸弹，并以机关枪扫射，敌舰得讯，亦即乱开高射炮还击，一时炮声交作，震动全市。华机炸弹，落于敌机［舰］附近。华机围攻敌舰二次，第一次激战约十分钟，第二次在七时四十分许激战至烈，历一刻钟即止。[1]

　　上述三次报道对空军轰炸"出云"舰的结果叙述得比较清楚，第一、三次未对"出云"舰造成损伤，第二次"弹珠落于敌舰甚多"，则给"出云"舰造成了损伤，但损伤情况不明。

　　日方的资料记载了8月17日中国空军的轰炸行动："17日中国空军出动大批飞机，白昼五次，夜间一次，约4架次来袭上海方面。我陆战阵地、杨树浦机场工地、'出云'舰及其他在泊舰船均遭到攻击，但无损失。"[2]

　　1938年8月，著名剧作家宋之的的剧作《旗舰出云号》由上海杂志公司在汉口出版，宋之的在剧本的《序》中写道：

　　"八·一三"以后，旗舰"出云"号成为我空军轰炸的主要目标。凡是那时候，住在上海的人，谅还都能回忆起当时黄浦江上空激烈的战斗。人们曾为了我空军的处女战兴奋和赞叹。远在那时候，我就想：用旗舰"出云"号作题材写一个戏吧，并把这意思，在私下里和几个朋友谈起过。

　　自然，我之想写这个戏，并不完全是由于当时的空战所激动，一方面，我也知道，旗舰"出云"号几年来，都"活动于中华民国的海岸"，率领日本海军的第三舰队，尽了侵略中国的积极任务。

　　这意思，到我见到报载"出云"号被我某项爆炸器击伤，而日本海军发言人又声称"出云号被炸之夜，外滩某大厦有烛光隐约，显系指示方

〔1〕王叔达：《八一三上海抗战史》，民强出版社1937年9月版，第49页。
〔2〕（日）日本防卫厅防卫研究所战史室著：《日本海军在中国作战》，中华书局1991年1月版，第220页。

向云云"，才决定了，因为这增强了我的想象！虽说决定了，却一直没有写，一直到我随业余剧人协会入川，而协会同仁又都鼓励我写的时候，才开始搜集材料。

剧内所写敌方人物，都有事实根据，并非故作夸张，有意"出气"！如教授言论，是根据了日法西斯学者室伏高信的几篇论文，长谷川的行动，是根据报纸记载和他自己与改造社社长山本的对谈，他如和尚、商人、士兵等，也都是根据了敌国国内的报张杂志的记载。我想，在这之中，也许多少可以看出一点敌人的真面目。[1]

宋之的在这里说明了他创作《旗舰出云号》剧本的动议过程，明确地把空军轰炸日"出云"舰的事迹作为他创作的蓝本，他显然不懂"某项爆炸器"的含义，只是把"某项爆炸器"看作是与空军飞机的炸弹相类似的兵器。但无论如何，他对空军击伤"出云"舰是深信不疑的。

中国海军对"出云"舰的打击，还要从淞沪战役爆发前说起。

1937年7月24日，在国民政府军事机关长官"卢沟桥事件第十四次会报"会上，军政部部长何应钦做出决定，任命电雷学校教育长欧阳格为"江阴区江防司令"。尽管这一命令是不公开的，但已经明确了电雷学校在长江防御中的地位，也明确了支援淞沪地区作战的责任。不久，欧阳格走马上任了，他将电雷学校快艇大队的"岳飞""史可法""文天祥"等三个中队进行了重新编组。

1937年8月14日，欧阳格做出一个重要决定：派鱼雷快艇从江阴出发，沿河道秘密潜往上海，袭击黄浦江中的日本军舰。当天下午，他命令快艇大队副大队长安其邦中校，率领"史102"（艇长胡敬端）和"文171"（艇长刘功棣）两艘鱼雷快艇，伪装成民船，沿内河潜赴上海龙华，把袭击的目标定为日本海军第三舰队旗舰"出云"号。当安其邦率艇出发后，欧阳格自己则乘汽车潜往龙华具体指挥。时为"文88"号艇艇长的谢晏池描述的当时的情景是："十四日上午欧阳格召集我们训话后，留下刘功棣、胡敬端两艇长，刘功棣的文171、

---

[1]《中国现代文学史资料汇编（乙种）宋之的研究资料》，解放军文艺出版社1987年4月版，第150—151页。

胡敬端的史102号，离港而去，不知何往。"[1]

14日夜，两艇从江阴出发后，昼伏夜行，急奔上海。航行路线是从江阴黄泥港到无锡，进入太湖，经苏州、松江，驶抵上海龙华。时为电雷学校学生的郭秉衡讲述了详细经过：

　　两艇接令后稍加伪装，即星夜出航，由江阴内河出发，只开动副机，昼隐夜航地驰往上海。岂知"文171号"艇在途中因故耽搁，迟了一天才到达龙华，只有"史102号"艇按预定计划于8月15日傍晚驶抵龙华。艇长在水泥厂和先期到达的江阴区江防司令等人会面并简单研究后，决定按原方案单艇立即下驶出击。谁知由于为了达到奇袭目的，该艇事先未与岸上陆军联系，因此沿途多次被阻并受到枪击。当时我军已在十六铺一带黄浦江上设置了封锁线，该艇不能通过，乃被迫返回龙华。次日（8月16日）白天与友军取得联系后，实地察看"出云"舰及附近水上情况，发现十六铺封锁线外有敌人炮艇在巡防，同时外滩一带黄浦江面上停泊有各国军舰及商船，环境比较复杂。他们回到龙华后，另一艘

出击前经过伪装的"史102"艇

"史102"号艇后部的两条鱼雷滑轨清晰可见

[1] 谢晏池：《位于黄山港的海军电雷学校》，《江阴文史资料》第9辑，第102页。

"文171号"鱼雷快艇也赶到了龙华，但欧阳格司令仍决定只派先到达的"史102号"鱼雷快艇单艇出击。

1937年8月16日晚，"史102号"鱼雷快艇按计划由龙华开动副机，悄悄地驶出十六铺附近的封锁线，经南京路外滩后即开动两部主机冒着敌舰艇的炮火全速向下游冲去。由于江面上各国舰船灯光耀眼，驶至外滩陆家嘴附近江面时仍看不清敌舰"出云"号的具体位置，而如再推迟发射鱼雷，则可能使鱼雷失效从而失去战机，乃向预定的方位将一对鱼雷射出。在鱼雷的巨大爆炸声中，鱼雷艇也被击伤，不得不冲驶搁浅在九江路英租界外滩码头外档。艇上人员将机枪武器等装备卸弃江中后就泅水隐藏在码头下面，候至夜深人静才游上岸，到路口已有事先安排好的接应人员将他们接到英租界内的惠中饭店，一直未暴露身份。以后他们又转移到半仙桥青年会，前后历时月余，才辗转返回江阴，继续参加战斗。

这次奇袭，虽然未能将敌"出云"舰击沉，但这是抗日战争中国海军唯一的一次主动出击的英勇行动。[1]

"史102"艇是1935年从英国订购，1936年来华的海岸鱼雷快艇，它为木质艇壳，长16.8米，宽3.4米，吃水1.1米，排水量14吨。装有2部汽油发动机，产生动力950匹马力，航速40.3节，装备有18英寸鱼雷发射管2具，机枪2挺，深水炸弹2枚，可乘员5人。它的鱼雷发射方式较为落后，它没有发射管，2枚鱼雷放置于艇尾的滑槽中，发射时由鱼雷手松开固定夹，让鱼雷滑入艇尾的水中自行前进，然后快艇加速转向，由鱼雷前方避开离去。这种发射方法精度不高，要击中"出云"舰有一定的难度。

那么，"史102"艇的袭击究竟造成了怎样的结果呢？

何应钦认为，"史102"艇发射的鱼雷"命中爆发，江摇岸动"，"出云舰受伤甚重，日海军为之震惊"。[2]

郭秉衡认为，"'出云'号确被'史102号'鱼雷快艇发出的鱼雷爆炸击伤

---

〔1〕郭秉衡：《中国海军抗战事迹》，《江苏文史资料》第22辑，第32—33页。

〔2〕何应钦：《日军侵华八年抗战史》，台湾黎明文化事业公司1982年9月版，第278页。

"史102"艇出击"出云"舰后中弹沉没时的照片，背景是上海外滩九江路附近

了尾部"。[1]至于伤到什么程度，没有具体说明。

　　1937年8月17日有报道称："昨晚华方以某项爆炸军器轰击敌舰'出云'号结果，已使该舰受重创移地停泊。"[2]其中"某项爆炸军器"肯定不是飞机，因为对于飞机袭击敌舰，在报道中并不隐晦，也不会是水雷，因为目前见到的所有资料中，均找不到8月16日海军水雷袭击敌舰的记录。这一天只有"史102号"的袭击行动。因此，这里的"某项爆炸军器"只能是指鱼雷艇发射的鱼雷。当天的另一媒体则报道："敌第三舰队出云舰，于昨晚九时许，被华军以重炮及某种爆炸武器击中受伤。当时敌舰上大为混乱，日第三舰队司令长谷川清，为避免华方目标起见，急下令将该舰驶移下游，改泊于虹口公和祥码头附近第十三十四号浮筒。一面为预防华军袭击起见，另以驱逐舰一艘，停泊于出云舰之前顺泰码头附近，以为掩护。复有鱼雷舰及炮舰二艘则停泊于汇山码头，为出云旗舰后方掩护。"[3]在这里，报道者除了认定"某种爆炸武器"击中了"出云"舰之外，还提出了以"重炮"击中的说法。

　　保存于台湾"国防部"史政局的抗战史料中记载："民国二十六年八月

---

〔1〕郭秉衡：《中国海军抗战事迹》，《江苏文史资料》第22辑，第33页。
〔2〕王叔达：《八一三上海抗战史》，民强出版社1937年9月版，第59页。
〔3〕同上，第60页。

十三日沪战爆发，次日晚我江阴区江防司令部派快艇大队附安其邦，率英式快艇两艘，加以伪装，潜驶上海，十六日晚八时，该员乘一○二艇绕过三道沉船封锁线，以最高之速度冲过敌停泊于江面之驱逐舰，及英、法、意各国军舰之侧，直驶南京路外滩，距离敌人旗舰出云号约三百公尺，顶角五十度，当即向该旗舰瞄准，连续施放鱼雷两枚，两雷均中，轰然爆发，江摇岸动。该艇旋即极度左后转弯回驶。出云号突遭两雷射中，受伤甚重，日海军极为震骇，旋以浓密炮火向我艇射击，该艇卒于九江路外滩浦口码头附近负伤下沉。"[1]

谢晏池则说："安、胡从亮处到暗处一时看不出'出云'舰的具体位置，而十六铺的敌炮舰早已发现，火力对准102号艇，虹口以下各敌艇也向'史102'开炮，打中'史102'油箱。他们只有依据白天测得的方位，发射两枚鱼雷，可惜未命中，只打中了汇山码头，码头的破片打伤了'出云'舰船尾车舵，不能自航，乃由其他船拖至吴淞口修复后重返战场。"[2]

上述史料既有局内人士的回忆，又有当时媒体的报道，也有官方资料的记载，这些史料的记载有着明显的出入，原因就在于在当时的情况下，中国各方均难以靠近"出云"舰，谁也无法准确地判明其受伤情况，只有靠各种迹象做出判断，故而出现若干不同的说法。日方的记载似乎更加准确，但在战争之初，日方绝不会公开旗舰的受损情况。不过，"出云"舰受伤总会表露出各种迹象，故而史料中的记载也必有确实之处。因此，通过对上述史料的分析以及对各种情况的综合判断，笔者可以得出如下结论：

第一，中国鱼雷快艇的出击，击伤了"出云"舰的尾部，并且使其暂时失去了航行的能力，应属重伤。

第二，"出云"舰受伤部位在水线以下，属动力系统受损，尽管不能确定是鱼雷的直接命中所致，但鱼雷爆炸的距离必定很近。

从上述两点可以断定，"史102"艇基本完成了任务，胡敬端回到学校后被任命为岳飞中队中队长[3]，是对他战功的奖赏。8月20日，何应钦也电致欧阳

---

〔1〕秦孝仪主编：《中华民国重要史料初编——对日抗战时期》第二编作战经过（三），台湾中国国民党中央委员会党史委员会1981年9月版，第31页。

〔2〕谢晏池：《位于黄山港的海军电雷学校》，《江阴文史资料》第9辑，第103页。

〔3〕同上。

格，对快艇官兵的英勇行动表示勉励。他说："南京路外滩一役，我快艇官兵壮烈殉国，深为钦佩。虽未获成功，但已减敌舰骄横之气焰。尚望再接再厉，整饬部署，以竟全功。"[1]

在现今的中国海军史著述中，关于"史102"艇对"出云"舰的袭击结果，说法也是五花八门。其一说，"由于'出云'号周围布设了防护设备，鱼雷未能直接命中目标，但雷体爆炸使其受到一定创伤"[2]，但"创伤"致何种程度，并未说明；其二说，"出云"舰连续施放两枚鱼雷，"但撞在日本领事馆前面岸旁轰炸爆发，江摇岸动"[3]，有无致伤"出云"舰，亦无交代；其三说，"'史102'艇发射的两枚鱼雷，一枚鱼雷击中了'出云'号的防雷网，炸毁了敷网的驳船，一枚鱼雷击中了岸壁，而'出云'号没有被损伤"[4]。其四据说是根据日本方面的一些资料和图片所做的描述：

此战是否击中了出云舰呢？严格地说，没有。

史102艇发射的鱼雷，一枚射偏，击中邮船码头一侧英美烟草公司前的码头岸边，当即将码头炸毁一截，附近房屋纷纷被震倒塌。

拍摄码头相片的为瑞士人Karl Kengelbacher。此照片的场景曾被翻译为日军误射鱼雷击中该码头，因为无人相信中国当时还有这样的反击能力。

另一枚则直奔出云而去。遗憾的是日军设防十分严密，出云舰外侧还有一艘趸船拉拦阻网防止夜袭，此雷正中趸船，将其击沉，未能直中出云。但因距离过近，出云也被波及。按照日军记载，此后出云舰曾修理轴隧和螺旋桨车叶，因此中方判断该舰在这次袭击中，尾部受损。[5]

上述说法，第一、四种比较接近事实，但并未提供有说服力的分析和有力

---

[1] 高晓星：《民国海军的兴衰》，海潮出版社1994年7月版，第176页。

[2] 海军司令部《近代中国海军》编辑部：《近代中国海军》，海潮出版社1994年8月版，第958页。

[3] 陈书麟、陈贞寿：《中华民国海军通史》，海潮出版社1993年2月版，第398页。

[4] http://60.250.180.26/ming/2802.html。

[5] 萨苏：《国破山河在——从日本史料揭秘中国抗战》，山东画报出版社2007年7月版，第115—116页。

的佐证。第二、三种距离事实较远。造成错误判断的原因可能有以下几点：

第一，陈绍宽等海军领导人在总结抗战初期的战绩时，并未提到"史102"艇击伤"出云"舰事实，根据此情况，有人判断"史102"艇根本就没有伤及"出云"舰，否则陈绍宽不会不加以宣扬。笔者认为，这并不能成为根据。其一，因为与飞机轰炸相比，鱼雷快艇对敌舰的袭击行动，具有更大的难度和危险性，并且鱼雷快艇对日舰的袭击行动还在持续当中，出于保密，陈绍宽等不便泄露给外界。连媒体报道都使用"某种爆炸武器"来代替，可见其保密程度。其二，当时陈绍宽也有可能无法确认"史102"艇击中"出云"舰的事实，故而不便提及。其三，陈绍宽的"闽系"与欧阳格代表的"电雷系"之间有较深的矛盾，在此不宣传其战绩也在情理之中。

第二，在"史102"艇袭击"出云"舰的同时，空军、陆军也都在对该舰实施攻击，特别是还有空军击伤"出云"舰的明确报道，故而对"史102"艇这种十分简陋，又在困难情况下作战的海军装备重伤"出云"舰，人们持怀疑态度，故而做出错误的判断。关于这点，此前已经说过，空军的轰炸并未导致"出云"舰的重伤。

第三，欧阳格本人也对"史102"艇袭击"出云"舰的成绩闭口不谈，故而认为绝无"出云"舰的重伤之事。关于此点，谢晏池也曾有过疑问。笔者认为，还是出于保密的原因，因为电雷学校鱼雷快艇对日舰的袭击并未就此停止。

综合上述可以断定，中国空军的飞机轰炸，造成了"出云"舰的损伤，但并未造成重创。中国海军的鱼雷快艇的袭击，才是"出云"舰遭重创的根本原因。不过，空军的损伤在前，海军的重创在后。换句话说，"出云"舰的受伤，是中国海、空军共同打击的结果。正如1937年8月18日上海的一家报纸报道的那样："原泊于外白渡桥北面指挥敌军作战之敌出云旗舰，被我轰炸机数度轰击后，已受有损伤，昨夜又被我某项爆炸军器将其船尾轰击数洞，受伤甚重，当即驶离日领馆，现泊有公和祥码头对面二号浮筒修理中。"[1]也如8月19日另一报道所称："据日方消息，日本驻沪总领事冈本日前对人谈话云：'昨日系为予之生辰，予乃收到中国方面两种礼物，一为空军之炸弹，一为□□之

〔1〕王叔达：《八一三上海抗战史》，民强出版社1937年9月版，第67页。

□□。'依日方表示，此项□□，适在日领署门首浦边爆炸，而该处适为日旗舰出云泊寄之所，以理推之，则出云舰之被炸，殆无疑义。"[1] 这里的"□□之□□"显然是有意隐蔽的"鱼雷艇之鱼雷"。

总而言之，袭击"出云"舰行动是中国海军史上光彩闪亮的一笔，日方历史学家濑名尧彦将中国海军的这一行动写入了自己的作品《扬子江上的战斗》，称之为"这是中国海军的唯一的一次积极攻击手段"。[2] 就在中国海军鱼雷艇勇敢出击的第二天，日海军第三舰队司令长官长谷川清就下令："停泊在苏州河口15号浮标间之舰船，哨戒各地附近，尤其对中国高速鱼雷艇用机雷奇袭，更要严密警戒。"第三天，日本军令部电令长谷川清："中国海军用鱼雷发射等行为，充满敌意，希速考虑击灭上海方向敌人之海军为要。"[3] 足见它给日本海军带来的震动和恐慌。

袭击"出云"号的行动极大地鼓舞了海军官兵的斗志，坚定了他们打击"出云"舰的决心。在"史102"艇的行动之后，海军又计划继续使用鱼雷艇，趁着夜间涨潮之际，由陆家嘴进入，从洋泾港驶出，对"出云"舰实施鱼雷偷袭，但日军防备甚严，始终没有找到合适的机会，遂改为用士兵携带水雷泅水攻击之。此后，中国海军也始终没有放弃用鱼雷艇袭击日军的动议。在上海陷落的第二天，电雷学校总训练官马步祥，率领"史181"艇从江阴乘夜沿江下驶，前往吴淞口，其任务是袭击日本舰艇。13日凌晨4时30分，马步祥在金鸡港江面发现日舰，遂下令施放鱼雷，但鱼雷被暗滩所阻未能命中。日军发现后立即以舰炮射击，"史181"艇当即中弹，仍负创前冲，迫使日舰两艘相撞受伤，一艘搁浅。此时日机三架临空参战，弹如雨下，"史181"艇因负伤难以趋避，中弹起火，马步祥及轮机兵叶永祥壮烈牺牲，艇长杨雄智等泅水返回，可谓可歌可泣。

马步祥，字履和，浙江省东阳县人，1923年毕业于烟台海军学校第十五届，次年选送南京鱼雷枪炮学校深造。毕业后到广东海军"福安"舰见习。1925年北上，任"镇海"舰中尉候补副、"海琛"舰上尉枪炮正。"九·一八事变"后，

[1] 王叔达：《八一三上海抗战史》，民强出版社1937年9月版，第97页。
[2] （日）濑名尧彦：《扬子江上的战斗》，（日）《世界的舰船》1982年第2期，第137页。
[3] 包遵彭著：《中国海军史》，台湾中华丛书编审委员会1970年5月版，第1020页。

升任青年教导总队少校副总队长。1933年调充"海圻"舰中校副长，旋升黄埔海军学校副校长、江阴电雷学校教练官等职，上校军衔。抗日战争爆发后，马步祥毫不畏惧，他说："敌我将来当决战于太平洋，今敌虽进窥大陆，但昧于地形，限于河幅，正天授吾人歼彼狂妄之时，何惧之有？"1937年10月12日，当奉命率领鱼雷快艇出击敌舰时，马步祥已作牺牲准备，临行时，他对一名学生说："室内置公文包一只，明日不归，请交吾侄正方永存，家书早发，已无他念，此吾报国时也。"[1]遂登艇而去。牺牲时41岁。

用水雷袭击日军码头

　　用鱼雷艇袭击日舰困难重重，中国海军遂改为水雷攻击的方法，打击日军目标。首选目标是位于浦东的新三井码头。浦东新三井码头计有四座，是日舰装煤及登陆的要道，在军事上至关重要。中国海军为断绝敌人在此间的交通运输，决定彻底将其炸毁。9月3日，海军与淞沪警备司令部取得联系，派轮机兵王宜升、林兰藩两人，将四具水雷秘密运至浦东新三井码头附近一所民房内藏匿，观察码头情况。此时，新三井码头附近，白天有日军侦察机出没，夜间探照灯通明，一有风吹草动，日军立即用机枪扫射，防守十分严密。两名轮机兵在蹲守了几昼夜之后，摸准了日军的规律，遂循间隙将四具水雷陆续运送至新三井码头后方数十码的地方，埋存在煤灰堆里。7日夜间，两名轮机兵乘隙将水雷取出，本想将四具水雷安放于四座码头之下，但当安放至第三具时，被日军哨兵发现，顿时灯号闪烁，枪声大作。两名轮机兵怕继续安放水雷而错过引爆时机，便立即放弃安放，将已经安放完毕的两具水雷触发，顿时"轰然一声，火光冲天，响彻四郊，码头两座，一全毁，一半沉，敌人所贮军用品及燃料，顷刻间都成灰烬，烧焚达两小时余，当时因水雷炸力甚猛，附近之敌汽油艇两艘，亦同时炸毁翻覆。次日，敌人于半沉之码头上，施行抢救及抽水工作，江中浮出救生马甲及防御工具甚多，此实为我海军自制水雷威力第一次成效之表现"。王宜升和林兰藩安全撤离。9日，上海各大报纸报道了此事，《新

---

　　[1]秦孝仪主编：《中华民国重要史料初编——对日抗战时期》第二编作战经过（三），台湾中国国民党中央委员会党史委员会1981年9月版，第53页。

闻报》的一则消息说:"我用极大炸力之武器,将新三井码头炸毁,当以时值深夜,轰然巨声,响彻全市,即公共租界之市房,亦为之震撼。据目击者谈,当码头炸毁时,江水几溅达数丈之高……"[1]

新三井码头部分被炸毁后,日军只好绕道抢装存煤,戒备比以前更加严密。但中国海军斗志更加旺盛,决定继续对新三井码头实施攻击。10月2日夜间,海军派出轮机兵王宜升、林兰藩、陈俊策、任善元四人,从浦东公和祥码头边,将两具水雷推送下水,由水中潜运至新三井码头内藏匿。3日晚间,海军加派雷匠一人,前往新三井码头装置电线,然后触发,当即炸沉码头浮船一艘,炸伤铁码头船一艘,该船不久也进水沉没。日军闻声后,用排炮轰击,轮机兵和雷匠将残线和机件收起,冒着日军炮火,安全返回驻地。

用水雷袭击日"出云"舰

日第三舰队旗舰"出云"号遭到了海空军的联合重创,但它继续作为日高级将领指挥淞沪战役的大本营,发挥着重要作用。中国海军决定再次谋炸这艘敌舰。

用水雷轰炸"出云"舰在中国的抗战史上已经不是首次了,早在1932年"一·二八事变"期间,中国军民就曾经实施过一次。当时,日本海军第三舰队刚刚编成,野村吉三郎海军中将出任司令长官,以"出云"舰为旗舰,率领上海特别陆战队、第一遣外舰队、第三战队、第一水雷战队、第一航空战队等开赴上海。为了打击敌人的气焰,中国军民自发地谋划对"出云"舰的水雷袭击。曾经积极投身于抗战的著名实业家、民主党派人士胡厥文亲自策划并参与了这一事件,他回忆说:

> 日本海军第三舰队旗舰"出云"号,是在沪日军的一个指挥部,日陆海军司令商讨作战计划等事均在该舰举行,成为日军发号施令的指挥部。假如能把出云舰炸掉,可使其群龙无首,给日寇以致命的打击。阮尚玠

---

[1] 王则潞:《中华民国海军在上海抗战工作》,《海军抗战事迹汇编》,海军总司令部编译处1941年12月版,第78页。

（上海兵工厂厂长）和欧阳师长找我，议论炸出云舰之事。因为当时国民党政府对淞沪抗战不仅不支持，反而多方阻挠。其上海海军司令也拒不给抗日军队以任何援助，甚至还与日本达成互不攻击的协议。因此，炸出云舰的任务只能由我们自己想办法。

经过研究，我们拟定了由潜水员将水雷推至该舰起爆的方案。为了解决大型水雷的制备，我和阮尚玠一起到上海兵工厂，在仓库里找到了一枚旧的水雷外壳。经重新配制引信，装好炸药，将其制成了一枚500磅的大水雷。为了使潜水员能在水中推行水雷又不被发现，我们把40只空的火油桶密封好，固定在一起，再将水雷固定在下面，于是成了一枚能在水下推行的大水雷。与此同时，在闵行训练潜水员的任务也完成了。由于出云舰停靠在虹口武昌路的三菱码头前，距外白渡桥北堍日本领事馆不远，戒备森严，无法靠近。经研究，我们选择了对岸浦东作为指挥炸舰的地点。

……

3月1日中午，炸"出云"舰的行动秘密地在浦东的黄浦江边进行。浮桶式的水雷在潜水员的推动下，向对岸进发，水雷逐步向敌舰靠近，连接水雷的电缆不断向江中伸去。远看水雷已逼近敌舰，敌舰似已察觉，按计算的时间也到了，电闸合拢了，轰的一声巨响，无数根雪白的水柱射向天空。可惜由于水雷尚未贴着敌舰而先引爆，未能把出云舰炸沉。[1]

更为可惜的是，潜水员在水雷爆炸后再也没有回来，"定必系被炸药波及阵亡"。[2]

谋炸"出云"舰的壮举在上海引起了强烈的反响。第二天，上海的《申报》以《昨午水雷爆发，日舰"出云"几被炸毁》为题予以报道：

昨日下午一时许，在出云舰之外档，约距该舰有四码之远，江内突生水雷轰炸之声。此水雷炸力巨大，轰然一响，江面之水乃飞起数丈之高，

---

[1]《胡厥文回忆录》，中国文史出版社1994年5月版，第38—39页。
[2]《蔡廷锴自传》（上），黑龙江人民出版社1982年10月版，第297页。

而沿黄浦江之地皮均被震动，附近房屋亦为之撼动，出云舰受震，摇荡不定。若距离稍近，该舰必难幸免。

《大美晚报》也做了类似报道。

这一事件，人们记忆犹新，五年以后再次以水雷轰炸式袭击敌人，依然是无奈中的好办法。特别是到了1937年的淞沪抗战，中国海军的抗战精神已今非昔比，主动出击，积极打击敌人，既是洗刷耻辱的行动，也是海军精神的展现。

在经过了中国海空军的打击以后，日本海军舰艇大多数驻泊于英大马路外滩以外，鱼贯而列，防卫非常严密，派出小汽艇日夜梭巡，从日舰驻泊地到海关码头，所有船只一律被严密监视，即使悬挂外国旗帜也不例外。"出云"舰所泊具体位置是浦东公和祥码头前第二号浮筒，周围用驳船环护，入夜探照灯光芒四射，稍见到黑影，立即用机枪扫射，江面地带完全不能接近。洋泾港附近则有日军浅水炮舰寄碇哨戒，其余驱逐舰散泊于各浮筒，来去无定。

1937年9月29日凌晨4时，中国海军特务队水兵王宜生、陈兰藩等将三具"海丙"式水雷运往浦东，从瑞镕船厂水槽推放下水，由潜水人员沿江边向"出云"舰推进。但在接近"出云"舰过程中被日军发现，日哨遂用步枪射击，潜水人员不得不退回。等敌人停止射击后，潜水人员再次推进，然而又被日军

1937年9月29日，王宜生和陈兰藩携带水雷轰炸出云舰，炸毁了几艘驳船、部分堤岸

发现。这样往返数次，接近天亮。潜水人员怕天亮后功亏一篑，便触发水雷。由于水雷距离"出云"舰稍远，未能完全命中。但水雷爆炸的威力使"出云"舰震摇，当时"该舰左右之防御物均被炸毁，舰体受震损伤，适敌海陆军及外交界各酋于军事会议闭幕后，回宿舰中，亦遭剧烈震动"。[1]此后，中国海军还有两次行动，一次是11月4日夜间，海军人员将水雷由公和祥码头顺流推送，被日军发觉，遭步枪射击而未成功；另一次是11月5日夜间，采取同样行动，遭日军机枪密集扫射，往返数次，也未成功，并导致两名潜水人员失踪。这些行动虽然均以失败告终，但中国海军的忠勇却可赞可叹。

海军参加淞沪抗战，除了采取以上手段以外，还派员与陆军部队秘密联络，将存于上海仓库中的高射炮借给浦东陆军部队，组设炮队，扼守要隘。随着上海局势的日益严峻，海军派警卫营加入当地军警作战。11月11日，高昌庙失陷，海军各机关均被日军所占，海军警卫营才随陆军第五十五师撤离。另外，海军还担任破坏桥梁、设置水雷、供给陆军地雷等工作，以掩护中国军队撤出淞沪。

中国海军的抗战行动，引起了日军的极大仇恨，他们对中国海军实施疯狂报复。从8月20日开始，日军飞机针对中国海军各机关，实施狂轰滥炸，先后将海军司令部、江南造船所、海军军械处、海军制造飞机处、海军无线电台、海军上海医院、海军警卫营住所、吴淞海岸巡防处等处炸毁。当时，"永健"舰正在江南造船所修理，它驶出船坞，在黄浦江上协助岸上炮兵阵地与敌激战，遭到日机的屡次空袭。舰上官兵明知该舰早晚必被炸沉，但在舰长邓则勋率领下奋起抗击，操特种航行法规避敌弹，用高射武器射击敌机，经过三昼夜的激战，最终因为高射武器弹药不足，舰身过于陈旧，机器损坏，被迫靠岸待修，遂被敌机炸中要害，于25日沉没于黄浦江中。舰上官兵死伤数十人，但其余官兵依然斗志旺盛，要求海军部收编为海军炮队，协助陆军继续与日军作战。"永健"大略情况如下：

"永健"号炮舰由上海江南制造局建造，于1911开工，由于辛亥革命的影

---

〔1〕陈绍宽：《海军抗战纪事》，《海军抗战事迹汇编》，海军总司令部编译处1941年12月版，第2页。

由上海江南制造局建造的"永健"号炮舰被日军炸沉于黄浦江

响，建造工作一度中断，直到1913年才建造完成。该舰钢质船壳，舰长65.6米，宽9米，吃水4.9米，排水量860吨，安装有2座燃煤锅炉，2部往复式蒸汽主机，航速13.5节。乘员军官19人，士兵121人。该舰装备有4英寸炮1门，3英寸炮1门，47毫米炮4门，40毫米炮1门，37毫米炮2门，另有8毫米机枪1挺。该舰建造完成后，归直系军阀所有，后归顺南京政府海军。淞沪战役爆发前，该舰进江南造船所修理。日军占领江南造船所后，将该舰就地修复，并加装了日式舰炮，于1938年10月25日改名"飞鸟"，加入日本舰队序列，作为特设鱼雷母舰使用。1939年2月，该舰因不明原因在江南造船所沉没，据分析为中国工人破坏所致。修复后于1940年改为联络舰，最终于1945年5月7日被美国陆军轰炸机炸沉于黄浦江。

日军发动淞沪战役的目的，是想迅速占领上海，而后直捣南京，迫使中国订立城下之盟。中国军队的顽强抵抗，彻底打乱了日军的战略意图，他们不得不继续增兵上海。1937年8月下旬，松井石根指挥第十一师团和第三师团分别在上海市区之北的宝山川沙口和吴淞登陆。自9月3日起，日军天谷支队、重藤支队等部队再次在上述地区登陆。9月上旬到10月初，日军又从国内出动第一〇一、第九、第十三等3个师团和重炮兵1个旅团，分别在吴淞和黄浦江西岸的张华浜、杨树浦等地登陆。至10月上旬，日军已在淞沪和主要战场集结了5个师团，又15个步兵大队和1个重炮兵旅团，以及其他特种部队。10月20日，日本海军编成第四舰队，同一天，由第三、第四舰队联合编成中国方面舰队，协同陆军作战。这样，集结在淞沪战场上的日军，仅地面部队就达12万人以上。

然而，日军也清楚地认识到，仅仅在上海增兵，即便占领上海，也将付出巨大代价，无法实现"速战速决"占领南京的意图。要想尽快占领南京，还必须运用"两翼迂回"的战术，对南京实施包抄。于是，日军决定从华北抽调兵力，支援华东战场。10月20日，日军用3个师团和1个旅团，组成了总兵力达11万人的第十军，向杭州湾开进，准备在第四舰队的配合下，从杭州湾北岸江浙交界的平湖和金山沿海一带实施登陆，进攻浙江的杭（州）嘉（兴）湖（州）地区和江苏的松江地区，打通太湖南走廊，与上海派遣军合围南京。第十军的作战计划规定："须与海军协同，在金山卫城东西两面地区登陆，迅速进入松江附近。尔后尽可能远离淀山湖东面地区，向苏州河北面地区前进，策应上海派遣军主力，消灭敌军主力。"[1]11月5日凌晨，日陆军在海军的炮火支援下，在金山卫、全公亭一带登陆，发起了杭州湾之战。中国守军在毫无准备的情况

日军在金山卫登陆

---

〔1〕（日）日本防卫厅防卫研究所战史室：《中国事变陆军作战史》第一卷第二分册，中华书局1979年10月版，第92页。

下仓促应战，在部队数量、装备都远远劣于日军，没有海空军支援的情况下，与日军展开殊死搏斗，且战且退，进行了金山、平湖、奉贤阻击战，松江保卫战，枫泾和嘉善保卫战，太湖南走廊阻击战等一系列战斗，但最终寡不敌众，日军第十军占领了杭（州）嘉（兴）湖（州）地区和江苏的松江地区，实现了战略意图。

杭州湾之战对淞沪战场产生了重大影响，淞沪战场上的中国守军面临着腹背受敌的危险，战局急转直下。11月11日，日军向高昌庙进犯，海军警卫营奉命死守，但因敌我兵力悬殊，被日军包围，牺牲惨重，只有少数官兵突出重围。11日夜，上海陷落。12日，日军用两艘拖轮，把横挡在董家渡水道的"普安"号沉舰拖直，成了一个可航的通道。当大队日军向淞沪转进时，中国海军最后以水雷破坏苏州河岸一带的桥梁和梵王渡铁桥，以迟滞日军的前进。

淞沪战役尽管在战略战术上存在着若干弊端，但它打破了日军"速战速决"，三个月灭亡中国的迷梦，使日军的战略计划遭到破产，并且给了日军以严重杀伤。中国守军不怕牺牲、顽强战斗的精神，极大地鼓舞了全国人民的抗日斗志，为掀起全民族抗战高潮，创造了良好的氛围。特别是为沿海工业的内迁以及国民政府的后撤，赢得了宝贵时间，有利于持久的抗战。总之，淞沪抗战在整个抗日战争史上，具有重要意义。当时，国际社会给予很高的评价。伦敦1937年10月28日通电："此间各报，本日对上海华军于猛烈抗战之后，始按照预定计划作最有秩序之撤退至业经布置妥当之新防线，一致表示钦佩。"英国《泰晤士报》发表社论，特别提出中国军队之英勇抵抗，并称："日军尚未获得其摧毁中国军队主要目的。即此次两军作战，华方伤亡固极惨重，但十周之英勇抵抗，已足造成中国堪称军事国家之荣誉，此乃前所未闻者。"[1]在这一荣誉中，毫无疑问，有中国海军的一份。

中国海军的荣誉来自它在淞沪战役中作用的发挥。海军对黄浦江航道的阻塞，抑制了日军沿江对上海腹地的渗透，配合了陆空军的作战行动，掩护了陆空军从容撤出淞沪，对迫使日军不得不从杭州湾登陆发挥了作用。当时对海军在淞沪战场上的抗战有这样的评价："上海港汊纷歧错杂，须用多量水雷，阻

---

〔1〕《陈诚回忆录——抗日战争》，东方出版社2009年10月版，第44页。

止敌艇潜入，以免我防区易受威胁而影响战局，遂积极筹划制雷。是月即完成一部，随将黄浦江划三道防御线，各以水雷封锁，董家渡及我陆军各防区港汊要点，亦分别布以水雷及小型水雷封锁，使我军后顾无忧，安心作战，支持四阅月之久，使敌速战速决之战略，终归失败，固非偶然也。"[1] 海军利用暗夜对日军目标的水雷袭击，不仅杀伤了日军的战斗力，而且还扰乱了日军的进攻行动，牵扯了日军的精力。海军鱼雷快艇对日军旗舰的袭击，增加了日舰艇活动的心理压力。另外，海军对码头、桥梁的破坏，迟滞了日军的行动。

---

〔1〕中国第二历史档案馆：《抗日战争正面战场》(下)，凤凰出版社2005年8月版，第1828页。

在太湖、乍浦一带的战斗

在淞沪战役激烈进行之时，中国海军为防止日军利用太湖抄袭上海后路，于1937年9月16日派出"平明""捷胜"两艘差轮，在"威胜"舰舰长王夏箫率领下，装配武装，赴太湖一带巡弋。10月，又决定拨出部分口径较小的舰炮，成立太湖区炮队，以防守太湖周围各要点。

海军成立炮队所需舰炮的来历，还要从建立江阴阻塞线讲起。当陈绍宽奉命将部分陈旧舰艇沉于阻塞线的时候，便把大小舰炮悉数卸下，移作炮队和炮台之用。只有"海圻"舰上的两尊英国阿姆斯特朗厂生产的8英寸炮，因炮弹只存一枚，无何作用，故未拆卸。[1]当时，参与"海容"舰炮拆卸的王国章回忆了拆炮的情景和经过：

我到兵工署汇报安装要塞炮工作进展情况，兵工署又交给我一项新的紧急任务，命令我马上到江阴去，从海军军舰上把大口径海军炮拆下来。……军事当局决定也把这批军舰凿沉在江阴附近最窄之处（也就是那些客货轮船被凿沉的地方），加强阻塞航道的作用。在这些大型军舰上装的主力大炮还有用处，所以要把大炮拆下来，可以作为要塞炮用。交给我的任务就是到江阴把尚未炸沉军舰上的大炮拆下来。并且要求立即行动。……可巧当时的海军部长陈绍宽赶来江阴视查海军被炸情况，正要返

〔1〕刘崇平、魏应麟：《抗战时期国民党海军炮队及炮台的分布和活动概况》，《福州文史资料选辑》第2辑，第119页。

回南京，陈绍宽也知道我的任务，随即叫我跟他一起乘他的旗舰"中山"号往上游驶去。我从留在江阴安装要塞炮的技工中带去了三名，并邀请城塞局的一名德国顾问齐梅曼和他的译员高国淦一同前往。大约上午八点左右"中山"舰起锚开航，从江阴出发，陈绍宽招待我们一行人在船上会议室内闲谈。溯江而上看见"宁海"号军舰歪斜搁浅在江边，江面上没再看见其他船只。大约上午十一点左右船到了镇江江面，见到"海容"号，并和舰长见了面。舰长姓欧阳，名字记不起了，福建人，他已接到南京的命令，知道了我们来的任务，并且也知道了他军舰即将凿沉，言下不胜唏嘘。当时有一艘运输舰停靠在"海容"舰旁，水兵们正在往运输舰上搬运东西，都是一些生活用品，上上下下乱乱纷纷。舰上左右舷的小口径炮（75毫米口径）都已由舰上的人拆下来了，只剩下头炮和尾炮未拆，这两门都是150毫米口径的海军炮，德国克虏伯炮厂出品。由于炮件重量较大，拆卸不方便，舰上的人准备放弃不拆了。但我们来的任务正是要拆大炮，如果不把大炮拆下来，任务就算没有完成，但是我们来时毫无准备，只是赤手空拳，因此首先要向舰长进行说服，希望他们配合我们共同把这两门大炮拆下来，因为我们只有三四个人，只能在技术上出出主意，主要力量还是要依靠舰上人员。由于舰上的起重吊杆只能吊重两吨，而最重炮件有五吨，超过了吊杆起重能力一倍还多，吊不起来，确是一个现实问题。经由我们几个人商量，得出一个办法，即在船的主桅顶上按上一个滑车，穿过一根钢绳，利用甲板上的起锚机绞盘作为卷扬动力，这样可将最重炮件吊起来，然后由停靠在舰旁的运输舰用它的吊杆从横的方向来拉（起重工人的术语叫"夺"），这样一点一点慢慢把最重炮件移到运输舰上。这个方案拟定之后和舰上人员商量，他们同意这个办法。一切安置滑车，准备工具等工作都由舰上人来负责，我们则负责拆卸炮件。大约下午两点左右准备完毕，开始拆卸吊运工作。那天日本飞机不时到上空侦察骚扰，舰上的人员才挨过炸不久，都已成了惊弓之鸟，一听警报就乱纷纷地下舱躲避，工作进行颇受影响。幸好天气阴沉细雨霏霏，敌机未来轰炸。下午五点左右，我看到"海圻"号从舰旁下驶，双方互道旗语，据欧阳舰长告诉我说，"海圻"号舰也是驶往江阴下游准备凿沉的，言下大有同命相怜不胜物伤其类之感。"海圻"号上的头尾两门主炮仍在舰上，未被拆下。欧阳舰长对我们说，他是在"海容"舰上从当见习军官开始逐步升为舰长，已在舰上干了廿多年。但是那位德国顾问齐梅曼对我说："我要是这位舰长，我就不下船了。"意思是他将随船共沉，以身殉船，这是德国海军的传统作风，舰长是要和本舰共存亡的。中国的这批老旧军舰有的还是满清遗物，早已陈旧落伍，将它们销毁凿沉本无足惜，但在对敌作战失利，敌军迫近首都之时，不思抱着自我牺牲精神，和敌人最后一拼的主动攻势，而是被迫凿沉，不免令人伤感耳。

拆炮工作照原定方案进行得很顺利，先拆船头主炮，一直拆到午夜才全部拆完，并运到了运输舰上。下一步准备继续再拆船尾主炮。正在这时（约第二天黎明两点左右）舰上接到了南京电报，命令"海容"舰即刻起航开赴江阴下游待命。运输舰随即离开"海容"号他去。拆炮工作无法继续进行。共只拆下十五公分海军炮一门，也算是完成了任务，乃和欧阳舰长告别，下了"海容"号，由一艘鱼雷艇把我们送回江阴。第二天我回到南京汇报经过，这件别开生面的拆炮工作至此告一段落。

1939年我在重庆五十兵工厂任制炮所主任时，这门由"海容"舰上拆下来的十五公分海军炮被运到了五十厂，需要修配补充一批零件。我重睹旧物倍增伤怀。这门炮经五十厂修好之后据说安装在宜昌下游的三斗坪山上要塞，日寇进犯宜昌时据说它还打了几炮。果真如此则我当年拆炮时所付出的劳动没有白费，堪以告慰了。[1]

这段回忆从一个侧面展示了当时拆卸舰炮的情况，而海军炮队就是由这些拆卸下来的舰炮装备起来的陆上武装力量。

几乎是在加固江阴阻塞线的同时，海军下令将拆卸下来的舰炮，连同炮弹移装到驳船上，驰往南京下关聚齐，并令自沉军舰上的正副枪炮官率领枪炮士兵若干人，到海军部报到，候令出发。"官兵闻讯，情绪高涨，认为参加抗

---

〔1〕王国章：《解放前我所接触过有关炮兵兵器的几件事》，《鞍山文史资料选辑》第1辑，第121—124页。

战保卫祖国，是军人的天职，是无上光荣的任务，立即做好准备，有的搭火车，有的乘轮船由各驻地星夜赶到海军部报到。"[1]1937年10月，经海军部拟定计划，呈奉军委会核准，海军首先成立太湖区炮队，任命"楚泰"舰舰长罗致通为队长，"建康"舰舰长齐粹英为副队长，队员有林家禧、魏应麟、刘崇端、潘功宏、杜功治、江家驹、谢为森、罗榕荫、陈孔凯、蒋亨森等，全队共210人，分设五个分队，各分队长的任命如下：练习舰队司令部参谋戴熙经为第一分队长，"威胜"舰舰长王夏蕭为第二分队长，"德胜"舰舰长郑体慈为第三分队长，"建康"舰舰长齐粹英为第四分队长，"海筹"舰副长郑翊汉为第五分队长。规定配属区域是：第一、第四分队配属江阴，第二、第五分队配属浦东，第三分队配属太湖，队部留驻苏州（随着战情的变化，各分队原计划配属区域与实际配属区域有一定出入）。在成立太湖区炮队的同时，海军部派员前往镇江整理炮件，并与要塞司令接洽，商定部署，于11月9日，成立了镇江区炮队，由"海筹"舰舰长林镜寰出任队长，炮位设于大梁、岘凉两山以及镇江下游合适位置。太湖区炮队在南京集中后，全副武装，乘专列由下关车站出发，浩浩荡荡开往苏州。罗致通命令各队按照分配的地区，尽快开赴前线。但是，要在短时间内奔赴各地建立起炮台，还需要克服很多困难，例如，安装炮座、巩固基地，需要大量的钢筋水泥等建材，当时交通不便，运输困难，各地建炮台大多缺乏材料。加之当时形势已经非常不利，中国军队节节败退，致使一些炮台在建成前，该地区已被日军占领。甚至有些炮队还未到达目的地，便传来了目的地被日军占领的消息。进入太湖内各要区的炮队，不久则因上海局势急变，将舰炮西移，重新配装新阵地。"敌方侦知，以飞机对我威胁，当有舰炮四尊途次吕城，被其炸毁。"[2]

由魏应麟率领派往常熟福山的炮队，因无器材建筑炮座而逗留一个多月，经向第二舰队司令曾以鼎请示，无功而返。后来，魏应麟回忆了这一曲折而无奈的经历：

---

〔1〕刘崇平、魏应麟：《抗战时期国民党海军炮队及炮台的分布和活动概况》，《福州文史资料选辑》第2辑，第119页。

〔2〕中国第二历史档案馆：《抗日战争正面战场》（下），凤凰出版社2005年8月版，第1828页。

　　总队长罗致通重新造就官兵的花名册，由我带同队附王以进及炮兵二十名（其中大部分是"咸宁"舰的士兵）分乘四艘载着"永绥"舰炮及炮弹的船只，由太湖河驶向常熟。常熟县的军政首脑大为欢迎，并派其高级参谋为联络官，商洽在福山口岸安装炮座问题。可是，当地买不到水泥钢筋，安装工作无法进行，乃由军部派人前往南京购运。我等则带同船只暂泊于常熟市郊的琴南镇河道，专候水泥钢筋运到时一并驶入福山口岸安装布防。可是过了一个多月，物资尚未运到，致炮座安装不得，大炮失于作用。我等焦急非常，屡到军部催问，他们都推到物资缺乏，交通不便，以为搪塞。

　　当时，敌机在常熟城郊，盲目轰炸，日以继夜，不断地进行着，军部与我失去联系，他们撤退的消息并没有通知到我们。我等对情况变化之速，亦意料所不及。某日早晨（日期已记不清除了），我正在镇上民房里和王队附讨论，如何加强与军部联络，如何促进炮座早日安装等。忽闻河边人声嘈杂，赶出一视，因一些陆军军官欲封去我等所泊在河边载炮的船只，与看守船只的炮兵正在纠纷中。我乃向前查明后，才知守卫常熟的军队已奉命退走，敌兵马上入城。在此紧急关头，我亦不得不率领船只带同炮兵并附载陆军军官，离开此危险地带，由河内驶出。可是这些陆军军官嫌船行太慢，不如跑路快，要求登岸而走。我当时对他们行径大为鄙视，同时亦考虑附载他们目标较大，亦非有利。乃令船只转舵靠岸，待他们上路之后，又继续驶出。那时我心里纷乱如麻，想起他们是奉有命令，公开地逃之夭夭，我等未曾接到通知，如果擅自撤退，事后查究，必定受到严重的处分，因而一面行驶，一面集中王队附等人讨论。大家亦认为还是先行请示为宜。但船只匿泊的地点，又是一大问题。正在遥望中，见一小港湾，岸边树木葱茏，稠密阴翳，大可为掩蔽船只。我等乃将船只寄泊于此小港湾内。同时向炮兵们说明："我要向江阴海军司令部请示。现在时间才三时许，经无锡入江阴，当在明晚。再由江阴漏夜派汽艇来拖，最快当在后天的清早。如果过了后天不见我回来，你等尽可由王队附率领，驶回江阴。估计敌兵入城，必忙于搜索，绝无暇来此小港湾。在此两日之内，寄泊此地，是确保安全毫无危险。"众亦以为然。我当即带同炮兵魏德坤一人，兼程向无锡方面前进，到达时，天已黑幕。原想向无锡县县长或当地军队的长官，借一小汽车驶往江阴，可是屡找不着，后查知他们早已离开无锡不知去向，使我等借车的打算成为泡影。当时素以繁荣闻名的无锡，变成混乱恐怖的县城。是时，商店闭门，饭馆停开，我等二人只得借食于民家。沿途男男女女，扶老携幼，争先恐后，逃难他方。我只得漏夜随同他们，沿着公路，快步向江阴方向挺进。但天公又不作美，突然间大雨滂沱，逃难的人狂奔躲雨，顿时秩序大乱，子啼儿哭，惨不忍闻。我等全身湿透，仍是冒雨往前赶路。及抵一小镇时，天已微亮，而雨亦停止，德坤年轻体健，尚可支持，而我则疲惫不堪，寸步难行。幸镇前有一小河道，可通江阴，适河边有一船只，查是当地商人包雇，送其眷属驶往江阴转道南京者，正在起锚待发。他们知道我等是抗战海军人员，不但对我等的附搭热烈欢迎，而且备茶办饭，招待俨如亲人。及薄暮抵达江阴时，我即带同德坤前往留守江阴的海军司令部，向曾以鼎司令报告经过情况，并请示处理办法。曾司令对常熟沦陷的迅速深为诧异，同时以我等不惮跋涉，尚知负责，实为难得。当即令我等去休息，另派副官前往执行拖回任务。我当时答以炮船的寄泊地点，是一个僻小的港湾，非亲身前往，是很难找到，遂得其同意，仍由我同德坤二人带领汽艇，漏夜向常熟方面开驶，及天将拂晓时，到达炮船所寄泊的小港湾，把炮船和炮兵们，安全地拖回江阴。时分布在太湖附近沿江口岸的其他炮队，亦均已先后离开太湖。[1]

由第二分队长王夏鼐率领的炮队派往金山卫，该队队员林家禧后来回忆了接受任务的前后过程：

编队后，即日出发前往阵地，我队由队长王夏鼐、队副郑翊汉率带。武器装备：有舰炮八尊，小口径炮十余门；员兵六十余人。武器、弹药、人员雇民船十艘，由汽轮一艘拖带，自苏州出发，沿运河航行，经嘉兴、平湖，抵达距金山卫五里某村。当日午时到达，布置驻所，武器、弹药尚

---

[1] 魏应麟：《海军太湖炮队始末》，《文史资料选辑》第134辑，第78—80页。

未起运上岸。至三时，闻炮声十余响。四时，即闻金山卫已被敌人登陆占领。但是我们没看到驻军后撤，未敢轻信。后探悉，原来该地空无一卒。据云：该地驻军，因苏、沪一带紧张，急不及待接防部队到达，即先行调去增援，致敌人有隙可乘，不费力地登陆占领。在此紧张情况下，我们驻地既无通信设备，又无友军联系，若自动后退，又恐无令退却，军法从事。不退，眼看武器将受损失。弄得进退两难。队员们都以保存武器为上，表示决心。盖在抗战时期，大口径炮非常宝贵，有钱也买不到。主张后退，则可保存实力。但王队长不敢做决定。直至六时，天色入黑，突有兵士一人，快马加鞭，疾驶而至。到驻所附近，在马上大声喊："海军炮队，要今晚赶到嘉兴。"连喊两声，即扬鞭飞腾而去。我们立即沿运河而行，过平湖时，被守军截住，不许通过。并勒令返航，说是奉总司令命令，所有海、陆军不许后撤过此。我们告以情况，彼不理睬。经费一番唇舌，彼才答应电上级一询。得答复后，才允放行，但时间已延搁数时矣。

　　次日上午，抵嘉兴报到，而总部已空空如也。适悉苏嘉路一带亦极紧张，总部已移杭州。据留守负责参谋说，现在前方情况危急，你们是知道的。你们海军舰炮笨重，须安装才可用，也没有时间给你们安装，你们舰炮，那不是等于废物了吗？我们长官部不要这样的炮队。同时，战场紧张万状，我们此后一切给养，都不能管你，你们应自己打算去。王队长听到这话，真是晴空霹雳！告说，你若中途不管，那你也该电告海总部，请求处理。他也不理。最后要求借长途电话或电报，由我们自报海总部。他答说，前方紧张，军事忙极，哪能够给你打电报，通电话。绝对不肯。嗣经再三恳求，最后才答应借长途电话，与海军总部通话。但说话时间，只限两分钟。当长途电话达海总部时，海总部说，长官不要你们，可带往福建。王队长答，往福建交通工具，如汽车、火车都被长官部统制，无法调遣。且越仙霞岭，更是棘手。苏嘉路吃紧，只有过太湖……但海总部说，太湖已属危险，万不能走；要走，你自己负责！电话随即中断。于是王队长转向长官部商洽，汽车、火车都无办法，弄得走投无路。最后，王队长想要翻过高山峻岭，是做不到。他表示惟有不惜牺牲，才有办法。遂下定决心，趁晚强渡太湖。

是晚，做好一切战斗准备，横渡太湖，于次日黎明，将抵无锡，敌人水上飞机四架，自湖中起飞，跟踪搜索。我们在岸旁密林中躲过，随即沿运河西航……

我队在镇江稍事休息，即出丹徒，入长江，远航南京。抵京时，当地亦呈紧张，居民大都逃避。我队即改搭运舰开赴湖南省城陵矶，防守洞庭湖口，改编为"洞庭湖炮队"。至此，"太湖区金山卫炮队"告一段落。[1]

早在太湖区炮队成立之前，海军已经在乍浦成立了炮台。乍浦位于杭州湾北岸，是杭嘉的门户，也是登陆的要点。如果日军在此登陆，夺得沪杭铁路，那么北可进逼上海，西可迫近杭州，实为军事要区。所以海军在1937年9月拨舰炮两门，建立炮台，配备炮队，以资防守。11月5日，日军突破金山卫，中国陆军遏阻无效，随即后撤，战局随之改观。而此时，"海军炮队仍屹然独存，不一月，敌再攫杭州，始饬员兵从容撤退，并将舰炮毁坏"。[2]

派往江阴的海军炮队两个分队，于11月7日到达，经海军第二舰队司令曾以鼎设计组织，并与城塞组商定，于长山、巫山六助港等处修筑阵地，安装海炮抗敌。另行添调海军员兵赴澄工作，根据情况的变化，改变了原太湖区炮队第一、第四分队的编制，重新设置第一、第二队，由"逸仙"舰舰长陈秉清和"永健"舰舰长邓则勋分别担任队长。按原计划，各处炮队应赶速装配炮台，分区作战。但由于沪锡军情突变，配属各区炮队奉令转移，只有巫山炮台安装有从舰上卸下的射程为8000米的12生口径大炮四门，地位扼要，且值无锡、常州失守，日军进围江阴，日舰又连日紧迫，必须坚守。曾以鼎亲临炮台督导演习及训话，勉励官兵保卫江防，杀敌报国，尽海军官兵的责任，激发了官兵的斗志。11月30日上午8时30分，日舰五艘先后上驶，向六助港进逼，队长陈秉清乃下令开炮，连续发射四发炮弹，击中一艘日舰，舰内冒出黑烟。日舰立即还击，炮弹密如连珠，巫山第三炮被击毁，第一炮的炮座也被击伤。战至

[1] 林家禧：《金山卫战役中的海军炮队》，《旧中国海军秘档》，中国文史出版社2006年1月版，第115—117页。
[2] 中国第二历史档案馆：《抗日战争正面战场》(下)，凤凰出版社2005年8月版，第1828—1829页。

11时，两艘日舰先退出战斗，其余三艘继续梭巡，炮台趁机发炮，使一艘日舰中弹重伤，炮台官兵远远望去，只见该舰人员纷下小艇逃逸，其他两艘舰发炮掩护，并分左右靠拢受伤军舰挟其退却。12月1日，日军进抵江阴县城，巫山下发现日军便衣队与中国驻澄防军激战。当夜10时30分，江阴总司令部下令所属移往南京待命，要塞部也准备炸毁各台炮位，陈秉清遵令毁掉炮台炮件，于2日晨2时率队离澄。

　　除了海军炮队的作战外，太湖内的船只也频繁抗击敌人。就在"平明""捷胜"两艘差轮被派入太湖活动的同时，海军将太湖警备指挥部所拥有的一艘名为"宁泰"的小艇，配以两门舰炮和一批海军员兵，在太湖内与敌作战。无锡陷落后，"平明""捷胜"两轮奉命撤出太湖，转入长江中游，担任其他任务。而"宁泰"艇则继续留在湖内从事游击战，转战一年多，战绩突出。在1938年5月以后的11个月里，"宁泰"艇在招关坝与日军汽艇进行大小战斗二十多次，取得了不俗的战绩。1939年5月，"宁泰"艇协助中国军队克复何家塘。7月，海军将"宁泰"艇上的一门舰炮移装于"平湖"艇，从此这两艘小艇并肩作战，神出鬼没，先后在邵伯湖转战三个月，直到当年10月1日，日军在招关坝增兵，并以舰艇多艘围攻两艇，"平湖"被击沉，"宁泰"退守逻湾。2日晨，日陆军由高邮包抄而来，"宁泰"因后退不及，被迫自行沉没。

血战江阴阻塞线

在全面抗战爆发之前，国民政府就已经为海军确立了防守重点。战争爆发以后，海军按照部署在防守重点上投入了巨大精力。这个防守重点，就是江阴阻塞线。在夺取上海的同时，日军就做着进攻南京的准备。他们视江阴阻塞线为进攻南京必须逾越的障碍，于是先派侦察机侦察阻塞线及防守舰队的情况（当时的《字林西报》和《大陆报》经常登载阻塞线和中国舰队的鸟瞰照片），然后不断冲击阻塞线。冲击当然不能采用舰艇出击的方式，而是采用飞机轰炸的方式，这样不仅效果明显，而且付出的代价小。中国海军自从建立了江阴阻塞线，就把阻塞线当成一道唯一可以依靠的屏障，同时也是他们与敌作战的一道心理屏障，他们期待着要在这里证明自己的抗敌决心，所以海军上下严阵以待。如果说海军在淞沪战役中的行动是长江抗战大戏的一个序曲的话，那么在江阴阻塞线上的战斗，就是这台大戏的第一幕。

江阴阻塞线上的战斗，以中国海军第一、第二舰队参加战斗为限，可划分为两个阶段。

第一阶段的战斗

第一阶段的战斗，主要是指中国海军第一舰队在江阴阻塞线上与日军飞机展开的海空战。阻塞线建成后的第二天上午，上海战事即打响。此时，海军第一舰队主力舰艇除"平海"外，大多布置于阻塞线的最前沿，"海容""海筹""应瑞"[1]"逸仙"等舰也于当天下午由南京赶到江阴，第二舰队司令曾以

---

〔1〕"应瑞"为练习舰，隶属于练习舰队，1937年8月12日奉命随第一舰队防守江阴。

鼎临时将舰队司令部设于"宁海"舰上，各舰保持了高度的警惕。1937年8月13日上午11时，"宁海"舰警报突然响起，瞭望兵电话报告，舰首方向发现飞机十架，正向军舰上空飞来。舰队正陷入紧张之时，突然接到上级报告，是中国空军飞机经此飞往上海，使得舰队虚惊一场。此后，空军飞机不断飞临舰队上空。为避免发生误会，曾以鼎电请海军部与航空委员会协商，不要让空军飞机飞越舰队上空，空军遂不再飞越。晚上8时，第一舰队司令陈季良乘"平海"舰到澄，指挥防守阻塞线。

江阴阻塞线的建立，迫使长江口日本舰队将活动范围压缩于崇明岛、杨林口、白茅口和黄浦江一带，要想突破这道阻塞线，只能使用空中兵力对防守于阻塞线的中国舰队实施轰炸，除此之外别无他法。为此，日军在淞沪战役打响后，便展开了针对江阴阻塞线的行动。开始是飞临阻塞线上空实施侦察，之后便是轰炸。随着战局的发展，日军打通阻塞线的心情越来越迫切，阻塞线上的惨烈战斗也就逐渐拉开了帷幕。

8月16日，江面上风浪很大。上午11时，"宁海"舰瞭望台电话报告，阻塞线外发现日军飞机七架，舰长陈宏泰立即发出紧急警报，并令高射炮员兵各就各位，实施射击。高射炮的射击，使日机只能在射程之外盘旋侦察，不敢迫近舰队，随后在阻塞线外匆忙扔下两枚炸弹，相继遁去。炸弹均落入水中。

8月19日上午7时30分，一架日军侦察机在舰队上空飞行，各舰高射炮随即射击，日机向北遁去。11时，黄山炮台悬起警报符号，各舰立即命令高射炮做射击准备。日机十一架在黄山炮台上空盘旋，炮台发炮轰击，各舰高射炮也集中炮火向日机猛烈射击。战斗持续15分钟，日机慑于炮火，不敢久留，匆忙掷下两枚炸弹，逃窜而去，炸弹均落入黄山山麓，远处看浓烟弥漫。11时30分，舰队警报解除。

8月20日，天气风和日丽。上午8时，防空警报突然响起，日机七架由下游飞来，逐渐接近舰队。各舰立即下令高射炮射击，日机见中国舰队早有准备，即掉头向下游飞去。当日，第二舰队司令部由"宁海"舰转移至"勇胜"舰，开往南京。

8月22日是值得记述的一天，因为这一天中国军队在江阴阻塞线上第一次击落了日军飞机。这天下午4时，要塞炮台发出空袭警报，5分钟以后，又发出紧急警报。不多时，舰队就发现了十二架日机分两路向舰队袭来，随后，又有三架接踵而来，它们是日军第二航空战队派来专门轰炸江阴陆上中国军队防御设施和防守江阴阻塞线的中国舰队的飞机。陈季良命令各舰用高射炮积极迎击。与此同时，电雷学校、要塞炮台的防空武器也相继打响。顿时阻塞线上空炮声隆隆，烟雾弥漫。激战中，一架日机中弹起火，旋即拖着长长的浓烟，坠落地面。这是中国军队在江阴阻塞线上空击落的第一架日机。在"宁海"舰上参与作战的孟汉钟看到了这样的情景：

> 望见遥远的一群共分三队进攻，前两队各六架，后一队三架。第一队转到要塞上空即刻作急降轰炸法，一架架自高空关了油门降下对炮台投弹，忽然开足马力上升逃走，舰队的轻重机关火力不停地向它射击，高射炮则对准第二三两队敌机……只见第三架降下的敌机忽然被子弹击中，轰隆的一声着起火来，烧成一团红球，更拖着又长又浓的黑烟焰，好像水龙在舞着，配着蔚蓝色带云的天空，这幅警心醒目的奇景，安慰了疲劳的战士！格外兴奋，有的炮兵竟拍起巴掌大声喝好。我见第二队敌机正鼓其盲勇向舰队进攻，第一队其他数机匆匆投弹他窜。[1]

敌机被击落，极大地鼓舞了中国官兵的斗志，他们越战越勇，继续对其他日机进行猛烈打击，又使两架日机中弹受伤。日机在密集的炮火中，扔下几枚炸弹便向南遁去，有两枚炸弹在"平海"舰左舷附近水中爆炸，但没有造成损失。下午5时，警报解除，一场激烈的战斗就这样结束了。

战后，人们对在江阴阻塞线上空击落第一架日军飞机十分关切，纷纷报道和记载。在这些报道和记载中，人们对击落日军飞机毫无疑义，但对这架飞机是由哪方击落的，却说法不一。"宁海"舰舰长陈宏泰当时是这样记录的：

---

〔1〕孟汉钟：《宁海作战身历记》，《海军抗战事迹汇编》，海军总司令部编译处1941年12月版，第191页。

炮声隆隆中，瞥见炮台上空，又有敌机三架，轮回用急降下方式投弹。平海舰锚位接近炮台，高射炮火密集向该队敌机射击，敌机一架突然命中发火，空中冒出浓黑长烟，坠于黄山山后。我军战士鼓舞精神，勇敢动作，集中炮火向该两队敌机射击。[1]

这段记录清楚地说明，日机是"平海"舰上的高射炮击落的。在"平海""宁海""逸仙""应瑞"四舰战斗报告中也称："二十二日，敌机又被平海击落一架。"[2]

"平海"舰的枪炮官刘馥甚至在日记中详细描述了他指挥高射炮击落日机的经过：

弹着果然近目标，敌机被一朵白烟一遮又幸运地冲出了，我不免有些失望，但老天！我真不敢相信是打中他——机身上霎然闪着一点火光——我也真狐疑这是回什么事，因为从来从未看见过飞机被打中的情形，更想不到就是自己这一着，就会干下一只敌机。……我请求去寻觅被击落的飞机，司令因为防地的问题怕我们发生意外的纠纷，所以不准去。……飞机的残骸落在江阴电雷学校，碎散成一堆废铁。[3]

在陈绍宽的记录中，有"二十二日被宁海舰击落敌机一架"[4]的说法。当时官方编写的战史中也有相同的记载。[5]曾经作为电雷学校学生参加了这次战斗的郭秉衡却有第三种说法：

〔1〕陈宏泰：《江阴抗战纪》，《海军抗战事迹汇编》，海军总司令部编译处1941年12月版，第54页。
〔2〕《平宁逸瑞四舰战斗报告》，《海军抗战事迹汇编》，海军总司令部编译处1941年12月版，第171页。
〔3〕刘馥：《摘下来的日记》，《海军抗战事迹汇编》，海军总司令部编译处1941年12月版，第226、230页。
〔4〕陈绍宽：《海军抗战纪事》，《海军抗战事迹汇编》，海军总司令部编译处1941年12月版，第4页。
〔5〕中国第二历史档案馆：《抗日战争正面战场》(下)，凤凰出版社2005年8月版，第1827页。

　　这天下午，空袭警报拉响了，我们迅速进入了阵地，在各自岗位上注视着空中。这时，混在学校校舍工地上的汉奸将工地上的木料点燃，一时烈焰冲天。十二架敌机正飞临我阵地上空，六架在高空盘旋掩护，其余六架轻型轰炸机依次鱼贯向汉奸指引的校舍目标俯冲投弹。在第一架领队敌机俯冲投弹的一瞬间，我们听到阵地上的高射机枪、停泊在港内的鱼雷快艇、江面上的舰艇以及阵地附近炮八团所有的对空火力，一齐向敌机开火。我所在阵地上的一名射手毛却非同学在射击排除故障时，右手被砸得鲜血直流而竟未发觉。当第五架敌机刚刚向下俯冲时，即被我们火力击中，只见一团通红的火球由空中直向地面坠了下来，但飞机上机枪仍在不停地向地面射击。片刻间，敌机坠毁，撞坏了校舍的一角，三具飞行员的尸体烧得模模糊糊。第六架敌机接着向下俯冲时，看见前面那架已经着火，慌忙拉起机头升起，将炸弹投在田野里逃之夭夭。

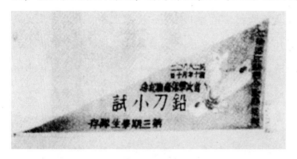

中国海军在长江上空击落第一架日机后，欧阳格认定是电雷学校学生所为，便赠给他们一面绣着"铅刀小试"的锦旗

　　警报解除后，我们纷纷奔向校园去看被我海军击落的敌机残骸，同学们看到敌机上有很多机枪弹孔，心中很是激动。这是一架日本"九四"式轰炸机，机号为154。为奖励我们学生队在抗战中击落第一架敌机，江阴区江防司令部欧阳司令授予我们一面绣有"铅刀小试"四个字的三角锦旗。[1]

　　这段描述明确说明日机是由电雷学校学生队击落的。

　　这架日机究竟由哪方击落，从上述记载中很难做出确切的判断。因为当日机群进入江阴阻塞线上空时，所有的对空火力都在射击，当日机俯冲被击中时，应在所有火力的射程范围内，因此，各方都有击落日机的可能，说不定日

---

〔1〕郭秉衡：《中国海军抗战事迹》，《江苏文史资料》第22辑，第33—34页。

机由几方联合击中，亦未可知。再则，当时的战斗场面十分激烈，击中敌机又在一瞬之间，即使是目击者，要判断准确也有相当难度。其实，由中国军队的哪一方击落日机并不重要，重要的是本次击落日机，打破了日军不可战胜的神话，极大地鼓舞了中国海军官兵的斗志，对中国海军的抗战信心产生了积极的影响。

8月26日清晨6时30分，"平海"舰的无线电房收到"曦日"舰由通州发来的急电报告，称日两艘巡洋舰自狼山上驶。陈季良立即发出旗令，要求舰队备战，各舰迅速下令各主炮员兵各就各位，一旦陆上炮台发出敌舰迫近旗号，立即投入战斗。全体官兵因自淞沪战役爆发以来，一直与日军飞机周旋，未见日舰踪影，此时官兵精神焕发，愤慨异常，期待着与日舰决一雌雄。11时25分，得到炮台通知，日舰三艘驶到通州江面，发炮将天生港码头击毁后，转舵下驶，未敢接近阻塞线。下午2时许，日水上侦察机两架，又出现在舰队上空，盘旋侦察。各舰立即发炮驱逐。日机旋即飞去。3时30分，日机四架由东方飞来，分两队袭击中国舰队，各舰立即以汽笛发出紧急警报，同时以高射炮猛烈射击，炮台也发炮轰击。日机飞行的轰鸣声与舰炮的射击声夹杂一起，响彻天空。日机投弹五枚，均落在"平海"舰舰尾附近，浓烟四起，水柱冲天，但"平海"舰未受损伤。日机见不得逞，便向下游飞去，在阻塞线之外，对担任警戒的"绥宁"号炮艇实施轰炸，连续投弹八枚，均落入水中，未对"绥宁"艇造成损害。"绥宁"艇官兵临危不惧，奋勇抵抗，连续发炮八十余发，迫使日机相继逃遁。

随着在淞沪战场上的步步推进，日军打通江阴阻塞线的需要愈发迫切。日本海军又抽调岸基航空兵第二联合航空队（拥有各类飞机66架）和舰载航空兵第二航空战队（拥有各类飞机42架，载于航空母舰"加贺"号）协同作战，企图集中力量，在短时间内彻底消灭中国舰队，打通阻塞线。此后，日军一面对南京实施空前规模的轰炸，一面加紧对江阴阻塞线的空袭。9月19日，日海军出动大批飞机开始对南京实施大规模的轰炸。这天上午8时15分，中国舰队汽笛大鸣，响起紧急警报，各舰瞭望台纷纷报告，下游发现大批日本飞机，高空向上游飞行。不久即发现日机33架蔽空而来，飞往南京。9时20分，该队飞机三五错落，沿江飞回，经过中国舰队上空时，遭到各舰及炮台炮火的截击，仓皇飞往下游。下午2时30分，又有日机二十余架飞往南京，实施轰炸，回航时未沿江飞行。

9月20日上午7时12分，日机从下游飞来，7时15分，两架日机飞临中国舰队上空盘旋，各舰立即发炮轰击，射击持续半小时，日机见无隙可乘，乃仓皇投弹四五枚窜入高空。炸弹落入"平海"与"宁海"两舰之间，在水中爆炸，声如闷雷，水柱冲天。8时05分，日机相继遁去。下午3时30分，陈绍宽乘"中山"舰到前线视察，勉励各舰官兵奋勇杀敌，各舰官兵士气高涨。夜间10时，江面上突然响起紧急警报声，各舰立即准备进行夜战。当天晚上，月色如银，微风不动，日机由远至近，出现于舰队上空。各舰防空火力齐发，一时间，江面上高射炮及机枪声大作，闪烁的火光照亮了江面。日机见中国舰队已有准备，不敢低飞，乃在"海容""海筹"两舰上游处投下一弹，又在"应瑞"舰舰尾附近投下一弹，便转向遁去，炸弹均未命中，落入水中。对于这次夜战，孟汉钟有一段精彩的描述，不妨一录：

> 在那幽静的时候，我从甜蜜的梦中，被悠长的警报声唤醒，急急披衣穿鞋跑到第二高射炮去指挥，看见曾总大副在驾驶台上轻声唤道："汉钟！好好干一下！"我笑面报告他："老师，请你放心！"这时只听见飞机的沉重声音在黄山江面绕着，一会儿绕到江阴城方面，忽然向海筹海容上空投了两颗弹，于是黑色轮廓中忽然添上数茸红光及黑烟焰，配了轰轰隆的声音，水柱的威风倒不明显了。海筹海容等舰所发射的炮弹像一颗颗明亮的星儿迎了上去，这幅交杂的美景使我看得也忘了秋寒，深深地感觉它的壮观！可是一转瞬间敌机即飞来宁海上空，舰队左右各一架（听声音判断的），飞得很低，可看见敌机的黑影在云上斜洒着。它投炸弹，我们开高射炮及机关枪，灯光、火焰、流星、水柱及炸弹声同炮声在美如银漾的月光下极不调和地表演，这幕海空军夜战的伟大气派，令参与是役的人们领略到它的兴趣同价值。伟大的战争，伟大的海军驱走无耻的倭寇！[1]

---

〔1〕孟汉钟：《宁海作战身历记》，《海军抗战事迹汇编》，海军总司令部编译处1941年12月版，第193—194页。

从8月16日日机第一次在江阴阻塞线掷弹起，到9月20日为止，在这一个多月的时间里，中国舰队与日军飞机进行了六七次较量，从战斗中日军出动飞机的规模来看，日军是在进行试探性和骚扰性的轰炸，对中国舰队并未构成严重威胁，舰艇未受致命伤害，阻塞线依然坚固如初，倒是日军损失了飞机一架。随着淞沪战役的进展，日军开始为下一步进攻南京做准备，其行动越发疯狂了。一方面直接对南京展开狂轰滥炸，另一方面对阻碍其水陆合围南京的江阴阻塞线实施突击。于是，一场真正的海空大战打响了。

日军原定从9月21日开始发动对中国舰队的大规模袭击，因天气不良而延迟到次日。从23日开始，日军第二空袭部队和第五空袭部队联合实施了六次攻击。

9月22日，天气阴沉，空气沉闷，全天日军共发动了三次攻击。日方记载的攻击情况是：第一次攻击发生在午前，日军92式舰攻机12架、95式舰战机6架，冒着江阴炮台及舰艇对空炮火，两次水平轰炸"平海""宁海"舰（60公斤炸弹），向"平海"舰发射直射弹2枚、至近弹1枚。当时江阴上空有小雨，极度影响视野。第二次攻击在午后进行，第二空袭部队舰攻机7架轰击"平海"等两舰，向一舰施以30公斤直射弹1枚，向另一舰施以至近弹数枚。第三次攻击发生于晚上，92式舰攻机6架、95式舰战机3架，因在防空炮火中不能辨认"宁海"舰，而在最高度水平轰击了"应瑞"舰，使用至近弹2枚。[1]

面对日军的攻击，中国海军"宁海军舰在舰长陈宏泰氏副长甘礼经氏领导之下，早已完成应付敌人大规模轰炸的准备，枪炮方面由总枪炮官曾万里氏指导检查及布置，也满足高速度作战及火力散布的需要……此时全舰员兵部位站好，镇定而英勇地守候敌机来临，只期望有好机会尽量击毁他们，以泄我们心中之积怨"。[2]上午10时20分，陆上炮台悬起了空袭警报符号，各舰防空武器如同以往，立刻做好战斗准备。10时30分，舰队发现日机15架，由下游向舰队接近。各舰立即对空射击。日机以小队集团水平轰炸方式发起攻击，顿时弹

〔1〕（日）日本防卫厅防卫研究所战史室著：《日本海军在中国作战》，中华书局1991年1月版，第264页。

〔2〕孟汉钟：《宁海作战身历记》，《海军抗战事迹汇编》，海军总司令部编译处1941年12月版，第195页。

群呼啸而下，有二十余枚炸弹在主力舰群中爆炸。其中有几枚炸弹击中"平海"舰舰首，"宁海"舰舰尾也中敌弹。其余在"平海""宁海"两舰左右舷侧以及"应瑞"舰舰尾附近爆炸。

"平海"舰员兵冒着弹雨，用高射炮及高射机关枪猛烈射击。第一批敌机投弹不中，害怕被防空火力击中，仓皇北遁。第二批又相继麇集，在"平海"舰左舷投下大量重磅炸弹，击毁了该舰的系艇杆，前部米舱也贯破进水，并有多枚炸弹在舰中舰尾爆炸，员兵伤亡颇多。刘馥在日记中写道：

> 几个机关枪兵大叫："炸弹降落了！"一看，哈！天上小黑点几十几十一小群，好多好多！就在这下落中，我看见几弹必会掷中我们——
>
> "卧倒！"我急智地发下命令，所有我的炮兵和台上的机关枪兵立刻扑伏下去，我自己动作稍迟，刚要扑下的时候，看见前面冲上一阵红光，继以"天崩地裂"的一声爆炸，浓黑的烟和水花一齐向舰上扑过来，这舰就像碎了的震跳，我以为舰中弹了，不管他一切，我爬起来看见究竟是怎样，刚爬起又"乒乓"几下更猛烈的爆炸，一道热风扫过面颊，三步前的测远镜的钢护管，立即陷进去几处大洞，舰身摇动使我又坐跌下去，仓卒间我不知如何又爬起，一看，舰仍是好好的，仅是左舷正退下去一座巨大的皱水，这时又有几声爆炸，可是我都无心去理会。[1]

舰长高宪申正指挥全舰作战，腰部猛然中弹，伤势甚重。这位舰长是福建省长乐县人，广东黄埔水师学堂第十期驾驶科毕业，从其一生的任职，可见他阅历丰富，是一位优秀的海军人才。他历任"海琛"舰中尉枪炮副，"江贞"舰中尉航海副，"应瑞"舰上尉航海正、少校副长，海军总司令公署中校副官、上校参谋、上校副官长，"永绩"舰中校舰长，"靖安"舰中校舰长，"通济"舰中校舰长，"海容"舰上校舰长，"宁海"舰上校舰长，海军引水传习所上校所长，"平海"舰上校舰长等，江阴抗战后，又任海军厦门要港司令部少将司

---

〔1〕刘馥：《摘下来的日记》，《海军抗战事迹汇编》，海军总司令部编译处1941年12月版，第234页。

令、海军总司令部少将候补员、海军学校少将校长、海军总司令部第二署少将署长、海军总司令部法制委员会委员等职。1931年4月，奉授六等宝鼎勋章，1935年，奉授二等一级国花奖章，1937年9月，奉颁华胄荣誉奖章。1948年病逝，时年60岁。

第一舰队司令陈季良临危不惧，屹立甲板上，指挥各舰抗敌，极大地鼓舞了"平海"舰官兵。

第一高射炮指挥少尉见习生孟汉霖，正在装弹御敌，突然被单片击中脑部，立即阵亡；第二高射炮指挥少尉见习生高昌衢、枪炮上士陈得贵以及二等兵郑礼湘，均在忙于抗敌的过程中，被炸身亡；一等炮兵周绍发，虽被弹片穿入右胁，横贯左臂，仍死守炮位，忍痛力战。刘馥这样描述当时的情景："受着极重伤，半个臂部炸飞了的周绍发，双手悬在瞄准器转柄上，向老汪哀号说：'我完了！痛极了！'老汪无情地对他说：'再等一等，等补充的到了再说。'他痛得身子一弯，转了眼一翻一下子正瞧到我，好似看见了什么奇异东西的，尽盯了我不放，惊奇的神情像在说'你还活着'？我惨痛极了，无言可说，只以手指着他的瞄准器，意思说'职务！责任！'他也明白了我的心语，挣扎着移过眼线到溅满了血肉的瞄准盘上。"[1]周绍发一直坚持到补充兵加入后，始行倒地，但经治疗无效，壮烈殉难。当时"平海"舰尾30节机关枪发射过多，发生了阻碍，上士张玉成冒险修理，被敌枪弹击中负重伤。中士严祖冠（福建闽侯人，1926年入伍，由练兵升至帆缆中士，时年29岁）在弹片飞洒之下，奋勇驰向枪位补充，遭到弹击而牺牲。尽管敌弹纷集，死伤枕藉，但"平海"舰忠勇员兵，前仆后继，与敌作殊死战斗，各炮及机枪火力，犹能驱散敌机，使日机不能迫近。

在"宁海"舰上，遭到日机小队集团水平轰炸阵形进攻，弹片纷纷落到该舰舰首，以及左右两舷近旁，有两名士兵受伤。孟汉钟写道：

---

〔1〕刘馥：《摘下来的日记》，《海军抗战事迹汇编》，海军总司令部编译处1941年12月版，第235页。

孟汉霖，"平海"舰航海见习生，江苏江宁人。海军学校毕业。1937年9月22日在江阴抗战中牺牲，时年19岁

高昌衢，"平海"舰航海见习生，福建闽侯人。海军学校毕业。1937年9月22日在江阴抗战中牺牲，时年20岁

严祖冠，"平海"舰帆缆中士，福建闽侯人。1937年9月22日在江阴抗战中牺牲，时年29岁

郑礼湘，"平海"舰二等兵，福建闽侯人。1937年9月22日在江阴抗战中牺牲，时年23岁

十五架敌机于十时半发现，双翼的重轰炸机，带的炸弹很多吧！不管它，不怕它。瞧敌机用高狂的速率自舰尾方向硬冲过来，测高仪迅测高度及距离，指挥官们勇敢指挥，高射炮朝目标用精锐的炮火迎来，陈泰华炮长俯首细心看瞄准镜，一秒钟都不敢疏忽，要塞也开炮协助我们抵抗！敌机受不住这猛烈炮火网的包围，立刻散成两队，一队自东南向西北，另一队自北飞南横越舰队进攻，这倒给舰队的每尊炮皆有发挥效力之可能，敌机守了固定航线冒险飞越投弹角，我们所发的高射炮弹也加速迎击它。沉重的机声轰隆地一步步迫近，每个人怀了愤怒，忘了威胁，忘了头顶所感受的危险。

第一队敌机投了弹即飞越高射炮射程外高空盘旋，第二队敌机又换个方向进攻，这次前一队集体投弹（以前都是个别投弹），所有的炸弹落在平海宁海中间的水中激起水柱，相连成一座朋高无比的水屏风，烟光水汽如是地凝结，竟将平海全部船影遮住了，真伟观！第二队所投的炸弹杂落在平海宁海左右舷及应瑞舰前后的水中，四飞的弹片击伤英勇将士，因我们均无护身板钢盔保护也，惟舰体并未受任何损伤……敌机受我炮火猛击后即扶摇东窜，据观测台报告云有三架敌机尾曳白烟落后直坠下地，这是我们优良炮火控制的成绩呢！

敌机才逃走我们即忙了补充、整理全舰炮械弹药及料理救治受伤人员，忽又听得警急警报，六架敌机自电雷学校方面飞向舰队，单翼的重轰炸机，是不是"木更津"的遗产？过电雷学校时投下多枚炸弹，轰起满天灰土……进一步又袭舰队，敌机受炮火的威胁被迫时改方向，蛇航的结果，所投弹之命中率因此也减小，然而所投的重磅炸弹落在舰队中间具有极大的轰炸力，四散的破片飞向各舰，平海及本舰几位工作的战士遂因此受伤，船皮也穿了十几个洞……我们已将这几架敌机击伤，因为瞧着他们勉强支持摇摇摆摆飞回去，要是舰队中多几尊重机关炮，必能将此数机全数击落下来呢！可惜！可惜！[1]

---

〔1〕孟汉钟：《宁海作战身历记》，《海军抗战事迹汇编》，海军总司令部编译处1941年12月版，第195—196页。

"应瑞"舰在战斗中，员兵以高射炮、机关枪猛烈射击，敌机飞去，有三名员兵受伤，中炉舱底被炸震漏水，弹片洞穿左鱼雷发射管。

经过一番激烈的较量，日机的队形被打乱，他们见再无间隙可乘，随即向东南方向飞去。

11时30分，警报再次响起，日机六架再次飞临舰队上空，投下三批炸弹仓皇而逃。第一批落于"平海"舰舰首附近，第二批落于"宁海"舰左右两舷附近水中，致使该舰四名士兵受伤，船皮及舱面钢板被穿十余孔。

孟汉钟说："下午三时，在满船火药味道中勉强吃了午饭，全舰战士们知道敌人还有大规模的进攻，因此赶紧办补充接济各事，大家心中有了牵挂，即刻奔忙地完成各项任务。"[1] 下午4时20分，防空紧急警报又一次拉响。4时30分，日机九架自东南方向飞来，直指"平海""宁海"两舰上空。高射火力由远至近跟踪射击，将日机队形打散。日机不敢靠近，向"海筹"舰附近及江阴城投弹十余枚而去。5时30分解除警报。

是日的海空作战累计时间达六小时之久，各舰共发射高射炮弹四百余发，高射机枪弹八千余发，击伤敌机五架。全体官兵精神饱满，勇气百倍，付出了巨大牺牲："计平海舰左右舷钢板被弹碎，炸穿数十处，并窗门玻璃破碎颇多。应瑞舰左右鱼雷［管］炸穿一孔，前桅及左舷钢板被炸多处。是役，平海舰长高宪申腰部受伤多处，情势颇重，平海舰官员阵亡两人，士兵阵亡三名，士兵伤十八名；应瑞舰官员伤两人，宁海舰士兵伤两名。"[2]

当晚，陈季良利用战斗的间隙召开舰长会议，为了表示鏖战到底的决心，他说："平海"舰绝不能因为避免被敌作为重点轰炸目标而降下桅顶的司令旗，各舰也不能为了机动而驶向上游。会后，各舰趁夜维修舰船，整顿部署，做好继续作战的准备。

9月23日，天气依然阴沉，微风习吹，在江阴阻塞线上空爆发了规模最大的一次海空大战，全天日军共发动了两次攻击。日方记载的攻击情况是：第四次攻击有92式舰攻机9架和95式舰战机3架，压制江阴炮台，使舰轰队易于攻

〔1〕孟汉钟：《宁海作战身历记》，《海军抗战事迹汇编》，海军总司令部编译处1941年12月版，第196页。

〔2〕高晓星编：《陈绍宽文集》，海潮出版社1994年7月版，第189—190页。

击舰艇。接着94式舰轰机12架、96式舰轰机14架，快速俯冲轰炸，使"宁海"舰命中直射弹2发，该舰拔锚驶向上游。另外，还直射"平海"舰，使其中弹2发。在舰轰队的攻击后，舰攻机3架又使"平海"舰中直射弹1发。第五次攻击有第二空袭部队舰攻机、舰轰机各8架，舰战机4架分两次轰击了"平海"舰，使其命中直射弹3发。该舰被炸后在江岸搁浅，喷出黑烟和蒸汽。[1]

中方记载，这天凌晨5时许，舰队获得报告，有10艘日舰已经驶过南通，逼近江阴，下游监视哨不断将日舰的消息报给舰队。陈季良下令各舰做好战斗准备，各舰的播音喇叭中不断传达着陈季良的命令。可是，日舰并没有敢靠近江阴阻塞线，驶到长山20英里处便掉头下驶。刘馥在日记中记录了这新的一天开始时"平海"舰作战准备的一些情况：

　　昨宵夜未成寐，彻夜被亡友的追忆所苦，当清晨刚露朝曦时沐润清新的朝风，秋夜多露，到处都见一片清光，间有几处未洗净的血迹，比着湿水还要深刻，最令我见了感动的，便是泊在江阴的全个舰队，朦胧的仍然矗立在朝雾中，使我格外地感动深切，今日更不知会有多少烈士将要为她牺牲。

　　舰尾四尊主炮高高仰起，极端雄武地对着长江的入口，弹药输出口的机械也开动了，灿然的练带不住地在循环，把黄色的穿甲弹和褐色的药包筒逐个地从容在机中流出，一个个被防焰扉外的炮兵接了出去，人与机械都在忙碌。

　　一个个炮兵肃静而紧张地工作着，电动机嗡嗡然地交鸣着作战的前奏曲，炮塔跟着白针转来转去在跃跃欲动……炮第一第二两个射手，把手按住挪机上，一面旋转着制动轮，他们的眼睛已就在瞄准镜口，极力地在搜索敌踪，一面脚微微地踏住开关。……各路电的导通线，千头万绪的由电箱通到炮上去，这一条的黑线衬托着地毯上列就的一对子弹和药包，就是当时的主角，那东西，无论谁都深望能把它们送进敌舰腹里去爆炸。……

　　　　　　　
〔1〕（日）日本防卫厅防卫研究所战史室著：《日本海军在中国作战》，中华书局1991年1月版，第264—265页。

昨日又运来一百发的空炸榴弹，这一排生力军真是我们所需要的东西，自昨天作战以来，我们的空炸榴弹已将用罄，连破甲弹也参与射击了。[1]

上午10时30分，舰队上空出现日机两架，远距离盘旋一周后，即转向飞去，这显然是日军派来侦察的飞机。各舰预料必有一场恶战，故比往常提前开午饭，以便养精蓄锐，准备决战。下午1时55分，舰队上空响起空袭警报，2时05分，再响紧急警报，预示敌机即将临近。中国官兵精神抖擞，誓将奋勇杀敌。2时10分，从"宁海"舰位置观察，"敌机十二架自右后方西来，距离颇远，似作待机姿势。同时左舷正面亦有敌机十二架发现。左后方则陆续有敌机廿余架飞来，而舰尾方向更有敌机九架直趋本舰上空"。[2]"平海"舰上看到的情景是"先后共来了八十余架。仅就第一批来的已在五十架以上。这时满空全遍布满着飞机，轰轰的音由四面八方响彻"。[3]从电雷学校方向看到，日机"先以少数十余架飞机由高空自南向北飞经电雷学校及要塞上空，横越江面，吸引火力，分散我军注意力，然后大批飞机沿江自东向西低飞，先集中轰炸'宁海'号轻巡洋舰，次及其他各舰"。[4]中国军队的防空火力此时也先后打响。

这天战斗之惨烈是中国海军参战以来没有的。日机在"宁海"舰上空以急降方式实施轰炸，向"宁海"舰投弹攻击。"宁海"舰官兵以密集火力猛烈迎击，当场有两架日机中弹，歪歪斜斜地向下坠落。"宁海"舰也遭到了空前的劫难。炸弹纷纷落于舰首以及瞭望台左右舷水中，水柱冲天。舰上弹片横飞，前段左右舷被洞穿多处，锚链舱首先进水，米舱、帆缆舱、14生炮弹舱也相继进水，舰长陈宏泰下令塞漏队极力堵塞。在舰体剧烈的震动中，航海仪器被震得粉碎，电报房的无线电机件及各种仪器，均受震损坏。中尉航海员林人骥在望台上被弹片击中头部，当场阵亡。2时40分，陈季良下令在"平海"舰上升

〔1〕刘馥：《摘下来的日记》，《海军抗战事迹汇编》，海军总司令部编译处1941年12月版，第242—245页。

〔2〕陈宏泰：《江阴抗战纪》，《海军抗战事迹汇编》，海军总司令部编译处1941年12月版，第56页。

〔3〕刘馥：《摘下来的日记》，《海军抗战事迹汇编》，海军总司令部编译处1941年12月版，第245页。

〔4〕郭秉衡：《中国海军抗战事迹》，《江苏文史资料》第22辑，第34页。

起起锚令，"宁海"舰因起锚机受伤而行动稍缓，遂引起日机更加疯狂的攻击。只见来自四面八方的日机不断投弹，舰上高射枪炮分头迎击，又有两架日机中弹起火落水。日机投下的近百枚炸弹，虽然此时还没有直接命中，但炸弹爆炸的弹片，却使水线上下舰体伤痕累累。凉机舱被击穿一个大洞达10余寸，造成该舱进水。全舰电话全部中断。陈宏泰命令塞漏队分头堵漏，但因水势太大，堵漏不及，瞬间江水淹满了下士兵舱，而中上士兵舱却燃起大火，陈宏泰又命令救火队极力扑火。舱面上的高射枪炮兵伤亡甚重。

林人骥，"宁海"舰中尉航海员，福建闽侯人。海军学校毕业，历任各舰鱼雷员、航海员等职。1937年9月23日在江阴抗战中牺牲，时年24岁

　　3时30分，舰体各舱已进水很多，情势危急。陈宏泰遂下令斩断锚链，将舰开驶。轮机下士江铿惠冒着横飞的弹片，以敏捷的动作，迅速斩断锚链。然而，由于舰体前段进水甚多，舰首下沉，机器运转不灵，速率锐减，勉强行使。日机十余架趁此机会跟踪投弹，舰上高射枪炮依然猛烈抵抗。大约过了20分钟，一群炸弹落于舰前桅右后方，致使水柜、四艘舢板全毁，下望台、海图房一角、部分烟囱以及右鱼雷发射管被炸毁，炉舱、后机舱被水淹没。高射枪炮兵死伤过半，炮弹告罄。枪炮副军士长陈耕炳正指挥发炮，突然中弹阵亡。枪炮上士陈永相面部受重伤，仍然死守炮位，大呼杀敌不止。陈宏泰于驾驶台指挥作战间，左舷近旁

陈耕炳，"宁海"舰枪炮副军士长，烟台海军练营练兵出身，历充各舰一、二、三等兵，帆缆下士，枪炮上士，枪炮副军士长等职。1937年9月23日在江阴抗战中牺牲，时年40岁

落下弹群，弹片飞溅，其左腿顿时被击中受重伤，依然裹伤立于驾驶台，给士兵以极大鼓舞。这位英勇的舰长也有不俗的经历，他是福建省林森县人，黄埔海军学校第三期毕业，1922年前后被派往美国学习潜艇，归国后仍在舰队工

作。抗战前先后出任过"江贞""永绥""逸仙""海筹""平海""宁海"等舰舰长。江阴抗战后入院疗伤，腿伤痊愈后，立即投入抗战，被调为海军布雷总队总队长，在湖南长沙领导布雷工作。后又调至重庆山洞的海军总司令部任司令。抗战胜利时，他随何应钦赴南京受降，并接收伪海军，后出任第一舰队司令。1946年7月退休，居于上海。

时任"宁海"舰军需长的陈惠后来回忆说：

> "宁海"前段高射炮火由我指挥，后段则由枪炮官陈嘉樗负责。在激烈战斗中，"宁海"先后被60公斤炸弹两枚炸中。第一颗炸弹落在烟囱后面，飞机亭被炸起火，锚机受震失灵。当我奔上驾驶室向舰长报告情况时，瞥见驾驶员林人骥已僵卧血泊之中，脑浆溅满驾驶台，舰长陈宏泰亦身负重伤，但仍指挥若定，断然下令"斩断锚链，扑灭火焰，继续作战"。战斗进行一个多小时，装弹兵向我报告："开花弹已所剩无几，怎么办？"为了不让敌机畅所欲为，我下达了"以穿甲弹继续还击"的命令。乘我对空炮火有所减弱之际，舰桥后面又被击中一弹，附近一名帆缆军士长阵亡。我只觉得一阵热浪冲击，顿时失去知觉，待苏醒时，敌机已去，战斗已息，而"宁海"则已搁浅江边，舰上官兵纷纷凫水登岸。[1]

战斗中，枪炮员刘崇端、枪炮军士长林树椿沉着指挥，奋勇作战。帆缆中士陈秉香在万分危急之中，仍能从容不迫，镇静操舵，说明官兵抱有决战到底的决心。但是，陈宏泰伤势严重，力不能支，在副长甘礼经的苦劝之下，离开望台，见习生孔繁均和一等兵施典和将其扶送至救护室，甘礼经遂接替他指挥。此时，日机的攻击并未减弱，为减少伤亡，保全舰体，甘礼经下令将"宁海"舰开入八圩港。4时30分，"宁海"舰驶搁长江北岸浅滩。此时，日机三架仍然在空中以机枪扫射，二等兵叶民南奋勇发出最后一炮，日机遁去，"宁海"舰结束了这场惨烈的战斗。

"宁海"舰搁浅后，"咸宁"舰驶靠左舷救护，陈宏泰奉令率轻重伤员移驻

---

〔1〕陈惠：《记江阴抗战的亲历和见闻》，《福州文史资料选辑》第14辑，第147—148页。

"咸宁"舰，开往南京。"咸宁"舰于次日到达，陈宏泰进南京海军医院救治，后转往芜湖医院治疗。"宁海"舰的善后事宜由甘礼经负责。此日的战斗，"宁海"舰发炮700余发，高射机枪弹15000余发，击落日机4架，官兵伤亡62名。除了上述已经提到的官兵以外，上士陈金魁，下士任积兴，一等兵梁意和、郑迪柏、韩亨端，二等兵董小文、沈长雨、何体育、张再裕，三等兵郑守钰、刘志成等均在抗战中阵亡。枪炮官陈嘉柯跌伤腿部，裹伤指挥；军需长陈惠，战

郑迪柏，"宁海"舰一等轮机兵，福建闽侯人。1937年9月23日在江阴抗战中牺牲，时年26岁

董小文，"宁海"舰二等兵，江苏盐城人。1937年9月23日在江阴抗战中牺牲，时年23岁

何体育，"宁海"舰二等轮机兵，福建闽侯人。1937年9月23日在江阴抗战中牺牲，时年24岁

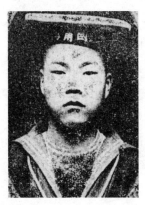

韩亨端，"宁海"舰一等看护兵，福建闽侯人。1937年9月23日在江阴抗战中牺牲，时年25岁

张再裕，"宁海"舰二等信号兵，福建闽侯人。1937年9月23日在江阴抗战中牺牲，时年23岁

刘志成，"宁海"舰三等兵，湖南岳阳人。1937年9月23日在江阴抗战中重伤牺牲，时年24岁

郑守钰，"宁海"舰三等轮机兵，福建长乐人。1937年9月23日在江阴抗战中牺牲，时年25岁

斗中身负重伤，依然出入弹雨之中；一等兵林桂尧脚部受重伤，始终奋战；勤务兵张其标传运弹药负伤，主动填补炮位，作战始终……此均可歌可泣。

"平海"舰身为旗舰，同样是日军进攻的主要目标，它用仅有的三门高射炮、360发高射炮弹和几挺高射机枪，与来自四面八方的日机展开拼战。下午2时许，日机六七十架分批向各舰进攻，"平海"舰受到猛烈攻击。舰长高宪申因前一天受重伤，难以担当指挥重任，副长叶可钰率领枪炮副刘馥、汪炳炎、曾光荣、张国华、郑春香等各据自己的炮位，英勇抗战。当时，刘馥所处的位置是军舰的后望台，也是军舰后部的心脏，他负责指挥一门高射炮和四挺高射机枪，还有测远镜、搜索镜、探视镜等设备。他看到第一批日机有50架以上，听到轰轰的声音在四面八方响彻，舰上的高射武器迅速响起，激烈的海空作战再度展开。刘馥记录下了战斗的场面：

> 有一队飞机冲下想轰炸我们，头一架领队飞机的攻击精神是可惊的坚毅，任我的曳光弹在它的翼间窜来窜去，这位队长总是沉着地俯冲下来，丝毫不顾忌我的射击是如何有害，可是到冲到很低的时候，我便着急地紧扣我的击铁，向它不停地狂射，在那时期他便被击中数发，但不行，他还是仍然如故地投下四颗重量炸弹，并且用机枪向下狂扫，在我瞄准他的时候，我清楚地看见一排机枪从他机头喷出，带着火光的枪弹，都打我左近啸过，他打不中我，倒被我打中了它自己的飞机，使它一时支持不过，几乎冲下水里去，但勇敢的敌人终于□然一声重复摇着双翼挣扎上去了……[1]

---

〔1〕刘馥：《摘下来的日记》，《海军抗战事迹汇编》，海军总司令部编译处1941年12月版，第246页。

持续的射击，使本来就匮乏的炮弹告罄，战士们取出星弹继续发射，在日机遮天蔽日的空袭中，射击是一刻也不能停的。在猛烈的抗击下，日机虽然进行了数十次的俯冲，但始终未能给"平海"舰造成致命的伤害。相反，却有四架日机被击中，拖着长长的黑烟，从空中栽下来，另有若干架日机被击伤。有两架被击中的日机，其爆炸的碎片在"平海"舰后望台上空散落。在长时间的相持中，日军见不能使"平海"舰屈服，便不断增援飞机。当"平海"舰的一挺机枪被炸弹炸断枪架纵轴，而另外三挺机枪因炮位影响了射界时，有九架日机趁机由右舷投弹，刘馥不得不放弃枪架，手握炽热滚烫的枪管向空中射击，等他松开握枪管的手时，发现手掌已被粘下一层皮，他不得不用冷水冷却枪管，裹伤继续战斗。作战中，几挺高射机枪因发射枪弹过多而运转不灵，刘馥只能且战且修，上士欧阳顺冒着危险极力相助。刘馥在日记中写道：

> 当第二次我重复想用这断架的机枪时，已知从家具箱中取出一大卷渍油的棉纱，握在左手护着烫，想向一些不关紧要的敌机射击，可是手指一钩不响了，这又是机枪发生了故障，于是我重新把它放在地上修理，自己因为过度的射击，已经失去清楚的理智，忘了第一步，关了保险钮的手续，所以解开枪闩时，碰的一声一粒子弹走了火，把前面的薄钢板打穿一个孔，好幸运的我呀，假若是钢板稍厚时，这粒子弹将要反跳回来打死了自己，这真算是我的大幸运。这个弹孔如今还留在平海军舰后望台的右舷钢板上作为我抗战的纪念。[1]

兰园也在日记中写道："司令（陈公季良）决不愿离船，他准备要与船同殉，同时，我们这许多素来不计一死的人们，也互相决定至死要跟着司令和平海舰。"[2]但是，随着"平海"舰的损伤，该舰不宜再担任旗舰，陈季良不得不将司令部转移到"逸仙"舰上。兰园写道："司令，真是我们的司令呵！他又

---

〔1〕刘馥：《摘下来的日记》，《海军抗战事迹汇编》，海军总司令部编译处1941年12月版，第249页。

〔2〕兰园：《江阴的血与泪》，《海军抗战事迹汇编》，海军总司令部编译处1941年12月版，第187页。

带着司令部移到逸仙船去了，要贯彻他的非至全体覆没绝不后退的誓言。这样的榜样我是要再三地记着的呵！"[1]

战斗进行了四个多小时，"平海"舰的锚链被斩断，缓慢地向上游方向驶去，暂时摆脱了日机的纠缠，官兵们趁机稍事休息。他们已经相当疲惫，脸上涂抹着由血、汗水和烟灰混合形成的"油彩"，上身打着赤膊，有的已经瘫坐在甲板上，有的依然保持着瞄准的姿势，他们的意志依然是坚定的。

不久，又有两架日机绕到"平海"舰上空，官兵们立即紧张起来，对空射击的炮声又密集地响起。这时，有士兵发现，8生弹药舱进水了，炮弹本来就十分缺乏，一旦被水淹没，将大大影响作战。运药员任庆銮、高景钰等冒险将所有弹药运至舱面备战，枪炮官命令将空炸榴弹、穿甲弹和照明弹混合使用，以发挥各种弹药的效用。此时，又有九架排列整齐的日大型轰炸机及驱逐机蔽空而来，先后两次俯冲投下炸弹。刘馥记述道："轰！轰！轰！天崩地裂地在四周炸开，我们的前后左右密丛丛地布着水的山岭，我们恰被包围在山谷的中心，这里的山景也有沸腾的白沫，征象着覆顶的白雪，也有剎然的一亮红光，使你想到夕照的红霞，并且也有挣出的黑烟，几成一片连绵的松岭。战的美景！死的歌声！"[2]尽管炸弹没有直接命中"平海"舰的舰体，但巨大的冲击使"平海"舰受伤甚重，水向舱中直涌。"平海"舰官兵一面堵漏抽水实施抢救，一面继续向前行使，但终因进水过多，舰尾下沉，舰体倾斜二十余度。叶可钰督率员兵，将炮械及重要舰件卸下，运往南京。当天午夜，陈绍宽来到"平海"舰上，指挥一切，他见"平海"舰伤势过重，决定弃舰，至9月25日凌晨，"平海"舰坐底于长江中。此日战斗，"平海"舰击伤日机5架，官兵阵亡5人，负伤18人。

"平海"和"宁海"两舰均为轻巡洋舰。"宁海"舰由日本海军船政部技术指导，播磨造船所设计建造。舰身长109.7米，宽11.9米，舱深6.7米，吃水4米，排水量2498吨。舰上安装4部锅炉，3部往复式主机3轴推进，最高航速23.2节。舰上装备有140毫米主炮、3英寸炮、21英寸鱼雷发射管、机枪等武

〔1〕兰园：《江阴的血与泪》，《海军抗战事迹汇编》，海军总司令部编译处1941年12月版，第188页。

〔2〕刘馥：《摘下来的日记》，《海军抗战事迹汇编》，海军总司令部编译处1941年12月版，第251—252页。

器。舰上还搭载2架水上侦察机,一架为日本爱知厂制造的"宁海一号";一架为中国江南厂制造的"宁海二号"。乘员361人。"平海"舰由日本提供零部件,中国江南造船厂建造。舰长109.8米,宽11.9米,吃水4米,排水量2555吨,航速21节。舰上安装有5部锅炉,2部往复式主机双轴推进,最高航速21节。舰上装备有140毫米主炮、3英寸高射炮、57毫米高射炮、21英寸鱼雷发射管、高速机枪等武器。乘员361人。

1930年,国民政府决定向外国船厂订造两艘新型2600吨级的巡洋舰,与日本播磨造船厂签订了合同,商定图纸由日方负责设计,一艘在日本施工,一艘在中国施工,日方派技术人员进行指导,并供应武器装备。这两艘舰就是"宁海"舰和"平海"舰。"宁海"舰在日本施工,造价432万元,以东北大豆折价,分期交付,于1931年2月21日安放龙骨,10月10日下水,1932年8月25日来华入吴淞港,9月1日成军,编入中央海军第一舰队,首任舰长为高宪申。"平海"舰在中国江南造船厂施工,由"宁海"舰的造船主任神保总南担任工程师负责监造,预算造价458.8万元,1931年6月28日安放龙骨,原定1933年10月10日下水,不料"九·一八事变"和"一·二八事变"相继爆发,中日关系紧张,影响了日本的零部件的供应和技术支援,直到1935年9月28日才得以下水。等空舰驶往日本相生港进行武器装配时已是1936年6月,离抗日战争爆发仅有一年的时间,此时日本国内侵华叫嚣猖獗,日方拒绝装配高炮和高速机枪,中国方面只好通过洋行改购德国枪炮代替,也没有装备水上侦察机。装配完成后,"平海"舰也被编入第一舰队,首任舰长是原"宁海"舰舰长高宪申。

江阴抗战后的1938年,日军将坐底的"宁海"舰和"平海"舰打捞出水,拖往日本。7月1日,将两舰改为海防舰兼海军学校的练习舰,舰名也进行了更改,"宁海"改为"御藏","平海"改为"见岛",并准备对舰上的装备进行改造。太平洋战争爆发后,由于造船厂工期繁忙,改造工程拖延下来,两舰分别泊在相生港和佐世保港,充当港区浮动宿舍。

1944年,日军在太平洋战场连遭失败,舰艇损失惨重,"御藏""见岛"两舰同时被启用,并且舰级由海防舰改为二等巡洋舰,舰名再次更改,"御藏"改为"五百岛","见岛"改为"八十岛",舰上主炮也由原来的140毫米炮改为127毫米高平两用炮和三联装25毫米机炮。此后,两舰分别于6月28日和9

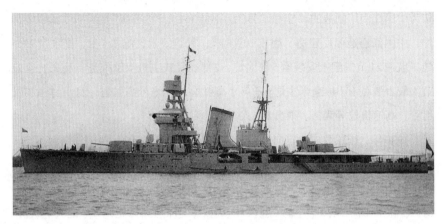

1934年时的"宁海"舰

已经坐沉的"宁海"舰

"平海"舰下水典礼

1937年3月完成的"平海"舰

1938年，日军在打捞"平海"舰

浮扬起的"平海"舰

搁座在江阴上游巴世洲北岸的"平海"舰

月25日开赴前线。9月19日，"五百岛"（宁海）舰在御前崎南方八丈岛被美国潜艇"沙德"号击沉。"八十岛"（平海）舰则担任了第一运输战队旗舰参加了雷伊泰海战，率领由驱逐舰组成的运输队支援补给日军驻守的岛屿。11月25日在吕宋岛被美国海军飞机炸沉。

9月23日在江阴阻塞线上发生的战斗，被称为"九·二三战斗"，它"在现代中国海军史上，不但是激烈悲壮的一页，而且是光荣灿烂的阶段"，[1] 陈绍宽曾专门撰文对其进行全面总结和评价。他在《纪念伟大的"九二三"》中说："江阴的战役在一般的意义上可以代表我海军反击敌空军的整个历程，而在江阴许多战役中，九二三那一天又是最激烈的一次。所以'九二三'在中国海军抗战史上实是最值得纪念的一页。"

陈绍宽从两个方面论述了"九·二三战斗"的重要意义。首先，他认为，"九·二三战斗"体现了中华民族的不屈精神。"我们的抗战是整个民族自求解放自求生存的革命战争。为此，所以我们不但不是以优越的物质来攻击敌人，如德之于奥捷，而且不是居于物质均等的地位，以与敌人相周旋，如德之于英。反之，这次抗战却是以绝对劣势的装备来对抗绝对优势的敌人，若照现代战争是科学的战争原理来说，好像这种抗战是必败无疑的了。但我们要知，物质劣势是被压迫民族的必然现象，而保障民族革命的成功却不在物质，因为在客观条件中，主要的是看民族意识是否坚强，从这意识而表现的行动是否一致，换句话民族精神是否已达到足以发动革命保证革命的程度。"而"九·二三战斗"恰恰体现了"我们的革命精神"。

其次，他认为，"九·二三战斗"为现代海空战提供了最佳的战例，在世界海空战史上占有重要的位置。"飞机对海军的活动在上次欧战仅属萌芽的阶段，那时除担负海岸巡弋、侦察与防潜外，实际还未达到能与舰队联合活动或用以攻击军舰的机能。战后，空军技术与飞机母舰建造的发展，掀起空前的海空能力问题的论战，但论战仅是论战而已，即使有的国家企图用试验方法证明空军对军舰的威力，但结果和实际的作战经过还相差太远，仍未能对这问题予以完满的解决。不料为世界列强数十年来坚持不能解决的海空问题，却在远

---

[1] 王师复：《九二三战役的检讨》，《海军整建月刊》第一卷第七、八期，第6页。

东武器落后的中国获到解决的曙光。说到这里，又不能不归功到'九二三'战役。"他认为，"九·二三战斗"的特点是用弱势的海军，在没有空军支援的情况下单独与敌优势的空军的搏斗，它证明，飞机对于舰艇投弹的命中率是极低的。他说："'九二三'一役来说，敌机计在七十架以上，为了敌人深知我们海军没有航空队，在它机群里是不会有驱逐机的。以七十架的轰炸机言，最少可载一百四十吨以上的重弹，每弹以五百磅计算，则数量当在五百枚以上。当时我方平宁逸瑞四舰，因弹药的缺乏，与九二二战创之余，高射炮弹总共也不过在七百多颗，但结果我受敌机直接命中不过一枚，而敌机则被我击落七架，至受伤不在此数。因此比率最少当为七与一之比。"[1]

陈绍宽在抗战进行中对"九·二三战斗"进行的总结，宣传和振奋了海军军人的精神，鼓舞了海军作战的信心。同时，引起了人们对以往海军建设的反省，为战后重建海军做了舆论准备。

"九·二三战斗"以后，日军并没有停止进攻，它一定要将中国的防守舰队彻底摧垮。9月25日，日军又发动了一次攻击。日方记载的攻击情况是：第六次攻击有92式舰攻机6架，95式舰战机3架轰击了江阴和目鱼洲（江阴上游约25海里）之间地带，以低速回避运动式轰炸了"逸仙"舰，使之命中至近弹6发。该舰喷吐黑烟而搁浅。[2]

中方记载，在上午9时，中国海军发现又有日机16架飞来，由于"平海""宁海"两舰均已经坐底、搁浅，担任旗舰的"逸仙"舰便成为轰炸重点。日机先后投弹二十余枚，均落在"逸仙"舰左右舷近旁，弹片纷飞，江水翻腾。"逸仙"舰官兵毫无惧色，沉着应战。舰长陈秉清指挥高射炮英勇反击。但由于前两天的激烈战斗，"逸仙"舰弹药消耗量巨大，此时面临告罄，只好改变战术，用舰首大炮突然对空射击，"其威力似有神助，两发炮弹，击落敌机两架，沉没江中，余机见状乃急急远遁"。[3]由于日机的连续轰炸，"逸仙"

〔1〕陈绍宽：《纪念伟大的"九二三"》，《海军抗战事迹汇编》，海军总司令部编译处1941年12月版，第45—51页。

〔2〕（日）日本防卫厅防卫研究所战史室著：《日本海军在中国作战》，中华书局1991年1月版，第265页。

〔3〕秦孝仪主编：《中华民国重要史料初编——对日抗战时期》第二编作战经过（三），台湾中国国民党中央委员会党史委员会1981年9月版，第33页。

舰受伤严重，机舱左旋转轴机柱被炸断，行李舱进水，舰体向左倾斜，陈季良命令将舰驶泊目鱼沙外港，立即堵漏并拆卸炮械，但日机尾追而来，连续投弹，遂被炸倒沉。战斗中，"逸仙"舰有枪炮上士蔡国桢、勤务兵郑云梅、炊事兵潘小喜等三人阵亡，一等兵郑福荣、二等兵谢学经等两人重伤，一等兵淡水泰、二等兵郑能琛、郑章銮、二等轮机兵陈依平、高逸明以及驻该舰遣用的"自强"舰枪炮上士刘维和等六人轻伤。

"逸仙"舰为轻巡洋舰，上海江南造船厂建造，舰身长82.4米，宽10.4米，吃水3.54米，排水量1550吨，最高航速19节。舰首、舰尾分别装有150毫米和140毫米炮各1门，另装备有高射炮、机关枪等武器，乘员182人。

从30年代开始，国民政府增加了对海军的投入，外购和自造舰船的速度有所加快，决定在江南造船厂建造一艘轻型巡洋舰，这艘舰于1930年4月10日举行了开工典礼并安放龙骨，为了纪念孙中山，这艘舰被命名为"逸仙"，并于孙中山诞辰纪念日11月12日举行隆重的下水典礼。此舰造价156.4万银圆，建成后于1931年年底服役，被编入国民党中央海军第一舰队，首任舰长为陈宏泰。江阴抗战后，"逸仙"舰被日军捞起拖往日本，进厂修理，并改名为"阿多田"，作为潜水艇学校的练习舰，舰上重新安装了4.7英寸炮、40毫米炮、25毫米炮和7.7毫米机枪。抗日战争结束后，"逸仙"舰被盟军接管，1946年归还中国，8月9日自日本吴港驶回上海，并恢复"逸仙"舰名。1948年春天，人民解放军发起胶东战役，解放了大片领土，占据烟台的国民党军已处在解放军的包围之中。10月10日，海军司令桂永清率临时混合舰队开往烟台，负责陆军的撤运，"逸仙"舰作为混合舰队的主力舰也来到烟台，经过与解放军十天的作战，掩护陆军全部撤往葫芦岛。大陆解放以后，"逸仙"舰多次巡弋于东南沿海一带，从事破坏活动。1958年6月，该舰因舰龄太老而退出现役，1959年5月19日被售予船商拆解。

在"逸仙"舰遭受日机攻击之时，海军部命令第二舰队司令曾以鼎率"楚有"舰赶赴江阴接防，同时令"建康""青天""江元""仁胜""崇宁"等舰艇驰援"逸仙"舰。"建康"等舰途经龙稍港时，遇数十架日机轰炸，"建康"舰以高射机枪及步枪猛烈抵御，日机分前后队夹击，"建康"舰被命中8弹，舰长齐粹英、副长严又彬、航海员孟维　在望台上被炸伤，员兵阵亡7人，受伤者

"逸仙"舰被日机炸毁侧翻于江中

1931 年时的"逸仙"舰

27人。该舰各部损伤严重，各舱同时进水，遂倾斜下沉。

关于这场战斗，孟维洸有段回忆。他说，当天早上，"建康"舰停泊在港内，发现有九架日机飞来，但距离很远。这时，接到曾以鼎通过小汽艇传来的命令：开出港口候令。舰长齐粹英立即命令起锚，当航行至港口之外时，又接"建康"舰"先开回小港，晚上5点再出任务"的命令。当齐粹英率舰进港时，日机八架跟踪而来，孟维洸说，"我们知道，一幅壮烈矢忠的图画，即可将要展开在眼前"。此时，"船还没有到达抛锚的地位，但却即刻要下锚了，管理锚链的士兵部在船头，正等待着舰长的命令，副长在探望敌机的来势，我呢，紧握住作钟的摇柄，正听着舰长的命令，'缓进'，'停轮'，'缓退'，'停轮'，准备下锚的手续照例进行着"。而舰上的高射机枪已争先恐后地向着日机开起火来，与此同时，日机的炸弹也投了下来，舰体被击中了，甲板上顿时一片惨烈的景象。孟维洸发现，在他的前面"一个穿黄色工作衣的人，他的军帽还很端正地戴在头上，但是他整个身体已斜靠在米柜旁边，再也不能动弹了，鲜红的血在他的面部交流着，雪白的米散在他的帽顶，他的肩上。他仰着脖子，在微弱地呻吟，他的话，已不能被人听得清楚了……"孟维洸接着说，战斗过后，"舰长从望台上走下去，机关枪已停放了，只有水进舱的声音，左舷给炸穿了，船渐渐倾斜向江心，水爬到甲板上来了。这个时候，岸边过来两只小划子，我们被接上去，到了岸上，我已经走不动了，腰部和大腿痛极了"。[1]

"建康"舰是一艘驱逐舰，是1909年载洵和萨镇冰在德国订造的，造价63000德国马克。该舰长208英尺，宽21.6英尺，吃水9英尺，排水量390吨，航速32节，成员81人。舰上装备有2门3英寸主炮，4门47毫米炮，2座18英寸鱼雷发射管。该舰于1912年完工，1913年交付中国，成军时正值北洋军阀时期，袁世凯将其原名"飞云"改为"建康"，留在麾下。袁世凯死后，"建康"舰落入皖系军阀之手。1927年，该舰在上海高昌庙归顺南京政府，被编入第一舰队。江阴抗战后，日军控制了长江，将该舰打捞出水，于1940年12月21日交由汪伪海军使用，并重新命名为"海绥"。抗日战争胜利后，国民党海军将

---

〔1〕孟维洸：《血洒长江》，《海军抗战事迹汇编》，海军总司令部编译处1941年12月版，第273—275页。

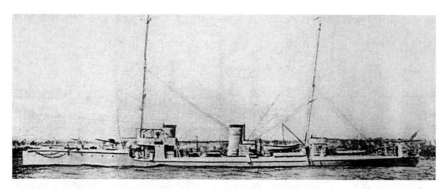

1912年德国建造的"建康"号驱逐舰

"建康"舰于1937年9月25日在龙稍港被日军炸沉

其接收，但后来的结局，却由于资料的缺乏而无人知晓。

　　与"逸仙"舰相比，"应瑞"舰则幸运得多，该舰此日的主要任务是装载沉塞江阴阻塞线的"海圻""海琛"两舰员兵赴南京。9时30分，"应瑞"舰出发，沿途遭遇日机拦截，且战且行，未受损失。下午4时30分，在高资江面，该舰又遇日机九架，其中一架日机飞临军舰上空投弹两枚，均落入舰尾右舷水中，舰身遭到猛烈震荡，致使车轴舱漏水，但无大碍。该舰于当晚抵达南京。

　　"逸仙"舰沉没后，陈季良再率司令部人员迁驻于"定安"号运输舰上，继续坚持战斗。至此，第一舰队各主力舰损失殆尽。此时，海军部决定在镇江附近再构筑第二道阻塞线，后因上海战局突变，日军进占迅速，未能实现。

　　从8月16日至9月25日的一系列战斗中，中国海军舰队共击落日机十架以上，击伤三十余架。在敌我实力悬殊的情况下，中国海军能取得如此战果，实属难能可贵。1937年9月26日，蒋介石发出训令，给予战斗在江阴阻塞线上的海军官兵以高度评价，他说："此次暴日肆意侵略，犯我领土，各地遍受荼毒。我海军将士同仇敌忾，该部长及次长督率官兵，不惜牺牲一切，为国奋斗，比来苦心焦思，筹划江防，拱卫京畿，关系綦钜，并自愿拆除舰炮，巩固江岸防务，此种破釜沉舟之决心，殊为可贵。近来江阴附近敌机，肆行轰炸，致伤亡我海军将士多名，尤所轸念，仰该部长转饬所属知照，并对所有受伤将士，代致慰问。"[1] 29日，正式发出指示，奖勉海军官兵："慰问海军受伤将士，又奖勉陈海军部长、次长与各官兵。此次不惜牺牲一切，为国奋斗。而且志愿拆除余炮位，巩固两岸防务，此种破釜沉舟之决心，殊为可贵，特此奖勉。"[2]

在保卫江阴阻塞线的战斗中，表现最为突出的当属第一舰队司令陈季良，对他的个人情况及传奇经历，在此略作表述。

陈季良其人

陈季良，原名陈世英，出生于福建省闽侯县一个官宦家庭。1897年考入江南水师学堂，毕业后先后担任"建安"号驱逐舰粮饷副，"海容"号巡洋舰鱼雷大副、枪炮副等职。在晚清朝廷腐败，国难当头，革命洪流汹涌澎湃之际，他曾大声疾呼："国家兴亡，匹夫有责。中华好儿女岂能'白了少年头，空悲切'，甘当亡国奴？"[3]

1911年10月10日，爆发了震惊中外的武昌起义，一个新政权——湖北军政府宣告成立。清廷万分惊恐，急忙电令海军统制萨镇冰率海军主力赴鄂协同作战。萨镇冰接电后，立即电令在山东等地沿海的"海容""海琛""海筹"等主力舰兼程开赴武汉。这时，担任"海容"舰枪炮副的陈世英也随舰来到武汉前线。当时，武汉前线的革命军与清军力量相当，双方的战斗处于交着状态。舰队在萨镇冰的指挥下，立即投入了战斗。海军的参战，改变了清军与革命军在武汉的力量对比，在海军舰炮的猛烈轰击下，革命军连连受挫，被迫退守汉

〔1〕《海军整建月刊》第一卷第七、八期。
〔2〕秦孝仪主编：《中华民国重要史料初编——对日抗战时期》第二编作战经过（三），台湾中国国民党中央委员会党史委员会1981年9月版，第20页。
〔3〕陈书麟：《记陈季良的几件事》，《福建文史资料》第19辑，第123页。

口市区。清第一军总统冯国璋为扫清射界，下令焚烧汉口市区，几天的大火使汉口市区变成一片瓦砾。这一残暴的行径激起全国人民的愤慨，也激起广大海军官兵的义愤，反清革命的情绪开始在各舰蔓延，继而形成了起义的动议。

　　陈世英在来武汉之前就被全国的革命形势所感染，产生同情革命之心。眼前清军的暴行更使他从心底产生了反清革命的情绪，他开始在舰上进行秘密的串联。"海容"舰是海军统制萨镇冰的坐舰，萨镇冰在革命之初镇压革命的态度比较坚决，然而，这位海军元老又是一位爱兵如子、在海军中德高望众的将领，陈世英与其他官兵一样，对他十分尊重，不愿公开地反叛他。同时，"海容"舰的舰长喜昌、副舰长吉升都是满族人，反对革命。这样，在"海容"舰上秘密策动起义是十分困难的。然而，陈世英在革命思想的驱动下，积极主动，利用一切机会接近萨镇冰的副官汤芗铭。汤芗铭是湖北军政府政事部长汤化龙的弟弟，受哥哥的影响早有参加革命之意，他把从陈世英等下级官兵那里接受来的革命情绪不断传达给萨镇冰，促使萨的思想转变。

　　正当各舰进行秘密串联的时候，革命军与清军的战斗还在不停地进行着。一天，双方发生了清山炮战，"海琛""海容""海筹"三舰奉萨镇冰之命前往支援，当三舰接近革命军阵地时，舰首、舰尾、侧舷各口径的大炮同时开火，七百余发炮弹带着长长的呼啸声冲出炮膛，射向空中，顿时江面上殷殷隆隆，火光四起。交战双方都被这遮天蔽日的炮弹惊呆了，有的士兵竟忘记了打枪。然而，出人意料的是，这些炮弹没有飞向革命军的阵地，而是相继落入江中或远离革命军阵地。这是怎么回事？革命军官兵都十分纳闷。原来，三舰官兵早已秘密约定，在与革命军作战时，炮弹要么射入江中，要么偏离革命军阵地，身为枪炮副的陈世英在其中发挥了重要作用。自此以后，各舰的革命情绪更加高涨，秘密开展了环形签名活动，做最后的起事准备。

　　在下级革命官兵反清情绪的影响下，在湖北军政府督都黎元洪及副官汤芗铭的策动下，萨镇冰终于转变了态度，放弃了对革命的镇压，于11月11日离舰引退，舰队交由"海筹"舰舰长黄钟瑛指挥，黄钟瑛对下级官兵的革命行动早已默许，萨镇冰的引退使其解除了思想顾虑，终于率舰队下驶九江，宣布起义。

　　"海容"等舰起义后，参加了支援革命军的战斗。11月19日下午，"海容"舰炮击了清军阵地，日本驻汉口总领事馆的情报描述说，"海容"舰"在驶出租界区域水线之一刹那，倏见火光一闪，开启全部炮火，猛射江岸官军炮兵阵地，迫近江岸至五百米以内，连续猛射。其炮弹开始爆炸于车站左近，继即显出其瞄准很准确，江岸炮兵阵地内沙尘飞扬，村落起火，官军炮火最后不得不归于沉默，车站后方复次第起火。海容乃以堂堂英姿，悠然驶去"。此次轰击，"大挫清军威势，清军汉口东方阵地几全为之动摇"。而"海容"舰只受了轻微的损失。这次战斗，陈世英功不可没。在以后的战斗中，陈世英又随舰队北上渤海湾，协同革命军光复了沿海各地。

1917年，俄国十月革命取得了伟大胜利，苏维埃政府与德国签订了停战协议，摆脱了帝国主义战争。同时，苏维埃政府决定将沙俄侵占的黑龙江航权归还我国。为了能够控制黑龙江，北京政府海军部决定建立吉黑江防舰队。由于舰艇不足，海军部决定调拨第二舰队的"江亨""利捷""利绥"三艘炮舰和"利川"武装拖船组成北上舰队前往支援。在这四艘军舰中，最大的是"江亨"舰，排水量550吨，舰长是陈世英。从第二舰队驻地上海到达吉黑江防舰队驻地哈尔滨，是一次艰难的远洋航行。为了增加北上舰只的抗风浪性，第二舰队对各舰进行了改装，又专门派运输舰"靖安"号拖带护送。1919年7月21日，北上舰队在"靖安"舰舰长甘联璈的带领下从吴淞港出发，向北方前进。

北上舰队渡过黄海、日本海，穿过朝鲜海峡、鞑靼海峡，经过近两个月的艰难航行，终于在9月上旬到达庙街，进入黑龙江。此时"靖安"舰已完成了拖带任务，南下返沪，北上舰队的指挥权交给了陈世英。

庙街位于黑龙江入海口附近，是进入黑龙江的必经之路，居有华侨两千多人。当时，帝国主义国家因极端仇视俄国十月革命而发动武装干涉，由英、法组成的干涉军侵占俄国西北部的摩尔曼斯克，英军在南方入侵高加索，日、美干涉军也在远东的海参崴登陆。当时驻扎庙街的主要是日军，有陆军近千人，海军四艘驱逐舰和一艘巡洋舰，还有在日军支持下的白俄军队，形势极为复杂。陈世英率舰到达庙街后，受到了当地华侨的欢迎和慰问，他们告诉陈世英，黑龙江再有十天即将封冻，若往哈尔滨应尽快启程，否则就有被困的危险。陈世英接受了华侨的劝告，于当天起锚沿江西上。但舰队起航不久就遭到了日军炮火的拦阻，四舰被迫退回庙街。不久，黑龙江封冻，陈世英不得不率舰在庙街过冬。

　　10月下旬，苏维埃领导下的苏联红军向帝国主义干涉军发起反击，一支红军游击队向庙街地区的白俄军队发起进攻，庙街的局势顿时紧张起来。

　　一天，一个白俄军官匆匆忙忙地来到陈世英的住处，要求中国军舰协助其截击红军，陈世英明确表示拒绝："我等乃是客军，舰中皆系水手，未谙陆战。"

　　几天后，红军游击队进占庙街，白俄军队难以抵挡游击队的攻势，向东溃逃，日军也不得不利用地形占据了日本领事馆。游击队入城后，其领导人亲自拜访陈世英，以表示友好，这给陈世英留下了良好的印象。

　　11月某天夜里，驻守在领事馆的日军突然蜂拥而出，袭击红军游击队驻地，双方展开激战，游击队奋力反击，日军不支退守领事馆。由于领事馆防御坚固，游击队又没有重型火器，久攻不下，不得不求助于中国海军。他们派一代表拜会陈世英，要求借两尊舰炮，以便攻破日军占领的领事馆。陈世英当即召开四舰舰长会议，商议借炮事宜。各舰长都认为，红军游击队自入庙街以来，纪律严明，不扰百姓，与中国海军关系融洽，而驻扎在庙街的日军，经常残害当地的侨民，对中国海军蛮横无理，发炮阻挠中国海军西上，迫使中国海军不得不在庙街过冬，因此，大家一致同意借炮。陈世英采纳各舰长的意见，将"江亨"舰边炮一尊、"利川"舰格林炮一尊并炮弹21发借给游击队。果然，红军有了大炮后，不久便将领事馆攻破，击毙日军数十人，俘获130余人。

　　1920年3月，江冰开始融化，红军游击队决定撤出庙街。临行前，他们将所借舰炮归还，并告诫陈世英，日本在开冻时定来报复，劝中国海军四舰开到马街港暂时躲避。陈世英得知情况后，命令舰上人员将"江亨"舰与所借相同之右舷炮拆下沉到水底，在原有炮座上安装上格林炮，并改编弹药库存表册，以备查对。

　　江水解冻后，江面果然出现了日本军舰的影子。这次回到庙街的日本军舰有二十余艘，还有白俄的浅水炮舰也从上游而下，他们一齐向中国舰艇开炮示威。不久，日本海军军官数人来到"江亨"舰上，指责中国四舰协助红军游击队打击日本，然后各处搜集证据，但一无所获。日军恼羞成怒，扬言过一个星期若无证据，则将中国四舰击沉，随后将中国四舰加以监视。

　　面对日益严峻的形势，陈世英进行了认真的思索，感到北上舰队很可能受到日本和白俄军舰的联合攻击。为应付不测，他一面命令各舰将舰底水门准备好，一旦日军开炮则打开水门，将舰自沉；一面告诫各舰官兵要抱九死无生的信念，全力对敌。

很快，"庙街事件"演化成了中日两国之间的争端。数日后，日本政府就"庙街事件"向中国政府提出交涉。北京政府海军部派陈复和沈鸿烈到庙街了解情况，陈世英及各舰长拒不承认帮助过红军游击队，当地华侨也否认有此事发生，各国联军也向日军申明，中国四舰协助游击队打击日军皆系传闻，不足为信，双方应派员审查明白。随后，中日双方组成了包括日方六人中方四人的联合调查组，进行进一步调查，结果依然找不到协助游击队的证据。日本政府气急败坏，提出了四条无理要求：由驻日公使胡维德向日本政府道歉；庙街中国海军向日本总司令道歉；负轰击之责任者应加惩治；以3万元抚恤误毙日侨家属。北京政府软弱无能，竟屈从日本要挟，全部答应日方的条件，给予"江亨"舰长陈世英以撤职永不叙用的处分，"庙街事件"的交涉才得以结束。1920年秋天，陈世英率四舰抵达哈尔滨。

陈世英率舰远航北上，历尽困苦，不畏艰难，功绩卓著，在"庙街事件"中表现了凛然的气节，深受海军同仁的同情和钦佩，海军部没有执行北京政府的决定，让陈世英改名"陈季良"（陈世英字秀良）后又继续委以重任并因此授予他"文虎"勋章。1922年1月，陈季良出任"楚观"炮舰舰长。8月，升任"海筹"巡洋舰舰长。1923年1月，晋升海军上校。1924年5月，晋升海军少将。次年2月，升任海军第一舰队司令兼闽厦海军警备司令。

1926年，在中国共产党的积极努力下，南方革命力量拉开了北伐战争的序幕。7月1日，广东革命政府发表了《北伐宣言》，9月，国民革命军大举北伐。当时，全国军阀部队主要有三支，他们是控制湖北、湖南、河南三省及陕西、河北一部分的吴佩孚；控制江苏、安徽、浙江、福建、江西五省的孙传芳和控制东北各省及北京、天津的张作霖。北伐军的战略是，先将孙传芳、吴佩孚各个击破，底定长江流域，然后渡过黄河，统一中国。对海军则采取争取其归附革命的方针。

1926年10月，北伐军东路军在何应钦统帅下进入福建，牵制孙传芳，驻守漳州的军阀张毅企图率陆军第一师向福州退却，与福州城防司令李生春会合，做垂死挣扎。当时，海军第一舰队担任闽厦防务，陈季良驻在马尾，代行闽厦海军警备司令之职，指挥闽厦舰艇和海军陆战队以及长门、厦门要塞。

经历过辛亥革命的陈季良在北伐战争打响后就敏锐地意识到，南方的革命力量代表了时代发展的潮流，北洋军阀的反动统治不可能再维持下去，于是他转向同情国民革命，并积极寻找与北伐军接洽的机会。何应钦率部入闽后，陈季良找到何应钦，主动表示了愿与国民革命军合作的愿望，并提出担任在福州附近截击各敌归路的任务。在陈季良的影响和北伐军的策动下，驻莆仙的海军陆战队独立团团长林寿国暗中接受了何应钦的国民革命军东路军新编第二师师长的委任，使陈季良有了相互依托的力量。这时，陈季良感到时机已到，便率先发难，协助北伐军发起对福州守敌李生春的进攻，李生春被迫投降，福州易帜。

1928年，南京国民政府成立，陈季良仍然担任海军第一舰队司令的职务。形式上的全国统一，使他仿佛看到了中国海军发展的希望，产生了建设海军的热情。他和第二舰队司令陈绍宽经过认真讨论，制定了发展海军的长期规划，并报国民政府批准。可令他们没有料到的是，在本书前篇已述及的全国编遣会议上，这个规划没有获得通过，说明了蒋介石为首的国民政府并没有建设强大海军的决心，这使陈季良十分失望，他和陈绍宽一起愤然提出辞职。蒋介石为稳定海军军心，只得给海军以增加财政拨款的承诺，使陈季良和陈绍宽收回了辞呈。

1929年4月，南京政府海军部成立，陈季良担任常务次长兼海军第一舰队司令。职位的晋升，增加了陈季良建设海军的责任感。在任期内，他致力于海军的建设，推崇孙中山的革命思想，他说，我们"要继续总理未竟之志，废除不平等条约，便要本总理革命精神，做外交的精神。外交的成败，固然一方面要全国民众做后盾，一方面更要武力做外交的后援队。中国过去的外交，可以说一句话，就是缺少炮舰，所以每次外交尽处失败的地位。我们现在要废除不平等条约，必定需要武力的建设，才会达到目的。而且中国万余里的海岸线，海上的实力，比不上各国海军的余数，若不积极地建设扩充海上的实力——炮舰，国民革命的对外工作是很难成功的"。

1932年1月28日夜，日军在上海的闸北分三路发起进攻，发动了"一·二八事变"。如前所述，海军在事变中表现消极，受到国人的诟病，陈季良也难辞其咎，因此，在长江抗战中，他决心以实际行动洗刷以往耻辱。战前他激励士兵说："当一个军人首先必须忠于职守，勇于从战。在陆上，人人要有马革裹尸的雄心；在海上，人人也要有鱼腹葬身的壮志，不管战争环境如何险恶，人人都要杀敌致果，坚持到最后一发炮弹或一颗水雷，换取敌人的相当代价。"抗战爆发后，他激励海军将士说："中华民族面临严重危机，但绝不能坐待灭亡。当前，只要我们同心协力，守住防线，便可牵制敌军很多兵力，拖延他很多时间，以充实我方的抵抗力量，取得最后胜利。"[1]

上海、南京失陷后，国民政府迁至武汉。为适应新的战争形势，1938年1月，国民政府决定撤销海军部，改设战时海军总司令部，并重新编组了第一、第二舰队。编组后的第一舰队有炮舰、测量舰、运输舰等舰艇17艘，舰队司令仍由陈季良担任，司令部设于"民权"炮舰上，负责武汉下游防务。1938年7月，武汉保卫战打响，陈季良率领的第一舰队在武汉附近又与日寇展开激战，再次付出巨大牺牲。1939年1月，陈季良因战绩显著被国民政府军事委员会记功一次。

武汉失守后，国民政府迁都重庆。海军第一舰队撤至万县一带，司令部设于万县。在万县期间，陈季良指挥第一舰队，配合海军布雷队，在长江上游开展了大规模的布雷游击战，取得了显著战果。然而，由于长期的劳累，陈季良积劳成疾，不幸于1945年4月14日在万县病逝，时年63岁。临终前，他对僚属说："我深恨未能亲将日寇赶出中国，但相信，日本侵略者的彻底失败已经在望了。"[2]

第二阶段的战斗

第二阶段的战斗，主要是指以中国海军第二舰队为主的舰艇与日军飞机展开的海空战，以及岸上海军炮台与日军舰艇展开的战斗。第一舰队遭到重大损失之后，江阴阻塞线防守薄弱，南京面临着重大威胁。国民政府一面部署南京

---

〔1〕陈书麟：《记陈季良的几件事》，《福建文史资料》第19辑，第127页。
〔2〕同上，第129页。

城的防御，一面要求海军继续捍卫这条已为之付出巨大牺牲的生命线。1937年9月25日，海军部在奉命沉下"海圻""海容""海筹""海琛"等四舰建立起一道辅助阻塞线的同时，命令第二舰队司令曾以鼎率"楚有"舰赶赴江阴，正式接过防守江阴阻塞线的指挥权。10月15日，第三战区副司令长官顾祝同就巩固江防及重新调整部署，要求"扬子江两岸江防部队，应严密江阴附近之封锁，并担任江岸之守备"。可此时，海军的作战能力已大不如前，无法组织起有效的对空反击，日军的空中肆虐更加肆无忌惮。

在先后击沉了中国海军第一舰队各主力舰艇之后，日机继续对阻塞线附近以及上游搜索轰炸，不放过任何水上目标。显然，在已经没有大型舰艇的江面上，如第二舰队旗舰"楚有"号这样的小吨位炮舰，必然会成为日军打击的主要目标。9月25日，"楚有"舰奉曾以鼎之命，由南京下驶，于当夜到达江阴。26日晨，日机十二架出现在"楚有"舰上空，盘旋侦察，"楚有"舰高射炮随即对空射击，日机仓皇退却。28日上午8时许，四架日机分批来袭，"楚有"舰舰长郑耀恭下令实施对空射击，舰上炮手利用仅有的一门高射炮展开对空防御，其他舰员则拿起步枪、机枪等轻武器对空射击。但如此微弱的抵抗难以抵挡日机的疯狂，日机如入无人之境地连续低飞投弹，有两枚炸弹在"楚有"舰舰首附近爆炸，一枚炸弹的弹片将舰首左舷击出三个大洞；一枚炸弹从后望台左舷落下，上桅中节支索被炸断，无线电长短波机件及收报机均被震坏，左舷水线下铁板也被贯穿数洞。旋又有两弹落下，落在舰舷之旁，水花怒溅，高逾桅顶，舰身受到猛烈震荡，帆缆舱、火药舱相继进水，右主机总截气门接头被震漏气，后烟囱被击穿一洞，情势万分危急。该舰官兵一面用机枪、步枪竭力抵御，一面尽量抽水塞漏。日机仍不罢休，又投四弹，并用机枪俯冲扫射。各舱受伤加剧，进水越来越多。相持至10点30分，日机才离去。郑耀恭察看军舰损失，发现舰体已伤痕累累，毁损严重，人员损失也很大，有16名员兵受伤，一等信号兵林维宪、二等炮手林义涌腿部伤势尤重，被送往对岸江阴福音医院进行治疗。同时，郑耀恭继续率领员兵抽水堵漏，对战舰做最后的挽救。然而，由于伤重，"楚有"舰已无法恢复战力。当天晚上，曾以鼎做出决定，将"楚有"舰全部武备拆卸，并做好弃舰准备。经过一个通宵的工作，"楚有"舰上76毫米、65毫米炮，以及机枪、步枪和各种弹药物资，在"海静"轮船的帮助下，均拆卸并搬离，交由江防司令部收管。由于"楚有"舰所在的六圩港距离江防司令部码头较远，往返需要时间，有少部分弹药在舱中来不及移运而被水淹没。

29日凌晨，日机六架分两队再次飞临"楚有"舰上空，继续实施投弹、扫射，五枚炸弹从空而降，此时的"楚有"舰已彻底没有了还手之力，只能任凭敌人肆虐。舰的左舷水淘盘下铁板又被击穿一个大洞，舰首甲板也被炸毁，小舢板被炸裂，机锅舱、煤炭舱、官员舱、士兵舱全部进水，舰身向左倾斜达14度。当天晚上，郑耀恭指挥官兵再将剩余的120毫米炮、40毫米高射炮等拆除运走，尚有炮弹、枪弹、军械、服装等浸入水中，无法捞获。

30日，"楚有"舰舰身左倾越来越严重，然员兵依然工作不辍，择要搬运。期间，日机又空袭江阴五次，至10月1日，"楚有"舰在日机攻击下已破坏无余，次日凌晨3时倒卧江中，驻守员兵始行离舰。第二舰队司令部遂移驻江防总司令部办公，继续办理江防要塞各事宜。在日军数日的轰炸中，"楚有"舰官兵始终坚守战舰，表现了无畏的抗敌精神。

"楚有"舰是一艘由日本神户川崎造船厂建造的浅水炮舰。当年，湖广总督张之洞为加强长江防务而订造了该舰，同级舰还有"楚泰""楚同""楚谦""楚豫""楚观"五艘。"楚有"舰于1906年2月6日开工，7月31日下水，10月22日完工，1937年抗日战争爆发时，舰龄已有31年。该级舰长60.96米，宽8.99米，吃水2.43米，排水量745吨，最高航速13节，乘员117人。装备有120毫米速射炮2门，76毫米炮2门，四联装机关炮2门以及其他轻武器。后来，"楚有"舰又加装了3门65毫米速射炮，淘汰了一些老式舰炮，安装了2门37毫米机关炮，使得其火力超过了其他"楚"字舰，故成为第二舰队旗舰。

"楚有"舰可谓经历坎坷，建成后的1907年3月18日，它与同级舰"楚泰"号一起开往中国，三天后到达上海，不久开往武汉，成为张之洞所控制的湖广地方舰队的主力。1909年9月，清政府颁谕，将所有地方军舰全部收归中央统一管理，六艘"楚"字舰被编入长江舰队。1911年10月10日，武昌起义爆发，清政府命令海军统制萨镇冰率长江舰队前往协助镇压，包括"楚有"舰在内的四艘"楚"字舰由上海开往武汉。可是不久，海军就在革命形势的影响下易帜归附革命，当时"楚有"舰的舰长是朱声冈。北京政府成立后，六艘

"楚有"号炮舰

"楚"字舰被编入北京政府海军第二舰队，担负巡防长江的任务。1926年9月北伐战争打响，北京政府海军总司令杨树庄有倒戈之意。1927年3月10日，他命令"楚谦"舰舰长杨庆贞率领"楚谦""楚有""楚同"等三舰秘密离沪，冒险通过军阀部队控制的吴淞、江阴、镇江、南京四要塞，赴九江向国民革命军总司令蒋介石接洽投诚。13日，三舰到达九江，次日，杨树庄接到"楚有"等舰来电后，通电宣告加入国民革命军，并就任国民革命军海军总司令。15日，蒋介石在九江接舰了三舰舰长，并优予犒劳。"楚有"舰参加了国民革命军与北洋军阀的作战。1929年6月1日，南京政府海军部成立，"楚有""楚泰""楚同""楚谦""楚观"等五舰被编入南京政府海军第二舰队，直至抗日战争爆发。

"楚有"舰被击沉后，中国海军并未放松对江阴阻塞线的防卫，日军也因此未停止对长江中国舰艇的搜索轰炸。1937年10月2日，"湖鹏"鱼雷艇奉命拆卸"建康"舰械，屯泊于龙稍港。上午7时30分，该艇正准备起锚，两架日机突然来袭，包围掷弹。该艇员兵用步枪及小炮奋勇抵御，日机越飞越低，连续掷弹四枚，分别落于艇之前方及左方，但未造成损失。少顷，又有日机四架飞来，在高空盘旋，旋即离去。中午11时许，日机四架又向该艇发动空袭，投弹四枚，落于艇之前方，均未命中。下午2时30分，该艇奉命驰赴江阴，正准备开行时，突来日机三架，低飞投弹。该艇尾段被炸进水，鱼雷上士张依法当即阵亡，员兵多名受伤。日机并未放弃，继续投弹多枚，并用机枪扫射，致使该艇首尾均被炸毁，迅速下沉，无以挽救，艇长梁序昭只得率兵离艇。

5日，"江宁"炮艇拖石船前往江阴阻塞线办理增加填塞工作，驻泊炮子洲内港大沙江边。9时左右，突来日军侦察机一架，盘旋上空，该艇用机关枪密集射击，日机遁去。9时15分许，日机复来攻击，该艇继续用机关枪迎击，迫使日机不敢低飞。随后，又有一架日机飞来，盘旋不肯离去，投下两枚炸弹，落于艇首右侧，入水爆炸，有零星弹片飞入艇中。不多时，该机又投一弹，仍落艇首附近，入水未炸。该艇官兵义愤填膺，中士陈世惠、高射机关枪手陈义震等坚守前后望台，瞄射准确，发炮敏捷。就在那架日机第三次投弹时，被高射机枪击中，顿时拖曳着黑烟，向东北方向斜飞而去。此次战斗发射高射炮弹47发，高射机枪弹700余发，取得击落日机一架的战果。艇长郭鸿久料定敌人不会善罢甘休，必会卷土重来，下令所属员兵，严加戒备，并于下午5时起锚下驶，继续江阴防线工作。当夜3时30分，日轰炸机三架低飞，直奔"江宁"艇而来。郭鸿久立即下令炮位员兵，密集射击，日机仓皇升入高空，在高射炮射程之外，投下两枚重磅炸弹，在艇之左侧入水爆炸，响声震天，火焰腾空。"江宁"艇艇身随即受到猛烈震荡，极度向左倾斜。日机又投一弹，落于艇之右侧，艇身倾斜由左而右，横飞的弹片将该艇机舱门窗玻璃及铁盖击坏，锅炉汽管也被震断，蒸汽向上直升。舢板也震成碎片，顺流而下。日机趁机加强攻势，又连续投弹12枚，并用机枪反复扫射六次，致使"江宁"艇水线上下被炸穿、射穿大小洞孔无数，密如蜂窝。员兵也有多人受伤，一枚子弹从艇长耳边飞过，险些命中。日机停止轰炸后，郭鸿久下令拆卸机枪，搬取枪支弹药，并令轮机副军士长打开平安汽塞门，放除余汽。正在紧张工作之时，日机六架再次飞来，投弹后匆忙离去，幸无损失。7日凌晨，两架日机继续对该艇实施攻击，该艇终因受伤过重而沉没。

10月3日上午11时，"湖鹗"鱼雷艇奉命由南京开往江阴，当晚7时到达，奉派担任夜间及浓雾时游弋江面防务，凌晨开赴巡防线，旋在六圩港停泊。5日下午6时许，日机四架飞向该艇，用机枪低空扫射。该艇机舱面顿时被洞穿多处，弹痕累累。该艇奉命驶向上游，寻觅"江宁"艇踪迹。7日上午8时左右，日机两架来袭，该艇员兵用机枪猛烈抵抗，将日机逼退。8日下午1时许，日侦察机两架在该艇上空盘旋，至5时，又有日机六架分三队迫近夹击，先用

在江阴被日机掷弹击沉的"湖鹗"号鱼雷艇

机枪扫射，后投弹轰炸，半数炸弹落于艇首近侧，造成该艇前段及水线铁板被洞穿十余孔，士兵舱、前炉舱进水，无法堵漏。有一枚炸弹在艇左舷一尺左右处爆炸，艇身受到猛烈震荡，烟囱、舢板被洞穿多处。日机离去后，该艇员兵迅速搬运、抢救枪械军火。至当晚8时江水涨潮时，该艇各舱全部进水，最终沉没。此次战斗，该艇有四名员兵受伤，两名落水。

为了减少不必要的牺牲，电雷学校防御力极弱的鱼雷快艇，于9月底分散停泊于江阴上下各港汊，文天祥中队的"文88"号艇奉命移泊江北四墩子小港，单独驻守。在转移过程中，史可法中队的"史34"号艇被四架日机追踪，并轮番轰炸，最后着火燃烧，毁沉于夏港江面，艇长姜翔翱及全艇官兵无一生还。与此同时，"史181"号艇在向一艘上驶的日舰发起攻击时，被日舰炮火击伤。上海失陷后，各快艇中队陆续上驶，一部分则参加了南京保卫战。

在被炸沉没的舰艇中，牺牲最为悲壮的当属"应瑞"舰。第二舰队接防后，海军部命该舰驻防大通。1937年10月10日，该舰开泊南京采石矶拆卸炮械，用于巩固岸上炮台。23日9时20分，空袭警报突然响起，"应瑞"舰立即做好战斗准备。9时30分，七架日机逼近并投下十枚炸弹，但由于"应瑞"舰上高射机枪的猛烈袭扰，炸弹全部落入附近水中。日机甚不甘心，折返俯冲投弹并扫射，"应瑞"舰左前段煤舱先中一弹，接着，前望台右侧渣油柜也被炸起火，正当舰员奋力扑救之时，保身台前向及其左侧又中两弹，炸透下舱，弹片横飞，火焰冲天，锚机、传钟并舵齿轮同时被震坏，电灯机及总保险线也被震断，右前段随即进水。"应瑞"舰员兵奋不顾身，一面赓续抗敌，一面堵塞

赵秉献，"应瑞"舰上尉枪炮官，福建闽侯人。烟台海军学校毕业，历任各舰军需副、鱼雷副、副长、枪炮官等。1937年10月23日在采石矶抗战时牺牲，时年37岁

许仁镐，"应瑞"舰上尉鱼雷官，福建闽侯人。烟台海军学校毕业，历任各舰艇枪炮副、枪炮官、副长、鱼雷官等职。1937年10月23日在采石矶抗战时牺牲，时年38岁

谢如藻，"应瑞"舰帆缆军士长，福建长乐人。"通济"练习舰练习兵出身，历充各舰一、二、三等兵，帆缆上、中、下士，帆缆正、副军士长等职。1937年10月23日在采石矶抗战时牺牲，时年56岁

江依三，"应瑞"舰轮机下士，福建闽侯人。1937年10月23日在采石矶抗战时牺牲，时年36岁

沈良科，"应瑞"舰帆缆下士，安徽庐江人。1937年10月23日在采石矶抗战时牺牲，时年48岁

柳瑞波，"应瑞"舰信号下士，福建闽侯人。1937年10月23日在采石矶抗战时牺牲，时年25岁

郑能通，"应瑞"舰二等兵，福建闽侯人。1937年10月23日在采石矶抗战时牺牲，时年24岁

王贤，"应瑞"舰二等兵，福建闽侯人。1937年10月23日在采石矶抗战时牺牲，时年21岁

陈幼昌，"应瑞"舰三等兵，福建闽侯人。1937年10月23日在采石矶抗战时牺牲，时年23岁

林良平，"应瑞"舰三等兵，福建闽侯人。1937年10月23日在采石矶抗战时牺牲，时年23岁

董依祺，"应瑞"舰轮机练兵，福建闽侯人。1937年10月23日在采石矶抗战时牺牲，时年25岁

李永庆，"应瑞"舰轮机练兵，浙江象山人。1937年10月23日在采石矶抗战时牺牲，时年23岁

漏水，但情势越发危机，前望台左侧及右前段又各中一弹，总水管炸裂，救火遭遇困难，致使火势越来越大，虽用摇手水龙抢救，并由"甘露"舰派舰员前来支援，大火依然无法扑灭，逐渐向前弹药舱蔓延。此时，日机三架仍然在上空盘旋，伺机攻击。战至下午，火势逐渐减弱，而舰舱进水却又加剧，舰身开始向右倾斜。5时30分左右，"应瑞"舰沉没。此次作战，"应瑞"舰全体将士英勇抗敌，损失惨重。上尉枪炮官赵秉献，上尉代理鱼雷官许仁镐，帆缆副军士谢如藻，枪炮上士郑一新，轮机簿记中士林鸿雄，轮机下士江依三，帆缆下士沈良科，信号下士柳瑞波，一等兵郑济禄，二等兵郑能通、廖得云、王贤，三等兵梁周斌、陈幼昌、林良平，轮机练兵林永庆，炊事兵江其淦等17人阵亡，59人受伤。

"应瑞"舰是一艘巡洋舰，由英国威克斯厂建造，舰身长330英尺，宽42英尺，吃水15英尺，排水量2460吨，最高航速20节。舰上装备有6英寸主炮、4英寸炮、3英寸炮、47毫米炮、40毫米高射炮、37毫米炮、18英寸鱼雷发射管等武器，乘员274人。

1909年，海军大臣载洵和萨镇冰赴欧洲考察海军，在英国订造了两艘巡洋舰，命名为"应瑞"和"肇和"。"应瑞"舰造价20.4万英镑，"肇和"舰造价21万英镑，两舰1911年完工。此时正值国内辛亥革命爆发，处在政权更替之中，欧洲也处在第一次世界大战爆发前的动荡时期，两舰没有按时来华，直到1913年两舰才驶来中国，被编入北京政府海军练习舰队。

在"二次革命"中，"应瑞"舰参与镇压讨袁军，成为袁世凯复辟的帮凶。1917年，孙中山领导的护法运动开始，海军总司令程璧光积极响应，命"应瑞"舰护送孙中山南下广东，但抵达汕头时，"应瑞"舰舰长杨敬修奉冯国璋之命不告而返。随后，"应瑞"舰作为北京政府海军主力参加了直奉战争和直皖战争，舰长先后由杨树庄、陈绍宽等担任。1928年12月，"应瑞"舰被编入中央海军练习舰队。1929年3月，蒋桂战争爆发后，"应瑞"舰助蒋参加了新军阀的混战。直到1937年抗日战争爆发，"应瑞"舰一直隶属于练习舰队。后经日方打捞，"应瑞"舰成为日军的战利品。

另外，"绥宁"号炮艇也在这一阶段的作战中受重伤。1937年10月13日，"绥宁"艇在十二圩驻防。上午10时，日军三架水上飞机来袭，该艇员兵开

　　宣统年间清政府从英国订购，民国初年来华的"应瑞"号巡洋舰，1937年10月23日在南京采石矶被日机炸沉

炮迎击，日机冒着炮火连掷数弹，继而又用机枪扫射，旋即离去。当时，有一枚炸弹击中该艇，穿过左舷板入机舱天窗盖爆炸，舵机、主力机、抽水机、电机及各部总副汽管均被炸毁。还有一枚炸弹落于艇首锚链附近爆炸，击穿两舷多处，深入士兵舱、帆缆舱、料件舱、行李舱引起燃烧，火势凶猛，水龙又被炸伤，无法扑救。虽然该艇员兵急用桶装水，从士兵舱及舱面之火药舱风袋口灌入，但杯水车薪，难以奏效。适逢"平海"舰舰员携带家具来艇，加入救护，使枪弹、炮弹免于全部爆炸。但舱内的步枪、扛具、五金料件以及员兵物件，均化为灰烬。下午1时，大火刚刚救灭，日机十二架又接踵而至，其中两架日机各投一弹于艇首近侧，造成该艇首段甲板驾驶房、无线电房着火，首炮亦遭焚毁。艇上员兵极力抢救，用细沙掩扑，均属无效，只能设法防范舱口，避免殃及后段。最终经反复浇水，始将大火扑灭，使艇免于沉没。此次作战有勤务兵郑新民一人阵亡，轮机下士赵日灿等十余人受伤。该艇经拖往武汉修理后复航。

　　就在江阴阻塞线面临着巨大压力之时，国民政府决定在镇江要塞再建一条阻塞线，可是，由于战情变化，这条阻塞线最终未能建成。镇江要塞司令林显扬报告了事情的经过："此案曾奉钧会执一部、作一部先后电令保安处长项致庄，会同职办理，并由电雷学校派员指导。依照长江宽深，须巨轮数十艘、石块数万方，以材料取支困难，往返电商，旋由黄河水利会建议，用'柳石枕'阻塞。经钧会责成苏省府办料，黄河水利会施工，由项处长及职监督指挥。奈彼时苏省府适有改组，水利会派工程司来镇视察，总以材料征集困难，施工亦非短期可能，旋又有改移下游之议，以致停顿。迨锡澄线吃紧，时机急迫，又奉令饬职办理。其时省府已迁，人民逃避一空，材料、工人一无办法，焦急万状。不得已建议用海盗劫轮方法，期其速就，曾电钧会请示。蒙执一部电复，极表同意，并蒙详细指示。故即饬士兵漏夜赶制麻铅网，满江密布，冀绞轮齿，以迟延军舰行动。经七昼夜，计共投下三四千。此急迫中阻塞之一法也。"[1] 尽管如此，蒋介石依然严令："各要塞守备部队官兵，虽至炮毁弹尽，亦不得擅退，须与要塞共存亡。"[2]

海军舰艇部队实力的不断削弱以及建立镇江阻塞线的失败，越发凸显出江阴要塞的重要作用。可是，南京防卫告急，炮台需要加强，江防总司令刘兴决定将要塞部分海军炮调往南京，除留下4门120毫米炮装设于巫山炮台外，其余1门150毫米炮、4门120毫米炮、11门小口径炮，均由曾以鼎派军舰运抵镇江，然后由镇江接运南京，听后分配装置。[3]这样江阴要塞的火力进一步削弱。11月26日，中国陆军放弃锡澄线，江阴要塞陷入孤立，此时在南岸的中国守军有第一〇三师、第一一二师及要塞守备队等，其周围山地为天然坚固阵地。但限于兵力，守军只使用前进阵地，主阵地则选于要塞及城厢附近。刘兴下达命令，要求江防军以主力固守江阴要塞，以一部警备江岸，施行持久抵抗，以保长江门户。要塞部队要严整备战，构成江上火力阻塞线，制压敌舰之动作，尤须对于陆正面准备火力，支援陆军作战。江防部队须以鱼雷快艇袭击敌舰，妨害敌舰活动，掩护地区。[4]11月28日，日军先头部队由青阳镇方向对南闸镇、花山

〔1〕中国第二历史档案馆：《中华民国史档案资料汇编》第五辑第二编军事（二），江苏古籍出版社1994年6月版，第302页。

〔2〕中国第二历史档案馆：《抗日战争正面战场》（上），凤凰出版社2005年8月版，第404页。

〔3〕中国第二历史档案馆：《中华民国史档案资料汇编》第五辑第二编军事（二），江苏古籍出版社1994年6月版，第301页。

〔4〕同上，第290—291页。

等外围前进阵地发起攻击，遭到中国守军的阻击而败退。29、30两日继续猛攻并夺下，随后又向本阵地发起攻击，12月1日，冲破本阵地。为保存实力，中国守军决定放弃要塞。当夜，刘兴奉命放弃江阴要塞，向镇江方向转移，中国海军支持至3日晚10时许，在所有部队安全离澄后，也随即后撤，转移防地。

江阴区江防司令欧阳格率部撤出防地后，仍留下部分士兵看守阻塞线上的水雷，事后据欧阳格转述留守士兵归队后报告时称，12月2日午后，日舰四艘上驶，触发水雷，只有一艘返回；5日午后日舰一艘，触雷未返；8日午前，日军汽艇一艘触雷沉没，午后又有铁驳船七艘，满载日军士兵到达布雷位置，留守中国士兵立即激发水雷两排（12枚），似有炸毁日军船只模样，日船仓皇退返。[1] 这说明电雷学校所布水雷在阻塞线上持续发挥作用。

在江阴要塞即将陷落之时，欧阳格奉命将电雷学校及鱼雷艇大队一部陆续后撤，上驶湖口、九江一带，一部分开进鄱阳湖畔星子县落脚，同时将文天祥中队留下参加南京保卫战。欧阳格与参谋长徐师丹、参谋杨维智及司令部警卫等十余人，从江阴突围过江，步行到达南京，在下关中国银行内设立了司令部。文天祥中队各艇则从各港口返回黄山港集中，继而连夜开赴南京。

文天祥中队拥有四艘英制鱼雷快艇，编号分别为"文171"（艇长刘功棣）、"文42"（艇长先是黄白云，后由陈溥星代理）、"文93"（艇长吴士荣）、"文88"（艇长谢宴池），中队长由刘功棣兼任。这些鱼雷快艇配有直径45公分的鱼雷两枚（尾槽发射式），深水炸弹两枚，高射机枪四挺。它们到达南京后，停泊于草鞋峡三台洞附近江边，用树枝芦苇隐蔽伪装，防止敌奸引示轰炸破坏。谢宴池回忆说："我们到达南京后，即向住在下关旅社的蔡浩章老师（他是刚从香港接收了戚继光母舰，绕道从粤汉路回来，奉命留守南京的）报到。由于十一月初南京城还没有完全进入战时紧张状态，我们在征得蔡老师同意后，离艇上岸。当时国民政府已开始西迁，挹江门城墙及大街小巷都写有'保卫大南京'的标语，街上行人不多，遇到不少说四川土话的小个子兵，我是四川人，听到乡音，格外亲切。"

---

〔1〕中国第二历史档案馆：《中华民国史档案资料汇编》第五辑第二编军事（二），江苏古籍出版社1994年6月版，第293页。

欧阳格等到达南京后，立即架设电台，与快艇队及后方学校联系。参谋杨维智将欧阳格亲笔所写第一号手令交给刘功棣，手令谓：江阴失守，闻敌舰已突破封锁线，溯江上驶，逼近首都，兹派"文"字号两艇今晚出发，游弋之镇江江面，如遇敌舰，立即攻击。谢宴池说：

> 杨维智是电雷学校第一期同学，他向我们谈起过江阴战役的经过，以及突围过江后步行到京的艰辛。这以后他经常到中队基地来，但绝大部分的作战命令是通过电台发出来的，内容一般都是每晚指定两条快艇出发游弋。有一次电文以非常恳切的语调命令我们："必须击沉敌舰一两艘，否则必遭舆论斥责。"十二月初，形势日渐紧张，每天下午四五点钟，即可收到命令快艇出发的电报，我们晚出晨归，整晚游弋在镇江江面，但始终没有发现敌舰。
>
> ……
>
> 十二月十二日下午四五点钟，我们久候电报命令不至，直到晚上十点多钟，才看到一条帆船向我们驶来，欧阳格、杨维智来到艇上，告诉我们南京已失守，城里很乱，参谋长徐师丹失踪。[1] 杨维智告诉我们，欧阳格在撤离南京前，曾向岳阳后方学校发出电报，谈到江阴、南京两处陷落，有"一寸河山一寸伤心泪"之句。……当晚欧阳格命令我们，四艇排成横列一字形，以最快速度冲过敌人火力网，驶到大通铁板洲待命。他说如果四艇纵列鱼贯而上，必被敌人发现，各个击破。要求我们沉着、机智、勇敢，坚决执行横列队形，胜利完成突围任务。布置完毕后，他和杨维智仍乘木船过江去了。
>
> ……
>
> 我们按照欧阳格的命令于十三日凌晨一时许驶过南京下关，当时敌人的炮火封锁了江面，江面一片火海，汽油在水面燃烧，强行渡江的众多军

---

[1] 据时任电雷学校学兵队队长、电雷大队大队附、机枪中队中队长的王先强和任电雷大队照测中队中队长的杜隆基说，徐师丹是在撤退渡江时，因轮船翻沉而溺水身亡。负责指挥轮船渡江的李姓队长后来因此被欧阳格枪决。见二人所撰《电雷学校的回忆》，载《文史资料存稿选编》军事机构（下）。

民，漂满江面，敌人的炮口发出红光绿火，在我们艇队前后爆炸，在渡江人群中爆炸，其状惨不忍睹。我们坚持原队形，快速上驶，胜利完成突围任务。[1]

从谢宴池的描述看，欧阳格已经意识到外界舆论对自己的不利影响，希望通过创造一些战绩来改变人们对他和电雷学校的看法，但战局偏不作美，在整个南京战役中，电雷学校的鱼雷快艇始终未能奏功，这令欧阳格有些失望。不过，他们是坚持到最后才撤离南京的，这又让欧阳格及其鱼雷快艇队感到骄傲。

另外，从江阴要塞转移到南京的海炮中，有四门安装于划子口，两门安装于小金庄，它们都发挥了重要作用。12月12日，划子口海炮及乌龙山一带备炮向四艘日舰射击，其中一艘前桅及望台被毁，其余亦均被伤。13日，日舰九艘遭划子口海炮射击，当即伤两艘，沉一艘（或被水雷击沉），海炮三门被击毁，取得了一定战果。[2]

日军打通江阴阻塞线

在南京保卫战中，电雷学校的鱼雷快艇没有建功，是因为江阴阻塞线阻挡了日军舰队深入南京城下的去路，这正是日军急于打通这道阻塞线的原因。日军在占领江阴之前，就做好了打通阻塞线的准备。为适应内河作战需要，1937年11月上旬，日本"海军与陆军协同破坏长江障碍物，再攻江阴，其目的在占领南京"。[3] 11月20日，长谷川清下令将海军江上舰艇进行重新配备：第一警戒部队（第十一战队、"严岛"舰）配置于黄浦江，第二警戒部队（第三水雷战队、第十一水雷队、第十一扫雷队）配置于七了口上游，第三警戒部队（第十二战队）配置于七了口下游，第四警戒部队（特设炮艇队、"小鹰"舰）配置于太湖方面内河。随着陆军作战的进展，日军突破江阴阻塞线，打通水路，与

---

[1] 谢宴池：《鱼雷快艇在南京保卫战中》，《南京保卫战》（原国民党将领抗日战争亲历记），中国文史出版社1987年8月版，第66—67页。

[2] 中国第二历史档案馆：《中华民国史档案资料汇编》第五辑第二编军事（二），江苏古籍出版社1994年6月版，第324—325页。

[3] 中国第二历史档案馆：《抗日战争正面战场》（上），凤凰出版社2005年8月版，第361页。

在江阴阻塞线作战中被中国海军击伤的日军

陆军协同攻略南京的愿望越来越迫切。11月25日，长谷川清迫不及待地再次下达命令，派出第二警戒部队全部，第十一战队驱逐舰两艘、炮舰一艘，第一港务部拖船四艘，以及"出云"舰上扫雷员等，做好打通江阴航路的准备。29日，长谷川清第三次下达命令，让第二警戒部队打通江阴附近航路。接到命令后，"'莲'舰长指挥的扫雷艇队于29日午后，略扫'古拍交叉口'航道之一部。30日当第一水雷队司令指挥的上游警戒队，正在以第一水雷队'莲'、'梅'、扫雷用拖船四只，打通'交叉口'上游航路时，受到来自巫山、萧山炮台的炮击。交战约一小时，各舰发炮达100发，巫山虽已沉默，但萧山的敌炮射程远于我方，因此暂时退避。此时从舰上可以望见江阴的封锁线"。[1]

12月1日，日军为夺取江阴城，在城东要塞与中国军队展开激战。根据作战形势，长谷川清对日本海军部队序列及负责地域再次进行变更，加强了第一警戒部队的力量，将第十一战队、第二扫雷队、第三扫雷队、第二十四驱逐队等统统隶属其下，负责吴淞口上游长江江段；第二警戒部队负责吴淞口下游及华中沿海，同时任命第三水雷战队司令官近藤英次郎少将为第十一战队司令官，接替谷本少将指挥第一警戒部队，旗舰为"安宅"号。刚刚接过第一警戒部队指挥权的近藤英次郎于当日就接到了"中国方面舰队应与陆军协力攻略南京"的大海令，立即指挥部队开始行动。日本海军陆战队则在江阴江岸登陆，担任警戒。

由于此时巫山等炮台还在中国军队手中，2日和3日，日军派出军舰和扫

---

〔1〕（日）日本防卫厅防卫研究所战史室著：《日本海军在中国作战》，中华书局1991年1月版，第278页。

雷船小心翼翼地接近阻塞线，进行试探性的扫雷。直到4日确定江阴要塞被占领后，日海军"保津"舰才载着陆战队于上午10时55分，临时泊于巫山东北约1海里处。陆战队在此登陆，向巫山炮台靠近，一面处置控制水雷用的电缆，一面和陆军取得联系。与此同时，"栗""栂""莲"等舰到达巫山以北约2海里附近，与"保津"舰协同掩护陆战队登岸。

陆战队登陆后，在"保津"舰舰长上田光治率领下，扫雷队实施了对福姜沙港水路的清扫，并设置了航路标志。为了进一步试探航路，上田光治亲自乘坐小艇于12时15分，自江阴阻塞线南端和陆岸之间穿过，首次突破阻塞线，进入阻塞线以内，发现了搁浅的中国军舰"宁海"号。上田光治命令士兵登上该舰残骸，不想遭到岸上中国军队阵地机枪的射击，一名日军当即中弹受伤，上田光治胆战心惊，不顾伤兵在"宁海"舰上挣扎，仓皇逃过阻塞线，回到"保津"舰上。15点20分，上田光治指挥"保津"舰再次越过阻塞线，一面炮击八圩港中国阵地，一面将"宁海"舰后桅杆上的日军伤兵接回，随后匆忙驶回巫山锚地。

5日，日军第一警戒部队命警戒队集结于"交叉口"附近，取掩护疏浚作业态势，以小艇略扫北段水路，以第二十四驱逐队各舰小艇共四艘，于11时30分至18时30分进行扫雷作业，给七个已发现的水雷附上浮标。6日，日军继续进行这一工作，并派陆战队登岸搜索。

7日，日陆军先头部队已进逼至距南京20公里，急需打通长江水路以获得海军支援，近藤英次郎调整了第一警戒部队的序列，命令前路警戒队与第二扫雷队协力，实施处置水雷及扫清前进道路；"保津"舰、"势多"舰、特别扫雷队在上田光治指挥下，清扫阻塞线至江阴之间水路南侧一带；"比良""鸟羽"各舰进出江阴附近，清扫江阴下游；第一扫雷队从吴淞赶往江阴阻塞线下游与主队会合。近藤英次郎则亲率"安宅"舰开赴江阴，大有不打通阻塞线誓不罢休之势。

8日上午9时22分，长谷川清命令近藤英次郎："第一警戒部队应迅速打通到达南京的水路。"近藤英次郎遂令第二扫雷队自古柏沙洲向西方扫雷，又循北水道南方水路扫雷，并清扫了巫山、弧山连接线以东福姜沙北岸的水路。第一扫雷队则奉命首先突破闸门，继而清扫其上游附近的主队泊地。闸门江底有

日军拆除沉于阻塞线上的船只，试图打通航道

很多障碍物，扫雷索被切断四次，勉强将闸门上游至入口处扫完。下午14时15分，第一扫雷队又奉命协带"江风""比良""势多"等舰打通了由江阴到三江营的水路。

9日，随着日陆军部队迫近镇江和南京，第一警戒部队决定向南京警戒前进。近藤英次郎率领"安宅"舰进出三江营，前路警戒部队由第二十四驱逐队的"山风""海风"两舰担任，向导警戒由"保津"舰及第一扫雷队第三小队担任，扫雷部队与"坚田"舰协力，清扫北水道并负责打通由该水路至封锁线闸门的水路，其余各舰继续执行昨日的作业。在作业过程中，第二扫雷队的"间宫丸""天盐丸""雄基丸"等三舰继续对北方水面实施扫雷，不料，"雄基丸"舰在巫山的330度，4200米附近触雷沉没，露出前后桅杆。在该舰附近，依然有浮流水雷，迫使日军不得不暂停扫雷行动。

从11日开始，第一警戒部队暂时放弃在江阴阻塞线的扫雷行动，溯江驶往上游，以配合日军对南京的行动。13日，南京落入日军之手，此后，日本海军才比较从容地展开了对江阴阻塞线的长时间清理。他们动用潜水、打捞人员一千多人，昼夜不停清扫水雷和水底障碍物，打捞阻塞线上的沉船。直到1938年2月，日军才打开了一个较大的缺口，勉强可让吃水较深的舰船通过。而清理、打捞行动又持续了很长的时间，日军为此也付出了沉重的代价。1938年3

日军在清理江阴阻塞线上的沉船

月22日，桂林《救亡日报》就报道了日军在破坏阻塞线过程中遭遇水雷爆炸的消息："敌舰两艘，九日到天生港强拉民夫百余名，开至江阴企图将该处封锁线破坏，正工作时，因触发水雷，轰然爆炸，敌舰艇全覆，敌水手及民夫炸死六十余名，所有尸身，十一日打捞运回天生港火葬，破坏工作亦告停顿。"[1]即便如此，要想使江阴阻塞线江面畅通如初，也已是一种梦想了。从建国以后新中国人民政府清理江阴阻塞线沉船的情况，也可以看出这条阻塞线的坚固程度。现将国内的一则报道摘录如下：

1951年3月，上海吴淞和江阴的打捞工人在江阴要塞司令部领导下，曾对"水下封锁线"进行了一个多月的打捞，捞获拆卸铁板等物80余吨，因长江春季潮水流速过快而中止。当年，上海新华打捞公司与五洲拆船行曾派员前往江阴游说，要求参与"用起重机大规模打捞"。

1952年3月28日，苏南人民行政公署明文规定："关于打捞江阴沉船，在未奉华东军政委员会批准前应暂行停止。"这个规定，事实上保护了"水下封锁线"沉船免遭船民和私营打捞公司破坏性分割炸毁。

1953年冬,中国人民打捞公司奉命前往,揭开了江阴"水下封锁线"沉船清航打捞的序幕。12月1日,捞起了沉于长山脚下的150吨铁质趸船"吉安"号。翌年初,捞起沉于靖江罗家桥港的货轮"华富"号。是年,使江阴中航道扩展了400米,另开宽1000米的北航漕。1956年冬,捞起沉于靖江罗家桥港的货轮"万宰"号。

1958年至1960年,正是全国大炼钢铁的年代,向水下要钢铁,成为打捞工人为社会主义建设作贡献最有效的行动。上海打捞工程局成立江阴沉船打捞指挥部,集中大批人力物力和主要打捞工程船舶前往江阴,进行清航打捞。

从1958年秋季开始至1959年春季,他们先后捞起货轮、客轮、趸船以及轻巡洋舰等8艘沉船沉舰。其中,"公平"轮系7000吨级三岛式海货轮,全长105米,宽12.5米,深7米,沉船前部第二舱及甲板已全部断裂,后部第二舱左右舷各有破洞及裂缝,船中淤泥积沙厚达几米。打捞工人采用高速流水作业法,夜以继日加速除泥进度,再使用打捞浮筒将其整体抬浮出水,实际施工42天。而"广利"轮在打捞开始时船体已被泥沙掩埋,打捞工人在潜水作业中一边将其船体从泥沙中冲出,一边挖出一条10米水深的航道,最终将其拖曳出浅窝后予以捞起,共计除沉沙达20万立方米,真可谓"沙里淘金"。

1959年冬,先后打捞起5艘船舰。1960年,又先后打捞起货轮、炮舰共15艘。其中有船名相同的'同华'号各一艘,一艘为铁质,另一艘为柚木货轮。

1964年夏,为开辟长江石油运输航线,让海上万吨油轮直接驶达南京炼油化工厂区,减少在上海的中转陆运环节,交通部北方区海运管理局下达了对江阴地区残余沉船沉舰进行测量和打捞的任务,要求该地区航道水深在最低潮位时达到12米,凡不足12米(如沉船或其他障碍物)的,均应在1965年4月前予以清除完毕。9月初,上海打捞工程局赴江阴进行扫测,共扫测河床76万平方米,测得沉船各种数据,各船最高点离水面距离为8.28米至13.01米不等。打捞局即派4艘工程船和1艘拖轮、1艘交通艇、2

艘辅助船的作业船队，于10月中旬分3批抵达江阴工地。另外，增调"潜水技术训练班"的132名教职员、学员充实到施工船舶，还抽调31名机关干部由局领导带领赴现场支援。经两个多月的连续施工，先后捞起趸船、货轮、军舰共6艘，基本结束了对江阴"水下封锁线"沉船沉舰的清航打捞工作。

至此，从1953年起到1964年止的12年（实际施工9个冬季）中，共在江阴"水下封锁线"打捞起沉船沉舰39艘，其中商船24艘，军舰9艘，趸船6艘。尚剩下"辰字""宿字"两艘鱼雷艇和"永清""沙市"两艘趸船未捞，因其已深埋江底泥中，不影响长江航道安全，故暂时停止打捞。但上级要求一旦江流冲刷使江底河床变迁，这几艘沉船沉舰露出江底妨碍航道时，仍需及时捞除。

1968年，趸船"沙市"残骸果然露出江底，上海救捞局即于该年冬天将其捞除。

至于在江阴海空战中沉没的大小军舰，也分别在五六十年代由上海打捞工程局予以打捞起浮。[1]

江阴阻塞线从建立到防守，倾注了中国海军难以估量的心血与代价，而最终的结果依然没有能够挡住日本海军溯江西上的步伐。因此，无论是当时，还是几十年后的今天，都有人对这道阻塞线的建立表示异议，甚至是指责。

然而，笔者认为，江阴阻塞线的建立，是在中日双方海军存在巨大实力差距的前提下，能够协同陆军实现中国军事当局作战意图的最好方法，尽管无奈，却是必须。关于这一点，后面还将继续讨论。

〔1〕杰锋：《清除江阴水下封锁线，历时12年完成清航打捞》，《上海滩》2001年第5期。

作战篇

节节抵抗的要塞、水雷战

当南京失陷，最后一名中国海军士兵的身影消失在西上的航迹中时，长江下游的海军抗战暂时告一段落，以保卫武汉为目的的阻塞战、要塞战、水雷战拉开了帷幕，此为海军长江抗战的第二阶段。在这一阶段中，日军开始"溯江作战"，中国海军则重整旗鼓，积极配合陆军实现国民政府消耗日军、阻断日军长江航线的战略意图，达到保卫武汉的目的。具体的战术指导原则和作战任务是：发挥要塞炮队威力，以水雷为主进行防御，阻遏日舰西犯，争取有利时间，保卫武汉。[1]

---

[1]陈绍宽：《抗战六年来的海军》，《海军杂志》第十六卷第一期，第2页。

长江中上游的抗战筹划与部署

日军占领南京后，决定"以攻略敌第二首都汉口为目标"，陆军的部署是将第三、第六、第十、第十三、第十六等五个师团配置在江北，将第九、第二十七、第一〇一、第一〇六等四个师团配置在江南，将波田支队[1]配置在长江正面，着其与海军协力，从江上或江南岸溯江进击。而海军则十分明确，"长江作为庞大的军队及军需品的运输线，而提高了其价值。只有制霸长江，才是攻略汉口的捷径，此点成了海军当局的最大任务"。[2]

实际上，国民政府对日军夺取武汉的战略意图早已看清。1937年12月，军事委员会拟定了第三期作战计划，在其中"长江及武汉之守备"一节中明确规定："湖口以西，武汉以东之各要塞，应力事增强，并统一指挥，以江防总司令统兵守备之，并加封锁。"[3]1938年初，国民政府在武汉召开了第一届国民参政会，通过了《抗战建国纲领》，准备持久作战。6月8日，军事委员会军令部制定了《保卫武汉作战计划》，规定了各陆军部队的作战"方针""指导要领"等，蒋介石对这一计划并不满意，他特别提出"计划中对海军舰艇之应用，未曾注意。此应特加补正。必须将我现在之大小舰艇，与各地方之水巡队，及电雷学校、军政部所属各大小船舶，均应计算在内，切实统计，作整个

---

[1]波田支队原为参加上海作战的重藤支队，从1937年底至1938年2月，在台湾附近集结待命。1938年2月22日，奉命再度归属华中派遣军，其指挥官是波田重一。

[2]（日）日本防卫厅防卫研究所战史室著：《日本海军在中国作战》，中华书局1991年1月版，第295、295—296页。

[3]中国第二历史档案馆：《中华民国史档案资料汇编》第五辑第二编军事（一），江苏古籍出版社1994年6月版，第636页。

之计划。对于陆军与海军个别之任务与协同动作之处所，皆应详细规定，是为最要。关于海、陆军联合动作与运用，请白副总长负责办理"，[1]表明他对海军运用的重视。当月，军事委员会对正面战场部队进行了重新部署，成立了第九战区，任命陈诚为司令长官兼武汉卫戍总司令，担任保卫武汉的任务。空军集中汉口和南昌担负防空任务，海军各部队则部署于长江中游，配合陆军担负水面及要塞防务。7月，蒋介石召集保卫武汉之各部队将领训话，强调保卫武汉的重要性，认为"我们全国军事政治经济文化的中心，目前就是在武汉"，"如武汉不守，则长江上下，敌人可以随便出汉纵横，不仅我南北战场要被他隔断，而且我们的后方根据地，时刻要感受它的威胁"；"全国抗战势必隔为南北两个战场，彼此失掉了联络，无论兵员器械弹药粮秣都不能南北兼顾，互相调用，军队运用起来，就要感受困难"，因此，"我们一定要死守武汉，巩固武汉"！[2]9月，陈诚拟定了武汉会战的目的方针和策略指导，认为总的作战指导方针依然是持久战与消耗战。而固守武汉的目的，在政治上是避免影响国际视听。军事上是阻止敌利用舰艇及快速部队，冒险溯江西上，以直接威胁、攫取武汉；使我第五、九两战区之作战部队，有转进部署之时间，不影响于两战区之作战指导；为保持粤汉路交通动脉之主干，首应保守南北联络之枢纽武汉。他明确的武汉会战中有关长江部分的策略与指导是，第五、九两战区沿江部队，须绝对固守，其部队配置及江防阻塞尤要注意周到，步步为营节节抵抗，以短小空间换取长大时间。[3]海军参加武汉会战就是在国民政府高度重视并制定了明确的策略与指导的情况下展开的。

蒋介石强调要塞建设

长江中游的抗战筹划，尽管没有像长江下游那样耗费心思，但也早已被纳入国民政府的考虑之中，主要体现在要塞规划和建设方面。1932年5月，中日

---

〔1〕秦孝仪主编：《中华民国重要史料初编——对日抗战时期》第二编作战经过（二），台湾中国国民党中央委员会党史委员会1981年9月版，第311页。

〔2〕秦孝仪编：《总统蒋公思想言论总集》，卷十五，台湾国民党党史委员会1984年10月版，第410页。

〔3〕中国第二历史档案馆：《抗日战争正面战场》（上），凤凰出版社2005年8月版，第723—724页。

签订《中日上海停战及日方撤军协定》后，国民政府已经意识到外侮已经"亟亟不可终日"，于是在考虑长江防御计划的同时，将要塞的整备和建设作为重要内容，制订了要塞五年整备计划。该计划以中国中部（北起黄河，南迄甬江）为中心，以长江为重点。整理的方针是增加要塞强度，配备一定数量的守备队，辅以游动炮兵及水中防御器材，阻止敌人登陆。参谋本部还将中部地区以南京为中心，划为中、南、西、北四个区，后又将福建划为闽区。1933年2月，蒋介石就明令"长江沿岸各要塞，如马当、田家镇、武穴各处，不仅派兵必须构筑防御工事，希派妥员指导分路进行，然后再派大员检查"。[1]3月，他考虑到长江各要塞存在的目标暴露问题，又做出了具体指示："长江各要塞，目标太露，易为敌海空军破坏，为扼制敌舰在长江行动，应在苏皖赣鄂各省江岸，分散布置潜伏炮兵，请即派遣海军及陆军炮兵将校实地察看，选择水路迂浅，舰行不便，陆路炮兵可通地点，先将进入道路及阵地构成，务须伪装掩盖，并于附近设置假定目标，测准距离，一面择调可用炮兵，分驻其附近城镇，务为秘密，此种潜伏炮兵阵地，构筑至易，须多设处所，以便战时可常常变换，出敌不意，乃能收到要击之效。此不仅为此次急用，即为将来计亦应迅速着手"。[2]10月，蒋介石又就江海各要塞的建设方案及修筑步骤提出要求："江海各要塞以江阴与江宁两要塞为中心，乍浦与镇海为南区，海州与通州为北区，芜湖与马当为西区，江宁要塞之范围，应西至东西梁山与东至镇江，皆划入在内，可先定一中南北西各区之整个方案与修筑步骤之计划，同时定一各要塞各部计划图案与详细之方案，如现无此要塞图案之顾问，则不惜重资另聘，并须从速也。然后再照所定之案，逐步施行，而图案尤为紧要，请与总顾问切商之，此时不必论其炮之有无也。"从中可以感受到蒋介石构筑要塞防御的急切心情。

然而，尽管在蒋介石的催促下各要塞加紧了整备的步伐，但由于国共内战的加剧，到1936年为止，除了江宁、江阴、镇江、镇海、虎门等少数要塞在原有基础上加以修筑、修配以及增设要塞炮以外，大多在第一期工事建设中进展

〔1〕秦孝仪主编：《中华民国重要史料初编——对日抗战时期》绪编（三），台湾中国国民党中央委员会党史委员会1981年9月版，第295页。
〔2〕同上，第295页。

缓慢。进入1936年以后，蒋介石考虑到在不可避免将要爆发的中日战争中，长江各要塞的作用更加突出，便又开始关注建设情况。当部分要塞第一期工事修筑完成后，他于1936年2月，催促参谋总长程潜切实派员调查首当其冲的东西梁山、马当、湖口、田家镇等各要塞的建设情况，并要求编写第二期工事建设计划。[1]抗日战争爆发后，长江沿岸的要塞建设更成为蒋介石关注的重大问题，不仅要求构筑工事，而且要求阻塞江面。1937年8月下旬，当江阴阻塞线正在紧锣密鼓地加固、防守之时，蒋介石就已经做好了日军溯江西犯的准备。他于31日给军事委员会第一部部长黄绍竑下达手令："镇江、采石、马当、田家镇各处江防与阻塞，应从速着手，并限期完成。希即派定负责人员主持其事。凡前方不用之重炮，与后方未用之各种炮兵，均应安置于以上各要塞之两岸。着定整个计划祥报为要。"[2]由于淞沪战事激烈，江阴阻塞线为防守的重中之重，加之准备不足，镇江、采石的阻塞并未完成，马当和田家镇的阻塞和封锁也未实施。11月12日，上海陷落，南京吃紧。11月20日，国民政府决定将各机关移驻重庆，并开始在武汉建立新的政治、军事中心，长江中游防御设施的建设显得越来越紧迫，于是便全面展开。在这一段时间里，蒋介石关于要塞建设和筹划的电报和手令非常详细和具体，生怕相关人员遗漏了某些细节。1938年3月21日，蒋介石给军令部部长徐永昌的手令中就强调："马当、湖口、九江、田家镇防务特别重要，其工事与炮位以及部队防务，应由军令部特别督促布置勿误。"并明确表示，"本委员长定下月初旬，亲往各处要塞检阅"。[3]4月17日，蒋介石指示军事委员会办公厅主任贺耀祖通知陈绍宽、陈诚、刘建绪开会，要求田家镇、马当、湖口要塞司令以及与水雷敷设工作有关的德国总顾问史脱奈司、其他德国顾问、欧阳格等参加，商量各要塞防务，特别强调"嘱其随带各种材料到会"。[4]5月12日，当他发现马当要塞存在一些问题时，立即电令第十集团军总司令刘建绪："马当要塞炮位与交通壕皆甚暴露，毫无掩蔽设

〔1〕秦孝仪主编：《中华民国重要史料初编——对日抗战时期》绪编（三），台湾中国国民党中央委员会党史委员会1981年9月版，第301页。
〔2〕秦孝仪主编：《中华民国重要史料初编——对日抗战时期》第二编作战经过（三），台湾中国国民党中央委员会党史委员会1981年9月版，第19页。
〔3〕同上，第300页。
〔4〕同上，第21页。

备，应切实改正，限期完成。……水雷之布设，与江面封锁工程加强之程度，有否进步？亦希祥告。"[1] 6月11日，他指示参谋总长何应钦和副参谋总长白崇禧，在以下各处构筑工事：湘鄂路：咸宁、通山、通城、羊楼洞、岳州、汨罗江；汉宜路：应城、长江埠、内方山、沙洋、十里

1938年在汉口指挥抗战的蒋介石

铺、河溶、宜昌；沿江两岸：金口、嘉鱼、新堤、临湘、监利、郝穴（并准备布水雷）。[2] 13日，他又指示二人检阅各要塞及江防部队沿江阵地，以检查长江与鄱阳湖防御计划应办事项的实施情况。他说："长江与鄱阳湖防御计划及其实施现状，与江防各部队平射小炮之配置数目，及其阵地地点，与工事构筑方式，以及所能用于江上湖内各舰艇之编组，与其各队各段负责指挥之官长姓名，皆须确定具体方案，及实施办法，与完成日期。请白副总长负责主持。并请先行前往各要塞及江防部队沿江阵地检阅一次，最好能于本星期或下星期出发检阅。"[3] 7月15日，他在给海军总司令陈绍宽的指示中说："洞庭湖口及湖内水道，与湘阴、临湘各口，以及荆沙、宜昌各江口，皆应敷设水雷，切实准备，并将具体计划及日期祥报为要。"隔日，陈绍宽立即将各地水雷敷设计划报告蒋介石："查洞庭湖以内之水道，在夏季可以航行小型驱逐舰，且再经两月，则水势渐小，制雷应采取小型触雷为主。至于洞庭湖湖口之岳阳，尚可配备大型水雷。其余如芦林潭、湘阴、靖港、长沙、益阳、常德、安乡等处，应以配备五十八斤炸药之小型水雷。又荆河一段，由武汉至郝穴，已于武汉上游

---

〔1〕秦孝仪主编：《中华民国重要史料初编——对日抗战时期》第二编作战经过（三），台湾中国国民党中央委员会党史委员会1981年9月版，第21页。

〔2〕同上，第312页。

〔3〕同上，第22页。

敷雷计划中，七月六日呈报奉准在案。其由郝穴以上，至宜昌止，计可敷布地点如：马家寨、沙市、松滋、宜都、宜昌等处，夏季皆可用大型水雷，约计共需大型水雷一千五百具，小型水雷一千五百具；惟现正赶制武汉下游黄鄂区水雷，预计须赶于一个月完成；但至武汉上游所应用之水雷，曾奉令先三千具；但款药均未奉到。一俟款药领到，即日夜赶制，以应要需。"并提出"拟复武汉上游水雷，从速制造备用。其所需款药，已交军政部从速核发。"[1] 蒋介石阅后表示满意，当即批示"如拟"。

1938年10月武汉陷落后，国民政府又重整兵力全力保卫重庆。川江是日军进逼重庆的战略通道，成为中国陆海空军防卫的重点，蒋介石依然强调加强要塞工事的建设。而要塞建设的情况，依然属于尽力而为。笔者从军令部部长徐永昌于1939年3月17日所呈《江防部署报告》中了解到当时川江防务的一些具体情况。徐永昌指出，川江弯曲多滩，礁石棋布，水流急激，航行困难，两岸崇山峻岭，悬崖断壁，攀登不易，其最险要者厥为三峡。三峡之中以西陵峡为最险，位于宜昌巴东间，含有川江著名之崆岭、新、洩三大险滩，其中尤以庙河附近之崆岭滩为最险。各滩因季节水位之涨落，险要性亦随之而异。徐永昌描述川江地形之险要，无非是说在这样的地理环境中设防利弊皆有。

在报告设防情形时徐永昌说，为阻止敌陆海军溯江西进，确保川东门户起见，先于宜昌、巴东间石牌、庙河、洩滩、牛口四处，设备江防要塞，并于其左右两翼构筑坚固野战阵地，与要塞连系，以持久战与攻势防御并用击破敌人。至巴东以上地区之设防，业已侦察，俟筹有火炮，再行筹设。

关于工程构筑情况徐永昌说，要塞工程，军令部自本年1月开始筹备，即派员侦察，经选定石牌、庙河、洩滩、牛口四处，并决定石牌装设海炮四门，庙河装设海炮八门，洩滩、牛口各装设海炮六门，均经江防工程处先后开工。现石牌已成石方百分之五十，其他三塞已成石方百分之十五至二十不等，各要塞观测所土方均已完成，现均在赶筑中。江面阻塞工程，第一，宜昌、沙市间布雷，经决定洋溪、古老背及葛洲坝三处，准备水雷741具，现该水雷及敷设

---

〔1〕秦孝仪主编：《中华民国重要史料初编——对日抗战时期》第二编作战经过（三），台湾中国国民党中央委员会党史委员会1981年9月版，第22—23页。

准备均已完成，已令郭司令相机实施敷设（因水雷敷设过早，易失效用）。川江则采用漂雷，现在海军总部筹制中，已令筹制2400具。第二，沉船阻塞已选定古老背为第一线，沉船10艘，葛洲坝为第二线，沉船7艘，船只均经征齐，准备完善，必要时即行沉塞。第三，电艇12艘，已到达古老背附近，现正准备使用场所，并预定3月15日演习。第四，川江所用之烟幕及其他辅助工程等，现正开始准备作业。

最后，徐永昌报告了江防部队部署情况。其中海军部队的部署情况包括：江防要塞守备队唐静海部，位置于平善坝、三斗坪、石牌庙河一带整训并筑工，而后担任宜、巴间诸要塞之守备；电雷大队第一及第四中队，位置于宜昌以东，担任汉宜公路之破坏工作。[1]

徐永昌报告的川江各要塞防御筹备虽然还在进行中，但基本规模已经确定。

蒋介石如此重视长江要塞的建设，注定了这些要塞必将在长江抗战中发挥主要作用，海军的作战也必将围绕着固守这些要塞而展开，即"以要塞做主体，用由舰炮而构成的要塞力量来保卫雷区，执行防守水道的任务"。所以，在长江下游的抗战结束后，陈绍宽在第二期作战部署中，将要塞区划分为四个，即马当区、湖口区、田家镇区和葛店区；把第三期作战的任务定为保卫荆河、川江和洞庭湖。

在第二期划分的四个要塞区中，海军配设了若干要塞阵地，安装了口径在120毫米的舰炮若干门，射程可达14500米，自大通至汉口266海里长的水道，布设143道水雷区，每一道水雷区又划成数道敷设线。平均每海里有两道水雷敷设线，每道水雷敷设线平均有十具水雷。另在马当江面，构成沉船阻塞线一道。战事发生后，海军各布雷队又冒着日军的炮火，先后一百多次抢布水雷。

在第三期防守工作中，海军在川江设有要塞区，装有舰炮和其他要塞炮。荆江为川江前卫，川江系重庆门户。保卫重庆，第一要确守川江；确守川江，即须重视荆江。自荆江至宜昌江面有60道水雷区，二百多条水雷敷设线五千余具水雷埋伏在水中。[2]

---

〔1〕秦孝仪主编：《中华民国重要史料初编——对日抗战时期》第二编作战经过（二），台湾中国国民党中央委员会党史委员会1981年9月版，第423—426页。

〔2〕高晓星编：《陈绍宽文集》，海潮出版社1994年7月版，第319—320页。

除了重视要塞之外，蒋介石也对与要塞建设密切相关的长江交通运输等问题做出明确指示。1938年6月9日，蒋介石就豫、鄂会战计划向何应钦、白崇禧、徐永昌指出特别注意事项。他说："对于水道运输机关器材之设备运用，更须特别周到。将来伤兵之后送，尤应注重在水路输送。故水路之设备，在武汉附近作战特别重要。必须派一大员负责总其成（最好请徐部长主持其事）。"[1]

如果说蒋介石加强要塞建设的主张，是根据日军进攻的特点以及以往长江作战的经验提出的话，那么日军重视进攻中国长江要塞，则是对中国军队的部署以及以往长江作战教训的反应。日本海军认为，中国的海军几乎被日本海军的炮轰和轰炸所破坏，不仅长江，就连中国沿海的制海（江）权也都掌握在日本海军手中，根据过去溯江到南京的战训，或根据南京上游的侦察及谍报判断，这次溯江到汉口的作战，预料将有如下的困难：一、疏浚水路：1.长江有锚雷、沉底雷、漂雷等各种水雷，有危险，需要处置；2.预料长江还可能被沉船等办法封锁，需要拆除和疏浚水路。二、覆灭沿岸的炮台：1.长江两岸多为峭壁，其山顶设有坚固的要塞炮俯瞰长江，需要事先将其覆灭；2.除原来的要塞之外，又在沿岸要冲设有新的炮台，也需要将其消灭。三、支援陆军或陆战队的溯江及登陆：因上述危险情况，需要实施对攻略部队的输送、护卫和扫荡进路，侦察前进，掩护射击，防空及支援后方等支援行动。四、军用船的护卫：为了维持陆军大兵团的兵站，对往返的军用船需要实施护卫、防空、扫荡进路等。[2]这说明日军在"溯江作战"中对应对长江要塞的防御有了充分的预料和准备，注定了未来中国海军的长江抗战将是异常艰难的。

海军的整编与调动

为了迎接更加艰苦的抗战，国民政府调兵遣将，对陆海空军不断进行重新调整与规划。1937年8月20日，国民政府军事委员会颁布全军战斗序列，任命陈绍宽为海军总司令。1938年1月，海军部裁撤，成立海军总司令部，下辖

〔1〕秦孝仪主编：《中华民国重要史料初编——对日抗战时期》第二编作战经过（二），台湾中国国民党中央委员会党史委员会1981年9月版，第311页。
〔2〕（日）日本防卫厅防卫研究所战史室著：《日本海军在中国作战》，中华书局1991年1月版，第295页。

参谋、军衡、舰械、军需四个处，及秘书、副官办公室等机构，陈绍宽任总司令，陈训泳任参谋长，陈季良任第一舰队司令，曾以鼎任第二舰队司令兼江防总司令部副总司令。与此同时，鉴于在第一阶段抗战中海军第一舰队、第二舰队、练习舰队、海军海岸巡防处、海军海道测量局等所属各舰艇，大部分已经沉毁，海军于1938年1月，决定将"海军练习舰队司令部、海军海岸巡防处、海军海道测量局等暂行裁撤"，"将其余各舰艇，分别另行编队：计中山军舰、永绩军舰、江元军舰、江贞军舰、楚观军舰、楚谦军舰、楚同军舰、楚泰军舰、甘露测量舰、克安运舰、定安运舰、义宁炮艇、正宁炮艇、长宁炮艇、威宁炮艇、肃宁炮艇、崇宁炮艇等，均编入海军第一舰队；永绥军舰、民生军舰、民权军舰、咸宁军舰、江鲲军舰、江犀军舰、公胜测量艇、诚胜测量艇、顺胜炮艇、义胜炮艇、勇胜炮艇、仁胜炮艇、海宁炮艇、抚宁炮艇、绥宁炮艇、湖鹰鱼雷艇、湖隼鱼雷艇等，均编入海军第二舰队，以资统率，而利指挥"。[1]海军舰艇分驻于长江中游各地，在武汉会战中，几乎所有舰艇都投入了作战，陈绍宽先后乘"咸宁""永绥""江犀"等舰，来往于马当、汉口、岳阳、长沙等地指挥作战。

电雷学校的鱼雷快艇大队自最后一批从南京撤离后，陆续上驶至鄱阳湖星子县的姑塘集结待命。一个月后，又奉命撤至武昌的鲢鱼套集结，准备重整再战。

在长江下游作战中成立的太湖、镇江等区海军炮队，西上后进行了整编，1938年1月1日，太湖区炮队改组为洞庭区炮队，在临湘矶、百螺矶、道人矶、洪家洲等地设立炮台，安装舰炮25门。江阴炮队于江阴失守后集结南京待命，转赴湖口，成立赣鄂区炮队，于马当、湖口、田家镇、葛店成立临时要塞，由海军第二舰队司令曾以鼎兼任赣鄂区炮队总队长，指挥海军各炮队。1月1日，马当区炮队成立，安装舰炮八门，以狼山、牛山、鸡公嘴为阵地；1月10日，湖口区炮队成立，安装舰炮八门，以太平山、竹鸡山为阵地。上述两炮队于4月移归马当要塞司令部指挥。3月15日，武汉区炮队成立，安装舰炮十门，以

---

〔1〕殷梦霞、李强选编：《国家图书馆藏民国军事档案文献初编》第七册，国家图书馆出版社2009年6月版，第455页。

黄家矶、白浒山为阵地；5月15日，田家镇区炮队成立，安装舰炮八门，以宅山、象山为阵地，后移归田家镇要塞司令部指挥。葛店炮队则移归黄鄂区要塞司令部指挥。武汉失守后，海军又在宜巴区和巴万区组织炮队，设立炮台。各区炮队所配备的炮台情况大致如下：

马当炮台总台长为陈永钦，总台附为邓则勋，下辖第一、二、三炮台，装备舰炮口径分别为15生和12生。第一台台长为陈培坚，后来为张鹏霄；第二台台长为齐粹英，后来为叶可钰；第三台台长为林夒。台员计有林家熺、王文芝、潘功宏等。

湖口炮台设于太平山、竹鸡山，总台长为邱世忠，总台附为杨希颜，下辖第一、二两炮台，各装有3寸口径大炮四门。第一台台长为林奇，副台长为林溁；第二台台长为严智，副台长为林夒；台员有魏应麟、谢为森、陈寿庄、张绍熙等。

田家镇炮台设于长江南北两岸，南岸设有一、二两台，总台长为张凤仁，副总台长为吴芝甫，第一台台长为李和春，第二台台长为关继周。北岸设有三、四两台，总台长先为林镜寰（原"海筹"舰舰长，因病未到任），后为彭瀛（亦因病辞职），再改为陈永钦（原马当炮台总台长），副台长为陈国忠。第三台台长甘礼经，副台长叶时；第四台台长郭鸿久，副台长赖汝梅。三、四台的台员有陈耀宗、刘崇平、邵正炎、倪志兴、刘荣林、郑贞和、郑克谦、张绍熙等。

葛店炮台设有两个总台，第一总台台长为方莹，总台附为郑翙汉，下辖三个分台；第二总台台长为程嵋贤，总台附为刘孝銎，下辖两个分台。

武汉失守后，蒋介石为全力保卫重庆，在宜巴区和巴万区设立了川江炮台。宜巴区设有第一、二总台，第一总台台长为方莹，总台附为戴熙经，下辖第一、二两台及第一至第五分台，第一台台长为杨道钊，第二台台长为刘焕乾，第一分台台长为徐秉钧，第二分台台长为叶时，第三分台台长为黄海琛，第四分台台长为郑体慈，第五分台台长为王廷谟；第二总台台长为曾冠瀛，总台附为甘礼经，下辖第三、四两台及第六至第九分台，第三台台长为蒋兆庄，第四台台长为杜功新、石高澍，第六分台台长为陈孔凯，第七分台台长为罗榕荫，第八分台台长先为刘崇平，后为薛宝璋，第九分台台长先为薛硅光，后为林锋。巴万区设有第三、四总台，第三总台台长为蒋斌，总台附为李申荣，下辖第五至第七台，第五台台长为蒋亨石，第六台台长为刘孝瘁，第七台台长程嵋贤；第四总台台长为张日章，总台附为刘世桢，下辖第八至第十台，第八台台长为林植津，第九台台长为卢文祥，第十台台长为罗家惠。[1]

在抗战中沉没或沉塞各航道舰艇的员兵，除拨归各炮队服务外，另组特务队。海军特务队是抗战期间成立的海军临时部队，在长江抗战中也发挥了一定作用。1937年8月以后，海军各舰艇先后沉堵江阴阻塞线，员兵在抗战中付出巨大牺牲，除阵亡者外，有千余人离开了自己的舰艇。他们由前线经南京、大通前往岳阳，暂住岳州中学等待重新编队。1938年2月1日，海军总司令部组织这批员兵成立了海军特务队，任命"中山"舰舰长萨师俊兼任队长，原"平

自沉于青岛的第三舰队"同安"舰，舰上火炮已拆卸上陆，组成海军炮队

〔1〕见刘崇平、魏应麟：《抗战时期国民党海军炮队及炮台分布和活动概况》，《旧中国海军秘档》，中国文史出版社2006年1月版，第130—138页。该文中前后叙述有矛盾，前述"第四总台下辖第八至第九台"，后述第四总台之下"第十台台长罗家惠"。据《中日战史》中记载，巴万区要塞第三、第四两总台，下辖五个台，当不存在第十台（《抗日战争正面战场》（下），第1845页）。有待进一步考证。

在青岛自沉的第三舰队舰艇

海"舰枪炮官姚玙任副队长。队伍成立后，加紧训练，备应战时补充之用。5月，海军特务队由岳阳移驻湘潭，所有残废官兵分批送马尾海军抗战士兵休养所疗养，其留队训练的员兵，陆续派补各舰艇及各区炮队缺额，队务遂暂告结束。1938年10月，田家镇、武汉、洞庭等区炮队，田家镇区补充队，水雷视发队，以及被日机炸沉的"永绩""中山""咸宁""海宁"等舰艇员兵，共计843名，先后撤退至四川木洞镇，海军总司令部命令驻该镇的海军修械所所长林元铨以上述人员为基础重新筹备编练海军特务队。12月，海军特务队组织成立，附设总队部于修械所内，任命林元铨兼任总队长，邓则勋兼任副总队长，下辖五个分队，田家镇补充队及水雷视发队员兵改编为特务第一队，田家镇炮队员兵改编为特务第二队，"永绩"舰员兵改编为特务第三队，"中山"舰、洞庭区炮队、"海宁"艇员兵改编为特务第四队，武汉区炮队、"咸宁"舰员兵改编为特务第五队，每队各派队长负责管理，分别训练。1939年2月，林元铨辞职，邓则勋暂代队务。3月，邓则勋调充宜万区第一副总台长，任光海兼代特务队总队长。此时，海军特务队员兵分赴各地，担任抗战任务。5月，海军总司令部厘定海军特务队编制，编为八个分队，每分队设少校队长一人，按照各地抗战情况，调派各分队员兵前往执行任务。

海军还组建了防守要塞的守备队。守备队的来历还要从驻守山东青岛的中国海军第三舰队说起。抗战爆发后，国民政府军事委员会编成第五战区，蒋介石兼任司令长官，韩复榘任副司令长官兼所辖第三集团军总司令，驻青岛等地的海军第三舰队归属该集团军战斗序列，由第三集团军副总司令、青岛市市长沈鸿烈指挥。为防止日军从青岛登陆，沈鸿烈与第三舰队司令谢刚哲奉命于1937年12月12日将"同安""永翔""镇海""定海""楚豫"等舰艇上的装备卸下，连同征用的一艘商船一起沉于青岛港和山东威海的刘公岛航道（此前第三舰队所属"海圻""海琛"两舰已沉于江阴阻塞线）。第三舰队官兵配备舰炮，编成舰炮总队（总队长由张楚才兼任，下辖三个大队），分设于薛家岛和大港两炮台，及市区前海岸山上炮台，以加强防务。此时，防御青岛的海军部队还有海军陆战队两个大队（大队长分别为张赫炎和李润青）和海军教导总队两个大队（总队长为张楚才，大队长分别为任毅和王之烈，原驻威海）。

12月18日，日军发起对山东的总攻。25日，南下日军渡过黄河，与中国守军激战后兵分两路，猛扑济南和青岛。29日，国民政府军事委员会电令第三舰队及其他海军部队撤出青岛。31日，青岛守军全部撤完。随后海军部队分为两部分，一部分是海军陆战队第一大队，在沈鸿烈率领下，撤往山东内地，改编为特种兵总队，后属庞炳勋的第三军团指挥，1938年3月以后又划归张自忠的第五十九军指挥；一部分为舰炮总队、海军教导总队和陆战队第二大队（该大队因是炮兵，不便于留在山东打游击），在谢刚哲率领下，开往徐州。沿途在禹城与日军发生激战，击毁日装甲车一辆。在临沂又与一个中队日军遭遇，歼敌一部后撤出战斗。该部于1938年1月全部抵达武汉。曾任第二总队第二大队第八中队上尉中队长的刘广凯回忆说："我们教导总队徒步行军经过了蒙阴、沂水到达了台儿庄，搭乘陇海路及平汉路的火车，到了武汉外围黄陂县祁家湾，整编待命。"[1]经历这一过程的杜畏也说："元旦是在沂水过的。在此期间日夜筹划游击战争，旋奉沈鸿烈电令，海军即至武汉防守长江。登陇海，转京汉，一路大雪纷飞，人炮尽成白色。过开封，车小停，满城黄土，深处可以

---

〔1〕《刘广凯将军报国忆往》，台湾"中央研究院"近代史研究所1994年1月版，第10页。

李连墀曾任江防要塞守备队第三总队第五中队中队长。此照是他从青岛海军学校毕业后与同学刘广超（左一）、马纪壮（左二）、陆维源（左三）在"海圻"舰上实习时的合影

没足。车至黄陂祁家湾，站上早有海军前来接应。"[1]原"江利"舰少尉航海附李连墀的经历是这样的："二十六年十二月，青岛大撤退，江利舰上官兵大部调走，由我和少数官兵，将江利舰装满煤炭沉堵在青岛港的前港口，后转调岸职从事抗战，总计在船上三年半的时间。沉船时并没有可惜的感觉，因为必须要沉，而且江利是从张之洞时代就留下来的，舰体也已老旧，所以没有爱惜军舰的心理，想马上把船沉了之后，把船上的炮转到地面，编成炮队加入作战。""奉命沉船封港后，我们与江安、楚豫、镇海几艘船的人被编成舰炮队，我为队长，升上尉，带一批人从青岛出发，一直走到台儿庄才坐火车。""各舰炮队大概有三四个队，康肇祥是我们的总队长，也是第三舰队人员改编成舰炮队的总领队。我们带着轻武器在临沂集合，不能带的炮，在青岛就交出去运到济南。其中马纪壮和关世杰带领的两个炮队，就坐火车到济南参加一个战斗任

---

〔1〕杜畏：《青岛海军的演变和灭亡》，《旧中国海军秘档》，中国文史出版社2006年1月版，第25页。

务，对付反动分子。之后这些负责铁路运输的舰炮队，也一齐向临沂集合。但他们还没到时，我们又从临沂出发，到湖北祈家湾（离汉口很近，是平汉铁路上的一个小站）集合。"[1]

从青岛撤退的海军部队到达武汉后，即改编为长江江防要塞守备司令部，设汉口，直属军政部，作战归第九战区指挥。该司令部由原第三舰队司令谢刚哲任司令，原"江利"舰舰长孟宪愚任参谋长，原"同安"舰舰长马崇贤任副官长，原薛家岛炮台台长曹仲周等任参谋，下设三个江防要塞守备总队，第一总队由原"海圻""海琛"两舰官兵编成（两舰官兵先期由南京撤退，此次复归本部建制），总队长唐静海（原"海圻"舰舰长），驻防田家镇和葛店之间；第二总队由原教导总队编成，总队长鲍长义（原青岛市公安局督察长），驻防马当；第三总队由原舰炮总队编成，总队长康肇祥（原"镇海"舰副长、大港炮台台长），驻防湖口。另外，陆战队第二大队随第二总队驻防马当。江防要塞守备总队的任务是配合陆军江防部队、海军炮队防守各要塞。

除了第三舰队所属陆战队有一部分参加长江抗战外，中央海军所属陆战队也有一部分调往长江进行抗战。中央海军所属陆战队有两个独立旅，每旅各编制两个团。抗战前，第一独立旅已被调往江西参加反共战争，第二独立旅留驻福建。抗战爆发后，第一独立旅被调往浔湖一带，扼要防堵。1937年9月，该旅曾派部队保护九江船舶分所。1938年1月，该旅第一团调驻马当，掩护阻塞线及戒备日军上陆。2月，旅部及第二团开驻彭泽布防，第二团团长何志兴率队伍担任柘矶要塞试炮警卫。旅长林秉周以该旅列在前线，作战设备益臻周密，特组成通信两排，以利于通讯。第二独立旅第三团（团长林耀东）于1937年11月由福建长乐开拔入浙，先后驻扎衢州、金华，担任各项任务。当马当一带防务吃紧时，又奉命转赴江西华阳扼守。湖口防务吃紧时，第一独立旅与第二独立旅第三团一起被调往湖口警备。1938年4月，日军轰炸粤汉铁路，海军总司令部奉令调陆战队第一独立旅及第二独立旅第三团开入湘鄂，接替陆军第一九七师担任粤汉铁路护路工作，将马当、湖口各处防务交由陆军第五十三师接防。

[1]《李连墀先生访问记录》，《海军人物访问记录》第一辑，台湾"中央研究院"近代史研究所1998年9月版，第22—23页。

马当区要塞防守战

马当要塞防守战，一为沉船阻塞、布雷封锁和舰艇攻防战，二为要塞防御战。

江西省彭泽县马当镇地处长江中游，马当阻塞线就设在距马当镇4公里的马当水道，这里距彭泽县15公里，距九江40公里。长江马当段流沙甚多，冲积成沙洲，将江流一分为二，其左水道为别江，早已淤塞不通，右水道在马当山下，为长江航运孔道，是为马当水道。该处江面狭窄，不足一华里，水流湍急，地势险要，历来被兵家视为长江天堑，军事要地。1933年，国民政府在此设立了马当要塞，筑有江防工事。南京陷落后，国民政府为确保武汉的安全，成立了长江阻塞委员会，专门负责马当要塞阻塞工程的设计与施工。另外，江西省政府成立了江防委员会，协助办理阻塞工程的后勤工作。

阻塞马当水道

1937年12月18日，蒋介石在南昌主持召开军事会议，决定封锁马当要塞，20日开始实施。

刘嘉当年担任江西省财政厅会计专员兼江防委员会财务组总干事，他对马当阻塞线的建立十分了解，详细回忆了当时的情况：

> 长江阻塞委员会设在汉口，为了马当阻塞线的工程施工，在马当工地设临时工程处，由黄河水利委员会工程处处长刘秉忠主持，设工程师三人，技术员二十人，其他官佐七十余人，技工二百余人和民工六百余人，负工程的设计和施工责任。
>
> 施工中为了避免日机的轰炸和扫射，操作一般都在夜间进行。每当红

日西沉，暮色来临的时候，江上灯火齐明，映照周围十余里。工程任务紧急，工人投入战斗，紧张繁忙，倍感辛劳。

此工程是在江心里横贯两岸构筑一拦河坝式的阻塞线。为了水上交通不致中断，在南岸留下一仅可通过一只船的缺口，使船在航标的指引下，能照常航行。到了战况紧急时，再加以堵塞。阻塞线两岸山峰险要处设有碉堡和炮台，水陆两相配合，形成了一个巩固的防御阵地。

阻塞线的工程经过两次施工才告完成。第一次的工程设计，分上中底三层构成：

底层——用铅丝构成大网，内铺柳枝和乱石，拌水泥凝固，逐段投沉江底，然后绕以铅丝缆和苎麻辫，使之紧密连接，并在上游处用铁锚拉住，在下游处加用大木桩打入江底，以期固定地不为水流冲激所撼动。

中层——用大型铁锚和大块乱石，放置在大帆船和铁驳里，以水泥凝固，沉列在中层之上，藉铁锚齿和大石块峰尖作为暗礁，上面并布有水雷，这样坝面约低于水面二公尺许。如敌舰溯江直闯而上，则一方面将被水雷所轰击，另方面也必触撞在礁上，而遭到致命打击。

第二次施工，是在一九三八年夏季开始。由于春汛江水暴涨，长江水位上升，第一次工程原设计的高度不够，势必须要加高，因而有第二次加高工程的施工。工程设计是在原第一次施工的基础上，加筑乱石层，其方法与底层工程大致相同，并在最上层将面抬高。于是向三北等公司征购大铁驳轮几艘，内装乱石拌水泥凝固，然后凿穿，沉在底层上，船面同样装设暗礁，并布设水雷。

这一工程设计前后两次施工，历时约一年，大抵告成。

谈到马当要塞施工的组织和实施时，刘嘉说：

江防委员会设主任委员一人，由江西省政府主席熊式辉兼任，副主任委员二人，由省建设厅厅长龚学遂（龚他调后，由继任建设厅厅长杨绰庵兼任）和九江警备司令陈雷兼任。日常事务由副主委全权处理，遇有重要问题，则由省府秘书长刘体乾代主委决定。

委员会下分设总务、财务、材料、工务和警卫五组办事，每组设总干事一人，干事若干人，所有人员都由省属各单位调充。

委员会还在彭泽、湖口、星子、九江四地设有办事处和马当开石工程处，办理各项施工用材料的采购、调运和征集、采掘乱石等事宜。每处设主任一人，干事若干人。

在船舶的征调与征购方面，当时长江通行的船舶，除几家大公司的商轮照常行驶不加统制（以后也曾征用了招商、三北等公司的几艘大轮船和铁驳）外，所有内河航行的帆船及小火轮，全部由江防委员会统制征调，归各办事处分别就地管理，听候差遣。当江防会成立初期，由于有大量乱石、木材、铅丝、苎麻等材料，均须由各地运到工地备用，轮运繁忙，所有大小船只，均须担负运输任务。这时船上的船主和船工，都由江防会按在船的人数，不问大小，一律发给伙食费。后来施工开始，所有应用各项材料都准备得差不多了，运输任务逐渐结束，就把这些船只陆续集中在彭泽，由江防会办理征购，供工程上装载乱石或铁锚，沉入江底作阻塞的障碍物。

在乱石的采掘与征集方面，由于乱石是阻塞工程上需要的主要材料之一，而且需要的数量很大，加以时间紧迫，在马当专设开石工程处，就地采掘，以应急需。但每日采掘数量有限，不敷供应，特由省政府通令沿江湖各县政府发动民工义务劳动，大量收集，船运彭泽工地。后来战事日趋紧张，工程进度加速，石方需用更加迫切。为了应急，连彭泽县境内的街道路面石头也均被搬走。

另外，木材、铅丝、铁链、苎麻等材料，需用量也不在少数，而当时市场存货不多，为了供应工程所需，凡交通比较便利而存有此项材料的地方都被征购。其中木材一项需用尤多，为了采购方便，当时南昌市木材业同业公会负责人，还被任为江防会材料组干事。江西是出木材的地方，为保证马当工地的需要，特由江防会派人运往。当时前方战事吃紧，上有敌机轰炸扫射，地面炮火连天，所运木材，损失颇大。[1]

---

〔1〕刘嘉：《马当阻塞工程始末》，《武汉会战》（原国民党将领抗日战争亲历记），中国文史出版社1989年2月版，第40—43页。

1937年12月25日，马当封锁工事完成。阻塞线建成之后，海军又在其下游敷设了三个水雷区，1938年6月4日，海军开始在马当江面布雷，先后共布防了八百余枚水雷，使阻塞线更加坚固。同时，海军派出"宁"字、"胜"字炮艇轮流在阻塞线附近巡逻，陈绍宽则随时亲赴前方，指示一切机宜。

激战马当要塞

驻防马当的海军部队主要是江防要塞守备司令部第二总队，该总队辖三个大队，部署在长山阵地实施防御，该阵地连结八个钢筋水泥的重机枪掩体，陆战队第二大队装备有日造38式75毫米炮八门，一个基数的弹药，以四轮汽车载运，火炮安装于长山南面洼地的遮蔽阵地。另外，第三总队的第一大队部署在香口江边一带，以47毫米海炮控制这一带江面，与陆战队第二大队一起，统归第二总队指挥。这些海军部队注定要在即将发生的激烈战斗中，充当主要防守力量。

1938年5月7日，杜隆基奉军政部之命，来到马当要塞前线阵地，出任陆战队支队第二大队大队附，他的任务是在短期内训练陆战队用舰炮进行陆上作战。他到队后，就在前线阵地上训练陆战队干部士兵，这些官兵原是军舰上的炮手，直接瞄准射击的技术是熟悉的，间接瞄准射击，只听说过，没有实践过。在阵地上见不到目标，杜隆基便利用这个机会，训练他们赋予和标定射向等间接瞄准技术。在这个过程中，马当敌我之间的接触战就时常发生。杜隆基回忆说："我自到马当后，敌机常以三架或六架为一组来马当空袭，轰炸阵地和码头。曾在江阴要塞工程处的傅方衡、沈鸣荣，也在马当修建要塞工程，他们对我说：'掩体刚脱模，希望短期不发生战事才好。'六月中旬，白崇禧来马当要塞视察，对官兵勉励了一番，指出要注视敌情，互相配合。"

实际上，在马当阻塞线逐渐建立的过程中，日军准备并展开了"以攻占汉口为目的，向南京—汉口—岳州间的长江及其沿岸的所有作战"，即"溯江作战"，[1]并意识到马当阻塞线将在"溯江作战"中所发挥的阻碍作用，所以从

---

[1]（日）日本防卫厅防卫研究所战史室著：《日本海军在中国作战》，中华书局1991年1月版，第294页。

在马当要塞抗敌的中国守军

1938年初开始，不断派飞机对阻塞线上的海军巡逻舰艇实施轰炸。3月27日，海军"义胜"号炮艇奉派巡弋马当阻塞线时，突遭三架日机追袭，望台中弹起火，抢救五小时方熄灭，该艇前段除火药舱未被延及外，其余焚毁无遗，副长马世炳背部受伤，并伤信号兵一名。该艇官兵一面御敌，一面抢护，后由"崇宁"号炮艇拖至武汉修理。4月，日舰开始出现在大通、贵池一带，窥探马当要塞。中国海军派出人员在巷口、羊山矶等地释放定雷、漂雷，于14日炸沉日舰两艘。与此同时，日机再次空袭马当要塞，海军炮队第一分台第三炮中弹，一名台员受伤。

　　6月4日，为加强防御，中国海军又在马当阻塞线前后加布水雷六百余枚。此时，日军已经表现出急于西上的情绪，特别认真地研究了如何清除中国军队在长江布设和随水漂流的水雷的作战，决定由"八重山"舰充当扫雷母舰，动员各扫雷艇投入作战，并且编成特设扫雷部队的炮艇队和滑行艇[1]队，积极处置水雷。[2]6月9日，日海军派出第十一水雷队及特别陆战队突入大通水道，破坏中国的布雷艇并扫雷。当日13时55分，第十一水雷队司令率"鹊"、"鸿"、"势多"、特别陆战队第三中队（欠一个小队）、"利华"、"利贸"等舰船及四艘小艇冒着中国守军的炮火，攻击了水雷区、建筑物以及中国船艇，15时30分撤离。[3]15日，日海军"神川丸"舰开始在东流、马当附近侦察。17、18日，日海军第二十一水雷队在东流下游布雷区扫雷，并开炮压制两岸中国守军。杜

---

　　〔1〕滑行艇即带有螺旋桨的小艇。

　　〔2〕（日）日本防卫厅防卫研究所战史室著：《日本海军在中国作战》，中华书局1991年1月版，第295页。

　　〔3〕同上，第296页。

隆基在长山指挥部观测所里，"用变倍数（大倍数）望远镜看到在东流一带江面（在阻塞线和布雷区以外）有三艘日舰游弋，紧接着连日发现敌以小艇上装配小口径火炮（即机关枪），向江面普遍发射，企图以火力探索我雷区位置。有时被敌击中水雷，爆发的浓烟柱冲上二三十丈高，以音测断定，敌艇在我三万公尺以外，在五六天的时间里，被敌击中爆发的水雷，有十几个，敌人消耗的弹药，总有数万发以上。"[1]

在海军的配合下，日军陆上部队越安庆，陷贵池，其铁蹄渐渐迫近马当地区。

6月21日，江面日舰窥探马当防线，因中国海军严加戒备，未敢轻举妄动。岸上日军开始向马当外围阵地逼近。

22日，天降大雨，江面日军汽艇十余艘，在舰炮掩护下，向马当炮台进攻，各台员兵沉着应战，待敌迫近时，突发子母弹猛轰，当即击沉日艇三艘，其余日艇仓皇下驶。岸上日军趁黄昏大雨之际，偷袭南岸香山阵地，守军毫无防备，激战一夜，二百余人几乎全部牺牲。当夜，日军除包围香山守军外，还沿香山阵地、马当公路向长山峣阵地渗透，与江防守备队第二总队接战，因守备队奋起作战而未得逞。此日，载有日特别陆战队的"利华"舰在茅林洲下游对岸触雷沉没。

23日，江面日舰艇载运并掩护波田支队自安徽东流进至马当要塞窥察，被中国守军击退，旋又复至，对岸上实施炮击。岸上日军变更部署，以小股排为单位，向防守阵地多面进攻，再由局部战斗，蔓延为全线战斗。同时，日军于拂晓以后，派出飞机不断向中国防守阵地轰炸扫射，日舰也溯江向两岸中国阵地猛轰，其炮兵则占领香山阵地，掩护其步兵攻击，因而战斗极为激烈。战至中午，双方进入白刃格斗的惨烈阶段，中国守军终将日军打退。午后，日舰炮火越来越猛，也遭到炮台的打击而后撤。入夜，日军大炮还在不断轰击，摧毁中国守军营舍及工事不少。

24日，江面上，敌机九架飞抵马当附近，向巡防该处的"威宁"号炮艇投

---

〔1〕杜隆基：《马当要塞长山阵地保卫战》，《武汉会战》（原国民党将领抗日战争亲历记），中国文史出版社1989年2月版，第31页。

弹四十余枚，"威宁"艇艇身被炸多孔漏水，头目舱着火，艇长李孟元、轮机长傅宗祺均受伤，士兵阵亡3名，伤14名。岸上，波田支队左翼队乘夜在宗佛山下登陆，拂晓便发起猛攻，攻陷宗佛山、香山后到达香口，致使战斗迅速激烈起来。此时因制空、制海权完全为日军掌握，中国守军仅凭借残缺不全的工事及同仇敌忾的士气与敌拼战，损失惨重。战至中午，接到指挥部通知："上峰已派陆军第一六七师增援，明晨即可到达，接替防务。"[1]守军官兵闻讯至为振奋，作战也尤为勇敢，但伤亡也大增。然而，由于日军不断以飞机遮断中国守军与后方的联络，不仅增援部队未能按期到达，而且使守军两日没有饮食，处于饥饿疲惫状态。

25日，江面日驱逐舰多艘在巡洋舰的引导下，迫近马当。要塞各炮台向日舰展开猛烈轰击，"遥见敌队中火焰冲天，敌巡洋舰已被我炮击中起火，敌众纷乱异常，我各台愈发挥炮力，乘机予以痛击，敌无力还击，亟由两驱逐舰挟拖而逃，余舰亦纷纷向下游窜去，我毫无损失。"[2]岸上战斗依然激烈，援军此时仍未达到。午后，日军全力发起进攻，与娘娘庙炮台中国守军激战，飞机以低空扫射，致使中国守军处于敌海、陆、空三面火力包围之中，陷入极端艰苦的境地。正当情况极为危急之际，中国空军飞机九架出现于战场上，一面迎击日机，一面配合炮台轰击日军水上目标，致使日机先遁，日舰也中弹受伤，掉头下驶，日军地面部队也受阻拦。顷刻间，日军攻势大受挫折，中国守军阵地转危为安。由于援兵迟迟不到，中国守军伤亡过大，弹药消耗殆尽，且又疲乏饥饿交迫，战斗力锐减。晚上10时许，日军利用小股部队，乘机对指挥部实施偷袭，好在被中国守军及时发现，予以歼灭。华阳镇方面中国守军因隔江被日军遮断，失去联络，已于当夜先行撤守，马当守军陷入孤军作战。

26日，天刚刚亮，日军就向马当大举进攻，陆、海、空三军协力攻击，声势至为凶猛，日旗漫山遍野，冲杀之声此起彼伏，战斗之烈，死伤之惨，是马当防守战打响以来最甚者。第二总队鲍长义27日给江防要塞守备司令谢刚哲的电报中就描述："职队已牺牲四分之三，昨晨因敌屡攻屡败，伤亡在二千以上，

---

〔1〕秦孝仪主编：《中华民国重要史料初编——对日抗战时期》第二编作战经过（二），台湾中国国民党中央委员会党史委员会1981年9月版，第36页。

〔2〕高晓星编：《陈绍宽文集》，海潮出版社1994年7月版，第215页。

致羞恼成怒，不顾国际公法，竟施放毒气，我方中毒者极多，敌即乘机以千余人向我包围，致我牺牲极大，各种队长、队副大部均作壮烈牺牲，指挥所亦被包围。斯时，各山遍插日旗，各中队电话均不通，援兵不到。职不得已，率同残余员兵冲围而出。"波田支队不久就占领娘娘庙和马当镇，同时全力在香口附近登陆，向湖口进逼。

驻守湖口的第三总队两个大队在总队长康肇祥带领下前来增援，投入激烈的战斗。第三总队副总队长崔重华给谢刚哲的电报中称："第三大队已牺牲三分之二，炮毁四门，合计第一、三两大队共有炮十四门，现仅余七门。颜总队副刻在彭泽负责收容，已收容者约二五〇名。此间给养极端困难，有线电及长途电话均炸断不通。"

27日，日陆海军配合搜索娘娘庙、香口间两岸控制水雷区的中国海军部队，但无所获。

28日，情况越来越危急，康肇祥又发电报："马当区自与敌接触后，我守备各队苦战三昼夜，弹尽粮绝伤亡惨重，援兵不到，今上午全线不支后退，本军大受影响。此役敌舰被职属各队击伤起火者甚多。第三大队大队长、副各一员，中队长、副各二员均为国捐躯，士兵伤亡甚重。职队各炮被炸毁及击损者甚多，现残余员兵均已离开马当区。"

陆战支队第二大队坚守炮台，也损失惨重，大队长金宝山在给谢刚哲的电报中称："职队七五野炮八门，被炸毁六门，现仅余二门，已运到湖口，子弹均已用尽。"[1]

战至30日，坚守马当要塞的中国海军官兵已腹背受敌，处境极其危险。此时，负责指挥马当防守战的马当要塞司令王锡焘，见再坚持下去已无意义，便用电话命令海军炮台官兵撤出战斗，官兵们掩埋炮闩后，奋勇突围。至此，马当炮台陷落。

马当要塞从开始筹建到防守战打响，前后有半年之久，可是用了这么长时间经营的要塞，却在短短的五天之内即宣告失陷，这不能不让人感到疑惑。难

---

〔1〕中国第二历史档案馆：《抗日战争正面战场》(上)，凤凰出版社2005年8月版，第746—747页。

道要塞的工事就如此脆弱？防守要塞的中国军队就如此不堪一击？

在马当要塞失陷的两年后，陈绍宽在总结三年来海军抗战工作的时候，对中国海军在马当要塞防守战中的表现，给予充分肯定。他说："马当的阻塞，直把敌人军舰压迫在芜湖方面达半年之久，其间不知道给我们争取了多少有利时间来从事保卫大武汉的军事配备。到了二十七年六月，敌人运用陆军力量向马当采取迂回战略的时候，敌舰才勉强在其陆军护翼下，向我沿江正面海军要塞阵地活动，但没有法子突破，反给我们炮队击伤了几艘军舰。终要等待到它们的陆军施展出很大的兵力，把我们要塞包围，我们奉命放弃了之后，敌人的军舰才慢慢地扫着雷，一步一步挨进来，但我们消耗战和持久战的目的已经达到了。"[1] 尽管陈绍宽出于抗战还在继续，各方需要精诚团结的原因，没有分析马当要塞迅速失陷的原因，但他的态度已经表明：马当要塞失陷的责任不在海军。

战争结束以后，当事人对战争的态度已经不会对作战本身产生影响了，他们也就不会过于掩饰自己的态度。原第九战区司令长官陈诚就是这样，他在若干年以后分析马当防守战在短时间内失败的原因时，明确地将责任归结于海军，他说："江防我无海军，专靠要塞炮火和敷设的水雷，以抵御敌舰，亦犹抵御空袭专靠防空壕洞与高射机枪一样，是没有多大效力的。何况我们的水雷殊不敷用，往往以炮弹改装信管作为代用品，充数而已。所以马当要塞——古所谓兼备山川之险者——很轻易地就陷落了。"[2]

很显然，陈绍宽与陈诚的看法是完全不一样的，一个在极力肯定海军的抗战业绩，一个在将责任推给海军。作为担负指挥抗战之责的高级将领，避免将战败之责引向自身，以获得更好的历史评价，无论在战时还是平时，都会有人这样做，惟历史需要真实，马当要塞失陷的真正原因必须予以澄清。

让我们听听对马当防守战有切身感受的当事人的说法。

杜隆基的回忆详细记述了6月23日以后炮台每天的作战情况：

---

〔1〕高晓星编：《陈绍宽文集》，海潮出版社1994年7月版，第244页。
〔2〕《陈诚回忆录——抗日战争》，东方出版社2009年10月版，第57页。

六月二十三日，我们接到马湖区要塞指挥部的通知，抗日军政大学[1]定于六月二十四日上午八时举行结业典礼，各部队的主官届时前来参加，会后即在司令部聚餐。凡上尉以上的主官都有请帖，我也收到一份，我们既没有派人受训，而当前的敌情又严重，所以没有去参加。这天下午只见第三一三团（应为旅——引者）的连长以上的主官结伴经过我们驻地前的公路，去马当镇参加抗日军政大学的结业典礼。我们则密切注意敌情，入暮趋于沉寂。

六月二十四日拂晓，我们照例以电话与第三总队防守香口江面的第一大队联系，电话不通；我们又以电话与第十六军第三一三团联系，仍然联系不上。只好派联络兵，一面查线，一面再去取得联系。这时我在观测所，在薄雾之下，隐约看到有部队行动，引起我们的怀疑。这时联络兵回来报告说："香口街上已发现很多日军。"这样，判断第三总队第一大队已全部被敌消灭了！敌人从哪里登的陆？是什么时候登陆的？我们在指挥所一面研究，一面通知各队准备战斗。薄雾已散，见香口街上日军正在整队，似有行动。约上午八时，敌炮弹落在长山后洼地的我炮兵阵地附近，香山约比长山高，香山顶端能看到我炮兵阵地，判断敌炮兵阵地设在香山反斜面，敌我展开炮战。这时，敌步兵组成三个突击组，抬着重机枪，从太泊湖的水荡里向我长山阵地突击。太泊湖口至江边约有八百公尺宽，纵深约六百公尺，原是一片水稻田，水稻开始放穗。由于长江水涨，漫上江边堤圩，灌进水田，使这片水田变成湖荡，是我长山阵地的屏障。敌突击组一进入湖荡，就有半截身子陷在水里，轻重机枪的火力也就减弱了，我长山阵地的轻重机枪一齐射击，火力异常猛烈，只见敌突击组的士兵和机枪手纷纷倒在湖荡里，未见到有人回去。二十四日上午，敌人组织两次突击，下午又组织两次突击，均被我长山阵地守军全部消灭。

二十四日上午，敌海军舰只闯进我布雷区，在封锁线外向我长山步兵阵地轰击，仅以舰头有限火力轰击。每只军舰，舰首不过两三门火炮。军

---

〔1〕第十六军军长兼马湖区要塞指挥部指挥官李韫珩于1938年6月10日左右召集马当、彭泽两地的乡长、保长以及第十六军的副职军官和排长进行训练，取名为"抗日军政大学"，为期两周结业。

舰全赖横侧火力，它一横过来，舰首、舰尾的火炮就可以同时发射，舰侧的边炮也都可同时射击，这是军舰火力最强的射击势态，转回头来又可以用那一侧面边炮射击；但横着的军舰目标太大，也就存在容易被击中的不利势态。我们观察敌舰以"S"形游弋着向我阵地轰击，敌十九艘军舰，每一次回旋射击，就有一百多发炮弹落在我长山步兵阵地上。二十四日我步兵阵地被敌海军火力摧毁了一部分，人员也有伤亡。这天敌人的山炮兵在香山斜面占领阵地后，火力逐渐猛烈，估计火炮在十门以上。由于敌能看到我炮兵阵地，我不能看到敌炮兵阵地，我有两门野炮被敌炮兵击坏。

自二十四日拂晓发现日军后，我们即向马当要塞司令部报告，要塞司令部的电话总机说，王司令去参加抗日军政大学结业典礼去了，司令部没有负责的人；马湖区要塞指挥部的电话还是打不通。好在我们有与汉口江防要塞司令部联系的无线电，当即向谢刚哲司令报告了敌人登陆的情况。

战斗开始不久，有两名第三一三团逃散的士兵，通过我长山阵地前的太泊湖公路，阵地守兵怕是敌探，把他们送到指挥部，一问，才知道确是第三一三团被打散的士兵。问敌人是何时和怎样登陆的？他们说："日本人是在今早四点左右从我连阵地登陆的，敌人以小艇靠岸，偷偷上来，上岸后用轻机枪向我阵地射击；班长被敌人打死，我们连连去参加结业典礼去了，有的排长去受训，这时连里只有一个排长和一个司务长。敌人猛烈射击后，我连阵地被敌人占领，敌人不断地登陆，向南沿江岸扩张，我连向黄寄树团部退去，边打边走，敌人就向香山推进。"这时我们才知道敌人登陆的实况。

敌陆海空军向我要塞阵地进攻时，只有我江防要塞守备部队在阵地与敌人作战，第十六军和马当要塞司令部的各级指挥官都去参加军政大学结业典礼去了，直到下午三时左右才会餐完毕。我们的鲍总队长再次以电话向第十六军军长李韫珩报告敌情，李军长说："我没有接到我的部队的报告。"鲍长义说："香山、香口早被敌人占领了。"李军长又说："香山、香口是我的部队，你太不沉着了，你看见敌人没有？"鲍长义气极了，才说："我们阵地被敌人打乱了，人死了一半，还说我没有看见敌人。你说香口是你的部队，你们为什么把炮搬到香山上向我炮兵射击，你们有炮兵没有？（我们明知他没有炮兵）"李韫珩才无言答对。

二十四日下午，敌我海陆军作战正激烈时，忽然敌海军炮火停止向我射击；香口之敌仍在组织突击组，以轻重机枪向我长山陆地突击。我正以火力消灭湖荡里的敌人，只见我飞机九架由宿松方向飞临敌舰上空，敌舰的高射炮火力都向我飞机射击，我机在高空向敌舰投弹后，转向宿松方向飞去。我机去后，敌舰炮火又向我长山阵地射击，战斗十分激烈。

六月二十五日，敌军舰有所增加，以海军火力向我长山阵地轰击，香口之敌陆军依然组织突击组，经长山阵地前的湖荡向我长山阵地突击，全部被我消灭在湖荡之中；我空军又由宿松方向飞临敌舰上空向敌舰袭击。所怪的是，如昨日一样，我机未临空以前，敌炮火已停止向我长山阵地射击，我机一到，就全力射击我空军，我空军只有急忙投弹后向望江、宿松方向飞去。我机飞去后，敌海军火力仍继续向我长山阵地轰击。这时，由东流方向飞来我机九架，当其飞临敌舰上空，敌舰无所察觉，舰上炮火仍在向我阵地射击，我机却向敌舰投下大量炸弹，炸起的水柱飞溅，遮住敌舰，我们只听得炸声隆隆，震撼江面，飞机则向望江、宿松方面飞去。溅起的浪花消失后，我们在阵地上遥望敌舰，有的中弹起火，有的中弹下沉，我阵地上欢呼声响彻云霄，大大鼓舞了我军士气。这证明轰炸敌舰的我空军，是由另一基地飞来的，而被敌舰误认为是自己的飞机。战斗沉寂了个把钟头，敌又以残余海军炮火向我长山阵地射击，但火力已大为减弱了。

与此同时，敌在香口的陆军愈聚愈多，多次企图从湖荡里向我长山阵地突击，但均未得逞。敌人的飞机低空飞掠长山山头，反复轰炸扫射。正巧在我炮兵射击敌舰时，炮弹飞越长山顶巅，碰着敌机，顿即在长山上空爆炸，人机俱毁。人们误认为这架敌机是被我炮兵击中的，阵地上的我军步兵鼓掌欢腾。这一讹传，又一次鼓舞了我军士气。

我步兵、炮兵扼守长山一带阵地，与敌人海陆空军鏖战数日，颇多伤亡。我们屡次向马湖区指挥官李韫珩请求派部队增援，他一概置之不理。直到下午六时许，接到蒋委员长从武汉来电，对江防守备司令部第二总队和陆战支队第二大队抗敌有功，传令嘉奖；武汉卫戍总司令陈诚也来电传令嘉奖。江防要塞守备司令谢刚哲除传达蒋、陈电报外，亦来电嘉奖。当时的嘉奖电报，对我们以及在堑壕中的士兵都有很大的鼓舞作用。然而战斗人员伤亡太多，战斗力减弱，急待补充，就又向马湖区指挥官李韫珩请求派部队增援。回答是："已派一六七师增援。"当时我们在想，为何驻马当附近的部队不派，却派远驻在彭泽的第一六七师呢？反正已派出部队，比"无兵可派"好。但又认为远水难救近火，就向马当要塞司令王锡焘请求增援，王司令回答中叙述了无兵的困难。本来马当要塞司令部编制只有一个守备营（步兵），除担任警卫哨所外，实无兵可派。我们当时希望，即使能有一个连的兵力来增援也好，也可鼓舞士气。

二十五日下午七时以后，敌炮兵和海军炮火增强了火力，加上敌空军轰炸扫射，我军牺牲惨重，控制太泊湖口公路的两个重机枪掩体已被敌海陆炮火轰坏，长山要塞防御工事也已被摧毁，敌步兵从公路上向我长山阵地突击。这时，我长山阵地的步兵和炮兵的轻重武器已控制不住太泊湖口公路，敌军在海陆空军的配合下，突进我阵地。我炮弹已尽，又无法补充，炮兵也只好以步枪应战。不过炮兵的步枪是极其有限的，乃掩护着把三门炮装上汽车，准备变换阵地；总队部见敌已突入阵地，也只得转移；长山阵地被敌切为数段，残余官兵也退了下来。我们就在六月二十六日中午退出长山阵地。

我们且战且走，下午四时左右抵马当附近，见第十六军的一个团，由马当分两路向长山堵击日军；我们很希望他们能堵住敌人，恢复我们失去了的阵地。但结果未能如愿，不仅长山阵地未能恢复，连炮台也失守了。要塞司令王锡焘在马当镇南头坐着叹气说："我们的责任已完了。"当时我曾想过，我们自六月二十四日上午七八点钟与日军接触，即向马湖区要塞指挥部请求派部队前来长山阵地增援，一直没有派部队来，最后虽允许派第一六七师来增援，但直到我们退出阵地，第一六七师还未来到。我们的残余部队只得向彭泽方向撤退。待我们六月二十七日抵彭泽县附近的流泗桥时，得知第一六七师奉李韫珩之命，由彭泽经太泊湖东边的小道向方口方向来增援。一个师的兵力，不去走从彭泽到马当的公路，而去走崎岖的羊肠小道，这要用多少时间才能达到香口呢？常言救兵如救火，李韫珩下这一错误命令，不仅失去了马当要塞的战略枢纽，而且牺牲了第一六七师师长薛蔚英的生命。

当时，白崇禧正在田家镇要塞视察，当得知日军已在马当要塞登陆，即用电话指挥驻彭泽的第一六七师薛蔚英，命他率部立即从彭泽到马当的公路兼程驰赴香山增援。孰料薛蔚英当时没有遵照白崇禧的命令从事，却执行李韫珩的命令，去走崎岖小路，以致贻误戎机，获罪枪决。

六月二十七日，我们残部到达彭泽县流泗桥附近，将近中午，敌机三架前来袭击彭泽县。当时发现有一人身穿白色衣服，在岗上喊叫。很快一幢军用仓库被敌机炸毁，我们很奇怪，鲍长义总队长即派一名排长带一班人去查看。原来高岗附近有一个防空掩体，内藏有三名汉奸，并备有收发报机一部。这位排长气极，当即将这三个汉奸打死。我听了排长向鲍长义总队长报告这个情况后，不禁想起李韫珩办的"抗日军政大学"，参加受训人员复杂，难免夹杂有些汉奸在内，向敌人提供情况。有两件事可以证实：一是"抗日军政大学"的结业典礼定在六月二十四日，事前已发出通知，要各部队的主官（团、营、连长）于六月二十三日下午到达马当第十六军军部，好参加次日的结业典礼。恰好日军在六月二十四日拂晓前在东流江边第十六军第三一三团防守地带登陆，该部因无主官指挥，敌登陆轻易成功。难道敌人选定的登陆时机与结业典礼是巧合吗？二是，六月二十五日，我空军多次由汉口方向飞来袭击敌舰，敌舰总是早有准备，在我机尚未飞临上空时，即将射击我阵地的炮火转向空中，只有我由东流方向飞来的九架飞机，把几艘敌舰炸沉，这不正是有一个例证吗？

我们在彭泽流泗桥地区，并未久停，乃向湖口方向移动。[1]

这段回忆尽管只是从长山阵地一个角度观察作战情况，描述作战过程，但可以说明三个问题：第一，海军江防守备部队进行了英勇的抵抗，并付出了巨大牺牲，其精神是值得颂扬的；第二，马当要塞的失陷，是先从岸上陆军阵地的失利开始的，而陆军在临战前疏于防范，缺乏警惕，关键时刻将大部军官集

---

[1] 杜隆基：《马当要塞长山阵地保卫战》，《武汉会战》（原国民党将领抗日战争亲历记），中国文史出版社1989年2月版，第31—37页。

1938年6月,从江面协同攻击马当要塞的日军舰艇,左侧是炮舰"势多"号,中心为"鸥"号,右侧为炮艇"小樱"号

中参加结业典礼,实属重大失误;第三,在激战过程中,海军屡次提出增援问题,李韫珩均不予理睬,使海军陷入苦战,最终导致失败。后两个问题可以说是马当要塞失陷的真正原因。

刘广凯的回忆则记述了江防要塞守备队在几天中的作战情况:

> 守军除我们要塞守备部队外,还有陆军一个军(军长李抱冰),扼守于香山秋浦之线。第二总队布防于马湖公路(马当至湖口)正面最前方的阵地长山岘一带,我们在此地整训了两个月之久,白崇禧将军和徐庭瑶将军曾先后莅临视察。记得在民国廿七年六月廿一日那一天,忽然发现有日本海军驱逐舰六艘,护送大型商船四艘,载有波田登陆部队五千余人,在其空军掩护之下,向我防守香山的陆军防地正面,实施陆、海、空联合猛攻,我守军不支次晨撤退。于是我第二大队的阵地,就正式与敌军接触了!我所指挥的第八中队阵地的位置,正好位于公路的路口,为敌人从香山到长山岘高地必经之路,由于丛林和杂草很多,倒也很隐蔽。日军登陆占领香山后,其炮兵直接向我阵地猛烈射击,敌方驱逐舰上的舰炮,对我阵地也实施间接连续射击,其轰炸机也不断地向我阵地炸射。在敌人联合猛烈攻击之下,持续了一整个白天,我队仍然屹立不动,也没有伤亡。我们都是第一次进入战场,一切见闻到的事物,都觉得很新奇,毫无恐怖的感觉,但一心一意就想和敌军接触厮杀,静静地等待敌军部队前来我军阵

地前面接战。在敌陆、海、空军联合对我军阵地猛烈攻击竟日之后，看到我方毫无抵抗，亦无任何反应，以为我方守军均已撤走，乃于廿二日下午五时左右，居然以行军纵队密集队形，沿着这条唯一的公路（路的两边都是水和芦苇），大胆地向我长山峻阵地挺进。在彼此距离约二百码的时候，我奉大队长令不得射击，眼见敌军已接近到一百码距离的时候才奉到大队长的电话命令，开始射击。当时一声令下，全体开放，于是全大队的火力，计有重机枪九挺、轻机枪廿七挺、步枪三百余支，对准来犯的日军密集部队予以集中猛射。一时好似万弩齐发，枪声震耳，只见敌军队伍，被打得落花流水，急向两边的水际和苇塘中慌忙乱滚，又因限于地形，彼等也无法展开，我军这次拦截攻击的战果，估计敌军至少伤亡在千人左右，我们全体守备官兵士气为之大振。敌军受创之后，已知我军有备，即停止了其贸然挺进的行动。入夜之后，日军实施了一次夜间攻击，仍被我方击退，接触时双方格斗厮杀，连大刀和手榴弹也发生了作用，双方杀声震地，战况非常激烈。敌军被击退后，忽然天降了一阵大雨，我军都没有雨衣，军装弄湿了并不打紧，最重要的是枪管都进入了泥水，发生了卡子弹现象，多数的步机枪均不能射击。另外则是人员的饥渴与疲劳，我海军官兵原都缺乏陆上作战的经验，战前根本没有考虑到后勤补给问题，只好以炒米充饥，以附近的泥水止渴。天明（廿三日）后即刻清理枪膛，准备再战。日军见我方战力甚强，抵抗英勇，乃于这天对我方阵地实施舰岸炮火连续猛烈集中射击，和飞机的低飞轰炸与扫射，这次我军颇有伤亡，到傍晚时整顿阵地清点人数，经过两天的战斗，我的中队百余人已伤亡了三分之一左右，具有完整战力的官兵尚有六十多人。对于阵亡者就地予以掩埋，轻伤者则裹伤再战，惟对于重伤者最伤脑筋，因缺乏卫勤部队及设施，无法医治或后送，只好就地临时派人照料而已。

　　廿四日的夜间，敌人发动总攻击，一面由长山峻阵地正面连续向我猛烈攻击，另一方面则以许多舟艇群搭载部队分向我阵地两侧之沿长江及太泊湖两边地带分别实施突击。廿五日黎明又实施了一次总攻击，我守备部队，彻夜与敌军冲杀，寸土必争，在这漫长的夜间，还能站稳了阵脚。不过经过了三个昼夜的连续战斗，却已感到非常的疲乏与饥渴。而且遭受了这一次黎明敌人三面总攻之后，我守军全部阵线，被敌军分段突破，而增援的陆军一六七师（师长薛蔚英），未能依照上级指定的时间到达前线增援。于是战况逆转，我守军全部防线，立呈崩溃瓦解的现象。在此紧急的时候，乃被压迫而行后退，真是狼狈极了！[1]

在刘广凯的记忆中，中国陆军在日军发动进攻后的次日凌晨即退出战斗，防守重任迅即落到海军身上，而海军的防守力量大大弱于陆军，激战四天后，陆军增援部队第一六七师没有按时到达，造成战局逆转，这也表明陆军是有战败责任的。

第三战区司令长官顾祝同在给蒋介石的报告中，十分明确地阐明了马当要塞失陷的原因：

1.该区指挥官李韫珩，到防后，即举办抗日学校，调集所辖各部队官长三分之二入校受训，对于实际战备，过于疏忽。

2.香山及马当要塞外廓之要点，早经筑有据点式工事；并令派有力部队固守，乃该指挥官不加注意，致被敌轻易夺去，而深入我要塞区。

3.敌占香山，本部已得报告，比转饬该指挥官，犹云并无其事，太不沉着，妄报不好消息。嗣确证香山失守，渠又云恢复香山，并非难事。宥未马当失守，渠亦不自承，经反复责询，至次晨渠始承认。

4.当敌攻藏山矶时，该指挥官不将部队向马当增援，反将指挥部由马当移至马路口，经劝止不听。当令派兵一团，归王司令指挥，固守要塞，亦未照办。

5.敌由香山追至藏山矶，曾令该指挥官以在黄栗树之一旅，向马当要塞夹击敌人；同时，深恐该指挥官以为该区已划归罗总司令指挥，不听命令指导，请林主任蔚文转报委座，并请迳电该指挥官，亦未遵行。

[1]《刘广凯将军报国忆往》，台湾"中央研究院"近代史研究所1994年1月版，第11—13页。

6.马当要塞守备部队，总计不过五营，且系混合编成，分子复杂，战斗力甚形薄弱，自敬晨起，激战两昼夜，求免藏山矶阵线动摇，王司令一面将后方有枪士兵，尽调前方；一面派李指挥官增援，而李终未应援。迨敌由娘娘庙登陆，一面迫近炮台，一面将藏山矶后路截断，致全被包围。

7.曾在望江五十三师李旅之一部，宥晨已撤回彭泽，经电李指挥官，即令该部驰援马当，并由王司令派汽车迎接，该部终未移动。

8.一六七师驻湖口之一旅，原限两日赶到马当，增厚兵力。该部七天始到，行动迟缓。

9.薛师武器，曾经德顾问检查，机枪迫炮，全系废铁，步枪堪用者不及半数。[1]

对于马当防守战中存在的严重问题，尽管蒋介石愤怒地写下"应将李韫珩拿办，交军法执行总监审判"和"谢刚哲司令部应可撤销"的批示，但他考虑到战时情况，并未对外公开上述原因。他于1938年7月9日在武昌招待国民参政员茶会上说道："此次敌人占领马当，不是他凭什么真实的本领，真正打下来的，乃是侥幸而得的，这种实在情形，外国人不知道，我国的人士亦多不明了。这一次马当的失陷，我承认我们军事的布置实在不甚周到，因为马当地形险要，马当山横枕大江，足以回风撼浪，江面既窄，又有屡次加强的封锁线，处在这样好的地势，大家都以为有了海军陆战队和要塞守备兵，就足以防守，而且都以为只要这些官兵，能不惜牺牲，和去年守上海一样的打法，不仅足守一个月，就是死守两月三月亦可以支持。由于相信地形与工事太过，以致对于兵力配备，未曾特别注意，亦因为对当时担任马当守备部队的力量估计太大，以致没有将正式陆军增加上去，因此敌人遂乘虚攻了进来，这并不是我们真正抵不过敌人，而是敌人侥幸得逞。否则从军事上说，敌人如果毫无顾虑，他既占了马当，攻下湖口，就可以在一两周以内冲入武汉；但是马当湖口失陷后这样久，他仍不敢前进，我们马当要塞虽失，仍在其附近地带与敌对峙，可见敌

---

〔1〕秦孝仪主编：《中华民国重要史料初编——对日抗战时期》第二编作战经过（二），台湾中国国民党中央委员会党史委员会1981年9月版，第318—319页。

人在没有准备完成，没有预备好大量的兵力以前，是不敢轻犯武汉的。"[1]因为此次讲话距马当要塞失陷仅仅几天的时间，蒋介石不想过多地向公众展示中国军队作战中存在的问题，他考虑更多的是鼓舞国人的士气，因此，他将马当要塞失陷的最根本原因归结为日军的侥幸，故意回避了马当防守战中陆军的严重失误。可是，他对参加武汉保卫战的各军队的训话，态度来了个一百八十度的大转弯，严厉指出："前次敌人进犯马当湖口的时候，为什么他能够轻易攻陷我们的阵地？就是我们高级指挥官在战斗情况紧急的时候，贪生怕死，不晓得跑到什么地方去了，以致命令、报告或电话都无人接受！即如奉令增援马当的第一百六十七师师长薛蔚英，当时整天找不到人，命令无从送达，电话也无人接话，如果他没有离开职守，能够迅速遵命派一旅人增援，马当即可不致失陷。""薛蔚英今已按照连坐法枪毙！该师亦已全部解散了，否则我们军队还有纪纲？"[2]

当然，马当炮台在建设过程中是存着一些问题的，例如"炮台建筑，简陋非常，除炮位安装比较坚固外，所有其他工事，都是土木结构，并无水泥钢筋，纯属敷衍性质。稍遇大雨，如交通壕、观测台等处，即会崩坏，时常发生事故，所以工事修补不停，有关人员借此从中虚报取利。"[3]但这并不是马当要塞失陷的根本原因。

马当要塞失陷后，海军官兵的遭遇非常复杂，去向也各不相同，有的途中失散，去向不明；有的遇敌遭袭，半途殒命；有的被陆军收编；有的辗转回到海军部队。从杜隆基、刘广凯等人的叙述中可知大致情景。

杜隆基的经历异常曲折，他说：

> 行至湖口县太平关附近，遇第七十三军彭位仁部正在那里布防，想要我们分担一点任务，又见我们武器不全，弹药缺乏，只向我们了解马当作战的情况就作罢了。我们正向湖口三里街行走时，第三总队总队长康肇祥

---

〔1〕秦孝仪编：《总统蒋公思想言论总集》卷十五，台湾国民党党史委员会1984年10月版，第346页。

〔2〕同上，第418页。

〔3〕林家禧：《马当要塞战役中的海军炮台》，《文史资料选编》第四卷军事政治编第一册，福建人民出版社2002年8月版，第189页。

率队赶来，要和我们一同去武汉司令部。到了湖口三里街时，第二十六军郭汝栋的部队正在湖口布防，不让我们通过。这时第二总队鲍长义和陆战第二大队长金宝山两人去了武汉。第二、三总队和陆战支队第二大队都由康肇祥指挥。康肇祥曾派人与第二十六军联系，第二十六军亦派人来了解我们的力量和赋予我们的战斗任务。他们对我们的三门日造三八式野炮很感兴趣，可是没有炮弹，也只好作罢。

到了七月初，战况日趋紧张。第二十六军通知：凡无战斗力的部队，速离开战场。我们的部队在这种情况下，离开湖口三里街，沿鄱阳湖边从鞋山过湖，到了庐山脚下海会地区。这时第七十四军俞济时的部队驻在德安一带，派部队把我们拦住，并对我们说：蒋委员长有命令，抗日战争的部队，不准过湖来；凡过湖来的，一律缴械，官兵收编。康肇祥集合校级军官商议，武器交与不交？二总队和陆战第二大队没有什么武器，仅有三门没有弹药的野炮，第三总队却带有武器。商量的结果，以交出武器为好，士兵留部队使用，校、尉级军官一同送到南昌。当时第一兵团总司令薛岳坐镇南昌，他把我们转送到武昌。这时在列车上挂了几节车厢，并无人看守，仅有两位军官与康肇祥坐在一起谈笑自若。

七月十三日中午，列车到了武昌宾阳门，下车后陪同康肇祥的两位军官，率领我们步行到武昌阅马场，走进西场口附近的一个巷子。进屋一看，才知道是看守所。这样，我们这一批人被收进看守所，当犯人看待。当时有人后悔，在途中走了就走了，可能只留康肇祥几个人。天气炎热，十几个人住在一间小房子里，实在难受。

七月十六日开始审问，夜间八时左右才把我叫去。到楼上一看，上面写着"军法执行总监部审判厅"，我这才知道是来接受审判的。他们问了我的姓名、年龄、籍贯后，我提问是什么案由？法官对我说："作战不力、擅自溃退。"我听到这八个字，心想，重则杀头，轻则坐监。开始审问后，我说："我们的部队，不是作战不力的部队。"他问："有何为证？"我说："六月二十五日傍晚接到蒋委员长传令嘉奖的电报，怎能说我们作战不力呢？"军法官又问："可记得电报字号？"我说："我们正在紧张战斗，只知道有这两份电报，没有记它的字号，我们一查就知道了。"他又问："溃退呢？"我答："这是事实，我们从六月二十四日早晨与日军作战，直到二十六日上午，上级指挥官没有派一兵一卒前来支援，弹尽力竭，阵地被敌切成数段，伤亡惨重，不得已而退出阵地。"他才说："这样说来你没有什么责任了？"我答："有责任也推脱不掉。"他们又问："我们问了一天，没有人像你这样讲的。"我说："他们是海军，不知道陆军作战的情况。"他们又问："他们是海军，你呢？"我答："我是陆军，是学要塞的，派到这个部队来训练要塞作战技术，遇上战争，义不容辞地要参加战斗。"法官们问到此处，离开了法官席位，下来攀谈马当作战的细节。我也无拘无束地和他们交谈起来。后来，他们对我说：上面交下顾祝同的电报说："康肇祥率部先行，以致影响全局。"我说："康肇祥防守的地区是湖口要塞。第三总队的二、三两个大队是没有参加战斗就离开阵地，但不能以他来影响全局。影响全局的是第十六军，他坐视马当要塞和长山要塞防御地带的危急，不派部队增援，使其丢失，这才是真正的责任之所在！"这次的军法会审，就此结束。

七月十八日下午，除将康肇祥等十二位校官留下外，全部官佐都送到汉江师管区军官队收容。到汉江师管区军官队后约三四天的时间，江防要塞守备司令部将这一批官佐要回司令部，另行分配，大部分在第一总队继续工作。[1]

刘广凯的境遇可谓九死一生，他说：

较重的装备无力搬走乃丢弃在阵地，重的伤患，也不能带走，连部队都无法作有计划的转进。我这时候还能确实地掌握了一班的兵力，和我同时退出这血战四夜三天的战场。抬头一看，前方的退路计有两条：乌龙山的右侧，倒是可行的马湖公路，但是已被香山日军炮兵的密集炮火所封锁，飞机也不断地临空炸射，不容易安全通过。因此我选择了从乌龙山左

---

〔1〕杜隆基：《马当要塞长山阵地保卫战》，《武汉会战》（原国民党将领抗日战争亲历记），中国文史出版社1989年2月版，第37—38页。

侧退下，这左侧面临太泊湖，我
们先走了一段没有路的山坡，士
兵用大刀披荆斩棘地开路，后来
发现有沙滩可走，我们略为松了
一口气，但是后面正对着香山，
忽然间一群炮弹落在我们十几个
人的附近，我听到炮声后，灵机
一动，立即喊一声"卧倒"。我
卧倒后，忽为沙土所遮盖。等到
我从沙土里爬出站起来后，检查
一下尚未受伤，但发现随行的有
八个士兵，因为卧倒稍迟，早为

刘广凯战后出任台湾海军第六任总司令

敌人的炮弹炸得粉碎，血肉横飞，惨不忍睹。

　　我一个人爬过了高山，往前一看，正是马湖公路，只见路上我守军官
兵纷纷后退。但是从我这边山麓到公路之间，尚隔着一部分的湖水，宽约
百余码，我就决定涉水过去。殊不知湖水尚深不能见底，于是我就决定游
泳渡过，但是身上所携带的装备很多，计有手枪一支、子弹一百粒、短指
挥刀一把、武装带一条，还有图囊和干粮袋各一个，负荷过重，乃渐感下
沉。我当时倒很镇定，赶紧卸装，除图囊外，一律抛弃于水中，立感轻松
多了！再继续向公路边上游去，可是毕竟身体已疲劳过度，再加上水的浸
湿，只感到四肢乏力，委实游不动了！只觉得渐渐地下沉。此时，忽然又
有敌机一架，临空扫射，心中一急，实在是一点力气也没有啦！不过还没
有慌乱，心中在想，在火线上几天的冲锋，没有被敌人的枪弹打死；方才
太泊湖边的遭遇，也没有被敌人炮弹打死，现在居然就要淹死啦！无人知
晓，真是冤枉，古人说：生有处，死有地，只好认命吧！眼看着我身体继
续往水中下沉，想不到绝处逢生，我的脚尖却忽然着了地，立起来后，水
的深度，刚好到我的下巴处，心中惊喜过望，才慢慢地走出了湖水，等到
走上公路时，却又精疲力竭，一步也走不动啦，就平躺在路边，远望千余
码外高地处的日军太阳旗，正向我卧地前进，这时心中非常焦急，可是寸

步难行，无济于事。忽然有友队士兵七八人最后一批撤离阵地，经过我的身边时，一看认识是我，他们呼唤我起来同行，我回答说："我实在走不动啦，你们请快走吧！"他们说："队长不行，我们不能眼看你被俘，要活我们就活在一起，要死就死在一起，我们扶你同走！"于是两个人就搀扶着我走，可是我的两条腿一步都走不动。他们急了，就把马路旁边一个独立小屋的门板拆了下来，叫我躺在上边，四个人抬着我走，一直到了马当镇，才算是挽救了我生命中最大的厄运！这种敌忾同仇安危共仗的同志爱之伟大精神，实在令人敬佩不已。

到马当镇后略事收容，我所带的第八中队，共得官兵五十余人，换句话讲，本中队在马当前线之战，伤亡过半。和大队长见面后，才知道在这一次马当要塞保卫战中，我守备队兵力计第二总队两个大队、第三总队一个大队和陆战一个大队，共四个大队官兵两千余人，统计伤亡也恰在半数以上，有大队长一员、中队长九员（当中六员系我的同班同学）、分队长十员均阵亡，战况的惨烈，可见一斑。此役我海军守备部队虽然败北，但曾全力以赴，伤亡过半，可谓虽败犹荣。

奉大队长之命叫我率本队官兵先去湖口，路过彭泽县时，进城寻找食物，并在县党部原址（人已逃散一空）略事休息，时在下午三时左右。忽发现敌人飞机七架临空，县党部后山有一小山，我就叫士兵到山上去躲避空袭。我因过分疲劳的关系，就躺在屋中不动听天由命好啦。说也奇怪，这七架敌机，就专向这幢县党部房屋，轮流轰炸了三次后才飞走。所幸后有小山的掩护，炸弹都没有命中，又是一场有惊无险的局面。后来据报在敌机临空之时，有汉奸数人分别站在高处，手持白旗，都向这县党部指示目标，敌机乃立即向此连续轰炸的缘故。

第二总队所剩余的官兵，于抵达湖口后战力已残破不全。与原驻防此间的第三总队会合之后，对于尾追之优势日军竭力抵抗，又感不支，乃渡鄱阳湖撤退至星子县。忽被原驻军陆军第五十一师（师长王耀武）缴械收编，其参谋长李天霞当众宣称："本师奉令收编的是你们的士兵和装备，你们全体官长均自行遣散。"我海军守备队饱经血战之余，忽又受此意外的重大打击，何啻晴天霹雳，心情自然十分沉重！至于该师究系奉了何人之命或根本就是吞食友军就地坐大则不得而知了。我挥泪辞别了远从山东带出生死与共的士兵弟兄们之后，乃迳赴南昌转往武昌江防要塞守备司令部报到，乃结束了我这次参加马当要塞千辛万苦的保卫战役。马当之战为保卫大武汉之开始，层峰非常重视，时当抗战初期，军令森严，据说长江江防总司令刘兴将军被革职，奉令驰援的第一六七师师长薛蔚英将军因迟到战场贻误戎机被枪决，马当要塞司令王锡焘将军临阵脱逃被通缉。海军守备部队各总队长各大队长等一体交付军法审判。我因阶级太低，没有受到处分。[1]

曾任第二台台员、在作战中负伤的林嘉禧也叙述了他的脱险经历：

那晚，我接电后，因下雨不停，又加天黑，难以行动，不得不坐困一夜，静待天明。幸当晚无事，平安度过。次早拂晓我即扶杖离台，勉强步行。下午一时，到达彭泽县城，该县已被敌机炸成废墟，居民逃避一空。我疲极痛极，在废墟中稍事休息，拟找一个老百姓家，暂宿一夜再行。但等了一个钟头，都没碰上一个人。傍午，遇着要塞部×副官骑自行车而过，他见我坐在残垣上，即下车告我说："马当炮台已被敌军包围，炮台员兵于十时毁炮突围。你无论怎样困苦，赶快起行，不要在此停留。"我接受他的劝告后，遂又继续前行，星夜不停。次日九时，抵湖口海军司令部。但湖口亦呈紧张状态，马上将我送往九江，转到湖南省湘阴海军医院治疗。

从撤退情形来看，海军部队的表现尽管好于陆军，但也存在着作战失利后缺乏组织、丧失信心等问题，这也是国民党军队的通病。

马当要塞失陷后，中国军队退守青山坝，继又退守彭泽。日军则在娘娘庙登陆，青山坝日军也沿公路推进。7月1日，中国军队被迫退出彭泽。当日，

---

〔1〕《刘广凯将军报国忆往》，台湾"中央研究院"近代史研究所1994年1月版，第13—15页。

2000年3月，有关部门打捞马当要塞沉船，图为潜水员下水探摸沉船情况（照片来源：长江航运陈列馆）

日海军"三高速"舰在马当附近触雷沉没。2日，中国援军到达，曾一度收复马当部分阵地，但日舰以猛烈炮火实施轰击，守军无法固守。同时，日军一面稳固已占领的马当、彭泽一线阵地，一面沿公路越过凉亭、徐家渡向湖口进犯。

日军攻陷马当很快通过阻塞线向湖口方向进逼，说明阻塞线尽管投入了巨大工程，但收效却并不理想。新中国成立以后，由于马当航道成为长江最为复杂凶险的航段，所以有关部门从1956年开始利用八年时间，对马当水道进行了大规模打捞清障工作，但由于清障难度较大，只打捞、炸除了明显影响航行的十一艘浅层表面沉船，马当主航道江底的七艘沉舰，有四艘在航道内，三艘在航道外，并有两处水雷隐患。2000年3月中旬，经交通部近二十年的论证，沉船打捞工程正式开工。这次打捞工程以清除沉舰及其他障碍物为主，同时进行基建性航槽疏浚，以改善航行条件。这样，沉睡江底60年的七艘沉舰，在两个枯水期内被彻底打捞清除。

湖口区要塞防守战

湖口激战

湖口要塞的具体部署，早在1938年初就已开始，是继马当之后的第二道封锁线。但由于此处没有沉船阻塞，而水雷封锁又不能过早，所以只能就炮台加强建设。湖口炮台的总台辖第一、第二台，分设太平山和竹鸡山，配备大炮四门，炮队人员140人，有江防守备队第三总队的协防，由海军第二舰队司令曾以鼎坐镇指挥。曾任职于江防守备队第三总队的李连墀回忆到达湖口的情景时说：到了湖口以后，"首先是补充兵员，一个中队就是一连，我担任第三总队第五中队中队长。大队长是陈继统。马纪壮是第四中队长，张恒谦是第六中队长，一齐驻在湖口。新兵补齐后，从二十七年六月开始整训。日军于六月下旬进攻马当，我们就入阵地开始作战。要塞守备者，顾名思义，有炮者即为要塞，我们就是守备要塞的队伍"。[1]

1938年6月17日，中国海军派舰艇开始在湖口布雷。至21日共布下水雷九百余枚，不久又加布了三百余枚，使封锁线更加巩固。本来日海军与陆军波田支队订立了作战协定，从水路攻占湖口，然后攻略九江。但由于中国海军雷区的建立并不断加固，造成日军"疏浚航路作业极难进展"，加之中国空军的频繁空袭，"迫使波田支队放弃由江上进击，于6月24日改在香口登陆，开始沿江南陆路向湖口进击"，[2]于7月3日到达湖口东马影桥，中国军队抵抗失

---

[1]《李连墀先生访问记录》，《海军人物访问记录》第一辑，台湾"中央研究院"近代史研究所1998年9月版，第23页。

[2]（日）日本防卫厅防卫研究所战史室著：《日本海军在中国作战》，中华书局1991年1月版，第297页。

岳飞中队的德制鱼雷快艇中的一艘

"鸥"号炮舰

利，陆续后撤。4日，日军进至湖口，中国陆军奉命继续后撤。此时，日军急速前进，逼近炮台，其先头部队虽已越入炮台各炮射程之内，但江面日舰却始终没有出现。由于炮台所装舰炮系固定炮座，无法转向岸上打击日陆军，造成在陆上作战中炮台无以发挥作用的不利局面，致使情势异常严重。海军炮队急中生智，利用特务兵据守山头，力争据点与敌展开山地战。随着日军源源不断地到来，海军的抵抗显得微不足道，虽奋力抗击，但损失严重，炮兵江爱春牺牲，加之担任指挥作战的陆军总台长赵黼丞失踪，海军陆战队和炮队孤立无援，陷入重围，山头也无法扼守。与此同时，日军出动飞机对炮台实施轰炸，各炮炮位多被炸毁，无力再战。当晚，海军炮台各部拆卸炮门，突出重围，湖口随之陷落。

李连墀在回忆作战经过时说：

抵抗日军攻击战打得很好，两昼夜后撤退，日本人没能溯江而上，就从马当向星子绕过鄱阳湖，直向九江，把我们后头的要塞都包围在里面。日军一攻马当，湖口就被炸，这时已不是俯冲轰炸，而是水平轰炸，日本的零式轰炸机，三架一编队，一次九架，连续炸了三天，湖口的民房等都夷为平地。我们在战壕里看着零式机飞来，不俯冲就可以轰炸，晓得这种飞机厉害。我们的阵地和所住的营房也被炸毁了一半。马当一失手，要塞宣布撤退，我们也跟着退。

二十七年七月一退就退到田家镇，在此碰上陈精文，他是第一总队第一大队的大队长。那时我们补招的新兵，因多系江西本地人，一打仗，他们就跑回家，剩下的都是我们船上的几个老兵。于是我乃率领剩余的兵和武器，向陈精文先生报到。此时没有事，我们就在部队里赋闲休息。

附带一提湖口撤退，康肇祥那时是第三总队长，总队部在湖口，我们第二大队是跟总部行动，第一和第三大队分在田家镇和马当驻守。在田家镇大队是高射炮队，配属在第一总队，另一大队配属在马当，隶第二总队，本身只剩我们第二大队，大队长陈继统。马当一被攻破，他们认为前方无望，且没电台，后方的命令很难接到，所以第三总队部未奉命即先行撤离，前后只差一天时间。当时我是重机枪中队长，但两挺重机枪被士兵

丢在阵地里，我自己背着重机枪下来。此时总队部的总队长康肇祥，大队
长陈继统，及一名大队附，和另外两名官员就一块走了。因此康、陈二人
都受到处分。[1]

与马当要塞失陷的原因一样，湖口的失陷也与陆军的作战不力有关，第九
战区第一兵团总司令薛岳给蒋介石的报告中称："湖口已不守，郭军分向西岸
及其以南地区溃退，郭军长、刘师长下落不明。"[2]部队的"溃退"、指挥官的
"下落不明"，都毫无掩饰地说明了陆军的作战状态。而顾祝同的报告，对湖
口防守战失利原因的分析，尽管也涉及海军存在的问题，但指出的主要还是陆
军存在的问题：

1.要塞直属守备部队，甫经核准，正陆续组织，力量太弱。

2.守湖口野战部队，原为七十七师，嗣以彭泽失陷，该师奉令恢复驻
军彭泽；另由驻浔湖间之二十六师推进至湖口，不意敌陷彭泽后，复以汽
艇绕至上游登陆，致彭泽未克，而湖口已告紧张，二十六师正当半渡，其
先头即与敌接触矣。

3.湖口危急时，奉命增援之七十七师、十六师，为敌牵制，迄未到
达；且王东原与二十六师始终未取得联络。

4.配属湖口总台长指挥之长江要塞守备总队，湖口紧张时，竟声言奉
要塞守备司令谢刚哲电令，开往安全地点休息整理，致影响其他部队，咸
感不安。

5.湖口正面太宽，职曾申请以有力部队驻守，二十六师完全新兵，武
器又劣，重机枪全无，轻机枪仅及半数，不能胜此重任，而终愈无其他部
队。故开战三昼夜，湖口即告失陷。

6.湖口、马当两区要塞炮战，对江面设置，对野战军作战，完全不能

〔1〕《李连墀先生访问记录》，《海军人物访问记录》第一辑，台湾"中央研究院"近代史
研究所1998年9月版，第24页。
〔2〕中国第二历史档案馆：《中华民国史档案资料汇编》第五辑第二编军事（三），江苏古
籍出版社1994年6月版，第13页。

支援。

7.敌施放毒气，我部队毫无防毒设备及经验，致有惶惧失措，影响战斗。[1]

湖口失陷后，中国军队并没有就此放弃，特别是海军部队，利用鱼雷快艇有限的战力，不断在湖口一带袭扰日军。

说到鱼雷快艇，还需往前追溯几日。1938年6月28日，军政部电雷学校校长欧阳格被治以贪污罪，[2]该校奉军事委员会之令从此停办，校属鱼雷快艇则移交海军总司令部，海军接收电雷学校移交的12艘鱼雷快艇后，即组建快艇大队部，下辖三个中队：第一中队辖"文42""文88""文93""文171"四艇；第二中队下"岳22""岳253""岳371"三艇；第三中队辖"颜53""颜161""颜92""颜164"四艇；"史223"号艇直属大队部。鱼雷快艇的根据地设于湖北蕲春。同时，海军部队部分鱼雷快艇进行了紧急修理，以图尽快用于江上作战。7月15日，移交程序全部进行完毕。

新的鱼雷快艇大队编成后，各鱼雷艇分别奉命开赴九江附近各处与日军作战。时任"史223"艇艇长的黎玉玺回忆说："七月六日我调任史可法中队第二二三号鱼雷快艇上尉艇长。……我接掌史二二三快艇后，奉命同岳二五三艇立即开赴前线，先到九江驻泊。当时陆军已撤离九江，民众亦已疏散之乡间，少数未去者，亦闭门不出，一幅大战之前景象。似此情况，不宜久留，乃趁夜横江北航，进入一河口停泊，并向附近居民查询敌情。次日拂晓，敌机三、五架一批不断向上游方向飞去，并有敌机沿江低飞侦察，幸未被发现。"[3]

7月9日，湖口江面发现日中型舰艇多艘。14日，海军总司令部密令"文

[1]秦孝仪主编：《中华民国重要史料初编——对日抗战时期》第二编作战经过（二），台湾中国国民党中央委员会党史委员会1981年9月版，第319页。
[2]1941年8月2日，欧阳格被执行枪决。关于他的死，众说纷纭，有两种说法最引人关注：一是抗战爆发后，欧阳格与闽系海军的矛盾依然激烈，电雷学校与海军部争夺制造水雷的款项，闽系海军指责欧阳格侵吞公款，制造的水雷质量低劣，影响作战。同时有人控告他在建立电雷学校的过程中，有贪污之举。蒋介石怕落得个袒护贪污行为的罪名而将其处死。二是在作战屡屡失利的情况下，蒋介石为转嫁责任而将故意保存实力的他作为替罪之羊。
[3]《黎玉玺先生访问记录》，台湾"中央研究院"近代史研究所1991年6月版，第29—30页。

93"艇向驻泊湖口江面的日舰实施偷袭。该艇奉命后冒着日军炮火，向日舰发射鱼雷，予以命中。被攻击的日舰为"鸥"号炮舰，标准排水量450吨，曾在日军攻陷马当、湖口战斗中发挥过重要作用。据日方史料记载，"鸥"舰被击中后，当即炸成两截，机舱人员全部毙命。剧烈的爆炸将前后锚链扯断，舰体迅速下沉搁浅。"文93"艇则冒着日军猛烈的炮火，以高速摆脱追射，带伤返回。

7月17日，海军总司令部又派"史223"和"岳253"两艇，再度向湖口日舰夜袭，但中途因陆军辅助工程处所布的阻塞网从原位流出，"史223"艇误被缠绞，因而沉没，"岳253"艇也因此受轻伤。

中国鱼雷快艇的连续出击，使日军感到了巨大威胁，决定实施报复。7月21日，日军空袭了蕲春附近的驻泊地，尽管炸弹未直接命中，但巨大的冲击使"文42"和"文88"两艇受损伤。

1938年8月1日，中国海军获悉日舰数艘已越过九江，企图破坏武穴雷区，海军调派"岳22""颜161"两鱼雷快艇两次出击。正准备出发时，日机突然出现，猛烈轰炸两艇，"岳22"艇被炸沉，"颜161"艇受伤。

以鱼雷快艇袭击的方式在长江中与日舰作战，尽管能够给日军构成威胁，但难以影响战局。因此，军事委员会决定将鱼雷快艇大队挪作他用。8月25日，海军总司令部奉令将鱼雷快艇移交第四战区副司令长官余汉谋接收，配属于广东江防司令部。9月初，全部鱼雷艇和鱼雷工厂由火车载运前往广州。9月中旬，海军人员也乘专车自武汉出发，沿平汉路南下广州。可是，10月21日广州失陷，鱼雷艇队随广东江防司令部撤往肇庆，再转往梧州。黎玉玺亲身经历了这一过程，他说：

> 既然无法在长江中作战，就决定到广东期能由珠江流域港汊出海袭敌。九月中旬海军人员乘专车自武昌沿平汉路南下（快艇及全部鱼雷工厂已由火车先行运往广州），专车走走停停，不时有飞往武汉之日机经过，但均未对我专车攻击；经两日后始抵长沙。我在长沙将艺文（黎玉玺之妻——引者）托付大嫂果淑君所认识的郭姓友人家暂住之后，即只身前往广州，于十月十一日到达并向广东江防司令部报到。不期日军于十二日在大亚湾之澳头登陆，广州于廿一日遂告失陷。

广东江防司令部先已于十月一日发表我为文天祥分队第四二号快艇艇长，我于到达广州不数日，即因局势骤变，仓促随广东江防司令部向西江方向撤退。先至三江口略停数日后，即撤往肇庆，再转往梧州。至此鱼雷快艇已完全不能发挥原有之作战效能。[1]

九江失陷

就在进攻湖口的同时，日军的触角也伸向了九江。九江封锁线建立于1937年12月16日，由中国陆海军协同完成。此后，九江的防御部署逐渐形成：第九战区以第一兵团守备九江及鄱阳湖西岸地区，以第二兵团守备九江以西地区并沿长江拒敌。

1938年6月14日，日本海军中国方面舰队司令长官发布攻略九江作战命令。18日，日本大本营令海军中国方面舰队与陆军协同伺机占领九江，在占领九江后适时地压制其上游，表明九江重要的战略价值。随后，日军频频袭击九江附近中国海陆军目标。

7月1日凌晨5时许，中国海军"咸宁"号炮舰奉第二舰队司令曾以鼎之命，在九江北港开始布设水雷。工作完成后，返回田家镇，航至徐家湾灯杆附近，遇"长宁"号炮艇同航，于8时45分经火焰山，突遭七架日机空袭，俯冲投弹四十余枚。"咸宁"舰一边奋力抗击，一边继续上航，战况异常激烈。舰长薛家声指挥员兵用高射炮猛烈射击，击落日机两架，但该舰舰首士兵舱中段、机舱左舷被洞穿孔穴多处，头目舱及士兵舱均着火，火势甚猛，蔓延至弹药舱和煤舱，员兵伤亡枕藉。9时10分日机遁去，该舰已抵武穴，暂靠前日清码头，救火塞漏，并移伤亡人员于当地普爱医院救护。9时45分，又有七架日机临空侦察，旋即离去。11时30分，日机十六架又来轰炸，投弹六十余枚，员兵再次付出巨大牺牲。该舰终因舰体中弹太多，与码头船同时沉没。此次战斗，舰长薛家声、副长陈嘉栐均受伤，电官庄亮采，帆缆副军士长郑玉草，上士陈世昌、邵国兴，水兵林长汉、朱法祖、江礼祥、张银官等阵亡，其余轻重

---

[1]《黎玉玺先生访问记录》，台湾"中央研究院"近代史研究所1991年6月版，第30—31页。

"咸宁"舰

伤者达53人。

"咸宁"舰壮烈殉职，不愧为"国民革命后建设新海军首先完成之舰"。[1]

就在"咸宁"舰遭袭的同时，"长宁"艇也遭攻击。该艇奉曾以鼎之命开往田家镇，航行至武穴附近时，与"咸宁"舰同时遭袭，该艇员兵极力抵抗，当时伡轴舱中弹漏水，员兵即行堵塞营救，并继续上驶。到达武穴后，因"咸宁"舰弹药舱起火，该艇暂靠利济码头，分派员兵协助"咸宁"舰救护。当日机十六架继续攻击时，该艇发炮五十余发，但艇身左舷遭弹片击伤多处，火药舱、机锅舱、官员舱均进水甚猛，锅炉气管也重伤漏气，抽水机失效，人力抽水机又因赴"咸宁"舰救火被毁，艇长林良缪命令雇轮托搁浅滩，将械弹及无线电机件等尽量拆卸运岸，至19时50分完全沉没，列兵卢长河、王逸京等阵亡，其余官兵轻重伤者八人。

"长宁"艇由海军江南造船所建造，1933年开工，同年完工。该艇长42.9米，宽6.1米，吃水1.8米，航速11节，排水量280吨，时任艇长林良缪。

从7月中旬开始，日机猛烈轰炸长江沿岸，扫荡鄱阳湖之布雷。7月23日，

---

[1]《中国近代舰艇工业史资料》，上海人民出版社1994年10月版，第209页。

郑玉草，"咸宁"舰帆缆副军士长，福建闽侯人。历任"民权"舰、"咸宁"舰帆缆副军士长等职。1938年7月1日在武穴抗战时重伤牺牲，时年40岁

林长汉，"咸宁"舰一等兵，福建闽侯人。1938年7月1日在武穴抗战时牺牲，时年34岁

朱法祖，"咸宁"舰二等兵，福建闽侯人。1938年7月1日在武穴抗战时牺牲，时年26岁

江礼祥，"咸宁"舰三等兵，福建闽侯人，1938年7月1日在武穴抗战时牺牲，时年26岁

日军加紧对九江的包抄，波田支队突破中国守军阵地，在江西湖口以西之姑塘登陆，"大王庙东岸于二时闻有汽艇声向鄱阳湖前进，二时卅分姑塘附近发现敌汽艇多艘。我军向之射击，敌稍退。三时许，敌舰在鞋山方面发炮掩护，更用飞机在马祖山盘旋，我步、炮兵一面还击敌舰，一面拒止敌登陆。经令预十一师预备队增加，并由十五师派兵一团增援"，[1]才遏制敌势。

7月25日，日舰猛烈炮击九江，继续掩护陆军进攻，另有28艘日舰炮击九江对岸小池口中国守军阵地，并以飞机七十余架掩护海军陆战队四次登陆，均被中国守军击退。次日，日军陆、海、空三军联合进攻，形势更加严峻，中国守军遂转移阵地，退至沙河之既设阵地，九江、小池口先后失陷。

九江的防卫任务主要由陆军担负，其失陷的原因，第九战区第二兵团总司令张发奎做了总结，他认为是交通线破坏过早，阵地未能预先完成；运输不良，兵站设施欠缺；军纪不良，民众逃亡；联络不确，未能协同；警戒疏忽；高级将领间缺乏自信心，中下级干部多无力掌握部下等等。[2]无疑，海军在防卫九江过程中的表现是积极的。

鄱阳湖抗敌

湖口位于通往鄱阳湖的咽喉要地，湖口的失陷，等于打开了日军通往鄱阳湖的一扇大门。鄱阳湖位于赣北，它水道纵横缜密，赣水、修水、武阳水、昌河、乐安河、饶河及其他小河流均汇合于此。它北至都昌、星子湖口，西至新建、永修，东至浮梁、乐平，南至余干、余江、鹰潭等地，是通往江西重镇南昌乃至江西腹地的水上交通要道。要防止日军由水路逼近南昌，必须加强鄱阳湖的有效防御。战前，海军调派"宁"字号炮艇数艘，装设轨道，改为布雷艇，日夜不停地在马当、湖口、鄱阳湖一带布雷，另调派配有武装的小火轮多艘，担任鄱阳湖的湖防。

从1938年6月30日开始，中国海军陆续在鄱阳湖之兔子山、鲸鱼山、姑

---

〔1〕中国第二历史档案馆：《中华民国史档案资料汇编》第五辑第二编军事（三），江苏古籍出版社1994年6月版，第14页。

〔2〕中国第二历史档案馆：《抗日战争正面战场》（上），凤凰出版社2005年8月版，第760—761页。

日本海军"神威"号水上飞机母舰航行在鄱阳湖上

日本海军"能登吕"号水上飞机母舰航行在鄱阳湖上

"义宁"号炮艇

塘等处布雷,防止日舰自鄱阳湖西渡匡庐,直取南昌。曾在频繁活动于鄱阳湖的"义宁"号炮艇上任职的一位员兵回忆当时的情况说,在已经撤消了航行标志及灯杆的黑夜运雷、布雷、航行,以及在敌机监视下的布雷等工作,都是异常的艰苦。"我们的艇长严公传经,特别忠勇而镇静,他指挥全艇官兵工作,任何危难,在所不计,更加尤其能振奋我们的士气。严艇长且时常训示我们官佐:'抗战时期正是我们杀敌报国而成仁的机会,我们实不能错过这机会,因此我们毫无所畏惧,也毫无所退缩,在我们海军军人字典中,是绝对没有艰难、困苦、危险等的字眼呀!'"

6月25日下午2时,天气炎热,"义宁"艇正在大孤山对岸附近的白浒塘准备装煤的时候,被日机发现,"义宁"艇立即停止装煤,移动锚位。15分钟以后,严传经考虑到当天夜里就要出发到马当布雷,又靠驳继续添装煤炭。装煤工作还未完成,就闻空中飞机声由远而近。严传经立即下令放去煤驳,发动汽机,备便前后高射炮,做好迎击准备。其他各艇也均准备战斗。不一会儿,日机九架分三队向中国海军舰艇袭来,采取俯冲投弹方式,轮番轰炸。"义宁"艇官兵一面对空射击,一面起锚左右旋转,"炮声机声和炸弹爆裂声,相互交响,写成了一首最有价值最伟大的战歌"。[1]日机先后投弹数十枚,始终没有命

---

〔1〕《大孤山血战实纪》,《海军抗战事迹汇编》,海军总司令部编译处1941年12月版,第387—388页。

中"义宁"艇。不料,一枚炸弹在艇尾左舷附近爆炸,弹片飞溅至后段甲板,这时,严传经刚好在后段指挥作战,不幸和炮位上的水兵李孝勋、陈再框同时阵亡,艇上也燃起大火。轮机副军士长汪景瀚正准备救火,也在机舱口中弹片牺牲。随后,轮机兵陈在枢以及奋勇搬运炮弹的勤务兵任礼海、杨依雅等先后阵亡。战至5时30分,日机向东方退去,"义宁"艇除了七名阵亡者外,还有八名官兵负伤。艇身被炸弹击穿大小百余孔,多在水线以上,机件损坏严重,不得不拖至汉口修理。

29日,"崇宁""长宁"两炮艇在鄱阳湖内巡弋时,也被日机炸伤。随后,两艇略事整理,即奉命开赴浔田一带,担任防务。至于鄱阳湖的防务,海军则调派"海宁"炮艇驰往接替。7月9日,湖口江面出现日小型舰艇两艘,图谋向鄱阳湖入口的姑塘进迫,"海宁"艇闻讯开往吴城附近之丁家山截击,日舰知道中国海军已有防备,旋即退去。14日,日军改为以飞机攻击"海宁"艇。当日晨,"海宁"艇派出员兵会同水警队勘测吴城河道,5时开往警区梭巡,事毕回泊丁家山。上午9时,日机两架在"海宁"艇上空侦察,随后12架日机赶到,向该艇投弹。该艇开炮13发,机枪百余发,迫使日机不敢低飞,炸弹多落在该艇附近。此时,该艇前炮撞针突然折断,不能继续射击,日机趁此机会疯狂投弹,致使该艇右舷中段水线铁板被炸漏水,主机损坏不能开动。日机并未停止攻击,又掷弹二十余枚后于10时30分离去。下午1时30分,正当"海宁"艇员兵紧张地进行抽水堵漏,并检查各部机件时,日机17架又来,分三队轮番向该艇投弹。该艇前往台中弹起火,前段两挺机枪及前炮均被炸毁,各舱进水迅速。此后,日机又投下五十余枚炸弹,于2时30分离去。经日机猛烈攻击之后,"海宁"艇搁浅,艇身未完全下沉,唯向右倾斜十余度,经用大号钢绳钳撑岸上,才免于翻覆。经查该艇前后炮炮管、油鼓开放机、瞄准器均被炸坏,前炮炮座上下铁板大小炸孔密布,左前水线中一弹,弹孔约一尺多;前望台中一弹,落在驾驶房,贯通士兵舱至火药舱口,无线电舱遭焚毁,机锅舱进水。15日,"海宁"艇奉鄱阳湖警备司令命令,继续对该艇进行堵漏,结果因艇上炸孔太多,施救无效,决定放弃。员兵除将所余炮弹11发、后段损坏机枪一挺运回鄱阳湖警备司令部缴存外,其余军械物件全部付之一炬。此次战斗,"海宁"艇一等兵任春祥、二等兵潘依洽、勤务兵王子官等阵亡,另有五人受

　　严传经，"义宁"炮艇艇长，福建闽侯人。烟台海军学校毕业，历任"海容"舰鱼雷副，海军第一舰队司令部正副官。1938年6月25日在鄱阳湖抗战牺牲，时年43岁

　　汪景瀚，"义宁"炮艇轮机副军士长，福建闽侯人。历充"海凫"炮艇、"义宁"炮艇轮机副军士长等职。1938年6月25日在鄱阳湖抗战牺牲，时年47岁

　　陈再框，"义宁"艇一等兵，福建闽侯人。1938年6月25日在鄱阳湖抗战牺牲，时年30岁

　　李孝勋，"义宁"艇一等兵，福建闽侯人。1938年6月25日在鄱阳湖抗战牺牲，时年28岁

　　陈在枢，"义宁"艇二等兵，福建闽侯人。1938年6月25日在鄱阳湖抗战牺牲，时年22岁

伤。海军总司令部令该艇艇长何乃诚以幸存官兵组织布雷队，在鄱阳湖内继续抗战，担任布雷工作，于9月间在吴城方面布雷数十具，以阻敌舰侵入。

7月23日，日舰十余艘掩护陆军波田支队由湖口驶入鄱阳湖鞋山附近，分两路向西岸姑塘以北地方强行登陆，攻陷姑塘。

7月26日，日军攻占九江之后，其海军决定与陆军协力攻略星子。星子位于鄱阳湖入口处，是鄱阳湖沿岸仅次于湖口的要冲，是实施鄱阳湖作战的主要基地。7月31日，日军签订了陆海军协定，规定了长江的溯江作战和鄱阳湖上的作战，计划在攻占汉口之前或以后，以陆军一部攻占南昌，为此，除依靠陆路外，还要与海军配合，利用鄱阳湖进攻，航空部队则确保控制鄱阳湖水域。[1]

8月3日，日海军下达了进攻星子的作战命令。8月5日，进攻开始。日海军以疏浚和确保水路为主要任务，在中国守军阵地之前强行测量水路和扫雷。日陆军部队从8月20日开始进击，以步兵两个半大队、炮兵四个中队为基干的佐藤支队到达星子郊外，与当晚登陆的海军陆战队一起于21日晨突入星子城，并占领之，从而打开了进入鄱阳湖的通道。

---

〔1〕（日）日本防卫厅防卫研究所战史室著：《中国事变陆军作战史》第二卷第一分册，中华书局1979年10月版，第123页。

田家镇区要塞防守战

　　湖口、九江等地的陷落，突出了田家镇要塞和黄鄂区要塞的重要性。蒋介石在九江失陷的五天后，就召开参加保卫武汉部队的将领训话，除了强调武汉保卫战的重要意义，尽力鼓舞将领们的士气之外，还要求他们接受此前各要塞失守的教训，他说："这几次马当湖口九江的失守，就是因为我们一般负责的高级官长，遇到敌人飞机大炮的轰击，就躲在地洞，以致部队无人指挥，随便乱跑，敌人步兵就在烟幕掩护之下，毫无阻碍地大队登陆，不然的话，以现在长江这样大的水势，沿岸并没有处处筑有码头，敌人怎能轻易上岸？就是它冒险驶近江岸，它一只小船，也只能载几十人，我们只要有几个哨兵监视它阻止它，它就无法强登。"[1]他既着急，又无奈，要为此后的田家镇要塞防守战敲响警钟。

　　田家镇要塞位于九江上游60公里处的长江北岸，与对岸半壁山和富池口的永久炮台相依，是鄂东门户，江防要地。这里地处险要，以山锁江，湖泊连接，东北是黄泥湖，西边是沼泽水泊，中间有宽约三四里的丘陵高地，连接要塞腹地，形成天然屏障，是长江上继马当之后的第三道封锁线。如果日军从正面进攻要塞，它纵有精良装备，亦会遭受重大损失。为此，日军占领九江后，积极作进攻田家镇的准备。

　　早在1938年6月初，军事委员会军令部在《保卫武汉作战计划》中就明确

---

　　〔1〕秦孝仪编：《总统蒋公思想言论总集》卷十五，台湾国民党党史委员会1984年10月版，第417页。

规定：广济方面"李延年、许绍宗、刘汝明、曹福林、萧之楚、覃联芳、韦云淞、张淦、张义纯、何知重等部，确保现阵地及田家镇要塞，积极击破当面之敌；并酌派部队在浠水（44A）、巴河（87A）两线占领阵地"。[1]实际上，田家镇要塞防御的具体部署，外围是由第九战区第二十九军团（军团长王缵绪）集结于黄梅、广济附近向南作战，直接配备于黄、广南侧湖沼地及其北侧山地缘线，构筑数道工事，任务是防止日军的突进。当日军少量部队登陆时，务必将之歼灭于湖沼地区，并与田家镇要塞部队密切联络，协同作战，不使敌人迂回要塞背后。第十一集团军第八十四军（军长覃联芳）在浠水附近集结训练，抽出军官指挥民夫在蕲春、巴河市间江岸各要点及巴河西岸（罗田以南）对东构筑工事。内线是由第十一军团第二军（军长李延年）所辖第九师和第五十七师为主体，第八十六军（军长何知重）所辖两个师及第五战区第二军团第二十六军（军长萧之楚）所辖两个师协助之。田家镇要塞司令是蒋必。

负责田家镇对岸半壁山守备的是第九战区第三十一集团军第九十八军，其第一九三师布防于东起富池河，西至半壁山以西5公里一带网湖地区及大冶所属石灰窑，第八十二师布防于半壁山西长江南岸之线。第一九三师第三八五旅（加强旅）以王博丞团一个营专门监视富池河东岸之敌，阻止其偷渡富池河。由富池口到半壁山，有一道堤与网湖相接，堤长不到7里，堤宽不到100米，以步兵两个连构成散兵式班防御阵地。因江堤平坦，地面与工事等齐，难免受日军炮弹与炸弹轰击，因而被派遣之部队白天只好栖息于网湖之中，遇敌舰艇强迫登陆时，则出而歼灭之。半壁山对面，派步兵两个连，阻止日舰破坏水雷线及陆战队登陆。王团第三营作为预备队。重炮布置于沿半壁山以西的长江南岸，以四门火炮利用半壁山的峭壁纵射敌舰，以两门火炮向田家镇直射。高射机枪两个连散置于重炮阵地，对付日机低空攻击，并由徐佛观团派步兵一个营布防江边，掩护重炮阵地安全。距江岸约600米处有大小熊山，由徐团派两个营构筑第三道防御阵地，作为纵深配备。高射炮则布置于大小熊山后。杨昆源团以步兵第五连分布于网湖西岸至间桥之线，以步兵第七连作预备队。第

　　〔1〕秦孝仪主编：《中华民国重要史料初编——对日抗战时期》第二编作战经过（二），台湾中国国民党中央委员会党史委员会1981年9月版，第308页。

日本海军第十一水雷队水雷艇"鸿"号在长江参加战斗

八十二师的部署要点，在于严密监视长江北岸日军的强渡，临时配备山炮四门，高射机枪四挺。

海军炮台的配备分南北两岸，与长江其他要塞明显不同，是田家镇炮台的一大优点。南岸炮台（称田一总台）位于富池口东之沿岸山地，地势最为适宜，目标隐蔽，舰炮炮火或空中轰炸，均受死角阻碍，不易遭到攻击。北岸炮台（称田二总台）筑于富池口对面之盘塘沿岸小山上，地势不如南岸险峻，但也不差。盘塘位于武穴上游约10公里，田家镇市集系在盘塘上游4公里。两岸每个总台设两个分台，每分台配备四门炮，概为德式15.5生口径，有效射程达7000米，两岸合计16门大炮，员兵197名，实力颇为不弱。此外，海军还有江防要塞守备第一总队驻防富池口，部分海军舰艇也参与防御。

马当失守后，田家镇的地位更加重要，蒋介石有明确的指示："田家镇要塞乃我大别山脉及赣北主阵地之锁钥，五九战区会战之枢轴，亦武汉最后之屏障也。"[1] 所以，陆海军都十分重视此地的防御。

为了加强要塞防御，不使日军从水上威胁陆上中国守军的背后，1938年6月29日，海军开始在田家镇南岸航道敷设水雷。7月13日，中国海军将田家镇、半壁山之间，蕲春、岚头矶之间，黄石港、石灰窑之间，黄冈、鄂城之间划为四个布雷区，各区附近分别划补多个辅助雷区，加紧布设水雷。经过三个月的努力，共布放水雷一千五百余枚，建成四道水雷封锁线。

---

〔1〕刘松：《田家镇海军炮队作战回忆》，《海军抗战事迹汇编》，海军总司令部编译处1941年12月版，第257页。

鉴于日舰多在二套口、新洲一带活动，尽管九江以上遍布水雷，但海军总司令部依然认为，专布固定水雷尚属消极方法，因此决定利用长江水流实行更有效之积极战略，布放漂流水雷，向敌舰展开游击战，以争取主动地位。8月底，中国海军组建布雷别动队，郑天杰任队长，周仲山任副队长，其任务是布放漂雷。

在布雷过程中，海军各船艇冒着敌人的炮火，积极工作。7月2日上午8时，中国海军"崇宁"号炮艇在田家镇执行布雷任务时，两架日机出现，接连向该艇投弹四枚，该艇立即开炮还击。不久，该艇艇首左舷已遭弹片击伤进水，员兵立即抽水堵漏，同时，艇首炮及无线电机均被炸坏。下午14时，又有日机六架飞来，连续向该艇投弹十二枚，使该艇左右舷水线上下被弹片击伤多处，破洞进水凶猛。艇长叶水源命令驶搁浅滩，继续堵漏。3日当日上午9时，日机五架复来，猛投燃烧弹十余枚，该艇机舱、艇首均中弹起火，主机亦被炸坏。正在抢救之时，日机三架接续投弹数枚，一弹击中该艇锅炉舱，引起大火。员兵一面继续营救，一面将枪械弹药及无线电收报机零件等尽量抢运。4日凌晨5时10分，该艇彻底沉没。此次战斗，艇长叶水源等14名官兵负伤，4名士兵牺牲。

7月13日，前在十二圩受伤修竣重上前线担任布雷任务的"绥宁"号炮艇，由薛家声驾驶，拖带雷驳赴田家镇，凌晨1时过蕲春寄锚，将雷驳散泊蕲春南岸山脚后，该艇驶离蕲春，上午7时抵达黄石港，泊近铁矿码头。10时许，日机七架向该艇投掷炸弹十余枚，无线电收发灯泡、电瓷板及各电表均被震碎，右舷被炸穿十余洞，煤舱、机舱均进水。该艇前期艇首炮已被炸坏，两挺机枪亦在修械所修理过程中，因而只能用艇尾炮顽强抵抗。作战中，枪炮上士张洪祥、一等兵王金全被弹片溅伤颈部和腿部，额外洗衣匠郝得法失踪。日机离去后，该艇员兵立即进行抽水塞漏工作，无奈弹片已伤及锅炉面之平面汽塞，致锅炉全部泄气，不能工作。正在修理时，日机五架又来，所掷炸弹均落于水线上下，炸穿艇体数十洞，漏水加剧，艇身渐倾。下午3时20分，日机二十架蔽空而来，分两批投弹数十枚，将该艇左右舷炸毁，无法挽救，艇首立即下沉，艇尾亦随之沉没。艇上除双眼千里镜、单眼望远镜各一架，关防一颗被抢出外，其余所有械弹、料件以及存舱文卷扬密电本、无线电密呼号活动盘、报头报尾密码通用表、员兵服装铺盖等，均随艇沉没。至此，海军各舰艇因投入布雷行动，几乎全部牺牲。但前方需要布雷舰艇极其紧迫，海军在万分困难之中，积极谋求对炮轮、差轮、小火轮等船只的改造，装配备布雷设施，赶赴前方工作。操纵这些小轮的中国海军官兵，冒死进行，仅在7、8、9三个月中，在蕲春、田家镇、新洲、苇源口、李家洲、余家洲、石灰窑、道士袱等地相继被日军炸沉的布雷船计有"金大""平明""永平""远东""三星""达通""万利""楚吉""临昌""新春""新福兴""楚发""同福""飞鸢""鸿泰"等15艘，牺牲布雷人员数十人，储雷炮船、雷驳被炸也不少。8月9日，"湖鹰"号鱼雷艇奉紧急命令驶往前方，在兰溪附近两度遭敌攻击，重伤沉没。海军的牺牲尽管很大，但换来了水上防御的日益坚固。随着要塞防守战的日益迫近，海军继续完成繁重的布雷任务，一面抽调辅助船艇，征用民用火轮，一面选派官兵，招募水手、民工继续开展布雷工作。

日军溯江西犯武汉的路线不外乎三条：一条是由九江经瑞昌、阳新趋通山、咸宁；一条是由黄梅趋广济、浠水；一条是正面突破田家镇要塞，侧击两岸中国守军。从这三条路线来看，第三条最能有效利用海空军优势，发挥立体战的作用。所以，日军不断从正面试探性地对中国海军舰艇和雷区实施袭击。然而，由于田家镇两岸海军炮台的存在和天然地形优势，使日军对依靠海军力量从正面突破防守阵地产生顾虑，不得不求其次而选择两岸夹进战略，南岸攻击瑞昌，北岸攻击广济，正面则伺隙实施突破。同时，企图夺取马头镇，威胁武穴一带雷区。为此，至8月初，日军对长江海军力量进行了加强，海军航空队以芜湖为根据地，将前泊"能登吕"号水上飞机母舰调回，另调"神威"号水上飞机母舰进入长江，载有水上飞机45架（包括轰炸机9架）及海军航空人员。另有战斗机队和攻击机队。海军舰队包括大小舰艇242艘，其中较大战舰26艘调往华南，从日本国内运来汽艇360艘，增往长江上游者180艘。该艇为黄灰两色，装备有机枪两挺。[1]但是，由于中国守军戒备严密，日军始终无隙可乘。

---

〔1〕秦孝仪主编：《中华民国重要史料初编——对日抗战时期》第二编作战经过（二），台湾中国国民党中央委员会党史委员会1981年9月版，第24页。

　　1938年8月4日，日军第十一军第六师团攻占黄梅后，即由其第三十六旅团牛岛满少将指挥的步兵第二十三联队、第二十五联队、野炮第六联队及独立山炮第二联队第二大队，沿黄梅、广济大道向田家镇要塞中国守军逼近，中国陆军节节抵抗，与敌打持久战与消耗战。随着日军源源不断地增援，中日双方展开拉锯战，相持月余，日军终于攻陷瑞昌，迫近阳新。北岸广济、武穴也于9月9日失守，日军分兵趋浠水，攻蕲春，企图包围田家镇。

　　9月11日，日军在三十余艘大小舰艇的配合下，在武穴登陆，中国守军奋起抵抗，正式拉开了田家镇要塞防守战的帷幕。此时担任要塞内围防守的中国军队是陆军第五十七师（师长施中诚），所辖第一六九旅（旅长李琰）的第三三七团（团长刘弦洲）和第三三九团（团长周义重）防守武穴外围阵地，第一七一旅（旅长杨宗鼎，兼任要塞司令）的第三四〇团（团长刘肇恒）、第三四一团（团长龙子育）和第三四二团（团长李翰卿）据守要塞核心阵地。师部前方指挥所设在田家镇。当日军在武穴登陆时，防守武穴外围阵地的一个连，进行了顽强抵抗，终因寡不敌众，且战且退，最终全连官兵均壮烈牺牲。日军遂向整个防御阵地展开全面进攻，田家镇要塞后路极为惨烈的战斗随即打响。

　　半壁山一带阵地上，日舰炮弹与日机炸弹密如雨注，陆军重炮为隐蔽目标，不加还击，高射炮对敌重磅炸弹无法抵御，也只好暂时不发射。无论多粗的条石和石柱，全被日军500磅以上炸弹炸得粉碎，步兵地下堡垒经常被炸毁，人员不是活埋在壕内，就是血肉横飞。[1]

　　海军炮台守军遥望武穴江面日舰，摩拳擦掌，只因敌舰在1万米之外，超出大炮最大射程，故不能开炮。入夜，日舰灯号频频，彻夜不停，中国守军置之不理。9月12日，日舰徐徐上驶，以二十余艘汽艇为先导，进行扫雷工作，在距离炮台9000米处停止不前，用舰炮漫无目的地进行射击，日机也接连不断地实施轰炸。炮台守军沉着冷静，不予还击。

　　此后，在陆上日军猛烈进攻的同时，日舰也逐日接近要塞。当它们于16日进入7000米的有效射程之内后，炮台总台长下达命令，各炮一齐开火，江面上

---

　　〔1〕马骥：《半壁山守备战》，《武汉会战》（原国民党将领抗日战争亲历记），中国文史出版社1989年2月版，第148页。

的日舰艇顿时出现慌乱，其汽艇相互碰撞，慌忙下驶。当它们退到有效射程之外时，炮台为节省弹药，立即停止射击。

15日，中国陆军放弃马头镇，武穴雷区失去控制，江防因此吃紧。

18日，日舰两艘驶至哂山附近，中国海军炮台以突袭手段向日舰开炮，日舰猝不及防，一舰中弹负伤，仓皇下逃。

19日，天气转晴，日机又开始猛烈轰炸。日艇二十余艘，日舰一艘，乘雨雾迷蒙，再度上驶。此为日舰自遭中国海军痛击后，第一次出现于武穴上游，只不过一直与炮台相距9000米左右的距离，依然在炮台大炮的有效射程之外。然而，自清晨至黄昏，日舰舰炮的射击，几无间断。日机的轰炸，也没有停止。在海空掩护之下，日艇十余艘，离封锁线越来越近，仅有数百米，企图破坏布雷区。要塞司令部原有命令，为节约弹药计，超出有效射程的目标，一般不予射击。参加战斗的刘松此时正在炮台的指挥台上，他"认为射击敌艇，固为命令所不许，但若封锁线被敌艇破坏，则又不宜坐视，急用电话向总台长请示，经专电司令部后，得令开火，各炮又开始咆哮了"！[1]炮台的大炮一响，日两艘汽艇立时被击中沉没，其余汽艇皆负伤奔逃，中国海军见目的达到，便停止射击。自此以后，要塞司令部明确表示，如遇数艘日艇进迫封锁线，均可射击。

20日，日舰六艘掩护汽艇十一艘接近封锁线，遭到海军炮台轰击。不久，又有日巡洋舰、驱逐舰各两艘开来，对炮台实施炮击，均被中国炮台击退，有两艘日艇沉没。下午，日军五百余人借日舰炮火掩护，企图在武穴上游、炮台下游约7000米处的北岸堤岸登陆，威胁中国陆军的侧翼，如果炮台不立即以火力阻止，陆军难挡日军进攻之势。当千钧一发之际，司令部传来准备向登陆之敌猛烈轰击的命令。受地形限制，有些大炮不能直接射击，只能用间接瞄准射击法。北岸第四分台除第一炮可以射击，第二炮明显受山形阻碍，不能射击外，第三、第四两炮均可射击。南岸炮台也相类似。于是，炮台大炮再次打响，日军猝不及防，死伤惨重，中国守军阵地暂时得以稳定。

---

〔1〕刘松：《田家镇海军炮队作战回忆》，《海军抗战事迹汇编》，海军总司令部编译处1941年12月版，第259页。

21日，日汽艇十四艘上驶扫雷，炮台突发子母弹，击沉八艘，其余六艘仓皇下驶。随后，战事重心移向南岸，日舰艇多艘沿南岸活动，舰炮炮火，也多集中向富池口射击，中国陆军阵地渐有动摇之势。入夜，中国部分增援部队到达，但数量有限。

22日，日浅水炮舰率汽艇十余艘接近雷区，海军炮台沉着应战，有一发炮弹在四艘汽艇中爆炸，造成四艘日艇全部沉没，创造了开战以来一炮沉四艇的记录，[1]其余日艇狼狈逃跑。与此同时，南岸战局突然逆转，日军越过南面背膀山，有直取富池口之势。驻守南岸的江防守备第一总队总队长唐静海请求要塞司令杨宗鼎，准许海军炮台发现日军在背膀山山顶时，开炮轰击。果然，不久日军就出现在背膀山山顶，北岸第四分台立即射击，以平均弹药消耗暂挫敌势。日军见中国炮台威胁巨大，便派出飞机前往轰炸，向第二炮猛烈投弹，炮台顿时烟尘四起，飞沙走石，炸弹落在第二炮周围，但未造成损失。黄昏，南岸炮台突然发炮，轰击江面日舰艇，只是距离超出有效射程，而没有战果。当夜，日军占领富池口，南岸第一总台官兵被迫毁掉大炮，向北岸转移，改充步兵任务，守卫马口一带。

23日，南岸中国守军退守半壁山。富池口失陷后，田家镇要塞已不完整，且南岸山高，日军居高临下，对中国守军不利。除了上游的蕲春、马口阵地日军屡攻不破，还在中国守军手中外，其他阵地已相继落入日军之手，日军已对田家镇要塞渐渐形成四面包围之势。当晚，司令部传来命令，限令中国守军再坚守三至五日，杨宗鼎奉令将辎重装备加以调整。然而，中国守军的生活情况却十分艰难，据刘松说，"自作战起，迄今十余日，仅清早黄昏进以稀饭，日间停炊，用炒米饼干干粮度饥。晚间复进稀饭，沙土参半，但仍供不应求，所谓饿不择食也"。[2]但他们士气不减，依然抱定与炮台共存亡的信心。

24日，天色初曙，海军官兵忽见南岸炮火闪烁，炮弹随即落到了北岸炮台附近。原来日军已在背膀山架设了大炮，对北岸中国阵地实施侧击。杨宗

---

〔1〕中国第二历史档案馆：《抗日战争正面战场》（下），凤凰出版社2005年8月版，第1835页。

〔2〕刘松：《田家镇海军炮队作战回忆》，《海军抗战事迹汇编》，海军总司令部编译处1941年12月版，第260页。

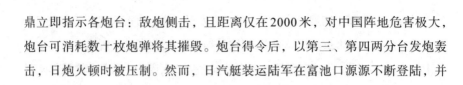

鼎立即指示各炮台：敌炮侧击，且距离仅在2000米，对中国阵地危害极大，炮台可消耗数十枚炮弹将其摧毁。炮台得令后，以第三、第四两分台发炮轰击，日炮火顿时被压制。然而，日汽艇装运陆军在富池口源源不断登陆，并向崔家山迂回。

25日，日军的进攻更加猛烈，江面上日舰舰炮的射击和空中日机的轰炸程度，也较前几日为甚，其中，海军炮台是其攻击的主要目标。第四分台第三炮所处位置稍有不利，日机投下的炸弹弹片可达十余担，第三分台指挥台前，有一枚未爆炸的炸弹，其直径为6英寸，如这样的炮弹，日机每次投弹均在数十枚以上。在这样的空袭下，第三分台有一门炮被直接命中，炮身全毁。第四分台台部周围落弹十余枚，除台长室一角外，其余地方均变成瓦砾场。日军炸射的猛烈程度由此可见一般。田家镇要塞原配有高射炮四门，但在日军攻陷广济，进攻蕲春时，即奉令移撤，仅余高射机枪一个排，根本担当不起防空任务。因此，日机可以在空中任意肆虐。当晚，要塞司令部给炮台送来硫酸水十余瓶，以备万一必须毁炮时使用。

26日，日军继续猛攻，马口湖亦告失守，田家镇炮台愈显孤立，中国守军防御圈逐渐缩小，第三分台有一门炮被敌弹摧毁，炮台防御力量越来越弱。连日来，日舰惧怕炮台火力，白天不敢对封锁线实施破坏，但夜间利用中国守军无探照灯设备之弱点，沿南岸其占领区上驶，破坏封锁线，并打开一条通道，供日舰艇通过。从炮台望去，封锁线接近南岸一侧，所露出水面之浮标日渐减少，说明日舰艇在不断实施扫雷。

27日，日军在要塞正面推进至距离炮台仅有2000米之处，企图从左翼侧袭田家镇市集与炮台之间的冯家山，如果这一企图得逞，日军将形成对炮台的合围。此时，在日机轰炸下，第四分台的一门炮也被摧毁，可谓雪上加霜。但炮台官兵依然坚守阵地，发炮轰击，使日军迂回战术难以实现。当晚，杨宗鼎电话通知炮台，要求加紧防范，遇有敌目标，立即射击。午夜时分，夜色朦胧，视线不清，炮台官兵深恐敌人乘机突破封锁线，乃以少量弹药不间断地向封锁线附近江面发射。夜间3时许，日艇十余艘，突由富池口向炮台江面冲驶，有强行登陆意图。炮台官兵早有准备，立即用机枪向敌人扫射。日军感到中国守军有防备，便匆忙奔逃。原来，日艇该夜已沿南岸，过黄莲洲内河（靠近富池口炮台）泊在富池口，企图乘炮台不备，登陆偷袭。

28日，清晨，炮台官兵发现江上有草堆状东西十余个，从上游顺流而下。俯视之，以为是日军的橡皮艇，用望远镜观察，又像草堆。遂用机枪扫射，也未见还击。不久，要塞司令部来电话，说在马口附近，有日军水陆两用坦克向岸上射击，希望严加防范。这时炮台官兵才反应过来，这些"草堆"原来是日军的水陆两用坦克，但射击机会已经错过，只能望而兴叹。此日，日军继续紧逼，二十余艘汽艇满载部队，在陆、海、空军掩护下，在盘塘附近登陆，并占领盘塘，与炮台仅山上山下之隔，但日军始终不敢直接冲击炮台，依然采取进攻冯家山阵地，实施迂回包围战术。在这种情况下，中国官兵依然据守沿江战壕拼力堵截，以机步枪顽强抵抗，将日军压制在距江边1000米的地方。日机、日舰见状疯狂施暴，动用七十余架飞机、百余门大炮，不断轰击，陆军阵地全毁，守军伤亡殆尽，海军第三、第四分台又各有一门炮被击毁，第四分台指挥台一角也被炸塌。坚持到约下午7时，陆军决定撤出阵地，杨宗鼎通过电话命令炮台官兵，立即将炮破坏，撤出战斗。炮台官兵于是携带手榴弹数十箱以及所有步枪弹，挥泪撤出阵地。当日，田家镇要塞陷入敌手。

田家镇一役，中国守军在这一弹丸之地与日军血战12天，付出了巨大牺牲，但具有重要意义。首先，田家镇保卫战极大地消耗了日军的实力。据统计，在9月17日至28日这12天中，中国海军共击沉日军舰艇21艘，击伤2艘，日军出动了陆、海、空军，动用了各种舰艇、飞机、坦克，平均每天对炮台发射炮弹500余发，日机投弹也在千枚以上，[1] 田家镇要塞无论海军工事还是炮兵阵地，全部被毁。日军在上海的发言人当年10月发表谈话说，"二十七年九月间所用炸弹的吨数，超过前此所有一切记录，即淞沪战役最酣之前一年九月，亦不足与之比拟"。[2] 其次，田家镇保卫战还阻挡了日军进攻武汉的步伐，为中国军队筹划保卫武汉赢得了时间。由于中国军队的顽强抵抗，日军推进极为困难，也付出了相当的代价。由于海军布雷甚多，区域很广，田家镇要塞陷落十

〔1〕殷梦霞、李强选编：《国家图书馆藏民国军事档案文献初编》第九册，国家图书馆出版社2009年6月版，第83页。
〔2〕刘松：《田家镇海军炮队作战回忆》，《海军抗战事迹汇编》，海军总司令部编译处1941年12月版，第263页。

天以后，两岸守军早已撤退完毕，日军依然未敢沿江深入，只是梭巡于田家镇附近，频以舰炮作盲目射击，陆军还是采取老办法，向葛店实施迂回包围，以取武汉。这一切都说明，中国海军在田家镇要塞防守战中的顽强作战和英勇牺牲，为保卫武汉作出了重要贡献。

当然，田家镇一役也暴露出中国军队战前要塞建设、兵力部署、战中协同作战等方面存在的问题。第三战区司令长官冯玉祥在1938年6月29日就向蒋介石报告："武穴附近两岸工事，皆太薄弱，没有外壕，线式阵地，不是堡垒群阵地。""请派大员，督饬军队，日夜加工，虽期限紧迫，尚能作成极坚固之阵地。""目前最要之事，在三令五申唤醒各前方将领，重视阵地之构造，非加宽加深，不能阻止敌人；盖因有许多将领，并不重视阵地故也。"建议各将领亲自督工。蒋介石批示："应直电五十七师师长，令其切实改正与增强原有工事；并须修筑堡垒群阵地，切勿以线式工事塞责。"[1] 这说明要塞建设中的问题早已存在，直到战事爆发并未得到有效的改正，在作战中充分暴露了这一点，这给海军作战带来了极为不利的影响。第五战区司令长官白崇禧（代）在战后检讨时还指出另一些问题，如部队减员得不到补充、军中传染病流行等，特别指出了战区部署调整所带来的不必要麻烦。田家镇与半壁山相对，原属南岸第九战区指挥，至9月15日，军事委员会突然调整部署，将田家镇转属第五战区指挥。第五战区接手时，武穴已失守，田家镇北面各据点也多被敌人占领，虽第五战区增加兵力增援田家镇，但因受四望山日军牵制，迟延至26日才进占香山及2126高地，可此时日军已由武穴、松山口突入田家镇。白崇禧抱怨说："田家镇位于长江北岸，自与本战区休戚相关，尚最初即划归本战区，则本战区之作战计划必包括在内，而赋予右翼兵团保持右翼重要据点之任务，则形势或较有利也。"[2] 陈绍宽在分析田家镇要塞失守原因时指出："田家镇一段，敷布固定水雷已达四百数十具之多，防御力量不为不强。惜南岸守军撤退，失却联络，致被敌军控制，遭受威胁。同时田家镇后路被敌陆军切断，陷入重围。否

〔1〕秦孝仪主编：《中华民国重要史料初编——对日抗战时期》第二编作战经过（二），台湾中国国民党中央委员会党史委员会1981年9月版，第317页。
〔2〕《白崇禧先生访问记录》（上册），台湾"中央研究院"近代史研究所1989年6月版，第200页。

则敌军在我雷区封锁及炮台严密监视之下，当不易得手。"[1]

　　另外，陆军部分部队的溃退，也为田家镇要塞的防御造成了不良影响。第九十八军第一九三师第三八五旅旅长马骥就遇到这样一个情况："守备部队经过长时间的苦战，渐渐抵挡不住。一个深夜，守备部队沿长江南岸富池口通半壁山的堤防溃退，我驻守富池口的部队也无法加以制止。军委会和武汉卫戍总司令电令第九十八军对溃兵堵截缴械。军部令我旅执行这一任务。我思想矛盾，无所适从，如违命不从，将受军法处分，如奉命执行，则会引起内讧，尤恐田家镇之敌乘夜偷渡，乱我阵容。况且溃退部队是中央军嫡系，对其动手，会对我的前程带来诸多不便。反复考虑后，决定任其溃退。事后，我并未受任何处分。"[2]

──────────

　　[1]《海军抗战记事》，《海军抗战事迹汇编》，海军总司令部编译处1941年12月版，第223页。
　　[2]马骥：《半壁山守备战》，《武汉会战》(原国民党将领抗日战争亲历记)，中国文史出版社1989年2月版，第148—149页。

葛店区要塞防守战

葛店位于武汉下游长江南岸，是黄鄂要塞（黄冈、鄂城一带建立的要塞，司令部成立于1938年底，设于武昌，后迁至葛店西杨家苑村牛家祠堂。要塞司令为刘翼峰少将，参谋长是周保华上校，参谋主任是李佩珩中校）的核心部分，也是通往武汉的最后一道江上屏障。该处设有海军炮台，该炮台设两个总台，第一总台设于黄家矶（上距汉口约70里），台长方莹，台附郑翊汉，观测员黄顺棋。下设三个分台，第一分台台长杜功新，有3寸口径炮两门；第二分台台长江家驹，有4.7寸口径炮两门；第三分台台长张泽鎏，有3寸口径炮两门。第二总台设于白浒山（距葛店2里），总台长程嵋贤，观察员许金良，下设两个分台，第一分台台长陈赞汤，有4.7寸口径炮两门；第二分台台长游伯宜，有3寸口径炮两门。海军炮台员兵共205人。此外，在白浒山上还设有一座高射炮台（该台原是江宁要塞一台，于1937年底拨归江防司令部调用，后江防司令部改为黄鄂要塞司令部，该台属之），装有四门德国造高射炮，称甲五台，台长柏园，台附陶任之和何秉中，另设台员、通讯员、探照员、士兵等，都是炮校要塞科军官训练班的学生。在葛店西北50里之青山、葛店东50里之北岸团风、葛店西北20里之北岸阳逻，均设有野炮阵地，战时可临时排列野炮。参与防守葛店区要塞的部队还有要塞司令部直属部队守备队步兵一营、工兵一连、卫生队一队，以及田家镇防守战后撤下来的江防要塞守备第一总队等。另外在葛店江面构成了视发水雷区，以加强封锁线。

葛店各炮台的建设是从1938年2月开始的，据当时参与建台的上尉参谋瀛云萍回忆，"一九三八年二月间，周保华参谋长同我到葛店牛家祠堂设立前方指挥所，指挥甲五台、黄一台（第一总台）、黄二台（第二总台）的建台事宜。这时军政部城塞局正在这里从事台上钢骨水泥的工事建筑，我成了与城塞局联系的专员。当时城塞局在这里的工程师是蔡中校，我们天天到山上监督施工事宜"。"四月间，司令部全部进驻牛家祠堂。五月间武汉珞珈山成立陆空联络训练班，属中央训练团，我到该班去学习了陆空联络知识。七月间司令部成立南岸炮台总台部，编制是上（中）校总台长一人，中（少）校总台附二人，其他有副官、司书等。军政部要塞科原来甲一台的李诚中台长当中校总台长，经过刘翼峰司令谈话后未肯留用。主要原因是由于李是黄埔系学生，刘有所顾忌。而战争又迫在眉睫，

张天泓，"中山"舰副长派海军监造室服务，江苏江宁县人。烟台海军学校第18届学生，毕业后历任"楚谦"舰枪炮正、"通济"舰航海官、"中山"舰副长。1938年9月25日在葛店视发水雷队监工时遇敌轰炸牺牲，时年30岁

急需用人，于是我在夹缝中登了台，发表我为少校总台附，立即着手总台部的成立事宜。接着，总台部又增加了两个要塞炮兵教导队。这样，总台部就直辖了五个单位。八月间，唐静海上校的江防守备总队也拨归我要塞指挥"。[1]

第一总台第二分台台长江家驹对葛店要塞的建设与布防十分了解，他是1938年5月间从"楚同"舰大副任上奉调到黄鄂区海军炮台的。他了解到，这些炮台在安装炮位时，日机时来侦察，但由于炮位都在山边角落，与江面垂直，炮位又经过伪装，非常隐蔽，故日军并未发现。炮台内建有钢骨水泥交通壕，连接各弹药库、观察所、指挥台，壕洞盖上一米厚的土石，中了炮弹也不至倒塌，坚固可靠。在第一总台第一分台下游约2里的谌家矶，水下设有视发水雷群阻塞线，驻有一队布雷员兵，队长张天泓和沈德容，总队长由方莹兼任。水雷由德国土木工程师史密斯设计，每枚水雷都是钢铁雷壳，内装TNT炸药2吨多，外裹三合土，每个重7吨左右。每三个水雷用电力交叉作为一组，

---

[1] 瀛云萍:《黄鄂要塞战守记》,《武汉会战》(原国民党将领抗日战争亲历记)，中国文史出版社1989年2月版，第165页。

1937年，张天浤、
王宝芳夫妇和两个女儿

按钮后同时爆炸，威力极大。该水雷区工程浩大，安装时由两艘大铁壳驳船用
吊杆吊起，将水雷慢慢沉入水底，岸上设有观测所，观察人员轮流防守。在建
设过程中，海军人员担任监工，常常在敌机轰炸之下进行工作，很多员兵付出
了生命的代价。1938年8月的一天，上午8时，日机十余架轰炸布雷区，张天
浤因任务未完成而继续工作，被弹片击中腰部，落水殉职，漂尸江上七天七
夜，在汨罗江面捞起，运至炮台下沙坡装棺。海军官兵悲愤万分，被激起无限
仇恨。

离炮台2里之外系平原，陆军设置了五道防线，第一道防线是战壕，宽5
米，深6米，十余万工人日夜挖掘，二十余日才告完成；第二道防线是迫击炮
阵地，有三十余门迫击炮；第三道防线是机关枪阵地，有三十挺机关枪；第四
道防线是陆军炮兵阵地，有过山炮三十余门；第五道防线是散兵坑，布有铁丝
网等。以上各道防线在1938年9月中旬基本布置完成。在与日军接触之前，日
军不时派出飞机到中国防区内侦察，并派汉奸到防区附近暗探军情，有时在雷
区附近切断水雷观察所的电线。幸亏中国海军官兵早有准备，电线一断，电表
停止摆动，他们就知道哪一组电线被切断，立即派人前往接上。这样的事情前
后达十余次。

田家镇要塞失守后，日军决定向葛店发起进攻，以打通通往武汉的最后一
道屏障。由于日本海军不敢毫无顾忌地沿江直逼葛店，给陆军以有力配合，造

成日军的推进速度迟缓，直到田家镇要塞陷落的一个月以后，才对葛店形成了三面包围之势。

日军进攻葛店的战斗是在1938年10月16日正式打响的，这天，日机开始轰炸黄家矶和白浒山炮台，自上午9时至下午4时，均有数十架日机轮流掷弹，由于炮台防空壕建筑坚固，加以高射炮的猛烈射击，干扰了日机投弹的准确性，故使炮台损失甚微。

17、18日两天，日舰三艘驶至谌家矶下，距离雷区5000米，距离炮台万米有余，开炮轰击炮台，两天发炮数百发，炮弹均落入江中或山后，无一命中。日机也时来侦察和袭击，投弹百余枚。因海军官兵早已将炮台做好伪装，空中看不出炮位，炸弹均在炮台前面江边爆炸。江家骐说："日舰炮击我台时，我曾请示总台长说，距离太远，暂不发炮，让其驶到我们射程内，两尊大炮同时发射。总台长同意我的意见。"

19日，日舰多艘驶近封锁线，并派出汽艇数十艘，在江面活动，但距炮台很远，尚在炮台大炮射程范围以外，故中国海军官兵不动声色，日军知道中国守军已有高度戒备，不敢迫近。在黄家矶阵地，上午8时，总台长方莹命令各分台全部员兵撤离宿舍，到交通壕内住宿，未经准许不得离开岗位，违者从严处理，颇有大战即将来临的气氛。

20日，日陆军炮兵部队迫近葛店，日机四十余架大肆投弹，白浒山阵地指挥所与各炮位之间的通信设备均被炸毁，总台长程嵋贤命令指挥所官兵，分配于各炮位，采取单炮指挥以应对不利局面。此时，江面上日舰也驶进射程范围内，各炮即开始对敌射击，同时，日舰也向炮台射击数十弹，旋即退去。

21日，葛店村三千余户居民扶老携幼渡到江北躲避战火，从黄家矶阵地望去，撤走乡民的葛店村一片寂静。此时，日军升起气球指示方向，其野炮在气球的指引下向黄家矶炮台发炮百余发，但无一命中。日军又向葛店村射击，顿时村内房屋倒塌，尘土冲天，浓烟滚滚。总台附郑翙汉和江家骐急到观察所，用观测镜观察敌人，发现气球的位置适在炮台大炮射程之内，于是他们算好距离、方向，发炮轰击，并用机枪扫射。气球顿时被击中，渐渐下沉，日炮兵失去方向指示，便暂时停止了射击。

22日，日舰由三江口溯江而上，触发中国海军所布浮雷，有两艘被炸沉没。此时，雷区的视发水雷电线又一次被切断数组，无法操控，等待修理。陆上日军则向黄家矶阵地前面五道防线进逼。可中国陆军在日军炮击防线前数小时已向西撤退，五道防线均未发挥应有的作用，便轻易被日军突破。这样，日军就对黄家矶炮台形成包围之势。不久，日军接近炮台，当进入机枪射程之内时，海军官兵用机枪等步兵武器向敌反击，打死打伤日军数十人，迫使敌人向后撤退。下午，日舰四艘又徐徐驶近封锁线，被白浒山阵地瞭望兵及时发现，炮台迅速以密集火力展开射击，造成一艘日舰中弹起火，其他日舰不敢前进，仅用舰炮向葛店阵地射击，双方展开持续炮战。

23日早晨，黄家矶第一总台台长方莹见后路即将被完全切断，命令将各炮炮闩拆下埋入土中，全部员兵向白浒山方向撤退，自己和郑翊汉、江家驹等军官以及部分炮兵共17人留下，坚守在第二分台炮位上，准备与攻台日军作殊死之战。江面上，日军汽艇二十余艘，分小队突入封锁线内，白浒山炮台用子母弹连续射击，日艇多艘中弹倾覆。当夜，日军故伎重演，又派出汽艇十余艘，迫近岸边，试图登陆，白浒山第二分台发出照明弹，炮兵借助照明弹光亮，发现了目标并及时射击，日艇不得不再次退去。

24日凌晨，陈绍宽基于战情紧急，亲自由汉口赶往白浒山炮台，指示作战机宜。然而此日上午，黄家矶阵地已与要塞司令部失去联系，方莹无奈，只好派出郑翊汉前往请示是否可离台下山，当郑翊汉行至堤坝时，突遭日炮袭击，当即中弹身亡。

25日晨，日军在汀桥镇及葛店公路间，分兵向要塞进迫，以气球指引火炮射向，对炮台不断射击，并以飞机轮番轰炸。白浒山阵地上，突然有日军炮弹落下，并伴有数十架日机的轰炸，第三分台的一门炮和第二分台的两门炮迅即被炸毁，部分员兵壮烈牺牲。这时海军官兵才发现，葛店对岸已被日军炮兵占领，炮台面临着被包围的危险。下午4时左右，日军蜂拥而至，方莹知道后路已被完全切断，处于孤立无援境地，便命令将两门4.7寸炮用黄色炸药炸毁，随后率众下山，从江边突围。此时江水湍急，无船难以撤离。就在万分危急、走投无路之际，方莹等人发现江边有几艘木帆船上驶，他们立即喊其靠岸，官兵们才得以上船扬帆上驶。10分钟后，日军占领第二分台，用机枪向江中木帆船扫射，幸亏木帆船是顺风行驶，速度较快，而未被射中。

26日下午1时，日军将白浒山炮台三面包围，并步步紧逼，此时，素在海上服务的水兵们，展开了真正的陆地战斗。坚持到下午6时许，要塞司令部传来命令，令第二总台台长程嵋贤率部毁炮突围，官兵们迅速将各炮及配件毁坏，向江边冲去。至此，葛店炮台全部落入敌手，海军官兵已经完成保卫武汉的职责。[1]

葛店战后，方莹曾在自传里这样描述他作战的经过：

> 二十七年一月，奉海总部令，绕道入汉口，派任黄鄂区要塞第一（总）台台长。是年十月敌陷鄂城，敌舰沿江而上，进迫要塞。二十三日下午，团风三江口一带，发现敌舰，至二十四日晨，已集有四十余艇之多。是晨我海军总司令陈公厚甫，同德顾问史蒂生上校，冒敌炮火，莅临抚慰，全体官兵兴奋异常。午后敌陆军在空军掩护之下，循公路西犯，进入葛店市区，要塞侧背大受威胁，而敌海军则群集我射程之外，时加炮击，并以小艇扫雷，而我炮火除歼击敌艇外，对敌舰队殊感鞭长莫及之叹。武汉转进，二十五日奉命移撤，但官兵们沉着坚守要塞，至晚六时方毁炮离台，于江干得民船三艘，乘之西驶，帆方张而机枪声四起，望船射击，适天已暮，风雨大作，帆满船疾，幸未所中，亦云幸矣！二十六日抵汉口，时敌已入市区，乃率官兵突围而出……[2]

那么，海军官兵突围后其情况又是怎样的呢？第一总台第二分台台长江家驹和第二总台员兵高秋民详细讲述了自己的亲身经历，透过他们二人逃亡的惊险历程，可见海军官兵战后所经历的艰难困苦。现将二人的回忆节录如下：

---

[1] 葛店区要塞防守战简要过程，见江家驹：《保卫武汉中我在海军作战的经过》，《武汉文史资料》1987年第4辑，第100—102页；高秋民：《葛店争夺战——海军要塞抗战实录》，《海军抗战事迹汇编》，海军总司令部编译处1941年12月版，第264—265页；秦孝仪主编：《中华民国重要史料初编——对日抗战时期》第二编作战经过（三），台湾中国国民党中央委员会党史委员会1981年9月版，第39页。

[2]《中国现代史上的海军世家》，知识出版社2007年4月版，第325页。

江家骐写道：

我们向白浒山方向行驶，天已黑了（约晚七点），看不清方向，搁浅沙滩。士兵争先恐后跳入水中，顶起木帆船，用力拖至水深处，继续上驶。至二十五日晨八时，驶到江汉关码头附近瞥见码头上有敌兵站哨，方知汉口亦已陷落。我们立即转舵驶向江中，但已被日哨兵发现。日兵喝令我们靠拢码头，否则马上开枪。木船不得不靠岸。敌人登上木船搜检，没收我们所带的手枪及子弹，命令我们脱下军装，有一人喝道："哪个是带队长官？"问了数声，无人答应。敌人握起拳头，要向我们打来，我挺身而出，自认是长官。敌人马上将我押走，木船才得驶离码头。

我被押到汉口新市场。敌军占领汉口后，以乐园作俘虏集中营，将俘虏人员关押在楼下，由日兵看守。我被押到二层楼，楼上约有三四百个俘虏。中午日兵送来馒头三大筐，每人一个，发完下楼走了。抗战前，我常到乐园游玩，路径还熟悉，准备逃跑。汉安里的后面，是前海军联欢社所在地。二十六日天亮，我从窗门爬出，由门边跳下，从小巷逃至中山路大街。当时只穿内衣裤两件、破烂羊毛背心一件，有点冷，到茶馆休息一会，吃茶的人很多，邻位有一很斯文的中年人说："这么个天气穿短裤背心不冷吗？"我把日哨兵夺取外衣的经过说了，想买一二件旧衣，不知何处可以买到。他慷慨地说："如不嫌这个破补夹长袍，给你穿上吧。"幸亏我短裤后面袋里尚有法币五十元未被日哨兵搜去，取十元给他，他只收下一半。我穿上夹长袍，离开茶馆，到街上找旧衣店买件黑色夹裤穿上，向法租界方向走去，来到天主教医院。我在汉口举目无亲，只好住入医院，但院内收容的难民及病人已经满了。我向医院再三恳求，仍住不进。院长是英国人，我用英语向他说明我的处境，而且是有病的人，才被安排进病房。遵照规定，星期日做礼拜，参加祈祷听讲道，余时协助院方结算每日病人所用药品数量。十二月初，我请求院长按照医院职工发一通行证，出去理发洗澡，买些日用品。我拿到通行证，就想办法离开汉口。十二月二十五日晚，全院职工聚集教堂，欢度圣诞节至望日早八时，医院开门，我不辞而去。平时与医院职工漫谈探得自汉口往宜昌的路径。下舢板过渡到汉阳向北堡、侏儒山方向走，过柴家岭，天黑到达喜峰口住了一夜，次早天明离开客栈向南走，途中跋涉十天左右，到沙市住了两夜。一月九日[1]晨坐船，晚九时到达宜昌，次早即往海军第二舰队司令部报到。曾司令立即召见，查询汉口沦陷后情况。我把沦陷区所见所闻及敌人无恶不作的情况一一说了。退出后，向军需处借支一百元，在旅社休息三天后乘民宪船上驶，一月十四日到达重庆。十五日早即往野猪溪海军总司令部，晋见陈总司令，报告脱险经过。并向军需处领取未发工资，次日奉命到唐家沱接管法库舰长职务。[2]

高秋民写道：

是晚，我炮队数十员兵，沿江向武汉步行，及至青山，时已半夜，寂寞惨淡，鸡犬不闻，思欲寻询乡民武汉情况如何，渺不可得。于是休息片刻，继续前进。翌晨（二十七日）约七时，予等先抵武昌，即想渡汉到本军机关集合，奈无船只，遂决计沿江步行至京口，时空中有敌机十余架，低飞侦察，而街上仅见携筐小贩数人而已。行未数分钟，即闻人传说："敌人已经来了……敌人已经进城多时了！"我们尚以为无稽与造谣，置之不理。随后，不幸问路于汉奸，把我们引到敌寇驻扎的地方去了，当我转过屋角，看见敌寇时（只隔十余步，站着两个上刺刀哨兵，另一个拿着驳壳枪，好像带班的，左手还招引我进），惊讶为不对，即将裤袋里勃朗林手枪拔出射发，当场击伤一敌哨兵之腿部，随即扑地，我立刻回头跑了几个转弯，目标就被屋子遮住了。约过半分钟，就听见四面机枪的声音，在这枪林弹雨当中，眼看我的士兵，都牺牲或被突散了。我跑了几百码，又遇见几个汉奸（或许是敌人的便衣队），向我开枪，我又跑了几个转弯，经过屋后厕所和田地，到了东湖边，浑身泥水，跳上独一的破小划子（已

---

〔1〕原文"二十六日"有误。
〔2〕江家驹：《保卫武汉中我在海军作战的经过》，《武汉文史资料》1987年第4辑，第102—103页。江家驹与方莹均为当事人，但二人的回忆无论在时间上还是在过程上，都有较大出入，有待进一步澄清。

载三个难民，并五七师三同志），离岸而去。到了七八里之遥的对岸，又碰着敌寇数队搜索队，我们就伏于湖边的野草中，约三个钟头，敌人约距半里地方搜索过去。那夜，我们离开了该地，向咸宁县间小路前进，希望能够到达长沙。在路上见着不少的尸身，大概都是散兵和当地的年轻人。如是昼伏夜行，走了十余天，才到达武昌和咸宁交界的地方，名叫高桥。想不到又被当地的土匪，拦住去路，不得通过。尚幸我在后面，还没有被搜索，因此我们就折回至离山坡车站东十余里的一个小街（保福祠）附近的破庙中居住。与乞为伍。当时我身上还有钱维持，利用乞丐为我打听消息和路。[1]

后来，高秋民加入了当地的游击队并参加了多次战斗，转战至1939年7月，才回归海军部队。方莹则在江家驸挺身而出，自认长官后，趁日军将江家驸带离码头之机，指挥船家离岸上驶，得以逃脱，于1939年1月抵重庆述职。

〔1〕高秋民：《葛店争夺战——海军要塞抗战实录》，《海军抗战事迹汇编》，海军总司令部编译处1941年12月版，第265—266页。

"中山"舰金口喋血

1938年10月下旬，日军沿大别山麓南下部队与沿长江两岸西进部队，在汉口以北地区会合，夺占了武汉外围所有中国军队防守阵地，武汉保卫战到了最后关头。

逃过一劫

武汉保卫战激烈进行之时，海军在利用马当、湖口、九江、田家镇、葛店等要塞雷区、炮台及阵地节节抗敌的同时，还将"永绩""中山""江元""江贞""楚观""楚谦""楚同""民生"等八艘军舰派往金口、新堤、岳阳、长沙等地，以固后方。这些舰艇除了担负武汉防御任务以外，还承担军事委员会的运输工作。1938年7月20日，日机27架分三队空袭岳阳，转以舰队为目标，大肆轰炸。从"中山"舰望去，"黑色的水柱，将九十余尺高的驾驶台遮住了"，"江贞"舰两舷被炸弹碎片击伤，右舷受伤最重，各舱相继进水。起锚机、吊艇杆、栏杆、无线电天线等也均被击坏。官兵奋勇堵漏自救，但由于进水过于严重，自救无效。舰长戴熙经为防止军舰沉没，下令弃锚而行，驶往岸边搁浅。开船时忽闻轮转怪声，感觉束轴枕发热，左右轮轴均被震偏，勉强驶至岳阳楼下段搁浅。事后查验发现，该舰机锅舱水线下泡钉震松漏水，前炉煤舱、左右伡轴舱以及船尾舱均渗漏。此次战斗，舰上副长张秉燊以下3人阵亡，20人受伤。当时，由于战局紧张，中国海军无力修复这艘军舰，只能卸掉炮械，于11月9日自行毁沉。

"江贞"舰为浅水炮舰，日本神户川崎造船厂建造，1907年4月20日开工

1929年的"江贞"舰

建造，当年10月30日完工，舰长54.86米，宽8.53米，吃水2.1米，排水量565吨，航速13节。

在这次轰炸中，"民生"舰也受伤搁浅，舰上三十余人伤亡。"民生"舰是一艘炮舰，由海军江南造船所建造于1931年。该舰长59米，宽7.9米，吃水1.8米，排水量500吨，航速16节，时任舰长郑世璋。该舰也于1938年11月9日自行毁沉。

鉴于舰艇过于集中，遇敌机轰炸容易造成更大损失，海军总司令部于当日决定将各舰疏散，"中山"舰奉命于次日离开岳阳，改驻新堤，其他各舰也分散驻泊，只留"永绩"舰作电台用。1938年10月30下午3时05分，日机六架由对岸向"永绩"舰包围掷弹，"永绩"舰官兵用舰上所有武器向空中射击，但寡不敌众，该舰伤情严重。受伤部位在水线以下，贯通油漆舱，裂口宽度约六尺余，机兵舱、学生舱被贯穿多孔，并引起燃烧，进水甚速，无法塞漏。舰长曾冠瀛只好下令急驶新堤上游搁浅，自行毁沉。本次战斗，舰上阵亡员兵2人，伤8人。

10月5日，"中山"舰由岳阳开往武汉外围，担任金口至新堤一带沿江警戒，以保证武汉军民物资的安全转移，期间也往返于岳阳、湘阴等地从事布雷工作。"中山"舰上的武备，在抗战爆发前，舰首装有阿姆斯特朗4.7英寸后膛炮一门，舰尾装有阿姆斯特朗3英寸后膛炮一门，两舷装有阿姆斯特朗3磅快炮四门，后望台装有苏罗通20毫米高射炮一门，驾驶台装有马克沁20毫米机关炮一门，79重机枪两挺。抗战爆发后，由于各炮队需要舰炮，"中山"舰和其他舰艇一样，需要卸下口径较大的舰炮安装于炮台，所以在下关江面卸下了两舷的3磅快炮和舰首4.7英寸炮。后又在舰首安装了瑞士制瓯立肯20毫米机关炮，两舷安装了37毫米机关炮和捷克式机关枪等，但防空力量依然不强。另外，"中山"舰还装备有大小舢板三艘。

张秉燊，"江贞"舰副长，福建闽侯人。烟台海军学校毕业，历任"永健"舰枪炮副等。1938年7月20日在岳阳抗战时牺牲，时年44岁

任永通，"江贞"舰帆缆下士，福建闽侯人。1938年7月20日在岳阳抗战时牺牲，时年31岁

刘春银，"江贞"舰三等兵，福建闽侯人。1938年7月20日在岳阳抗战时牺牲，时年23岁

1929年的"民生"舰

　　1938年10月20日，"中山""江元"等舰泊在七里山前的江面，这里距弃舰"江贞"号500米远。这一天秋高气爽，和风徐来，刚过了马祖纪念日，各舰一部分员兵都上了岸。大约下午2时左右，各舰警报响起。那几天，岳阳火车站被日军轰炸得厉害，官兵们以为火车站又要遭殃了，舰上员兵不过是站一站炮位而已。可是出乎官兵的意料，有六架双翼飞机在城陵矶江面低飞搜索后，转向七里山飞来，上面醒目的太阳旗清晰可见。此时大家才意识到日机是来轰炸舰队的。可意想不到的是，日机投弹的第一个目标竟是"江贞"舰，当时"中山"舰上的见习官何博元看到了这样的情景："一个半圆形的水幕将整个的江贞军舰遮住，连桅杆顶都看不见，在这带黑色的水幕外，看见红色的火焰，接着听到震耳的响声，和破片击在铜板上的清脆的响声。"他和副长吕叔奋感到十分纳闷："江贞"舰已是一艘废舰，搁浅在江畔，前半截已经上了岸，敌机飞得这样低，难道还没有看见吗？为什么还去投弹？也许是误找了目标，把"江贞"舰当作"江元"了。可是，"江贞"舰依然是军舰固有的浅蓝色，而"江元"舰已经涂成了江水一般的土色，特别是那两个八九十尺高的桅杆，是一个难以隐藏的目标。一定是日军看错了！果然，日机接下来的目标便是"中

郑茂咸，"民生"舰一等兵，福建闽侯人。1938年7月20日在岳阳抗战时牺牲，时年32岁

山"舰、"江元"舰和"永绩"舰了。何博元说："眼看着这六架飞机，每架都俯冲投过一次弹后，又聚成品字队形，由七里山转向本舰飞来。……接着轰轰轰，船都跳起来，一脸一身都是黑火药水，这时恰巧锚已拉上来，机舱中有可以转得推进器动的最低汽磅，船尾轮叶已在响，我们的胆也壮了许多。"[1]

　　第一波次三架日机空袭完后，第二波次三架日机又从大约60度视角飞来，炸弹瞬间而至。员兵们手里的瓯立肯高射炮又愤怒地响了起来。可此时，最困难的情形出现了，日机都在西南上空，正好以太阳为背景，这给瞄准和

〔1〕何博元：《萨舰长的船》，《海军建设月刊》第二卷第一期，第106—107页。

变换射击方向增加了很大的困难。三架飞机投弹刚刚完成，还不容员兵们稍有喘息，第二批日机六架飞来。这六架是单翼九六式中型轰炸机，飞得比较高，扔下炸弹后便离去，炸弹均落在了"中山"舰的两侧。此时，"江元"舰起锚航行，接踵而至的第三批日机六架又飞来了，追赶"江元"舰并投下炸弹。

激烈的战斗持续了大约两个小时，尽管日机十分疯狂，造成了"江元"舰准尉文书曹守樵、帆缆下士任永通、簿记下士吴诗通、一等兵刘永田、三等兵刘春银等五名官兵阵亡，但该舰舰体没有遭受重大损伤。参加此次战斗的"永绩"舰却身受重伤。"中山"舰在日机的轰炸中，烟筒被弹片打成蜂窝状，千疮百孔，无线电天线被击断坠落，好在没有炸弹直接命中，并不影响航行。"中山"舰在此战中逃过一劫。

次日，"中山"舰在请示海军总司令部同意后，驶往湘阴救治伤员。

悲壮沉没

1938年10月24日，武汉陷落。日军为扫清武汉周围中国军队的抵抗力量，疏通长江航线，特别是为避免中国海军在武汉上游敷布水雷，不断派出飞机对金口以上，城陵矶以下实施搜索和轰炸。驻守这一区段的"楚谦""勇胜""湖隼"等舰艇冒着敌人炮火冲出重围。"楚同"舰被炸伤于嘉鱼附近。陈绍宽于当晚亲率驻汉人员乘"永绥"舰上驶，沿途检查海军备战情况。在金口执行布雷及其他任务的"中山"舰则与敌展开了一场殊死战斗。

金口因位于金水河与长江交汇口而得名，地处水陆交通枢纽位置，两岸槐山与大军山夹江对峙，地势险要，是武汉西面的重要门户。10月24日凌晨，武汉上空响起空袭警报，"中山"舰舰长萨师俊立即进行战斗部署。上午9时，有一架日机出现于金口上空，盘旋侦察并用机枪朝江面扫射，不久离去。11时，九架日机再次出现，分两个小队盘旋于"中山"舰上空，5分钟后离开。由于这批飞机飞行高度超出"中山"舰高射炮射程，故该舰未予射击。但萨师俊已经感到空战在所难免，下令提前造饭，并起锚在江面上缓慢巡弋。下午15时15分，日机六架成一字鱼贯阵呼啸而来，开始向"中山"舰轮流投弹，"中山"舰一面以蛇行规避日机的空袭，一面以全舰火力集中射击，拉开了这场海空血战的序幕。由于舰上高射炮等武器十分陈旧，加之日机又是采用高速急降法俯冲投弹，故对空射击难以奏效。不过，日机的首轮攻击是在高空投弹，准确性也很低，炸弹全部落入江中。第二轮攻击，日机采用平飞轰炸，也未命中，只有少数弹片飞溅在舰首甲板及驾驶台上。

日机见"中山"舰采用蛇行规避，屡次投弹均无法命中，便改变战术，从舰首方向轮番俯冲投弹，并用机枪扫射。"中山"舰舰首瓯立肯炮在不停发射过程中出现故障，对俯冲敌机失去火力对抗，驾驶台两门机关炮火力不足，而舰尾炮虽然火力较猛，然因舰桅妨碍，对来自舰首的俯冲敌机射击困难，效果不大，未能使敌机遭到重创，只有一架敌机被炮火击中，轻伤逃走。相反，"中山"舰遭日机轮番俯冲轰炸及扫射后，舰尾左舷首先中弹，舵机即转动不灵。舰首也多处中弹，驾驶台损失惨重。萨师俊屹立于驾驶台上，镇定自若，任凭弹片在周围横飞，沉着指挥战斗。不料，一块弹片击中萨师俊，使其瞬间倒地，日机新一轮的扫射又至，驾驶台上的代理航海员魏行健奋不顾身，扑在萨师俊身上，以己之躯遮挡舰长身体，其舍己为人精神成为战场上令人感动的一幕。

此时，"中山"舰锅炉舱也被炸伤，进水迅猛，抢塞无效，不到3分钟，水深已达4尺有余，副长吕叔奋下舱巡视，发现炉火被淹灭，锅炉停汽，已失去动力，舰体逐渐向左舷倾斜二三十度并向下游漂流。已受重伤的萨师俊此时又被日机机枪打断双腿，偎坐在驾驶台上，坚守岗位。他神智尚清，以超人的毅力，依然不断发施命令。他一面敦嘱官兵努力杀敌，一面饬将该舰设法搁浅，以期保全舰体。无奈，机件已被炸坏，不能活动，且水龙头等设备大半被炸，灌救工作无法展开，各官兵在舰长激励下，往返于浓烟烈火之中，拼命抢救，誓死抗敌，可谓前仆后继。在舰首抢修瓯立肯炮的上士王兆祥，以及部分信号兵、炮兵等均壮烈牺牲。所幸舰尾炮及后瞭望台的苏罗通机关炮及两艇机枪尚能继续射击，使日机不敢过度低飞炸射。魏行健见萨师俊伤势严重，舰体即将沉没，便轻声询问他是否放下舰上唯一救生工具——舢板，以将受伤的舰长及官兵送岸急救，萨师俊同意了。当魏行健与见习官康健乐二人将萨师俊扶起时，听到萨师俊以微弱的声音说："我这里痛，不要摸我，你们先将受伤官兵救上舢板好了。"等将所有受伤官兵救上舢板后，他们又准备将萨师俊扶上舢板，但萨师俊又说："诸人尽可离舰就医，惟我身任舰长，职责所在，应与舰共存亡，万难离此一步。"[1] 此时，萨师俊已伤重不能自主，魏行健等人强行将其抬上舢板。

当两艘舢板刚刚离开半浮半沉的"中山"舰时，日机忽然又俯冲下来，对着舢板上受伤的官兵扫射，舢板上的萨师俊胸部被洞穿，当即壮烈牺牲。其他受伤官兵共16人也全部饮弹身亡。

舢板上的受伤官兵遇难后，江面上除了倾斜的"中山"舰外，别无其他船只，而"中山"舰舰体已向左倾斜40度，炮位周围堆积的沙包与官兵们用棉被捆扎的包袋，散落在左舷甲板上，副长吕叔奋代理舰长行使职责，下令弃船，全部生还者在舰尾集合商讨逃生方法。当时在"中山"舰上实习的见习官陈鸣铮[2] 详细讲述了此后的经历：

　　那时海军舰艇上尚无每人配发救生衣或充气式救生带，又缺少救生圈、救生艇与筏等设备，只好将舱面上可浮之体从右舷放下，由善泳者帮助他人下水，抱着漂浮物，一面将之拖离船身，一面高呼岸边的小火轮拖带小船驶来救助。善泳者便设法将一些不会游泳的战友，先救上渔船，然后各自向岸边或向接近之渔船求救。

　　当我们一起游泳大约四十多分钟，正在精疲力竭之时，幸好又有来船将我们救起，在尚未登岸前，却看见中山舰昂首舰体在倾斜中徐徐沉没江底，只见水花冲天高约一百余公尺，一代名舰就此消逝！

　　此时此刻中山舰的生还者，除向中山舰和壮烈牺牲的战友行最沉痛的致敬外，都低头沉默地向金口市集中，部分年轻力壮者则忙着分别搭乘渔船前往沉没地点，寻找是否还有生存者，结果仅找到身上有许多弹孔的航海官魏行健与其他十一具尸体，而舰长萨师俊与我们一起上舰见习的同学陈智海、周福增两人等下落始终未曾寻获。陈智海是在舰首炮

---

〔1〕黄恭威：《中山舰萨舰长师俊事略及抗战殉难之经过》，《海军抗战事迹汇编》，海军总司令部编译处1941年12月版，第255页。

〔2〕陈鸣铮，1914年出生于福建海军世家，其父杨勋系清朝广东虎门要塞台长，辛亥革命后任闽江口长门炮台台长。夫人周淑芳的父亲周亨甫曾任江南造船所生产处处长。1931年陈鸣铮进入马尾海军学校民国二十五年轮机班学习，毕业后任"中山"舰少尉轮机见习官。后官至台湾海军总司令部后勤署少将署长、台湾中港工程局局长、台湾港务局局长等（见台湾《中外杂志》，第七十九卷，第一期，第58—59页）。

位殉职，周福增于驾驶台受伤后在舢板上殉难，因我们上舰不久，对其他战友并不认识。

……

那天下午我们在冰冷的江水中泅泳，因江中心离岸尚远，我在冷水中泡了一个小时左右，才被经过的渔船救起，我已不能动弹了，幸亏渔民以筷子撑开我的牙关，将热开水灌在我的嘴里，才能使我恢复知觉。

陈鸣铮还说，1938年6月间武汉一带战云密布，我海军在长江布雷阻挡日本舰队进犯，中国舰艇十余艘集结在岳阳湖一带活动，其中以"中山"舰为最大型的一艘，其时马尾海军学校派往"中山"舰见习的共有八人，航海班有林鸿炳、康健乐、陈智海、周福增，轮机班有陈鸣铮、张奇骏、刘络源和张传钊等。他们于1938年7月间在湖南岳阳登上"中山"舰，不满一个月即在岳阳遭到六架日机轰炸，所幸未被其命中。当时在岳阳江面，舰队集结在一起对付敌机空袭，因各舰炮火相互支援，没有一艘舰被炸弹命中，后海军因顾虑军舰聚在一起目标太大，容易被敌发现，遂改为将各舰疏散，却使防空火力减弱，至"中山"舰在金口血战中以单舰与敌寇群机战斗，在没有空中支援下，不能不遭致败亡沉没。[1]

家住金口岸边的于泰，也目睹了"中山"舰的抗敌和沉没过程，他描述说：

金口是武昌县属的一座滨江城镇。我家祖居在这里。武汉沦陷前夕，由于战事迫近，人心惶惶。有钱的人家逃到大后方，一般人家也避难到乡下，我家靠打鱼维持生计，离不开江，只好硬着头皮留在镇上。十月二十四日上午九时许，我和爱人正在江面上打鱼，忽然听到飞机响声，只见一架敌机，从东飞临金口上空，盘旋了几圈。这时停泊在赤矶山江面的中山舰亮光一闪，大概是向敌机开炮了。敌机立即掉头向东飞走了。大约

〔1〕陈降任：《抗战时期中山舰金口喋血记》，台湾《中外杂志》第七十九卷第一期，第54—57页。

在上午十一时左右，沉重的飞机轰鸣声由远而近，响彻天空。只见六架日机飞临金口上空，盘旋一圈后，都朝北飞到大军山上空，然后一个大迂回，折转下来，低空鱼贯俯冲飞向赤矶山中山舰停泊处。那时我们正在离中山舰七八百米处的江面作业，飞机的怪叫声简直要把我们的心肺撕裂，只见机上一排排炸弹，雨点般地向中山舰倾发，中山舰周围顷刻间掀起了许多几丈高的水柱。轰隆一声，一颗炸弹在中山舰舰桥部位爆炸，火光一闪，浓烟腾起，舰身剧烈地前倾后仰。接着敌机又一次俯冲轰炸，舰尾中弹，舰身晃动得厉害了。敌机第三次俯冲轰炸时，随着震耳欲聋的一声巨响，舰身再次中弹，中山舰已是全船大火，浓烟蔽天，无数水柱冲天而起，军舰舰首首先下沉，没入水中，舰尾高高地翘在水面上。全舰官兵这时才纷纷跳水逃生，除少数泅水到达岸边外，其余都壮烈牺牲在江中，真是惨不忍睹。敌机大概是看到了军舰下沉，它们的暴行达到了目的，才编队飞走。[1]

金口血战从15点15分打响至16点30分"中山"舰沉没，历时1小时15分，"中山"舰牺牲官兵共计25名，他们是：军官：萨师俊、魏行健（湖南衡阳人，代理航海员，时年28岁）、周福增（浙江常山人，航海见习生，时年22岁）、陈智海（浙江杭州人，航海见习生，时年22岁）、黄孝春（福建连江人，轮机军士长，时年48岁）；士兵：王兆祥（福建闽侯人，枪炮上士，年龄不详）、吴仙水（浙江黄岩人，帆缆下士，时年32岁）、刘则茂（福建闽侯人，帆缆下士，时年39岁）、林寿祺（福建闽侯人，簿记下士，时年33岁）、陈恒善（福建闽侯人，簿记下士，时年47岁）、陈利惠（福建闽侯人，一等兵，时年30岁）、林逸资（福建闽侯人，一等兵，时年36岁）、郭奇珊（福建闽侯人，一等轮机兵，时年27岁）、张培成（浙江诸暨人，一等轮机兵，时年27岁）、李麒（福建闽侯人，一等信号兵，时年26岁）、洪幼官（福建连江人，二等兵，时年27岁）、陈永孝（福建闽侯人，二等兵，时年25岁）、张育京（福建闽侯人，二等信号兵，时年25岁）、江钊官（福建闽侯人，三等兵，时年25岁）、严文

---

〔1〕于泰：《中山舰金口遇难目睹记》，《武昌县文史资料》第1辑，104—105页。

萨师俊，字翼仲，福建林森县人，出生于1895年，是烟台海军学校的第八届毕业生。海军学校毕业后曾历任海军闽厦警备司令部副官，"建安""江贞"舰副长，"公胜""青山""顺胜""威胜""楚泰"等舰艇长，第一舰队司令部参谋等职，1935年2月，出任"中山"舰舰长。他出身海军世家，是海军名宿萨镇冰的侄孙，其哥哥萨师同和弟弟萨本炘均服务海军

焕（福建闽侯人，三等兵，时年23岁）、李炳麟（福建闽侯人，三等信号兵，时年24岁）、陈有中（列兵，其他不详）、李有富（列兵，其他不详）、陈有利（列兵，其他不详）、黄珠官（列兵，其他不详）。

在"中山"舰遭受轰炸的同时，"楚同"舰也被炸成重伤，时任舰长是林建生。

战斗结束后，"中山"舰幸存官兵将死者遗体移到岸上，重伤人员乘汽艇上驶治疗，其余人员晚上暂住金口民房，适有由汉口撤退的布雷队经过，他们借了些钱，为死者买棺收殓。

次日凌晨，"中山"舰官兵把阵亡官兵遗体用棺木安葬在金口山上，然后分组步行向嘉鱼、新堤方向前进。路上还遇到敌机在公路及沿江地区的空中扫射。晚上宿于嘉鱼，第三天到新堤，又转赴城陵矶，乘"克安"运输舰至宜昌，再到四川重庆下游的重庆坝休整。三个月后，他们被分配至宜巴区要塞继续抗战。[1]

---

〔1〕魏振基：《抗日战争时中山舰壮烈牺牲经过》，《福州文史资料选辑》第2辑，第117页。

魏行健，湖南衡阳人。海军学校毕业，曾赴英国留学，回国后以候补员派"中山"舰服务。1938年10月24日在金口抗战时牺牲，时年28岁

黄孝春，"中山"舰轮机军士长，福建连江人。历任"建康""中山"舰轮机军士长等职。1938年10月24日在金口抗战时牺牲，时年48岁

吴仙水，"中山"舰帆缆下士，浙江黄岩人。1938年10月24日在金口抗战时牺牲，时年32岁

刘则茂，"中山"舰帆缆下士，福建闽侯人。1938年10月24日在金口抗战时牺牲，时年39岁

林寿祺，"中山"舰轮机簿记下士，福建闽侯人。1938年10月24日在金口抗战时牺牲，时年33岁

郭奇珊，"中山"舰一等轮机兵，福建闽侯人。1938年10月24日在金口抗战时牺牲，时年27岁

林逸资，"中山"舰一等兵，福建闽侯人。1938年10月24日在金口抗战时牺牲，时年36岁

江钊官，"中山"舰三等兵，福建闽侯人。1938年10月24日在金口抗战时牺牲，时年25岁

严文焕，"中山"舰三等兵，福建闽侯人。1938年10月24日在金口抗战时牺牲，时年23岁

李炳麟，"中山"舰三等信号兵，福建闽侯人。1938年10月24日在金口抗战时牺牲，时年24岁

陈恒善，"中山"舰簿记下士。1938年10月24日在金口抗战时牺牲，时年47岁

陈利惠，"中山舰"一等兵，福建闽侯人。1938年10月24日在金口抗战时牺牲，时年30岁

洞庭湖区防守战

日军占领武汉后，中国的抗日战争进入相持阶段。在占领武汉的同时，日军也攻陷了广州，随后，它试图通过夺取湖南，打通粤汉铁路，实现华南与华中的联络。于是，湖南就成为中日双方必争的战略要地。中国方面守住湖南，北可直取武汉，东可出江西、安徽、浙江，南可护两广，西可屏川黔，确保战时首都重庆的安全。

蒋介石获得情报

1939年4月8日，蒋介石获得了日军进攻长沙、衡阳的情报。情报显示，日海军第三舰队及川长官，乘"出云"舰驶往汉口，指挥湖南方面的作战，并以上海陆战队之一部约2100人移驻汉口。

日军的作战目标及进击路线是：一、依于南昌、武宁作战之进展，华中军南岸部队为迅速达成贯通粤汉铁路之目的，并与华南军作战协力起见，应以长沙、衡阳二地为攻击目标，开始今后作战。二、进击长沙预定以"武宁攻击部队""岳阳待机部队"及海军"洞庭湖部队"，向平江、湘阴之线进出，协攻长沙。三、对于进攻衡阳，以"南昌攻击部队"，沿湘赣公路及铁路线前进，占领萍乡后，会同华南军北上部队，施行衡阳之攻坚作战。

日军的进攻兵力部署是：一、武宁第六师团应出修水，以平江为目标前进，至湖南省境后，视岳阳待机中之海军部队，在洞庭湖扫荡工作，得进至湘阴后，即进攻平江之线。二、岳阳待机之第九师团，应扫荡岳阳、通城一带，并协助海军部队洞庭湖畔之作战，逐次向南推进，依平江、湘阴方面作战之进展，并力沿粤汉路南下，直攻长沙。三、南昌第一〇一师团，俟陆军航空部队南昌基地移驻完毕，并将该地之警备移交海军陆战队担任后，应速自南昌出发，向丰城、清江、分宜方面进击，然后依情况，协助长沙之攻击作战。四、第一〇六师团应向高安、上高、万载、萍乡之线进出，依作战之方向，采迂回战略，径向衡阳方面前进，俾与华南军粤汉路北上部队协力衡阳之攻击作战。五、海军部队为协同作战起见，以第五炮艇队及吴镇守府第四、第五、横须贺第三各特别陆战队编成之，担任洞庭湖及湘江水道之开启，并扫荡洞庭湖及沿岸地区，向湘阴方面进击，协同陆军作战。六、以海军根据地部队之一部，接替南昌之警备。七、航空部队之部署，陆军所属之航空部队及海军第二联合航空队，应即进驻南昌基地，协助长沙、衡阳之攻击作战。[1]

从上述日军的作战部署来看，进攻长沙、衡阳等地，洞庭湖上的作战至关重要，如果中国海军能够在洞庭湖作战中有所作为，必将扰乱日军的作战部署。

海军布雷行动

武汉会战后，海军的任务就是配合陆军在武汉上游长江各段实施抗敌。1938年10月26日，海军划簰洲、宝塔洲、新堤、城陵矶为主要雷区，并开始布雷。一方面，阻止日军通过洞庭湖进入湘江，从水上威胁长沙；另一方面，阻止日军通过荆江进入川江，威胁重庆。为此，海军总司令部在武汉会战激烈进行之时，就对荆江、洞庭湖、湘江各重要防区防御作战实施部署。陈绍宽在武汉陷落的当天便乘坐"江犀"舰上驶，奔波于荆江、洞庭湖、湘江之间，指挥各段航行标志的拆除、防御阵地的构筑、雷区的划分、水雷的敷设等工作的开展。早在1938年1月1日，他就鉴于洞庭湖口的城陵矶是通往荆江、洞庭湖及湘江的咽喉，组成了洞庭区炮队，以罗致通为队长，配备员兵280人，海炮25门，在临湘矶、白螺矶、洪家洲、杨林矶、道人矶等处江岸山头分设炮台，装置海炮，配备防御工事。武汉失守后，他计划将荆江、湘江各段节节布雷封锁，将武汉上游作为首段，在金口、嘉鱼、新堤、临湘矶、道人矶、城陵矶等

---

〔1〕中国第二历史档案馆：《抗日战争正面战场》(中)，凤凰出版社2005年8月版，第855—856页。

处实施布雷。此外，在金口、城陵矶、岳阳、长沙各处分别配置一定的舰艇，以岳阳为中心，实施后方防务。

洞庭湖为湘、资、沅、澧四水总汇，港汊纵横，面积辽阔，是日军由长江进入湘江进而逼近长沙的必经之地。控制了洞庭湖，就等于斩断日军由长江进入湘江的通道。岳阳面临洞庭湖口，上扼荆沙，下趋湘汨，是一个军事要冲。城陵矶密迩岳阳，为江湖两水河流枢纽，成为岳阳的咽喉。因此，在守卫岳阳的作战中，城陵矶为必争之地。由此可见，中国海军在洞庭湖区域的防守战，是长沙全面防御作战的重要组成部分。

1938年11月，日军加紧了对城陵矶等重要江防目标的进攻，试图尽快打开通往洞庭湖的大门。是月6日，日军迫近临湘矶，城陵矶吃紧。8日，临湘矶发现日舰，该处炮台及杨林矶炮台迅速发炮轰击，日舰见中国守军早有防备，无法突破而撤走。旋又改派飞机多架，在城陵矶、临湘矶、道人矶各炮台上空盘旋，任意投弹，致使海军各炮台损失严重。9日，日机多架轮流在洪家洲炮台上空投弹轰炸，各炮台官兵奋勇抵抗，并全力监视日舰行动。日军遂采用避实就虚策略，飞机掩护橡皮艇企图在洪家洲炮台背后的芭蕉湖实施登陆。此时，中国陆军害怕后路被抄，早已撤出阵地，而海军炮台对后路之敌限于炮之射角不能向后射击，故无法阻止日军迫近，不得已用机步枪抵御，但无济于事。与此同时，道人矶炮台附近也发现日军汽艇，受到严重威胁。无奈，在陆军后撤、孤立无援、日军愈迫愈近的情况下，各炮台遂将炮闩拆卸而转移，放弃城陵矶。10日，日海军陆战队在城陵矶登陆，中国守军退往岳阳。12日，岳阳也被日军攻破，洞庭湖防务进一步告急。

对于洞庭区炮队在各炮台作战及撤退的详细情况，鲜有记载，但从此次作战后队长罗致通受到军法制裁来看，在作战及撤退中当存在严重问题。1939年4月，军事法庭判决将洞庭区炮队队长罗致通开除军籍，永不叙用；何传滋、王夏甫、曾伟、吴同桐等四人均予撤职；该队队员高鹏飞另案交简易军法审判先期该准宣判，予以撤职永不叙用处分，[1]海军洞庭区炮队也于5月撤销，并入

〔1〕殷梦霞、李强选编：《国家图书馆藏民国军事档案文献初编》第八册，国家图书馆出版社2009年6月版，第317页。

监造室特务队。至于审判过程、原因、罪行、判决理由等均未见详细记载。不过，在城陵矶失陷前的1938年10月30日，新任岳阳防区陆海空军总指挥的第十二军团军团长樊崧甫曾视察驻城陵矶的海军炮队，他在日记中写道："调查海军结果：城陵矶洋关驻海军洞庭区炮队队长罗致通，率员兵二百六十四名，步枪一百枝，手枪机枪十枝，自来得手枪三十枝，火炮十三门：分布于陆城镇三门，栖林山二门，白螺矶三门，道人矶二门，洪家洲三门。我亲自去看炮位，见到这队长鸦片吸得发昏，驻地很考究，炮是兵舰上拆下来的，用水泥钢骨固定在山头上，雇个民夫看炮，没有见着兵，我想我这个陆海空军总指挥，空军是空空如也，没有飞机，海军上了山，陆军只有一师不会放枪的新兵，真是非常沉痛。"[1]暴露出该炮队在战时管理上的松弛。但该情况是否与罗致通等人受审判有关，却不能肯定。

不过，从当时防守城陵矶的陆军部队溃退的情况，或许可以看出一些端倪。王家峻时任陆军新编第二十三师第十五旅第二十九团副团长，据他回忆，新编第二十三师配备于城陵矶沿岸湖畔及临湘、岳阳铁路沿线，防御南进日军。所辖第十五旅担任城陵矶江口一带防务，第十三旅防守临湘及岳阳铁路沿线，第二十九团担任城陵矶江边西口一带的守备。由于第二十三师是新编部队，百分之六十是新兵，没有作战经验，作战时有些胆怯，加上战斗多在夜晚进行，官长对士兵不易掌握指挥，所以在日军海陆空力量联合攻击下，很快溃退。日军占领城陵矶后，第二十九团便失去了战斗力，一路向岳阳溃逃。岳阳兵站人员为了不使军需物资资敌，将粮库、弹药枪械库付之一炬，整个岳阳城火光冲天。由城陵矶退下来的部队，和岳阳兵站人员及居民，沿着铁路向南急驰，引起守备汨罗部队的惊慌失措，以为大敌已到，即向湘阴撤去，并将兵站存粮纵火焚烧，汨罗镇也成为一片火海。王家峻说，目睹沿途混乱状况，实为惨痛。1938年12月上旬，第十五旅旅长张汝和因在城陵矶防守战中擅自将旅指挥所后撤，动摇全线，而自戕身亡。[2]

---

〔1〕《樊崧甫战时日记》，《档案与史学》1997年第4期，第4页。
〔2〕王家峻：《新编第二十三师防守城陵矶战斗经过》，《文史资料存稿选编》抗日战争（下），中国文史出版社2005年9月版，第1—2页。

　　陆军的溃逃是否对海军炮台产生影响，或者在溃退中陆海军之间有何直接关联，因史料所限，无法确定。

　　第九战区司令长官部鉴于洞庭湖湖防的重要性，于1938年年底会合海军总司令部、湖南省政府，以及驻防各部队，组成湘江、资江、沅江、澧江视察队三组，分赴各处实地勘测，制定封锁湘江计划。该计划原定由湖南省政府负责征集船只，交由海军执行，但经海军总司令部一再交涉，湖南省政府始终没有拿出具体方案。1939年春，第九战区司令长官部设立了湘资沅澧封锁委员会，以陆军中将朱焕庭为主任，海军少将陈宏泰为副主任（兼任洞庭湖警备副司令）。所有委员及设计、技术等各项人员，均由海军总司令部、省政府及驻防部队混合组成，所有重要港口，均按照港道情形陆续由海军布雷队及各县政府防军部队等，分别敷设雷区，或筑堤堵塞等，并将布雷队分驻各预划港口，准备在必要之时将航道予以堵塞。陈宏泰后来回忆说："我的主要任务就是布设水雷，日军倘由水路进犯，必须进洞庭湖，再进湘阴水道。我们就选择湘阴下游磊石山附近水面为雷区；这时正好海军派来一个布雷队，队长林淼，全队员兵二十二人，长期租用民船两只为食住之所，以及小火轮一只，拖带水雷木驳

中国海军布雷队登艇出发

船二只。林队在长沙休息两天，后去湘阴做好布雷准备。"[1]

对于所承担的防卫任务，海军投入了巨大的精力。1938年11月，海军成立布雷队，下辖七个分队，由曾国晟任队长，分赴各布雷区实施布雷。[2]倪行祺曾是湘阴布雷队的布雷员，他回忆说：布雷队"队长之下设队附二人，布雷员二人，士兵四十余人。另有手摇无线电发报机一台，配电官三人及民夫数人。拥有小火轮一艘，驳船十余艘及民船一艘，均向民间租用。小火轮为布雷队拖带雷驳唯一的动力。雷驳为木制民船，全部从武汉撤退下来的。甲板上装有木制的雷轨，水雷及雷坠横卧其上，下面垫有楔形木头，以防摇动。布雷时，拿走楔木，由四名水兵推向船舷，抛入水中。每艘雷驳可装载三十到四十具水雷不等。士兵无多，除日夜站岗守卫外，尚需担任管理雷驳及对水雷的定期保养。"[3]其作战情形可见一斑。

为了加强洞庭湖防务，海军围绕洞庭湖，在湘江下游各重要水道，如杨庙湖、磊石山、琴棋望、白玉圻等处，布置了大量水雷，实施封锁。11月11日，"义胜""勇胜""仁胜"三艘炮艇以及4号、6号两艘驳船，因护运水雷被日机发现，遭到轰炸，损失严重，在藕池口先后沉没，各艇船员兵均有伤亡。11月11、13两日，海军又调"顺胜"艇、"江平""俞大猷"（系海军与快艇同时由电雷学校收归澧用者）两轮，以及2号、10号两艘铁驳和两艘木驳以及民船等共七艘艇船，在湘江中游营田滩附近的南达长沙，西通常德的交叉口江面横沉，构成了一道沉船阻塞线，阻塞线的前后又布设了许多水雷。其余资、沅、澧三水的内河港汊，也都进行了封锁，"把偌大的一个洞庭湖，配备得严严密密"，海军的布雷范围，东起鹿角，南迄湘潭，北接荆江，西达常德，前后共

---

〔1〕陈宏泰：《海军湘江布雷记》，《文史资料存稿选编》军事机构（上），中国文史出版社2005年9月版，第330页。

〔2〕1939年6月1日，海军总司令部正式订定并公布了海军布雷队编制，设六个布雷分队和两个布雷测量队。布雷总队部、各布雷分队及各布雷测量队均归第二舰队司令部节制，其中布雷队第一、第三、第四、第五分队归水雷制造所就近指挥，布雷队第二分队归派驻桂林的水鱼雷营营长邓兆祥就近指挥。任命薛家声为海军布雷队中校队长，张鹏萧为少校副队长；叶可钰为布雷队第一分队少校队长，阙福三为第二分队少校队长，林溁为第三分队少校队长，周仲山为第四分队少校队长，邵仑为第五分队少校队长，韩廷杰为第六分队少校队长，叶裕和为第一布雷测量队少校队长，华国良为第二布雷测量队少校队长。1940年4月，海军布雷队增设第七分队，以派在吉安工作的海军特务队第七分队队长何乃诚调充该布雷分队长。

〔3〕倪行祺：《湘北会战中海军的布雷活动》，《福州文史资料选辑》第15辑，第164页。

"义胜"号炮艇

"勇胜"号炮艇

"仁胜"号炮艇

布水雷四百余具。海军人士对这样的部署的自我评价是："照着敌人的海军实力而论，如果我们不是施行这个策略，敌人既经占有城岳，做着发动湖沼会战的海军活动根据地，整个的洞庭湖可入掌握之中，一切在其控制下，为所欲为。由岳阳到长沙，航程不过一百余海里，敌人的浅水舰艇，在一日之中，便可到达，那么长沙的受胁，实意中之事。但是我们的封锁策略，会击破了这种危机，敌人给畏惧水雷的心理所征服，自去年（1938年）十一月占据岳阳后，一直到了今年九月，敌人的舰艇，始终蛰伏在岳阳的江面，不敢活动，把它们乘势攻略长沙的计划，搁置了将近一年，予我持久战略上一个绝大的胜利。其间敌人在沉闷的状况下，虽然也曾经派过几次舰艇来刺探过我们的虚实，结果又都被我们所放下去的漂流水雷打跑了。"[1]

在洞庭湖区域布设的水雷，主要以固定雷为主，也有少量的漂雷，在完成布雷后的一个多月中，日舰触雷的事件不断发生。1938年11月间，日本国内媒体曾刊载日本海军山岖大佐与桑原中佐的报告，声称日舰受困于中国方面水雷之密布，进展不易，并对中国布雷工作人员之勇敢表示惊异。日本军事作家菊池等在日本杂志《话》12月号上，也有同样的记载，说中国军队所布水雷威力大，扫除困难，日舰为防止触雷常常不敢行驶。[2]

进入1939年以后，日军判断蒋介石将发起"四月攻势"，便加紧进攻南昌的准备。因为发起南昌会战，不仅在战术上可以先发制人，瓦解中国军队的攻势，而且在战略上能够切断浙江、安徽、江西经浙赣铁路至大后方的交通运输，并缩短向中国南方空中进攻的距离。

1939年2月，日军向修河北岸增加兵力，海军中国方面舰队编成了攻略南昌作战部队，称之为"T作战部队"，集中力量协同陆军发起南昌会战，于2月集结于湖口、九江，完成各项战斗准备。

3月17日，日陆军在海空军的掩护下，向南昌发起攻击，南昌会战正式打响。当日下午，日舰艇约百艘及海军陆战队数百名协同陆军向南昌外围中国守军阵地发起猛烈攻击，并突破观音阁阵地。为配合陆军保卫南昌，中国海军总

---

〔1〕高截：《在洞庭湖水雷封锁线下收获了湘北会战的胜利》，《海军抗战事迹汇编》，海军总司令部编译处1941年12月版，第89页。

〔2〕高晓星编：《陈绍宽文集》，海潮出版社1994年7月版，第226页。

司令部派出布雷第三分队携带水雷驰往南昌，于22日在三洲头昌邑街等处加速布雷。在此后的作战中，该布雷队又驰往樵舍、尤口等处布放水雷，实施封锁，途中遭到日军包围，布雷队官兵弃船登陆，绕道前进，冒险完成任务。

南昌会战持续五十余日，到5月9日结束。在会战准备及实施期间，日军集中兵力于南昌方向，在洞庭湖及其长江上游一带，没有采取大规模的军事行动，只以小股陆海军部队实施骚扰。中国海军在洞庭湖区不断监视日军动向，布雷队根据日军动向适时在需要的地方敷布水雷，并对各个布雷区被水冲动之水雷进行扫捞整理。

1939年1月，在岳阳江面，日军增加了舰艇数量，有进犯洞庭湖的迹象，海军布雷队立即冒险赴鲇鱼口加布漂雷，使日舰未敢向前深入。4月26日，布雷队发现日舰又有蠢动迹象，立即驰赴白玉坼及磊石山下加布水雷。日舰恐遭漂雷袭击，在舰队驻泊的上游设置铁丝网，并蛰伏港湾中不敢出扰。5月，为配合日军在南昌的最后行动，岳阳日舰屡在鹿角等处向中国守军实施炮击，海军布雷队驰赴小波镇、灵官嘴、蚌市等地敷布水雷，以防日舰南犯。进入7月，鉴于湘北战局日益紧张，海军总司令部厘定了游动漂雷队、川江漂雷队等编制表，颁布施行。游动漂雷队分设第一、第二、第三、第四、第五、第六各队，必要时添编三队，列为第七、第八、第九游动漂雷队；川江漂雷队分为第一、第二、第三、第四、第五、第六各队。各队官兵定额、存雷数量及屯驻地点按照作战情势分别配置。[1]8月，日军逐渐做好了发动长沙会战的准备，洞庭湖防务随即吃紧，海军奉战区司令长官部之命，在沿湖各河流区域加紧赶布水雷，以加强封锁力量。此时，水雷制造所异常繁忙，日夜赶制水雷，并冒着日机跟踪轰炸的危险，设法将水雷输送到布雷区域。9月上旬，日海军二百余艘舰艇及海军陆战队两个大队向岳阳湖面集中，长沙会战即将展开。

参加湖南会战

长沙是西南重镇，是粤汉铁路中枢，是整个战局的关键，为中日双方必争

---

[1] 1939年12月，海军总司令部任命王拯群等六人分充第一、第二、第三、第四、第五、第六游动漂流队上尉队长。

的重点。长沙一旦失守，粤汉路很容易被打通。粤汉路落入敌手，不仅会失去与东南战场的联系，而且川黔两省的防务也深感威胁，进而威胁重庆的安全。

洞庭湖至长沙，系湘江正流，由岳阳溯湘江而达长沙，只有92海里，日舰可朝发午至，长沙颇不易防守，因为日军有优势的海军可资利用。[1]中国守军必须利用洞庭湖至湘江之间复杂的河流地势，利用水雷、障碍等迟滞日军进逼长沙的行动。

1939年9月，日军集结六个师团、海军陆战队及舰艇等，共计约18万兵力、100多架飞机，发动了第一次长沙会战。日军采取"分进合击""长驱直入"的战术，企图在一个星期内占领长沙。组织防御的中国军队第九战区长官部，调动22个军，制定了"后退决战""争取外翼"的作战方针，在正面节节抵抗，消耗敌人的有生力量，主力转移至东部山区，待日军进至长沙附近捞刀河、浏阳河地区，力量大量消耗时，展开反攻，转移到东部山区的部队从日军侧背出击。中国海军的任务，就是运用布雷、炮队配合陆军部队，达到迟滞、消耗日军的目的。

1939年9月14日，日军分由新墙、阳林、通城三路举兵南犯，进迫长沙。岳阳江面日军舰艇的活动开始加剧起来，它们虚张声势，试图掩盖行动企图。中国海军针对日军动向，先后在湘江的磊石山、老闸口、濠河口、霞凝港、营田、沉沙港、临资口、元潭、许家洲、三汊矶、易家湾、竹埠港、湘潭，沅江的杨柳湖、八金叉、南嘴、天灯庙、洪家嘴、岳飞嘴各处抢布水雷两千余具；湘阴以北芦林潭一带遍构雷区。面对星罗棋布的布雷区域，日军别无他法，只能动用飞机疯狂轰炸，但效果不佳。9月22日，日军见营田滩阻塞线无法破坏，便想出一招，偷偷地调派数百艘民船，满载轻装士兵，仅带一天的给养，在小艇的护卫下，用汉奸引路，由岳阳横渡洞庭湖，避开中国海军的雷区，迂回曲折地进入荷叶湖，然后通过小港，穿过中国海军在湘江以内分段构成的两雷区的空隙，横江东渡。湘江内这两雷区之间的缝隙，原为民船维持生计而专门留下的一线通道，不料被汉奸所利用，引导一部日军进入北岸的白玉坼，再由此窜入古湖登陆。不过这一带所留航道甚窄，难以通行多船，致使日军不少船只触雷，

---

〔1〕高晓星编：《陈绍宽文集》，海潮出版社1994年7月版，第321页。

损失惨重。特别是由于雷区密布缘故，日军不能在要点处集中登陆，只能寻找缝隙，分散上岸，造成前后不能联络，首尾不能相顾，力量不能集中，弹药给养无法接济的不利局面，这就给中国军队提供了分段截击、各个击破的良好机会。当时，中国守军部署在桥头驿、福宁铺的正面阵地，在湘江阻塞线的配合下，顽强坚守。日军飞机对营田滩阻塞线实施疯狂轰炸，但未能完全破坏。海军布雷队全体出动，一面在日军前进和联络、接济的航路上继续布雷实施阻止，一面在日军的后方实施布雷，以断敌退路，其作战行动屡遭艰险。例如22日当天，在磊石山布雷时，海军布雷队早已发现磊石山上游有日军活动，后路已经断绝，但他们依然从容工作。在任务完成后，分别将布雷轮"云胜"号及雷驳等予以破坏，员兵仅一人从陆路绕道汨罗，抵达湘阴。再如在霞凝港的布雷队，25日乘坐布雷轮"江安"号实施布雷时，因阻塞任务紧急，不能给该轮留下撤退航路，待任务完成后，只能自行凿沉，以免资敌，员兵则辗转回到安全地带。

对于上述艰难情况，布雷队员庄怀远曾有一段回忆，他说：

此次敌舰因我军在湘江水上封锁严密无法突进，乃用小艇经荷叶湖之小港汊，适在白玉圻登陆。是时湘阴队奉长官令往磊石山布雷，被敌艇包围仅逃回兵一人。封锁委员会续派长沙队前往主持，我同仲山、后贤两兄于当晚星夜赶往临资口工作，二十四日午后一时到湘阴，本拟于该晚继续工作，不料林溁、陈燮益、欧阳炎均已冒险完成工作，突围归队，仅一部分兵员壮烈牺牲，晤面时查知系由陆路取道汨罗而回，不胜欣慰。本队次晚返长后，时局大变，乃继续工作。封委会人员于二十六日下午一时乘轮先往衡，本队于二十八日拂晓离长沙，昨午抵湘潭，长沙封锁线于二十七日晚闭塞。因湘阴队未到，朱主任曾面嘱工兵营在该处看守，遇湘阴来时开放行，限候至天明止。但湘阴队终无消息，料已弃船就陆，据已到之湘阴队驳船查知，二十七日下午已到靖港，准备该船工作完毕再上驶。时长官部电台已撤，电话又不通，以致通讯无由，惟顾该队同人均得一路平安为颂。[1]

〔1〕庄怀远：《洞庭湖通讯》，《海军抗战事迹汇编》，海军总司令部编译处1941年12月版，第378页。

到10月10日为止，日军因战力大量消耗，无力继续进攻，被迫退却，中日双方遂恢复到战前态势，日军攫取长沙的目的遂告破灭。

在此次长沙会战中，中国海军的顽强布雷行动，不仅为陆军作战赢得了时间，而且有力地保护了陆军侧面及后面的安全。攻陷武汉的日第十一军参谋部在报告中抱怨，中国军队在预料日军登陆方面的航道上，用水雷、栅栏等实施严密封锁，仅在鹿角、营田20公里的湘江航道上，日海军就处理水雷达六百余个。[1]当日军疯狂进攻之时，中国军队云集长沙以北、汨罗以南，倘若海军不能有效利用洞庭湖及湘江雷区层层阻止日军，中国陆军将腹背受敌，第一次长沙会战的结果就难以预料了。所以，海军派在湘资沅澧封锁委员会工作的陈宏泰、曾万里、郭鸿久等17人，以及布雷队队长林溁、周仲山、邵仑，队员薛宾璋、陈夔益、欧阳炎、庄怀远、杨光辉、刘祁、蔡诗文等16人，均膺奖叙。

第一次长沙会战后，海军布雷队又担负起整理雷区的善后事宜。当时，湘阴以南及长沙、常德水上交通亟需恢复，海军布雷队马不停蹄地驰往各雷区，用标杆开辟航路及指示灯船方位，并在沿江负责领导通航。湘潭、长沙的雷区也经分别清理，树立了标志，开辟了航路。在整理雷区时，布雷队沿途发现了被水雷炸沉的数艘日船艇，以及被遗弃的大量扫雷器具，可以想象当时日军通过雷区的狼狈之相。鉴于在此次会战中营田滩阻塞线所发挥的作用，海军布雷队根据该阻塞线被日军破坏的情况，又于1939年10月24日加布了水雷。31日，海军布雷队还在白玉圻一带加布了水雷。12月，海军组织挺进布雷队两队，向岳阳挺进。当月27日，在白螺矶布放漂雷40具，于新堤击沉日军运兵船一艘，使中国海军声势大振，日军不敢轻举妄动。

从1940年3月至1941年9月，鉴于日军在岳阳江面不时蠢蠢欲动，还经常出动船只在鹿角附近测量水深，树立标杆，中国海军便在洞庭湖区频频采取行动。从现有史料看，有案可稽的行动及战果有：

1940年3月24日，海军布雷队在湘江营田滩布定雷60具；

〔1〕章伯锋、庄建平主编：《抗日战争》第二卷（中），四川大学出版社1997年6月版，第965页。

4月4日，海军布雷队在注滋口布放定雷20具；

5月8日，海军布雷队发现日舰在岳阳、鹿角附近测水树标，又在注滋口加布定雷60具；

5月10日，海军布雷队在鹿角上游布定雷198具；

7月2日，洞庭湖面上，日军舰艇多艘分别向芦西湾、谷湖铺、君山等处窜扰，被中国海军游动炮兵击沉舰两艘，艇五艘。另有日舰两艘、汽艇二十余艘由岳阳向伴港、穆湖铺一带窜扰，也被中国海军炮兵击退。

7月3日，上午9时许，洞庭湖日军舰艇驶至君山壕沟附近，被中国海军游动炮兵击退。

7月4日，7时，洞庭湖日军舰艇驶至君山附近，向湖滨炮击，被中国海军击退；

7月7日，午夜，中国海军炮兵炮击停泊岳阳江面的日军舰艇，伤其数艘；

7月8日，洞庭湖日舰两艘、汽艇三艘及小船多艘，载兵窜至君山附近，企图登陆，被中国海军游动炮兵击退；

7月9日，上午9时许，洞庭湖日军舰艇驶至君山盲目炮击，被中国海军游动炮兵击退；

7月19日至22日，海军布雷队先后在沅江的灵官嘴、蚌市、小波镇布定雷60具；

8月7日，岳阳湖面日舰两艘驶至君山附近，向岸上中国守军实施炮击，被中国海军游动炮兵击退。又有日军汽艇多艘，向洞庭湖西部湖面窜扰，也被击退，并有两艘被击中沉没。

10月，海军总司令部接获情报，日海军在宜昌、岳阳两地编练海军航空队，每队配备飞机12架，以岳阳为根据地，准备飞入长江上游及湘江等处投布水雷，阻止中国军队的军事运输。为此，海军总司令部筹划应对措施，立即编组扫雷队，决定由各处布雷队兼任湘江、沅江、长沙等地扫雷任务。

在上述时间段，海军总司令部对洞庭湖的布雷工作十分重视，不断检查布雷情况，鼓舞布雷队官兵的士气。1940年10月20日，陈绍宽亲自从重庆出发，赴前线巡视。10月21日至11月10日，他先后在桐梓海军学校、辰溪海军水鱼雷营、安乡海军布雷队队部和驻在公安、松滋、藕池口、塔市驿、砖桥、调弦等处的第一、第二、第三、第四、第五、第六、第七各游动漂雷队，以及驻在沅江、湘阴、长沙等处的海军布雷队第三、第四、第五分队进行训话，强调布雷工作的重大意义，要求全体海军官兵发扬英勇顽强的战斗精神，积极投入抗战。

中国海军有效的布雷行动，使日军大为头疼，洞庭湖各港汊、河流不断传来日军舰艇触雷的爆炸声，以及舰艇沉没和人员死伤的报告。日军不得已于1941年2月28日，急调小型扫雷艇一个支队来华，编入洞庭湖舰队，担任湖中扫雷任务，试图遏制中国海军的布雷工作，以配合陆军即将开始的大规模军事行动。

1941年9月，日军集结了五个师团和两个独立旅团以及海军陆战队、舰艇部队、空军部队、炮兵等兵力约12万人，发起第二次长沙会战。这次会战，日军接受了第一次失败的教训，采取"中间突破""两翼迂回"的"雷击战"战术，狂妄叫嚣要"打进长沙过中秋"。中国军队第九战区调动40个师约18万人，依然采取第一次会战的战略战术，首先节节消耗日军力量，然后实施反攻。中国海军总司令部获悉日军有再次侵犯湘北，进袭长沙的可能，立即命令驻守洞庭湖一带的海军布雷队，密切注意日军动向。

9月7日，日军第六师团由忠防、西塘包围大云山中国守军，拉开会战序幕。战事刚一开始，洞庭湖区形势严峻，"早在8月初，即有敌舰出没湖面，向我青山、华丰垸、增福垸、灵官嘴等地搜索。9月16日，敌海军集中军舰28艘，汽艇200余只，加配飞机24架，准备对我军攻击"。"18日子夜，敌军舰5艘，汽艇50余只，浮游战车5辆，窜入石湖包，突然袭击我青山阵地，我守军一营奋力抵抗，敌未得逞，乃以一部绕至东湖及沈家湖，从侧面攻击我军，我军猛力迎击，敌稍却，接着又由下青山正面强行登陆。上午7时许，敌机数十架，轮番轰炸，投弹700余枚，我军伤亡惨重。9时许，电话线被炸断，湖面满布敌舰艇，我军无法增援……"[1]可见，不有效遏制日海军的行动，中国陆军防守部队将面临重大压力。

9月17日，日军以海陆军同时出动，以陆军为左翼，先后突破新墙河、汨

---

〔1〕宋瑞珂：《第二次长沙会战的经过》，《湖南文史资料》第26辑，第14页。

罗江防线，分途向长沙进犯；以海军护卫下的平野支队为右翼，将舰艇集结于岳阳鹿角、九马嘴一带，试图自洞庭湖突入湘江，径迫长沙，实现水陆合围的目的。中国海军为扼制日海军行动，调动布雷队在磊石山加紧布雷，给予日军以重大压迫。日军舰艇无法长驱直入，遂窜入荷叶湖内之青山，准备迂回进入湘江。中国海军布雷队除先期在注滋口加布定雷30具以外，又分别在虞公庙布雷120具，芦林潭布雷92具，湘阴下游之乌龙嘴布雷60具。

9月19日，日陆军抵达长乐街，其前锋已经越过湘阴，但其海军仍被阻于鹿角以北，与陆军距离遥远，无法达成海陆军联合作战。这一情形使日军极为恼怒，遂于当日中午，派出舰艇数十艘，经横岭湖进犯锡江口。中国守军用坦克炮猛轰，击沉日舰两艘，毙敌数百人。接着又有日舰数艘，窜入杨林寨湖，炮击锡江口左翼。还有敌舰十余艘驶入团林港，围攻中国守军畎口阵地，均被击退。与此同时，日军派出飞机整日对营田滩阻塞线实施狂轰滥炸，然而无济于事，从营田滩到鹿角之间密集的水雷区，日海军依然难以逾越，即使打通营田滩阻塞线，日海军南下也将付出很大代价。更何况，在日军不断破坏雷区的同时，中国海军还在积极配合陆军的防御战，不断实施布雷，加固原有雷区，并在能够阻遏日军的关键地带布下水雷。

9月20日黎明，日机开始轰炸锡江口、芦林潭。上午9时许，日舰十余艘再袭畎口，并炮击老龙潭、团竹寺，中国守军集中轻重火器于各港汊要口，实施反击。下午3时，击伤一艘日舰。21日上午7时，日舰七艘，汽艇十余艘，从青山乡团竹寺驶来，企图援救受伤军舰。中国守军集中炮火猛攻日舰，击毁日艇三艘，毙敌百余人，受伤日舰也着火下沉，日兵纷纷跳水潜逃。中国守军用轻重机枪猛烈扫射，击毙日海军少佐以下二三百人，并缴获大炮两门及弹药及军用品无数。当日中午，横岭湖面日舰五艘，集中火力轰炸芦林潭阵地，掩护其陆军分乘汽艇十艘及帆船八艘登陆，中国守军一排浴血抵抗，激战一小时，使敌不能得逞。日军乃另以汽艇十余艘绕至斗米嘴附近，同时猛攻锡江口，致使芦林潭四面受敌。战至下午5时许，中国守军牺牲殆尽。22日，中日双方终日激战，芦林潭终于失守。23日凌晨，横岭湖、东湖出现七艘日舰，以大炮轰击中国阵地。在作战期间，日"海军派第一水路疏浚队（第一炮艇队，队长宫下亮少佐）及第二水路疏浚队（第二炮艇队，队长松崎辰治少佐）对湘江的170个机雷和31处障碍物进行了爆破处理"。[1]

在日军与中国守军激战之时，中国海军布雷队乘隙积极实施布雷。9月20日至21日，海军布雷队在芦林潭、临资口和刘家坝之间的刘家湾、临资口和元潭之间、湘阴的扁担洲和三汊河之间先后布雷共计272具。22日凌晨，海军布雷队在湘阴的三汊河和老闸口之间冒险布雷，阻止日军进入湘江。当日本海军改向西方窜扰、实施迂回时，布雷队又在沅江积极布雷。23日，海军布雷队在乔口、白马寺、菡湖口等处赶布水雷190具。

9月26日，日陆军由福宁铺、高桥分向长沙进逼，而由于湘阴一带雷区密布，河防无法动摇，日海军不能与陆军齐头并进。虽然日军使出浑身解数，极力扫雷，但进展不大。27日中午，日军大小舰艇十余艘，突然驶至虞公庙江面，对中国守军阵地发起猛攻，被中国守军击退。28日晨，日舰再来侵犯，并施放毒气，企图进入湘江。同时，派出舰艇对营田滩阻塞线进行破坏，有一艘扫雷舰触雷沉没。29日下午5时，中国守军开始反攻斗米嘴和芦林潭，日军不支，施放毒气，掩护其舰艇逃走。

9月30日，日汽艇四艘由虞公庙江面南犯，遭中国守军炮击狼狈而逃。中国海军布雷队则在湘潭、杨柳湖、神童院一带布雷二百余具，并在南湖州、易俗河等处留置布雷队随时准备布雷，使敌水道运输受阻。

10月1日，长沙近郊的日军开始全面崩溃，洞庭湖的日军呈现败势，但仍然不时以飞机和汽艇四出骚扰。直到此时，负责"扫荡"洞庭湖的平野支队才于3日"在湘阴北方白泥湖岸，奇袭登陆，开始攻击湘阴"，[2]但为时已晚。5日，日军大部经湘阴、营田北逃，湖上日舰也纷纷远遁。7日正午，中国守军全部收复失地，第二次长沙会战宣告结束。[3]此次会战，中国海军积极行动，布雷队仅在湘、沅两江就先后布下水雷达四千余具，使日军舰艇不能由湘阴直趋长沙，中国陆军防守部队则得以从容部署。而平野支队从9月17日16时出发，到10月3日在湘江登陆，用了16天时间，才勉强通过洞庭湖区。

---

〔1〕（日）日本防卫厅防卫研究所战史室：《长沙作战》，中华书局1985年9月版，第42页。

〔2〕同上，第85页。

〔3〕洞庭湖区中国守军的作战情况，参见宋瑞珂的《第二次长沙会战的经过》，《湖南文史资料》第26辑，第14—24页。

　　1941年12月7日，日军发动了太平洋战争，国民政府军事委员会命令第四战区向港九增援，并派远征军增援缅甸，同时令各战区发动攻势，牵制当面之敌，声援盟军太平洋作战。日军为牵制中国军队行动，同时急于打通粤汉铁路，在第二次长沙会战仅仅两个月之后，便发动了第三次长沙会战。此时正值冬季，洞庭湖自然条件发生了很大变化。洞庭湖之水在夏秋两季受长江洪流的下注，弥漫浩渺，宛若大海。但是，进入冬季之后，湖水输入大江，湖区呈现干涸之态，如同洲汊一般，舰艇活动困难，雷区的作用更加显现。日军不顾洞庭湖区对其不利的自然环境，依然发起会战，可见其夺取长沙的迫切心态。

　　此次会战，日军集结了四个师团、三个独立旅团和炮兵、工兵、海军、空军等部队，约12万余人。日军接受了第二次长沙会战的教训，没有寄希望于以陆军一部在海军配合下沿洞庭湖进入湘江，然后在湘江以西登陆配合进逼长沙的部署，而是把几乎全部的兵力都放在湘江以东，分路渡过新墙河、汨罗江、捞刀河、浏阳河，从北、东、南三面包围长沙，以期实现于元旦占领长沙，打通粤汉铁路的意图。为打破日军的部署，中国军队第九战区调动40个师约18万人，采取避敌锋芒、诱敌深入的战术，以一部在正面节节抵抗，一部准备从东北向西南实施反击，一部准备从西北向东南实施反击，一部则固守长沙。

　　12月19日，日军发起进攻，第三次长沙会战打响。尽管在这次会战中，日军一度占领了大半个长沙城，但最终在中国军队的顽强抵抗和猛烈反击下，遗尸6900多具，狼狈溃逃，于1942年1月16日撤至新墙河以北地区，结束了这次会战。

　　在近一个月的会战中，中国海军鉴于日本海军在洞庭湖区的活动明显弱于第二次长沙会战，仍然按照既定战略，在重要区域、港汊、河道实施布雷。此时，海军总司令部已将原有部分布雷队进行了整备，组设了第一、第二、第三、第四四个布雷总队，将第一布雷总队队部设于长沙。海军第一布雷总队针对敌情，在湘江各要区加紧布雷，先后在霞凝港、捞刀河、浏阳河、乔口、静港、石湖包等处加布水雷270具，有效地阻止了日海军沿水路南下的企图，使海陆军之间接济断绝，无法协同。会战结束后，第一布雷总队总队长陈宏泰及各大队长等因功分别获得嘉奖。

　　三次长沙会战，日军不仅未达目的，而且元气大伤。中国军队取胜的原因，固然有陆军战略战术得当和官兵作战顽强的因素，但海军的作用也不可小视。正如陈绍宽在总结三次长沙会战时所说："敌人前后三次，每次都用一百多艘舰艇和十数万大军的实力来发动长沙会战，结果三次都失败了。揆其原因，事实很明显地告诉我们，就是因为水路给我们阻塞，舰艇无法通行，未能实现海陆两军分进合击的计划，失去联络和接济的作用，所以才告失败的。否则，敌人陆军每次进展那么迅速，来势那样猖獗，何以退时是那样的狼狈不堪呢？这就是因为他们海军不能与陆军同时并进的缘故。海军被阻，使陆军陷于深入，转使陆军的速进，形成不利的态势，非急退就有全部被歼的危险。这是每一次会战后的检讨工作中所公认的战果。海军在前后三次会战中，每次针对敌人动向，或是阻其前进，或是断其后路，在湘沅各江一共抢布水雷五千多具。这五千多具的水雷，终于把长沙保全了。"[1]

日海军在第三次长沙会战后，依然不断利用有利时机，对洞庭湖区进行窥视和骚扰。然而中国海军保持高度警惕，密切关注日舰艇的动向，不失时机地以布雷手段，削弱日本海军的力量。1842年5月，中国海军察觉日军有图湘企图，立即派出第一布雷总队，于鲢鱼口、石湖包、灵官嘴、蚌市、小波镇等处增布水雷400具。8月，该队又在蚌市分线之獭湖、史均湖加布水雷60具。1943年四五月间，日军把中心转移到洞庭湖以西，试图利用占领荆江两岸的有利条件，南趋华容、南县、安乡各地。中国海军察觉日军意图，遂命令第一布雷总队协同第三布雷总队，在洞庭湖各腹地河流施行阻塞，分别于湘江方面的石湖包、磊石山，沅江方面的灵官嘴、蚌市、南北口、小波镇、西港、流花口、德山、鸭子港、毛家铺、游巡塘、接港口，以及赤山岛附近的天灯庙、茅草街、障北垸、南嘴、河口、钩尾、蓼花塘、下狗头洲、南附垸、八金汊、巩固垸、王家咀、下兴口、柳城港、石灰窑、马肠湖、血汗肠等处，布雷1269具。6月，在白玉坼布雷100具。

海军的布雷行动，也常常伴有壮烈的牺牲。1943年5月8日，在沅江赤山岛一带工作的海军布雷队，雇用一艘小火轮，在草尾等待命令时，被日机发现并投弹将小火轮击沉，船户及布雷队官兵多人死难。尽管付出了巨大代价，

---

[1] 高晓星编：《陈绍宽文集》，海潮出版社1994年7月版，第321页。

但在滨湖河流纵横的沅江，日军无法进入水道，其南犯之谋便随着水雷的爆炸声而告破灭。日军退却后，中国海军布雷队又将有碍中国军队运输的航道分别开辟。7月1日，海军第一布雷总队第三大队副队长李耀华，副军士长唐天宝，上士阮正元，列兵张冬成、郭启仁等，在德山开辟航道，触雷殒命。即使在这样艰难、危险的情况下，海军布雷队也未停止工作，他们一旦闻警，立即出动。

1943年10月，日军在太平洋战场面对优势美军，明显呈现出败势。国民政府为配合盟军太平洋作战，调集七个军的兵力，转赴云南、印度，准备协助盟军反攻缅甸，并打通中印公路。受此威胁，日军决定发动常德会战，以牵制中国军队向滇、印进军。

从1943年11月1日开始，至12月26日结束，常德会战持续了近两个月时间。会战期间，日军投入了四个师团、两个支队及海军、空军共10万余人，中国守军则有第六战区一部及第九战区援常部队投入作战。战斗打得异常激烈，守城部队抱定"与城共存亡""宁战死不投降"之决心，寸土必争，往复冲杀。城郊激战五天，巷战七天，有5700多名官兵战死，至12月3日，常德陷入敌手。但增援常德的中国军队源源不断地开来，于12月11日夺回常德，毙伤日军2万余人。随后，中国军队又收复各县，于12月26日恢复战前态势。

早在1943年10月，中国海军就已经发现鄂西日军频繁调动，由石首、公安，西趋常德、桃源，南窥湘、资二水，意图明显。总司令部敏锐地意识到，常德雄踞沅江北岸，是湘西的锁钥，必须全力保卫，于是派出第一、第三布雷总队所属各布雷队，按照以往经验，沉着应对，分别在蚌市、南北口、灵官嘴、小波镇、流花口、毛家铺、鸭子港、西港、牛鼻滩，以及赤山岛附近的洛子口、彭家山、聿成垸、天心湖、狗头洲、土马嘴、障北垸、下狗头洲、东坡寨、杨阁老、兔子哨、茶阁等处，加布水雷624具。常德、桃源附近的水路交通全部被水雷阻断。常德会战爆发后，海军布雷总队沿沅江自常德至汉寿以东水域布雷，阻止日军舰艇活动。整个会战期间，日军粮食、军火接济，无法从水路上完成，只能依靠陆路，而陆路受到中国军队的不断扰乱，军行濡滞，严重影响攻击行动，这与海军的布雷行动密切相关。

五个多月以后，太平洋战局愈加对日军不利，中国战场上的日军更加急于打通粤汉路北段、湘桂路、桂越路，以弥补海上补给的不足，于是又发动了长衡会战。

1944年2月，日军开始调动兵力，陆续集结了9个师团、4个独立旅团、1个联队、2个野战补充队，约17万人，试图夺取长沙和衡阳。中国第九战区则调集16个军，48个师，约24万兵力，在长衡一带准备迎击敌人。

5月26日，日军分三路展开进攻。这次，它吸取了过去三次长沙会战只在湘江以东地区用兵的教训，乃改变战略，兵分三路南下，东线于6月初先后突破新墙河、汨罗江防线，7日向平江、浏阳进攻；西线于同一时间突破湖防、江防，攻占了沅江、临资口，分向益阳、宁乡进犯，其矛头即指向岳麓山；中路沿已拆毁的铁路线，于6月9日渡过捞刀河。长沙陷入包围之中。6月18日，长沙陷落，日军又分兵南进，直指衡阳。8月8日，衡阳沦陷，长衡会战结束。

长衡会战，日军依然以路上进攻为主，同时派出海军舰艇配合作战行动。但是，中国海军的布雷行动，依然是日海军水上活动的最大阻碍。1944年5月27日，即日军数路发动会攻长沙的第二天晚上，日舰侵入新墙河，支援陆军向东南进犯，同时由平江侵入汨罗。洞庭湖以西的华容、石首、藕池之日舰，也纷纷南攻，配合陆军分别占领了南县、安乡。中国海军布雷队分头先后驰往上枫港、廖家潭、茶阁、孔家湖、浩光湖、曾埠角、碧口、大埠口、此湖口、濠河口、涡河口、乔口、靖港、捞刀河、霞凝港等处，布下水雷507具。尽管这些水雷可以满足阻塞之用，但由于日军攻势猖獗，中国陆军被迫后移，不能掩护雷区，海军无法单独担当护雷任务，使得日舰任意扫雷，情况一度十分严重。不过，由于水雷数量众多，日军一时难以清扫完毕，其海军舰艇依然无法跟上陆军的进攻步伐。6月8日，湘阴被日军攻陷，中国海军布雷队仍在傅家洲南端抢布水雷，以保卫长沙水道，随后又在长沙上游的下摄司、渌口等处布雷240具。6月18日，日军兵临长沙，然在湘江之内，并无日舰出现，它们均被水雷阻于湘阴下游。日陆军只能以重兵，溯湘江左岸的丁家湾、霞凝港、捞刀河，右岸之乔口、靖港、白沙洲、岳麓山，以钳形姿势攻入长沙。作战中，中国海军各布雷队员兵在大兵压境之时，"忠勇将事，不避艰危，致有后退不及者"。[1]长沙陷落后，中国海军布雷队陆续集中，分别整理，将第一布雷总队调赴赣江、吉水工作，第三布雷总队继续扼守常德、新安、汉寿各地。七八月间，第三布雷总队出没于牛鼻滩、德山、常德各段，继续实施布雷，并设置水上障碍物。在这期间，海军第一布雷总队湘鄂区布雷队奉调驰往汉寿，途中被日军包围，队长刘学枢下落不明。

---

〔1〕中国第二历史档案馆：《抗日战争正面战场》（下），凤凰出版社2005年8月版，第1789页。

荆江防守战

海军在筹划洞庭湖区防御的同时，也十分重视荆江的战略地位。荆江是指自湖北枝江至湖南岳阳城陵矶之间的长江江段，藕池口以上称上荆江，以下称下荆江。荆江河道弯曲复杂，特别是下荆江，蜿蜒曲折，有"九曲回肠"之称，如果中国海军在此实施周密筹划，对于不熟悉荆江地理环境的日军来说，定是难以逾越的险地。武汉失守后，国民政府设战时陪都于重庆。重庆位于嘉陵江汇入川江之口，三面环水，状如半岛，在军事防御上，水重于陆，而川江的前卫便是荆江。从荆江口到重庆，水路有600海里，其上游虽有川江巫峡之险，但它依然是进入重庆的重要门户和水上走廊，只有稳固荆江，才能使川江不受威胁，进而使重庆得以保全。

早在1938年7月，陈绍宽就按照蒋介石的指示，拟定了包括荆江在内的长江中上游防御计划。然而，由于荆江无险可守，故没有设置炮台，其防卫力量专靠雷区，从而使海军的防御难度加大。1938年10月27日，海军在石首开始建立水雷封锁线。11月海军成立布雷队后，把荆江段作为重要的布雷区域，布雷分队根据敌情，使用定雷和漂雷两种水雷拱卫荆江，在藕池、沙市、董市、宜都、红花套等处设置定雷，在监利、郝穴、松滋、宜都、平善坝等处布放了漂雷，驻泊宜昌的海军第二舰队司令曾以鼎，亲自部署布雷事宜。这月10日，城陵矶失守，海军为保证上游安全，立即在石首、藕池各区布定雷200具。12日，中国陆军退出岳阳，岳阳江面遂成为日海军舰艇的根据地。从岳阳至宜昌260海里，距离并不算长，日军原以为不久就会将其航道打通，便依据岳阳，不断出动舰艇进入荆江徘徊窥伺。中国海军慎重防范，于19日在石首下游布放漂雷150具，将日舰逼出荆江。嗣后，海军常备不懈，节节敷布定雷于郝穴、马家寨、阧湖堤、窑家埠、马家嘴、观音寺等处，连同在石首阻塞线前后所布定雷，共计五百余具。

1939年5月，为加强石首阻塞线力量，海军用趸船装载石子下沉，并配以竹缆连接，以巩固阻塞线。当月9日，海军布雷队发现日军汽艇出现于砖桥，立即给予布置，在塔市驿布下漂雷50具，以期迎头痛击，并在该处留置监视哨和一部分漂雷，发现敌情立即布放。10月，尺八口一带又发现日军汽艇出没，海军布雷队又在宜昌阻塞线附近，用大量障碍物，构成一道辅助防线，以保万无一失。

9月19日，日军集结军舰五艘、汽艇十余艘，驶往荆江口的广具洲洪水港等处，一面在水面上搜索，一面向岸上开炮，以试探中国守军的反应。中国守军不予还击，秘密监视其行动。而海军水雷队则积极行动，悄悄地借着水流将水雷连续推入水中，日军察觉到水中有水雷，仓皇驶离，向下游遁去。

1940年3月16日，监利东南杨林山附近江面出现两艘日舰，汉口日舰也有企图上驶迹象，海军布雷队特在二洲子布放漂雷30具，日舰发现该处防御周密，未敢轻举妄动。为了防止日军舰艇从洪湖进入荆江，海军布雷队又在朱家河附近的梅家台和高湾布定雷30具。5月2日，还在观音洲上游布放漂雷10具。

总之，从1938年11月岳阳失守，到1940年5月，在一年零六个月的时间里，日军无时无刻不想打通荆江，以配合进攻重庆。然而，二百多海里的荆江，成为日军无法逾越的江段。

1940年5月，日军调动四个师团、一个旅团、七个支队、四个大队，以及战车联队、野战重炮旅团、海军、空军等部队，发起了枣宜会战，企图打开通往重庆的门户。中国方面第五战区调集五十余个师，约四十万人的兵力实施防御。由于荆江被中国军队所控制，日军只能由豫南、鄂北分五路向桐柏山、襄阳、枣阳、宜昌进犯。参加此次会战的日本海军第一分遣支舰队难以有所作为，海军航空队重点对重庆和成都实施轰炸，其他海军舰艇则在洞庭湖和鄱阳湖实施佯攻。

由于中国军队抵抗不利，5月8日，日军占领枣阳；6月12日，占领宜昌。

时任设于石牌的中国海军第一总台少尉副官的陈景文曾目睹了江防军从宜昌溃退的情景：

宜昌警备司令是郭忏，一总台受他指挥，驻守宜昌的几个师兵力，也归他统率。1940年7月[1]的一天夜里，江边传来一声枪响。方总台长和值日军官立即前往查看。原来有一艘上行小火轮强行靠岸，事先既无电话通知，又不听劝阻，因此哨兵开枪示警。在激流拍岸，风声飒飒中，有人喊："方总台长，不要开枪！是我！"经仔细辨认，听出是郭忏的声音。船靠岸后，郭忏和几个随从跟方莹到总台部去了。第二天黎明，他们乘原船向上游驶去。

后来我们才知道，日军夜间冲进宜昌城，守军陈诚部[2]惊慌失措，溃不成军，郭忏率先逃跑，宜昌被敌人轻易地占领了。方总台长当即下令"加强戒备，准备战斗"。

当天夜里，陈诚部队的步兵开始撤退。他们从宜昌经平善坝沿山崖上的小路，如潮水般涌来。经过石牌的时候，有的在百姓家休息吃饭。他们都有军官带队，装备精良，清一色的中正式步枪和机枪，没有见到一个伤员，不像经过激烈战斗的样子。他们军纪败坏，见到什么就拿什么，百姓叫苦连天，年轻的怕抓壮丁、挑夫，都躲起来。败兵连绵不断地从石牌经过，足足一天一夜，才逐步稀少下来。第二天，只有少数拄着拐杖掉队的士兵从石牌经过。最后剩下十几个伤兵，是由民船送来，躺在总台部前江边的沙滩上，没有人管。总台长要我设法把他们转送到后方。我拦了一艘小火轮，把他们带往巴东。这时候，南京的火车过江轮渡"长江"号也从宜昌开来，停靠在石牌对江的崖壁下。

陆军撤退后，江面上异常的寂静和空荡。看不到船只，也听不到枪炮声。[3]

---

〔1〕应为6月。
〔2〕1940年6月7日，陈诚从第五战区长官部接过江防军指挥权。
〔3〕《中国现代史上的海军世家》，知识出版社2007年4月版，第329页。

就在日军迫近宜昌之时，中国海军布雷队在砖桥布下漂雷，又在石首、藕池、郝穴、太平口、江口、百里洲、董市、松滋、白洋、宜都、红花套等处，用抢急方法，加布定雷1900具，在红花套布放漂雷50具。日军占领宜昌后，北面受汉水上游中国军队的压制，南面受沔（阳）监（利）地区中国军队的牵制，长江航道又不能打通，深感长江难以为固，于是，频频对长江沿岸实施"扫荡"。在荆江，虽然上游和下游均由日军切断，但上自松滋，下至洪水港，仍然在中国海军的控制之下，即使后来日军先后占领了监利、郝穴等处，也只能利用江上雷区的空隙横渡过江。其海军舰艇无法顺利航行于荆江航道上，迫使日陆军不得不将宜昌军队的给养、弹药，由汉口陆路运来，如此又往往接济不及，屡屡出现给养困难的窘况，导致出现将大部分民夫遣散，以节约给养的狼狈之态。[1]中国海军布雷队则把荆江南岸的藕池和藕池以西的松滋，藕池以东的石首、调弦、塔市驿、砖桥、洪水港、广兴洲、黄公庙等地作为根据地。这些地方尽管相互联络已被切断，但布雷队依然没有放弃布雷。6月28日，占领宜昌的日军强渡五龙，海军漂雷队闻讯于29日凌晨进迫宜昌对岸之紫阳，布放漂雷40具，对敌实施攻击。

1941年4月，日军为打通沙市、岳阳间长江航运，拟由沙市、仙桃、新堤向监利附近湖沼各地进犯，中国海军各布雷队奉令严加防范，并于当日在砖桥下游的洪水港布定雷20具。6月，日军再图进犯长沙、常德，希望能打通岳阳、宜昌间之长江航运，中国海军布雷队在洪水港、石首、藕池、横堤市、太平口各处，续布定雷180具，使日军始终无法实现其意图。8月，海军布雷队又先后在石首、太平口、洪水港、藕池上游之横堤等处增布水雷160具，以加强防御。9月30日，从当日晚上起，海军布雷队为配合陆军反攻宜昌，先后在黄公庙、芦罗洲等处布放漂雷10次共67具，并在洪水港增布定雷30具，使敌无法运用海军力量策应其陆军作战，而中国军队则得以从南岸渡江进攻。10月4日至13日，海军布雷队在宜昌附近黄公庙、洪水港下游及荆江口芦罗洲等处布放漂、定雷，加固荆江阻塞，使敌海军无法策应其陆军作战。10月10日，中国军队收复宜昌，荆江雷区更显稳定。12月31日，海军接到日舰上驶的情

---

〔1〕高晓星编：《陈绍宽文集》，海潮出版社1994年7月版，第275页。

报，布雷队立刻在广兴洲赶布漂雷10具。1942年1月6日，海军又获悉日舰再次向荆江窥伺，海军立刻在三只角布漂雷5具，阻其前进，并设法破坏了日军在江中设置的扫雷网。

自1942年7月至1943年2月，日军先后在沙市搜集船只，并在岳阳增兵调舰，加紧对荆江以北地区的进犯，部署颇忙，情况日趋严重，海军布雷队闻讯分别在洪水港、碾子湾、太平口、横堤市等处加布水雷，同时派官兵至黄公庙监视敌情。此时，海军为进一步加强布雷工作，将派在荆江工作的布雷队改定番号为海军第三布雷总队，下设七个大队，以增强布雷力量。

从岳阳至宜昌，日军舰艇只需二三十个小时就可到达，即使由武汉开航，也不过三四十个小时，然而，就是在这260海里的短短的荆江上，日军竟用了四年的时间苦心谋划打通航道，也未能如愿以偿，这不能不说是中国海军防守长江上游的一大功劳。

1943年2月，日军对沔监地区进行"扫荡"，以图减少其后渡江的困难。16日，日军占领监利，荆江北岸遍布敌兵。日军在杨公堤架炮轰击中国海军布雷队根据地，布雷队官兵冒着炮火毅然在石首、古长堤各处抢布水雷157具，致使日军水路受阻，岳阳敌舰也皆不敢轻进，且于荆江口外架设钢丝网，树立铁柱，以防漂雷。28日，海军第三布雷总队在荆江三只角布放漂雷20具，谋炸日军设置在江中的防御工事，击沉一艘监视艇。旋又在广兴洲布放漂雷15具。然而此时，沿荆江北岸，日军已形成绝对势力，并以五路大军，由江陵、观音寺、新厂、堤头市、沙堤子各地，纷乘帆布艇、橡皮艇，向太平口、窑头埠、横堤市、调弦、黄公庙各处横渡，声势浩大。在这种情况下，仅仅靠海军在荆江水道中布雷来阻止日军的南下已经不能奏效，必须通过陆海军的配合，才能使日军在渡江过程中遭遇挫折。但遗憾的是，北岸中国守军还未等到日军半渡之际，便纷纷放弃阵地，使日军轻取北岸。

3月，日军又先后占领了华容、石首、藕池口、横堤、太平口、董市等地，荆江两岸要地尽陷敌手，荆江雷区也从此失去控制，中国海军的布雷活动也就无法进行了。

日军控制雷区之后，便派出飞机对雷区不断进行轰炸，未来得及撤离荆江的中国海军布雷队遭受重大损失，2艘布雷小火轮及18艘雷驳相继被炸沉，列兵郭殿省殉职。有鉴于此，海军总司令部不得不下令将第三布雷总队撤往华容、南县、安乡等地，一方面全力守卫腹地河流，一方面谋图重新部署。至此，中国海军在荆江正流的布雷任务暂告结束。

尽管日军控制了荆江，但中国海军在荆江布设的水雷依然在发挥着作用，日军要完全清除需要花费很大的气力，一时难以做到。因而，直到日本投降时，日军舰艇始终不能在荆江一带放心大胆地活动。日本海军虽在汉口建有基地，伪海军亦在汉口设有一个基地司令部，全部炮艇除少数留在汉口外，大部都集中在九江湖口一带。[1]

当然，中国海军并没有完全放弃在荆江的作战，他们时刻关注着敌我双方情势的变化对荆江战况的影响，以便及时做出决策并采取行动。1945年，海军总司令部对荆江方面的作战做了这样的部署：第三布雷总队以主要力量密切注意荆江敌情，如中国陆军扫荡两岸日军，恢复原有阵地，那么，海军则进入原防，将荆江各段重新布雷阻塞。荆江方面且须与驻防川江的第四布雷总队密切联络，二队配合陆军，取游击态势布放漂雷，扰乱敌人水上交通。唯此项计划须视陆军掩护部队的力量，随机会而进行。[2]

---

〔1〕汪宗杰：《抗战中的海军第二舰队》，《湖北文史资料》1987年第2辑，第69页。

〔2〕高晓星编：《陈绍宽文集》，海潮出版社1994年7月版，第362页。

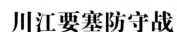

川江要塞防守战

　　川江是指从四川省宜宾至湖北省宜昌之间的长江上游江段，因其大部分流经四川盆地而得名。川江弯曲多滩，礁石星罗棋布，水流湍急，两岸多为崇山峻岭、悬崖断壁，最险要之处为三峡，三峡中又以西陵峡为最险，位于宜昌至巴东间，包含川江著名的崆岭、新滩、泄滩三大险滩，其中尤以庙河附近之崆岭滩为最险。正由于川江的自然环境复杂，才成为拱卫陪都重庆的天然屏障。

川江的防御部署

　　武汉失守后，蒋介石为全力保卫重庆，指示海军协同陆军加强川江防御。海军总司令陈绍宽于1938年11月率部开始实施宜昌堵塞计划，海军总司令部、船舶运输司令部、宜昌警备司令部以及边区公署，重点协商在宜昌建立沉船阻塞线问题。25日，各单位依照封锁需要议定征船办法，并经海军总司令部派出梁同怡赴宜昌，担任宜昌水道指挥部指挥官，就近接洽办理。海军第一、第二舰队司令部也先后移驻宜昌，陈绍宽由长沙转至重庆，亲往视察宜沙江防，并指示防务一切布置。1939年1月，江防军召开川江要塞筹备会议，并组织海军相关人员侦察川江要塞情况，经过讨论，决定设置要塞区。3月，海军总司令部在宜昌至巴东间成立了宜巴区要塞炮台，设第一、第二两个总台，下辖四个台，选择石牌、庙河、泄滩、牛口为安装阵地，配备舰炮及野山炮等共55门。另在红花套设第一直属台，装备舰炮四门。第一总台台长为方莹，第二总台台长为曾冠瀛。同年10月，海军在巴东至万县间又成立了巴万区要塞，设第三、第四两个总台，下辖五个台，选择万流、青山洞、巫山、奉节、云阳为安装阵地，配备舰炮及野山炮等47门，以蒋斌、张日章分任总台台长。上述四个总台共编配员兵1203名。另于第一、第二两总台各编配烟幕队两队，第三总台编配烟幕队一队。此外，设立川江漂雷队，以叶可钰为队长，下辖六个分队，分别配属于石牌、庙河、洩滩、牛口、巫山、万县六个要区。

宜巴要塞区第一总台部编制表[1]
（1943年9月）

职别	阶级	任别	人数	备考
总台长	中（上）校	荐（简）任	1	
总台附	少（中）校	荐任	1	如总台长非陆军人员则少（中）校总台附应选要塞炮兵出身军官充任之
总台附	上尉	委任	1	
观测员	中（上）尉	委任	1	
火工长	少（中）尉	委任	1	兼掌军械员事务
通信员	少（中）尉	委任	1	
副官	中（上）尉	委任	1	
副官	少（中）尉	委任	1	
军需	二（一）等军需佐	委任	1	
军医	一等军医佐	委任	1	
司药	二等司药佐	委任	1	
书记	同少尉	委任	1	
司书	同准尉	委任	1	
观测军士	上士		1	
观测军士	中士		1	
通信军士	中（上）士		1	
军械军士	上士		1	
文书军士	上士		1	

---

〔1〕杨志本主编：《中华民国海军史料》，海洋出版社1987年5月版，第273—274页。宜巴区第二总台部，巴万区第三、第四总台部编制与此相同。

（续表）

职别		阶级	任别	人数	备考
军需军士		上士		1	
看护军士		下（中）士		1	
司药军士		中（上）士		1	
司号军士		下（中）士		1	
传达军士		下（中）士		1	
观测兵		上等兵		2	
通信兵		上等兵		2	
看护兵		一（上）等兵		2	
号兵		上等兵		2	
传达兵		上等兵		1	
传达兵		二（一）等兵		4	
特务班	班兵	下（中）士		1	
	列兵	上等兵		2	
	列兵	一等兵		2	
	列兵	二等兵		2	
炊事兵		上等兵		1	
炊事兵		二（一）等兵		2	
合计		官佐		13	
		士兵		33	
附记		1.该总台下辖第一、二两台。 　2.该总台部所属各台下辖各分台官佐、士兵由海军总司令部派遣充任者，其薪饷仍按照海军待遇，由海军总司令部经费内拨交该区指挥部领发之。 　3.表内规定之要塞炮兵出身军官，其待遇拟照借支标准薪饷由该区指挥部请发给之。 　4.该总台部设无线电台1座，内设电信官员3员，中士1名，摇电兵6名，公役1名，其薪饷由该总台部附册具领。			

进入1939年，中国海军舰艇仅存14艘，计第一舰队的"江元""楚观""楚谦"等九艘，第二舰队的"永绥""民权"等五艘。[1]海军总司令部将这些舰艇中的大部分分驻于宜昌、巴东、万县、重庆各地，除担任水上防务外，还协助当地防空部队参加对空作战。海军所属"克安""定安"两艘运输舰停泊于川江下游，执行作战任务，并随时准备在日军溯江西犯时，自沉阻塞水道。

海军在宜巴区和巴万区预先设置了布雷队据点，郑天杰曾经担任过预设布雷队据点的工作，他介绍说："曾以鼎司令借重我在长江下游布雷的经验，要我于宜昌巴东间勘定布雷队据点站，以便敷设雷区。我于四五月（1939年）间，勘察沿江地形。时值夏季，长江水流湍急，过宜昌以上，无汽车通行。沿途皆缘江边小径步行而上，分别于庙河、洩滩等处选定三处地形险要且易于运输之地为据点。呈报曾司令，由曾司令派布雷队驻防。"[2]海军甚至在涪陵和重庆间，也预先选择了雷区，并储存了部分漂雷，准备必要时施放。

1942年3月，英美两国为加强中国海军的防御力量，将四艘炮舰赠送给中国。17日，在海军总司令陈绍宽的主持下，在重庆唐家沱举行了四艘炮舰的接收仪式。随后，英赠三艘炮舰被命名为"英山""英德""英豪"，美赠炮舰被命名为"美原"。海军总司令部决定将"英豪"舰派驻湘江，其余三艘舰均分驻川江各地。

1944年9月，法国将原在华浅水炮舰"Balny"号赠送给中国海军，命名为"法库"，海军总司令部将其遣往川江协同担任水上防御工作。

上述所有海军部队分别由驻泊万县的第一舰队司令陈季良和驻泊庙河的第二舰队司令曾以鼎指挥。

1939年7月，海军总司令部厘定了川江漂雷队编成，正式将川江漂雷队编为第一、第二、第三、第四、第五、第六等六个队。1940年9月，为阻止日军活动，增强川江防御力量，扩展漂雷分区计划，海军总司令部正式任命张绍熙为川江漂雷队第一队队长，高如峰为第二队队长，阚福三为第三队队长，韩兆霖为第四队队长，谢为森为第五队队长，黄子坚为第六队队长，各队分别扼守

〔1〕《国民革命战史》第三部抗日御侮第二卷，台湾黎明文化事业公司1978年4月版，第109页。

〔2〕《郑天杰先生访问记录》，台湾"中央研究院"近代史研究所1990年5月版，第63页。

英赠炮舰"英山"号

英赠炮舰"英德"号

英赠炮舰"英豪"号

美赠炮舰"美原"号

法赠炮舰"法库"号

川江重要区域，多储漂雷，准备与敌决战。同时，增进要塞设备，提高烟幕队能力。

参加枣宜会战

宜昌位于三峡东口北岸，号称"川鄂咽喉"，为长江航运的一个转运站，战略地位十分重要。此处西去十余里的南津关，扼西陵峡的入口处，从此处往西，南北两岸均为崎岖绵延的山岭，江面狭窄，易守难攻；但宜昌郊区是绵亘的丘陵地带，易攻难守。

日军图谋宜昌已久，早在发动枣宜会战前的1939年8月，就派飞机试探性地轰炸宜昌及其沿江水域，海军第二舰队司令部及"克安"号运输舰被炸，七名士兵遇难，"克安"舰也受重伤。

1940年2月25日，日军制定了夺取宜昌的《会战指导方针》，把主要攻击任务交给第十一军，又从第十三军抽调两个支队参加作战，令第三飞行集团负责航空支援。同时，中国方面舰队派遣一个分遣支舰队的一部参加作战，华中船舶输送队派出已在汉口的第十七港口司令部为基干的汉水支队参加会战。4月7日，第十一军制定作战计划大纲，规定了陆海军协同作战的方针、要领等。4月下旬，日军在长江南岸发起佯攻作战，独立混成第十四旅对九江以西地区展开扫荡战，海军舰艇部队向洞庭湖及鄱阳湖方面实施佯攻，航空部队则开始对第九战区重要地点实施轰击。5、6月间，日军向湖北襄樊及宜昌地区发动强大攻势，其战略目标毫无疑问地指向战略要地宜昌地区。持续了四十多天的会战，分为枣阳地区作战、宜昌地区作战及反攻作战三个阶段，以后将这三个作战阶段合称为"枣宜会战"。会战之前，第五战区制定的作战指导要领之一，是日军进攻宜昌、沙市时，江防军在沿江方面，应依航线阻塞及以江防设备封锁长江水道，以阻止日舰之活动。江防军有23个师的兵力，[1]另外包括宜万区（包括宜巴区和巴万区）要塞指挥部（司令刘翼峰）和渝万区要塞指挥部（司令李端浩），其指挥机构为长江上游江防司令部（枣宜会战后，江防军建制调整，

---

[1] 时任江防军第九十四军第一八五师第五五三团团长的杨伯涛回忆，江防军共辖4个军，12个师，约8万人。见《武汉会战》（原国民党将领抗日战争亲历记），中国文史出版社1989年2月版，第405页。

长江上游江防司令部扩建为长江上游江防总司令部，以吴奇伟任总司令，驻宜昌三斗坪），虽受第五战区节制，但作战指挥、部队调动、装备补充以及防务设施等项，均由重庆统帅部直接掌握。至于防务设施，自从武汉撤退以后，使用了大量经费，除在沙市下游的长江水道上设置阻塞——用海军残存的军舰及大型商船填充沙石沉没于航线上，以拒止日舰溯江行动外，另在沙市至宜昌间的沿江城镇据点，构筑永久或半永久性的小型要塞或据点工事，加强防务力量。[1] 显然，海军炮台在江防军中担负着重要使命。

杨伯涛是江防军第九十四军第一八五师第五五三团团长，曾到江防军所属石牌要塞参观过。这里的陆军炮兵阵地，只配备苏联援助的野炮数门，而这几门炮又都是第一次世界大战时的产品。整个江防军除迫击炮外，连山炮都没有一门，和装备精良的日军作战，主要是靠民族气节。[2] 海军炮台装备也不强，但官兵均是自抗战以来在太湖炮队及马当、田家镇、湖口、葛店等要塞参加过战斗，经过考验者，无论从作战经验，还是作战士气，都优于陆军。

1940年6月，宜昌战事爆发，江防军投入战斗，但由于日军主要从陆上进攻，扼守江上要塞的各海军炮台并未参加激烈战斗。参与作战的中国海军依然主要是布雷队，他们在宜昌、沙市各重要水道昼夜工作，加布定雷两千余具，并参用漂雷战术，使敌舰无法与其陆军配合作战，使陆军得以从容后撤，不受水道方面日海军的威胁。其结果，日军虽占领宜昌，但各雷区仍保全无恙，宜昌附近水道也在中国海军控制之中。

在会战中，江防军的部署与作战存在若干问题，在此不进行详细讨论，在宜昌陷落中，江防军负有不可推卸的责任。战后，江防军司令郭忏等因作战不力，押解重庆交军法审判。

作战、训练和战备

日军对宜昌乃至对重庆门户的控制，由于中国海军对荆江的封锁而无法稳

---

〔1〕尚奇翔：《枣宜会战纪略》，《武汉会战》（原国民党将领抗日战争亲历记），中国文史出版社1989年2月版，第326页。

〔2〕方靖、杨伯涛：《宜昌战役经过》，《武汉会战》（原国民党将领抗日战争亲历记），中国文史出版社1989年2月版，第405页。

固，日军便不断向川江南岸伸出触角，试图寻找摆脱困境的办法。他们接受荆江的教训，打算先清除川江中国海军的防御力量，然后再实施陆上进攻。因此，他们一面采取空袭手段，炸沉中国残存军舰，一面继续破坏雷区，并不断实施渡江骚扰。中国海军以不变应万变，除了抵抗来自日军空中的袭击外，继续密切关注日军的江上动向，以布雷作为主要的防御手段。

1940年9月3日，日机飞临巴东台子湾上空袭击"甘露"舰，"甘露"舰官兵奋起抵抗，但该舰防空力量薄弱，最终被炸沉没。"江鲲"和"江犀"两舰也在此次空袭中受伤。

1941年2月，日军在当阳召开会议，决定以占领宜沙的兵力，由川江以北向西进犯。3月5日，日军兵分三路向西挺进，迫使中国军队后撤，气势十分猖獗，留驻宜昌的日军则频繁南渡，以策应西进日军。中国海军川江漂雷队立即投入行动。9日晚，在宜昌上游石牌附近抢布漂雷，每隔十余分钟放雷一次，共放漂雷30具，以袭击横渡的日军。10日，日军占领平善坝，中国陆军继续后撤，但日海军依然在荆江外徘徊，不敢进入。在很长时间里，因中国海军各炮台、雷队严密扼守，日军无虚可乘。平善坝距石牌很近，而石牌的中国海军炮台已严阵以待，占领平善坝的日军因得不到海军的支援，不敢继续前进。11日，日军被迫放弃平善坝，向宜昌退去，使得此次作战徒劳无功。日军非常恼怒，转而用飞机对中国海军炮台以及雷区实施轰炸，但由于各炮台防范得力，轰炸毫无收获。

8月23日午刻，日机一队袭击巴东附近台子湾中国海军"江犀""江鲲"两舰，投弹多枚，均未命中。24日上午8时，多架日机飞至巴东台子湾继续轰炸两舰，两舰虽奋力抵御，激战许久，但因众寡悬殊，舰体要害均受重伤，相继下沉，两舰有九名官兵受伤。

"江鲲"舰和"江犀"舰是晚清时期萨镇冰赴欧洲考察时从英国订购的浅水炮舰，来华后经历了中国海军的多次变故。抗战中在长江下游摆脱了被炸沉的命运，全身退往川江，承担着各种任务。

8月29日，日机袭击驻泊巴东附近青滩的中国海军"定安"号运输舰，该舰被炸成重伤。

9月，海军总司令部为加强川江防务，将宜巴、巴万两要塞区所设置的第

一、第二、第三、第四总台及所属各台依次构筑近代战争工事，并准备加强第三总台防御设施，增设第七台瞭望所；为在要塞区附近增强预防日军空降部队的戒备，海军总司令部派第四总台台长刘焕乾为第三总台要塞区警备指挥官，先在日军空降兵可能出没的地点做好提前防范，同时清查第四总台要塞区域内人口、物资、民船等。所有当地民众组成七个自卫队，协助监视并歼灭日军空降兵。另由该总台派员分赴各自卫队驻地对队员进行短期训练，以期达到军民合力抗战的效果。

10月10日，中国军队收复宜昌，荆江、川江形势稍有好转，但军事委员会不断要求加强各要塞防御。海军更是充分利用日军进攻的间隙，不断探查要塞和雷区防御存在的问题，以便加以及时改正。12月5日，海军总司令部奉军事委员会令，关于校阅委员会呈报"1940年度海军总校阅成绩总评奖惩建议暨改进意见表饬办具报"一案，经海军详细研究，在改进意见表内明确提出，宜万要塞区第二总台各分台弹药不足，炮火发生故障，应由兵工厂设法配置补充等方案。

1942年12月17日，日机两度对"定安"舰实施轰炸，该舰要害部位中弹，舰体进水，不久沉没。25日，中国海军租用的"顺利"号差轮，也被日机炸沉于塔洞滩，海军第二舰队司令部军需员陈懋节因公在轮与帆缆下士林金水、一等兵陈利玉、船伙杨凤山等均遇难。

活动于江上的中国海军舰艇部队，在毫无空中掩护和要塞防护的情况下，遭到日军的攻击是难以避免的，这些牺牲对于川江防务均有重要价值。

就在江上舰艇部队出生入死之际，海军要塞炮台利用日军还未发动大规模进攻之际，加紧备战。川江要塞海军炮台上的备战情况，可以通过第一总台台长方莹的一篇阵中日记了解一二：

民国三十二年（1943年1月18日）

4时20分返镇。6时讨论第5项"用兵""作战"，题目为"我军攻击敌之据点每难克奏肤功，一般缺点为何，今后应如何改进"，由李谨彪君主持小组长讨论。

14时—16时，黄伯容君报告"沪造山炮之构造及其性能"，并使用镇川部队运山炮（沪造）一门到场拆卸讲解。

18时，降旗后由李明晨研究题目为"如何改进技术训练"，轮值担任第三小组长，评判系陈诚武同学。

1月22日7时—8时，讲评"针对敌人战法，我军装备应如何改善筑城"，由杨绍湘同学担任，1.阵地编成（歼灭敌军于阵地前）、阵地纵深距离加大并坚固，侧面阵地加强，核心阵地加大疏散，反向面阵地；2.火网配置；3.预备队位置及专务；4.步、炮、工协同；5.工事构筑、伪装。

14时10分—15时10分，由漆指挥官讲解轻机枪及轻迫击炮之分解及结合……15时20分—16时20分，由王剑中同学讲解重机枪及掷弹筒之分解与结合、性能……

1月28日10时50分—11时50分，苏联首席顾问讲演防毒概况。

2月3日上午对闪电战工兵之研究……

炮兵指挥部郑参谋报告"测地与射击的关系"。

2月6日13时集合，从大桥到161高地，参观实弹射击及战斗迫近作业。山炮、战防炮弹着点近弹，经修正数次亦不中的，近迫之爆破尚佳，约有15公尺冲路。[1]

可见，为长远抗战计，海军充分利用战争间隙，把理论与实战相结合，不断提高官兵的战略战术素养和作战技能。实际上，炮台的训练和备战工作，自设立炮台那天起就展开了，关于这一点，陈景文曾有过较全面的回顾与总结，他列举的训练和战备内容包括：

防毒训练

抗日战争时期，日寇常使用毒气。为了固守炮台，首先必须解决防毒问题。我们在马尾海军学校没有学过防化学战争课程。1939年春，总台长派我到宜昌防毒训练班学习。防毒训练班是宜昌警备司令部办的，地点在宜昌对江乌龙背的一座庙里，教官是陆军派来的，学员有江防总队的排长

---

〔1〕《中国现代史上的海军世家》，知识出版社2007年4月版，第331页。

们，加上第一总台的我、第二总台的张书城，共二十多人。学习时间一个月，内容有毒气种类、防毒面具的使用和保养、侦毒、消毒等。海军派来的学员都具有大专文化水平，因此学习并不困难，很快地通过考试，回各自的原单位了。回台后，我的任务是防毒教育。上级发下来的防毒面具，每人一个。那时的防毒面具很简单，只有面罩和滤毒罐，虽然可以滤掉毒气，但戴上面具就无法通话，变成哑巴。为了保证指挥员在敌人毒气攻击中能继续指挥战斗，总台长叫分台制定"戴防毒面具用手势指挥火炮射击的手势指挥法"，列入日常操练科目。这样，即使敌人用毒气攻击，我方火炮仍能继续射击。

伪装隐蔽

"消灭敌人，保存自己"是战争中重要的原则。方总台长十分重视炮台阵地的伪装隐蔽，他到炮台时，抓住春天的大好时机，下令在山坡上一片片因修建工事堆积的黄土上种草、植树，他自己也在总台部门前种上花草。到了夏天，山坡上郁郁葱葱。在炮位的胸墙和射击口上也挂满了藤萝。远远望去，一片青绿，纵使偶尔有人走到附近，也很难发现炮位在什么地方。有一次，宜昌警备司令部来人视察。方总台长带他走到炮位掩体的门口，他还没有发现那是炮位，连声问："炮位在哪里？"当方总台长掀起藤萝，领他入内时，他才叹服地"啊"了一声。视察结束后他一再称赞一总台伪装搞得好。方总台长接受了抗战初期海军舰只在江阴封锁线上惨遭轰炸的教训，知道没有制空权的军队是挨炸的军队，因此对炮台的伪装才如此重视，花了一番心血。

标定点射击

我们只有一个底长一米的陆军用的测距仪，很不准确。怎么才能用一架测距仪给六门位置不同的火炮同时测出敌舰的距离来，是一个必须解决的技术问题。方总台长采纳了总台附陈赞汤的意见，用标定点射击法。具体方法是在峡谷石壁上画若干标定点，自远而近，标上号码。平时用测距仪在炮位上反复测量各标点，务求精确，然后使炮手们熟记各标定点的距离。战时虽无测量仪器，只要敌舰到达某一标定点，就可以用该标定点的距离射击。例如A炮距离第一标定点7000米，当敌舰到达第一标定点时，该炮即用7000米射击，无须再测量距离。如此类推。这样不但解决了仪器数量不足和准确率不高的问题，而且迅速、简便、易于操作，在统一指挥下，弹着点也能有效地集中。这在当时是一项创举。方案确定后，我被派去执行画标定点的任务。

从石牌到宜昌，有一条在石壁上凿成的小路可通平善坝。这条路很窄，有的地方只能容一人通过，还有一处因年久失修已经坍塌，上面用木板搭了个便桥，群众叫它"天桥"。桥下悬崖峭壁，一落数十丈，桥边又无扶手，从上面往下看，江水奔腾咆哮，令人头晕目眩，望而生畏。我带了几个士兵，鼓起勇气通过"天桥"，在平善坝附近一块凸出的悬崖上，用绳索系住腰身，把人从上面慢慢地放下去，在悬崖上画上一个大白点，作为第一标定点，以后又刷了第二、三、四个标定点。这个工作很惊险，给我留下了深刻的印象。

试炮工作由一分台台长贾珂和分台附陈训滢指挥。炮的口径不同，炮位也比较分散，弹着点却密集，炮声滚滚如雷，在峡谷中久久回荡。尤其是那两门三英寸炮，声音似乎比在海上大十倍。当时，我们的炮是老式的，弹药也是几十年前的陈货。为了确保在作战时没有哑炮，每年都从弹药中抽样送重庆兵工厂检验。

雾锁峡江

西陵峡峡口处，江面狭窄，水流湍急，江中有一礁石"石牌珠"。船在江中航行，要随时观察水流的方向和导航目标的变化，稍有不慎，就会触礁沉没。根据这一特点，有人提出，如果我们在江上施放烟幕，必能阻止敌舰上驶。这意见被方总台长采纳了。很快，从陆军方面拨来一些烟幕罐。可是它们都很小，燃放时间也短，在江边放烟幕，遮不住江中航道，起不了应有的作用。方总台长叫木匠制作一批三角形的盒子，作为浮体，每个盒里放三个串联的烟幕罐，投入江中随水漂流，顺利地解决了燃放时间短和烟幕罐不能漂浮问题。

试放在一个无风的晴朗日子进行。十几个烟幕罐在三角形盒子中点燃后被投入江中，随波而下，起先是一缕缕，后来变成一片片，白色烟雾把两岸都笼罩了，经久不散。实验基本是成功的，缺点是多数烟幕罐浮体被漩涡和回流冲回到岸边，不能在航道上顺利漂下。

为了解决这个问题，方总台长叫我抱着些木块，跟随他来到江边。他用航海家的目光注视着江面，我依照他选择的地点投放木块，观察木块能否漂到江心航道上去。最后终于找到木块漂流的规律，定下了几处最佳投放点。

烟幕队由四个人组成，一旦敌舰上驶，只要我方一声令下，四个人的烟幕队立刻就能使江面弥漫在一片浓雾之中，使之寸步难行。

雷封航道

漂雷队是海军司令派来的，受总台长指挥。队长张绍熙，福建闽侯人，也是马尾海军学校毕业生，比我高两届，一米八的高个，绰号"喜马拉雅山"，因为是前后期同学，所以我们常有来往。他带了十几个人、二三十个漂雷，住在石牌下游的江边，那里有个大洞，当地人叫它"龙洞"。洞又大又深，还有许多支洞，有类似大厅的洞室。水雷就藏在那里。人员则搭几间茅屋，住在洞口。

漂雷是海军兵工厂因陋就简制造的简易水雷，圆柱形，像个大汽油桶，内装炸药，上面有五个触角，能漂浮在水面上，敌船碰到它即折断触角引发爆炸，洞穿船底立即沉没。当时海军布雷队有许多小分队在安徽的贵池、东流一带活动，炸沉许多敌人舰船。这次调一个小分队到石牌加强防务，使我们的信心更足了。

西陵峡航道窄，水流急，舰船避雷的机动范围受到限制，是使用漂雷的好地方。雷、炮协同作战，能收到杀伤敌人的更好的效果。

军鸽通信

当时我军通信器材短缺，总台部连一台无线电收发包机都没有，仅靠一部军用电话机和宜昌警备司令部及一、二分台通话。三峡山高路险，发生故障查线十分困难。如在战时电话线路遭受破坏，炮台则与外界隔绝变成孤岛。为了加强通信，总台长向陆军调来军鸽队。队长姓娄，他带了家属和五六个士兵来到石牌，住在江边一户人家。总台长对军鸽队有指挥权，万一出现战时电话线路被切断的情况，总台可使用军鸽与外界通信。[1]

上述回忆反映的是石牌炮台的训练和备战情况，其他炮台当也有自己的训练和备战方式。随着战局的发展，这些方式和方法将在实战中接受检验。

石牌要塞保卫战

1943年2月以后，荆江被日军控制，川江的压力迅速增大。2月8日，中国海军第三号驳船在川江万户沱被日机炸成重伤。4月23日，驻泊庙河的"克安"舰再次被炸着火，经扑救熄灭，但舰体受伤颇重。

1943年4月下旬，日军为完全打通通往宜昌的长江航线，调集五个师团、两个旅团约10万兵力，分别集中华容、藕池口、弥陀寺、宜昌等地区，同时于汉口、当阳集结华中地区航空队飞机百余架，发起鄂西会战。其作战方针概要为：集中兵力于宜昌、沙市、华容一带地区，于5月初发起攻击，先击破中国守军阵地之右翼，然后向石牌、资丘间突进，求中国军第六战区主力而击灭之。中国第六战区以击破进攻之敌，确保陪都门户安全为目的，其战略指导概要为：以主力（约20个师的兵力）守备石牌要塞、宜都、公安、枝江、安乡之既设阵地，并以一部（约10个师的兵力）固守石牌东北主阵地。待日军进攻时，先以坚强的抵抗，予敌以不断的消耗，诱至敌人于渔洋关亘石牌要塞间地区，然后转移攻势，压迫敌人于长江两岸而歼灭之。[2]从中日双方的战略指导看，这必将是一场生死较量，而其核心战场，则在石牌要塞地区。毋庸置疑，海军石牌要塞炮台将面临一场严峻考验。

石牌位于川江西陵峡入口处，距宜昌约30华里，仅有几十户人家，这里是通往重庆的重要门户，是保卫重庆所要扼守的要点。从防御角度看，这里有得

---

〔1〕《中国现代史上的海军世家》，知识出版社2007年4月版，第327—329页。
〔2〕《国民革命战史》第三部抗日御侮第三卷，台湾黎明文化事业公司1978年4月版，第159页。

天独厚的有利条件。

从宜昌乘船上行十几华里，经过南津关、平善坝，开阔的江面顿时狭窄起来，两岸石壁高耸，江水带着漩涡滚滚而来。石壁上有古人开凿的小道，蜿蜒伸向远方，那是唯一通向石牌的旱路。山高谷深，船行在峡谷中，犹如置身在两面都是高墙的小巷里。再上行15华里，峡谷忽然右拐90度，石牌村就在这拐弯处的山坡上。它面向宜昌，背靠大山，形势十分险要，有一夫当关，万夫莫开的雄姿。

在石牌要塞坚守数年的方莹说："我们川江的要塞，因为江面的关系，航道狭窄，在航海术上是绝对有利于我们的，就是说敌人虽有多量而强大的舰艇，到了川江他们的军舰就失去运动能力，并且不能使用全舷的炮火攻击我们，两岸形势的弯曲，使他们长射程的舰炮也无用武之地，我们要塞的设计，刚好是截彼之长，避我之短而充分利用。"[1]

武汉会战后，军事委员会就命令海军在这里选定了扼守三峡的第一个炮台台址，是为第一总台，下设两个分台。一分台与总台同在石牌村，二分台设在石牌上游的庙河，那里的形势也非常险要，后有高山，前有崆岭滩。崆岭滩是有名的险滩，水流湍急，到处都是暗礁，有名的"对我来"礁石就在这里。船行到此，要将船头对准此礁，眼看就要触礁，被激流一推，正好进入航道。不知此处水性的人，如避开"对我来"礁石航行，反而会被水推向礁石，触礁沉没。没有航行经验的人绝对不敢经过此滩。水手们说："新滩、洩滩不是滩，崆岭才是鬼门关。"二分台就设在这鬼门关上。

总台部设总台长、总台附、军需官、火工长、观测员、通信官、军医官、师爷（秘书）各一人，副官两人，还有通信兵、炊事兵、勤务兵和普通列兵共十多人，由一个军士长负责他们的日常生活管理。

一分台设分台长、分台附、火工长、观测员各一人，台员两人，炮兵五十余人。二分台编制与一分台相同。

石牌村被一条小山沟分成南北两块，山沟上有一座小石桥通行，总台部设在桥北，一分台设在桥南，相距三四百米。一分台的炮位、观测所、指挥所等

---

〔1〕《中国现代史上的海军世家》，知识出版社2007年4月版，第340页。

工事都设在面对峡江的山坡上，在那里用肉眼可以看到下游的平善坝。工事构筑简陋，仅在山坡上挖一坑道，浇上水泥，覆盖黄土。坑道前部是炮位，后部是弹药库。炮位与指挥所、观测所之间，没有坑道相连，只有电话可通。一分台共配备3英寸（76毫米）口径炮两门，2磅炮（40毫米）四门。按炮的口径分为两组。分台长在指挥所可以用电话统一指挥，也可以由台员分组指挥。炮是从舰上拆下来的，都很陈旧，口径不大，射程不远，射速不高，但占据了有利地形，离江边很近，可以抵近射击，威力还是很可观的。指挥所有一部从陆军调来的光学测距仪，底长仅1米，很不准确。此外就是为数不多、作为警戒用的步枪了。

这里的军官和士兵都是从各艘军舰上调来的。大家为抗日救亡来到这深山峡谷守御峡口，生活很不习惯，但情绪仍然十分高涨。

当时的生活很艰苦，官兵们吃发霉的军米和盐水煮的黄豆。为了改善生活，方莹带领官兵们种菜。官兵们很乐观，意志坚定地坚守在这里。[1]

鄂西会战前夕，陈绍宽亲至石牌视察，召集全体官兵训话："希望我全体将士站在抗日第一线，要团结一致，同生共死，坚定不移地抵抗日本帝国主义，争取最后胜利。"方莹也在每周周会上告诫官兵，要"严守纪律，随时警惕，严阵以待来犯之敌"。[2]

鄂西会战打响后，日军迅速占领洞庭湖北岸，向西猛扑，中国军队被迫向西转进。1943年5月13日晨，日军汽艇三艘由洪家林子（宜都北）附近偷渡，被中国守军第十三师击退。同一天，蒋介石给前线发来电报，要求"江防军守备现阵地，确保石牌"。[3]16、17两日，宜昌两岸及古老背附近日军明显增加，有向江防军攻击的企图。吴奇伟指挥的江防军，其主要任务就是确保石牌要塞的安全。23日，翰墨池、渔洋关、花桥、罗家坪、纱帽山、马台、罗家湾、龙门、天坑坪等地中国守军与日军展开激战，伤亡颇大。25日，日军集结于清江两岸以及准备攻击石牌的部队，总兵力约6万人。日第十一军司令官横山勇亲

〔1〕《中国现代史上的海军世家》，知识出版社2007年4月版，第325—326页。
〔2〕高德埤：《石牌天险敌胆寒》，《武汉会战》（原国民党将领抗日战争亲历记），中国文史出版社1989年2月版，第504页。
〔3〕邱行湘：《石牌要塞保卫战》，《武汉会战》（原国民党将领抗日战争亲历记），中国文史出版社1989年2月版，第492页。

自至宜昌进行指挥，似有一举攻占石牌要塞，威胁恩施、巴东的企图。在此关键时刻，蒋介石电话指示：石牌要塞须独立固守十天，希望成为我国之斯大林格勒，如无命令撤退，即实行连坐法。[1]各级指挥官奉令后，决心依地形之有利，与敌决战。如守备石牌第一线的第十一师师长胡琏，当战斗激烈时，陈诚打电话问他："守住要塞有无把握？"胡琏回答："成功虽无把握，成仁确有决心！"[2]石牌要塞海军第一总台台长方莹也坚定地表示，要与要塞共存亡。

26、27日，江防军全线连日与日军激战，扼守天柱山、馒头嘴、柳林子、小平善坝之线，日军动用了飞机、重炮、骑兵，并施放毒气，战况惨烈，日军也有较大伤亡。28日，日军推进至石牌外围高昌堰、闵家冲、井长坡等地，江防军凭借坚固工事与敌激战。29日，日军占领八斗冲、高昌堰等地。30日，日军占领香花溪、三岔口、小朱坪、四方塘、墨坪、木桥溪等地，集中步、炮、空全力向石牌要塞强攻。但防守石牌第十一师沉着应战，待敌接近，加以逆袭，歼敌极多。31日，日军全线动摇，中国守军展开全面反击。至6月17日，中国守军先后收复失地，使中日双方恢复至会战之前态势，鄂西会战结束。

在连日激战中，日军尽管依靠其大炮和空中优势连陷数地，但由于中国守军的顽强抵抗，使日军伤亡惨重，特别是进至石牌外围时，日军已是强弩之末，无力夺下石牌要塞，只能掩护后撤。而在这一过程中，尽管中国海军无法参与石牌后路的陆上激战，正如方莹所说，"我们要塞各炮的射口，完全对着江面，阻止敌人舰队的前进，使用我们的火力，来阻止和破坏它们，这种设备，我们沿海、沿江的要塞都是同样的。……换句话来讲，要塞的任务，是专对敌人的海军"，[3]但他们以防守江上正面为己任，与陆军密切配合，解除了来自江上日海军的威胁，使陆上中国守军放手与日军作战。石牌要塞的海军炮台连日遭到日机的轰炸和大炮的轰击，但炮台官兵不顾后路被日军攻陷的危险，坚守阵地，毫不动摇。当日舰协同陆军进至三斗坪时，它们窥见中国海军炮台严阵以待，不敢继续前进。31日，海军第四布雷总队派出布雷队进至平善坝，

---

〔1〕《陈诚回忆录——抗日战争》，东方出版社2009年10月版，第117页。

〔2〕宋瑞珂：《鄂西会战经过》，《武汉会战》（原国民党将领抗日战争亲历记），中国文史出版社1989年2月版，第477页。

〔3〕《中国现代史上的海军世家》，知识出版社2007年4月版，第339页。

布放漂雷50具，次日即有日舰一艘被炸沉于宜昌下游。

总之，中国军队取得了石牌保卫战的胜利。战后，重庆各界慰劳团，在石牌竖立了"石牌要塞保卫战胜利碑"，碑文写道："民族英雄血，山河锦绣花，舍身争许国，杀敌当还家。正气乾坤塞，忠风世界夸，泰山权轻重，片石与光华。"[1] 以示对英勇奋战的中国军人的无上崇敬。

1943年6月6日，方莹因拒敌有功，获邀奖叙。1945年3月，他以陈季良因病出缺而升任海军第一舰队司令。至此，他率领官兵防守石牌要塞整整六个年头。

进入1945年后，世界反法西斯战争形势有了重大改观，中国战场也迎来了转机。海军总司令部鉴于战争形势的发展，在年初就制定了中心工作计划，在川江防御方面，明确指出：川江各段防务本年度继续由海军第四布雷总队分别扼守原防，协同海军宜巴、巴万两要塞区严切注意敌舰动态，适机布放漂雷。荆江两岸被敌军占据，川江失却前卫，任务益臻重要。除严密监视外，且须与派在荆江方面从事游击工作的第三布雷总队所属雷队密切联系，以收合作之效。重庆郊区水上防务之配备已经海军总司令部会同卫戍总司令部将布放漂雷阵地侦查完成，并将应用水雷拨运来渝屯存基地，由卫戍总司令部派员兵看守，海军总司令部派员作技术上的指导，以期共同保管。暂时不拟调派雷队常川驻守，俟有情况时，将由第四布雷总队中调派一队或二队执行任务。[2]

1945年8月，日本无条件投降，中国海军终于完成了自己的抗敌使命，总司令部将战斗于川江的第四布雷总队改编为海军第四扫雷队，开始探扫宜昌以上雷区。9月完成工作，随即又进至宜昌，继续清扫宜沙段雷区。而由沙市至上海黄浦江段雷区，则由中国陆军总司令部饬令日方负责清扫。至此，长达九百余海里的长江水道，又回到了中国人民的怀抱。

---

[1]《中国现代史上的海军世家》，知识出版社2007年4月版，第343页。
[2] 高晓星编：《陈绍宽文集》，海潮出版社1994年7月版，第362—363页。

作战篇

出击敌后的布雷游击战

抗日战争初期，日军以强大的攻势，相继占领了长江中下游两岸众多战略要地，长江航道随即成为日军向中国腹地不断进犯的大动脉。斩断这条大动脉，不仅能够迟滞日军进攻的步伐，使其难以获得陆海军的有力协同，难以实现物资、兵力的运输和保障，而且能够有效地保卫国民政府在战时的政治、文化中心。为此，军事委员会决定在正面战场节节抵抗的同时，在长江流域发动敌后游击战。在这一方针的指导下，海军在从事长江要塞、布雷作战的同时，决定以开展敌后布雷游击战的方式，袭击日军舰艇及其运输船，破坏与切断日军水上交通线，以配合陆上作战，拱卫陪都。于是，一场在中国军事史上不曾有过的长江布雷游击战拉开了帷幕，从而在中国海军史上，增添了一种新战法。

军事委员会确定游击战方针

　　日军侵华战争第一阶段的疯狂进攻，并没有击垮中国人民的斗志，随着日军战线的不断拉长，其越来越深地陷入战争泥潭当中。中国人民打击日寇的手段，在国民党正面战场的节节退却中不断丰富起来，特别是中国共产党领导的敌后战场的开辟，使游击战迅速"从战术范围跑了出来向战略敲门"。[1]

　　战争爆发之初，国民政府几乎把全部精力集中于正面战场上，对敌后游击战没有给予足够的重视。然而，当日军在各个战场上迅速推进时，一部分国民党军队滞留于敌后，开展游击战，起到了牵制部分日军的作用，特别是中国共产党领导的八路军、新四军在敌后发起的游击战争，有效削弱了日军的攻势，使国民党军中一些高级将领看到了游击战的威力。1937年底，军事委员会副参谋总长白崇禧提出，应"采取游击战争与正规战配合，加强敌后游击战"的建议，被蒋介石所采纳。1938年6月8日，在军事委员会军令部制定的《保卫武汉作战计划》中，就明确规定要用八个师以上的兵力，在大别山分区设立游击根据地，向安庆、舒桐、六合及豫东皖北方面挺进游击，尤须积极袭击沿江西进之敌。[2]7月11日，军事委员会根据日军以主力沿长江进攻武汉的战略部署，确定并颁布了作战指导方针："国军以一部守备华南海岸，华东、华北现阵地，并积极发展游击战，妨害长江下游敌之航运，牵制

---

　　[1]《毛泽东选集》第二卷，人民出版社1991年6月版，第405页。
　　[2]秦孝仪主编：《中华民国重要史料初编——对日抗战时期》第二编作战经过（二），台湾中国国民党中央委员会党史委员会1981年9月版，第309页。

消耗敌人。另以有力一部支援马当、湖口要塞，迫敌在鄱阳湖以东展开，妨害敌溯江向九江集中。国军主力集中武汉外围，利用鄱阳湖、大别山地障及长江南岸丘陵、湖泊施行战略持久战，特注意保持重点于外翼，争取机动之自由。"[1]

武汉会战以后，随着日军将速战速决战略转变为以战养战战略，国民政府在军事战略上也做了相应的调整，将消耗战战略改为积小胜为大胜的持久战战略，一面在前线发动有限攻势，一面在敌后发动广泛的游击战，消耗日军的实力，加强沦陷区的监管，尽全力阻止资助日军的物资，迫使日军困守点、线，破坏其以战养战的战略计划。[2] 在长江流域，军事委员会明确指示第三战区，截断长江水运，[3] 以主力约11个师的兵力分由湖口、马当、东流、贵池、大通、铜陵、荻港间，伺隙进攻，一举进袭江岸，占领沿江阵地，以轻重炮兵火力及水雷，封锁长江。[4]

在军事委员会游击战方针的指导下，中国海军的长江抗战也必然朝着以游击战为主的方向发展。1939年8月，鉴于舰艇在与日军作战中损失殆尽的实际情况，海军总司令部决定在长江、沿海等水域以布设攻势水雷的方式，逐渐展开广泛的布雷游击战。

中国抗日战争正面战场的发展情势，迫使海军官兵重新审视水雷的特性与作用，在逐渐展开的布雷游击战中，他们对水雷有了新的认识："水雷的性能，最大的功效，多用于防守或封锁的作用，只有少数利用潜水艇或布雷舰，秘密潜布于敌人的港口或通航要道，这次欧战德国所用的'磁性水雷'才含有攻击性的作用。我国利用水雷，在抗战第一阶段中，如上海黄浦江及江阴之封锁线，马当田家镇诸要塞，以后如洞庭湖岸之四江封锁工作，及宜昌江防部等处，主要利用水雷，多是防御性的封锁，间有放下漂雷，但易为敌人堵截防

〔1〕《国民革命战史》第三部抗日御侮第三卷，台湾黎明文化事业公司1978年4月版，第111页。

〔2〕《白崇禧先生访问记录》（上册），台湾"中央研究院"近代史研究所1989年6月版，第131页。

〔3〕《国民革命战史》第三部抗日御侮第三卷，台湾黎明文化事业公司1978年4月版，第134页。

〔4〕《郑天杰先生访问记录》，台湾"中央研究院"近代史研究所1990年5月版，第64页。

范，故尚未能完全收获攻击本能的效果。抗战进入第二期后，我们将阵地战、运动战与游击战配合应用，已由被动的守势，转变到主动的攻势，已由点线的防御转变到迂回包围或深入敌人后作活动的进攻了。"[1]这一认识，是海军成功运用布雷游击战战法的理论依据。

---

[1]林祥光:《海军如何游击?》,《海军抗战事迹汇编》,海军总司令部编译处1941年12月版,第343页。

布雷游击队的编成

用水雷封锁长江，并不是中国海军在抗战时期的独创，早在北伐战争时期以及后续的军阀混战时期即有之。1926年8月31日曾有报道称，北伐军曾通报各国领事团，要在岳阳、临湘两处江面布放机械水雷，10日以内即可竣工，希望外国舰只暂时停止航行。[1]说明北伐军不仅拥有水雷，而且掌握了布雷技术。1927年3月12日也有报道，称山东军阀部队在江苏太湖与国民革命军作战时，"置无数水雷于湖河中"，[2]说明军阀使用水雷的情况也不鲜见。所以，抗战爆发后，中国海军想到开展水雷战并且迅速实施并非偶然。

前已述及，1938年8月底，海军总司令部成立以郑天杰为队长、周仲山为副队长的布雷别动队，于9月1日从汉口出发，赴田家镇布雷。他们以极大的机动性和灵活性，活动于武穴、龙坪之间，完成布雷任务，是为海军布雷游击战的开始。9月8日夜，布雷别动队从鲤鱼山出发，将80具漂雷依次布放于水流之中，这是中国海军第一次使用漂雷从事水上游击战。天还未亮，队员们完成任务回到鲤鱼山，不久就听到了巨大的爆炸声，后来经侦察发现，是日军"鹭"号水雷艇和"嵯峨"号炮舰在武穴附近触雷沉没，这是海军开展布雷游击战以来首次获得的战果。

关于海军布雷别动队的组建以及布雷行动，郑天杰有详细的回忆：

---

〔1〕季啸风、沈友益主编：《中华民国史史料外编——前日本末次研究所情报资料》，第17册，广西师范大学出版社1996年10月版，第375页。

〔2〕季啸风、沈友益主编：《中华民国史史料外编——前日本末次研究所情报资料》，第20册，广西师范大学出版社1996年10月版，第619页。

二十七年八月六日，我奉命离岳阳顺胜舰[1]，到汉口海军监造室报到，接管电雷学校撤销后拨交海军总部的三艘快艇。但海总旋又将快艇移拨广东余汉谋部，我乃受命另组布雷别动队——即敢死队。监造室主任曾国晟面召我，指示布雷别动队之任务，首须通过汉口至九江我海军敷设之水雷区，赴前线敌占区布放漂雷，任务艰巨危险。我向曾国晟表明心志，纵然任务艰险，仍极愿担任别动队队长。受命以后，

1938年12月24日郑天杰在湖南辰溪养伤时摄

我先自三十名志愿应征队员中挑选十六名队员，向民间船家征购了两艘驳船，以一小火轮拖载之，上置六十个漂雷，于九月自汉口启航沿长江而下。行前，独自赴汉口中山公园书写遗嘱，托同学张雅藩请代为办理事后。当时心中感慨万千，热泪涔涔，于今思之，豪情犹在。

九月一日，别动队自汉口启航，为避免敌机之搜索轰炸，沿途均昼伏夜行，经黄冈、鄂城、黄石港、蕲春越出数道雷区后而抵田家镇。我曾在田家镇骑驴视察沿岸地形，探知敌舰多在新洲之南抛锚，乃决定在敌舰上驶巡弋之时，布放漂雷，予以迎击。八日晚雷驳由田家镇拖至富池口，十一时许，鲤鱼山下游突闻炮声，并发现火光闪烁，知敌舰已上驶在龙坪武穴间，向马头镇炮击，别动队立即乘机自鲤鱼山出发，暗中接近敌舰，将漂雷抛布中流，达成任务后乃放弃驳船，改乘小火轮沿原线驶返汉口。途经蕲春，队员上岸用餐，见居民房舍空无一人，盖居民皆已逃难避往他处了。

九月下旬，田家镇情势危急，海总部增强防务，命我第二次东下布雷，预定于黄颡口与沙镇之间敷设漂雷一百二十具。我与副队长周仲山及

---

[1] 在海军文件中被列为炮艇。

队员们自汉口启航,中途停泊葛店炮台,与监督葛店炮台视发水雷安装的张天浤学长(江苏人,烟台海校寄闽班,高我一班)相谈甚欢。未料,数日后我执行任务返航再经葛店炮台时,却闻张天浤的噩耗,他已于九月二十五日被敌机轰炸身亡。

九月二十九日深夜,我率领队员在黄颡口完成施放漂雷后,弃驳船,亲驾小轮驶返汉口。三十日天未明行经田家镇附近的海口堡时,遭岸上日军开枪射击,一颗子弹击断了我的左前臂,穿过肚皮,紧贴腹膜而过,幸亏右边腹侧配挂手枪盒,阻挡了子弹穿过右肘,右手幸而无恙。当时只觉得左臂有撕裂疼痛感,肚皮亦觉温烫,跌坐甲板上。副队长周仲山连忙上前将我扶住,我忍痛撑着自己走入船舱睡下,命手下以红药水、绷带为我包扎伤口,固定左臂,并以绳子吊撑左臂,始稍觉舒适,当时还不知道手骨已断。船行至石灰窑,当地因开采铁矿,有一间小型医院,乃入院急救,院中仅有一两位护士守护,医疗设施亦不完备,臭虫很多。护士暂时以木板固定我的伤处,同行的队员乃打电话给海总部报告。汉口海军指挥部连夜赶派船只,于翌日清晨驶抵石灰窑,载我返汉口天主堂医院。第二天,经意籍医生以X光检验,才发现我左手骨业已击断,需要一段时间休养才能完全复原。我遂于该医院静养疗伤。住院期间,海军部长(应为海军总司令——引者)陈绍宽曾亲自到医院探视我的伤势。[1]

刚刚成立的布雷别动队,条件十分艰苦,布雷员兵往往要以坚强的意志,克服重重困难才能完成任务。当他们奉命赴大通、贵池两地抄敌后路时,大通方面日军防范严密,别动队无法到达江边,便折返贵池集合。然而进入贵池,属深入敌后,这里敌兵压境,民众迁徙一空,加之布雷设备不全,供应缺乏,工作陷入困境。但别动队员兵不畏艰难,他们蛰伏于丛林之中三天三夜,伐木取材,破木成板,自制布雷设备,终获成功。9月12日,他们隐蔽出发,在贵池江心将60具漂雷布放下水,这些水雷对缓解日海军在长江正面对田家镇构成

---

[1]《郑天杰先生访问记录》,台湾"中央研究院"近代史研究所1990年5月版,第55—57页。

的压力，起到了重要作用。

如果说布雷别动队的作战行动是海军布雷游击战拉开序幕之举的话，那么武汉会战以后，中国海军布雷游击队的正式建立，则是布雷游击战大剧的正式上演。1939年8月，海军总司令部决定在长江、沿海等水域正式实施布雷游击战略，开始着手筹组布雷游击队。陈绍宽命令水雷制造所先行挑选作战勇敢、志愿加入布雷游击队的员兵二十余名，派股员陈庆甲负责进行布放水雷的训练。不久又调派大批官兵集中常德，派股员龚栋礼等加以短期训练。计划训练五期，受训期限每班各定为两星期，授以水雷原理、雷件拆卸等课程。

1939年9月，鉴于日军急于打通长江航道的实际情况，海军总司令部命令水雷制造所先组建长江中游布雷队，并附设两个分队，立即携带漂雷，深入敌后，袭击敌舰，尤其是破坏敌之后方水上交通。11月，海军总司令部决定正式组建长江中游布雷游击队，并厘定颁行编制。编制规定，该布雷游击队设总队部及第一、第二、第三、第四、第五等五个队，各队下辖共十一个分队，第一分队至第十分队归第一、第二、第三、第四、第五队队长指挥，第十一分队归总队部直辖。任命刘德浦为海军长江中游布雷游击队上校总队长，各队均设少校队长，每队配备移动电台一部。同时，从福建抽调海军官兵三百余名，分配编组，实施布雷技术训练。海军第一支以开展布雷游击战为目的的正式的布雷游击队就这样诞生了。

长江中游布雷游击队成立后，于当月底便整装完毕，开赴第三战区敌人后方，担负封锁长江、破坏敌方水上交通、与敌展开水上游击战等任务。

长江中游布雷游击队开赴敌后以后，不断传来振奋人心的战绩，证明了自己在抗战中的非凡价值，遂得以不断地扩充和加强。

1940年1月，海军总司令部修正《海军长江中游布雷游击队编制》，扩充组织。按照新编制，长江中游布雷游击队设一个总队部，五个队，十一个分队，五部移动电台，任命刘德浦为总队长，叶可钰、何传永为副总队长，杨希颜为第一队队长，严智为第二队队长，郑振谦为第三队队长，陈挺刚为第四队队长，林遵为第五队队长。为便于指挥，又任命杨希颜等五人兼第一、第三、第五、第七、第九各分队队长，另派陈炳焜、郑天杰、黄廷枢、沈德镛、张鸿模、林庚尧等担任第二、第四、第六、第八、第十、第十一各分队队长。

叶可钰曾任长江中游布雷游击队副总队长

与此同时，海军将湖口至芜湖沿江各地带划为第一布雷游击区，作为长江中游布雷游击队的游击范围。为加强与第三战区的密切联系，长江中游布雷游击队总队部设在江西上饶，各布雷游击队携带漂雷进入任务区时，其掩护任务由第三战区陆军部队负责。4月，海军将第一布雷游击区的范围进行扩展，从湖口延伸至江阴。江阴方面，划成主要、次要两个雷区，以遮断长江中下游水道，实行正面游击布雷任务。

5月，海军长江中游布雷游击队又增设侦察组，并制定《海军长江中游布雷游击队总队部侦察组暂行简章》九条，颁发试办。

9月，海军总司令部鉴于长江中游布雷游击队的游击范围逐渐延伸至江苏全省沿江各区域，决定将该队组织及时进行扩大，增设了长江中游布雷游击队第六队，下辖第十二、十三两个分队，附设第六移动电台，以李申荣调充第六队队长兼第十二分队队长，吴徽椿调充第十三分队队长，所需官兵均由水雷制造所和其他布雷队中调用。同时，在安徽歙县和浙江金华成立两个总队部办事处。

长江中游布雷游击队不断扩充壮大的事实表明，布雷游击战在长江抗战中的地位在不断上升。1940年11月15日至27日，赴前方巡视的海军总司令陈绍宽，先后在上饶海军长江中游布雷游击队总队部，以及位于石门街、经公桥、梅村等处的长江中游布雷游击队第一、第二、第五大队召集训话，除了充分肯定布雷游击队自成立以来所取得的辉煌战绩外，还亲自指示作战机宜。鉴于该布雷游击队的成绩，蒋介石也非常重视。1941年3月4日，他给海军下达手令，要求以游击布雷截断日军水上交通，消耗其物资力量，并饬各战区长官给布雷队以特别保护。

第一布雷游击区划定后，日军舰艇船只因长江中游布雷游击队的积极活动，在湖口以下江面均不敢停泊，多在九江以上下锚。中国海军应战略上的需要，于1940年4月又将鄂城至九江段划为长江第二布雷游击区，目的是使日舰艇也不能躲避于浔鄂方面，让整个长江航运趋于崩溃。在这一长江段，1939年12月海军就编组了挺进布雷队两队，分别向岳阳、白螺矶等处挺进，布放漂雷，以阻遏日军舰艇的活动。第二布雷游击区划定后，海军为提高抗战效率，决定在长江浔鄂区增置海军布雷游击队，先期抽调湘阴、沅江、长沙三个布雷队已有布雷工作经验的士兵，配以经过水雷制造所训练的特务队，编组四队，于月底集合长沙。筹备工作就绪后，海军总司令部于4月10日派员分别组织成立，以林祥光为第一队队长，沈聿新为第二队队长，周仲山为第三队队长，薛宝璋为第四队队长，各队均归海军水雷制造所所长曾国晟督率。布雷工作开始后，经与第九战区司令长官部接洽，各队配拨工兵一排、炮兵一班、铁肩一中队及挺进步兵一团或一支队，合编为挺进布雷队。各挺进布雷队编成后，在林祥光、周仲山的带领下，于当月自修水进入任务区，先着手侦察路线，筹划运输事宜，6月开始实施布雷。

1941年2月，海军将第二布雷游击区各布雷队工作加以调整，四个布雷队分两班，两队工作，两队休息，便于劳逸结合，有利于整训。4月，海军将该区任务进一步调整，分为浔鄂、湘鄂两区，以九江、汉口段和汉口、岳阳段为其任务区，每区各置挺进布雷队两队。任命苏聿修为海军浔鄂区挺进布雷队第一队队长，刘永仁为第二队队长，陈挺刚为湘鄂区挺进布雷队第一队队长，林渫为第二队队长。各队官兵分别由海军水雷制造所、海军布雷队及原浔鄂区布雷游击队调任。同时指定了配合作战的友军部队。

就在1940年4月组建浔鄂区挺进布雷队的同时，海军还将监利至黄陵矶段，划为长江第三布雷游击区，并在该区成立挺进布雷队两队，以李向刚等为队长，按预定计划进入任务区实施布雷，收效很大。但后来由于该区日舰踪迹日少，海军遂将该区的布雷任务并入第二布雷游击区。

1941年9月1日，海军总司令部鉴于各区布雷游击战收效日渐显著，需要及时调整机构，发展工作，决定将海军布雷队进行一次全面整编，组设第一、第二、第三、第四布雷总队。第一布雷总队于当日宣告成立，总部设在长沙，以海军总司令部舰械处处长陈宏泰兼任该总队总队长，隶属于水雷制造所的长沙办事处及电台等均并入该总队，原归水雷制造所管辖指挥的海军布雷第三、第四、第五等分队，湘鄂区挺进布雷队第一、第二两队，浔鄂区挺进布雷队第一、第二两队，均改由第一布雷总队部管辖指挥，并改编为七个大队，负责配合第九战区在湘江、洞庭湖一带作战。

10月3日，海军总司令部又将长江中游布雷游击队改编为海军第二布雷总队，当日颁发了编制及改编办法。其总队部依然设在上饶，下设7个大队，14个中队，7座移动电台。以刘德浦为该总队总队长，郑振谦、杨希颜调任副总队长；程法侃调任第一大队大队长，陈赞汤调任第二大队大队长，郑天杰调任第三大队大队长，吕叔奋调任第四大队大队长，林遵调任第五大队大队长，李申荣调任第六大队大队长，何乃诚调任第七大队大队长。第一、第三、第五、第七、第九、第十一、第十三各中队队长由各大队大队长兼任，第二、第四、第六、第八、第十、第十二、第十四各中队队长以陈炳煜、高声忠、黄廷枢、沈德镛、张鸿模、徐奎昭、林庚尧等分别调充。前归长江中游布雷游击队管辖指挥的海军布雷队第七分队改为海军第二布雷总队第十三中队，原长江中游布雷游击队第十二、第十三两中队改为海军第二布雷总队第十一、第十二中队，第十一中队改为第十四中队，第一至第十中队仍照原次序改编，同时组织成立，推行布雷任务。[1]

第二布雷总队的任务是配合战情需要，在沿海港口、长江沿岸以及湖汊等处布放水雷，用以攻击敌人，或担负防御守卫任务。至于指挥系统，布雷总队属第三战区直接指挥，各大、中队属总队指挥，如在作战地区，则受驻扎地区最高指挥官指挥（如军部、师部、团部等）。[2]

1942年11月，海军总司令部将派在荆江御敌的布雷队改编为海军第三布雷总队，下设七个大队，以薛家声为总队长，林秉来为副总队长，钟子舟任第一大队大队长，邵仑任第二大队大队长，王拯群任第三大队大队长，刘学枢任第四大队大队长，周伯焘任第五大队大队长，柯应挺任第六大队大队长，杜功治任第七大队大队长。同时，将川江漂雷队改编为海军第四布雷总队，下设七

---

〔1〕1942年5月16日，海军第二布雷总队奉命随第三战区长官部先后退驻崇安和建阳。

〔2〕罗榕荫：《抗战期间第三战区海军布雷工作情况》，《福州文史资料选辑》第2辑，第112页。

个大队，以严智为第一大队大队长兼代总队长（旋改派郑振谦为总队长），张绍熙任第二大队大队长，高如峰任第三大队大队长，阙福三任第四大队大队长，韩兆霖任第五大队大队长，刘荣霖任第六大队大队长，王文芝任第七大队大队长。第三、第四两布雷总队划归第二舰队司令部指挥。

四个布雷总队成立后，在长江流域三个布雷游击区中，配合各战区开展了广泛的布雷游击战，取得了显著的战果。直到1945年，他们的作战计划依然是完整的，第四布雷总队负责川江各段防务，协同海军宜巴、巴万两要塞区严密注意日舰动态，适机布放漂雷；第三布雷总队在荆江从事游击工作，并与第四布雷总队密切配合；第二布雷总队和第一布雷总队依然分别负责长江中游和浔鄂、湘鄂方面防务，以无定时、无定地的游击姿态，积极布放漂雷，使日军无法利用长江水道，运输接济益感困难。就这样，四个布雷总队以积极的姿态，一直战斗到抗日战争结束。

1945年8月，日本宣布无条件投降，中国海军随即进入停战状态，总司令部将第三布雷总队改编为海军第三扫雷总队，担任洞庭湖方面扫雷工作；将第四布雷总队改编为海军第四扫雷总队，担任宜昌以上和宜昌至沙市段江面的扫雷工作，沙市以下扫雷工作由日军负责实施。其他布雷总队则就此宣告终结。

海军第一布雷总队部编制表[1]
（1943年9月）

职别	阶级	人数	职别	阶级	人数
总队长	少将	1	上士		2
总队附	上尉（少校）	1	电机上士		1
队员	中（上）尉	1	中士		2
队员	少（中）尉	2	下士		2
电信官	一等电信佐	1	一等兵		6
电信员	二等电信佐	1	二等兵		6
电信员	三等电信佐	1	三等兵		6

〔1〕杨志本主编：《中华民国海军史料》，海洋出版社1987年5月版，第269—271页。

（续表）

职别	阶级	人数	职别	阶级	人数
军需员	一等军需佐	1	公役		4
书记员	上尉同等	1	炊事兵		3
译电员	中尉同等	2	摇电兵		6
副军士长	准尉	1			
电机副军士长	准尉	1			
司书	准尉同等	1	合计		53

海军第二布雷总队部编制表
（1943年9月）

职别	阶级	人数	职别	阶级
总队长	上校	1	司书	准尉同等
总队附	上尉（少校）	2	上士	
队员	中（上）尉	3	看护上士	
队员	少（中）尉	3	电机上士	
电信官	一等电信佐	1	中士	
电信员	二等电信佐	1	下士	
电信员	三等电信佐	2	一等兵	
军医官	一等军医佐	1	一等看护兵	
军需员	一等军需佐	1	二等兵	
书记员	上尉同等	1	三等兵	
译电员	中尉同等	2	公役	
军士长	少尉	1	炊事兵	
副军士长	准尉	2	摇电兵	
电机副军士长	准尉	1		
司药	准尉	1	合计	

海军第三布雷总队部编制表[1]
（1943年9月）

职别	阶级	人数	职别	阶级	人数
总队长	少（中）校	1	上士		1
总队附	上尉	1	看护上士		1
队员	中（上）尉	1	电机上士		1
队员	少（中）尉	1	中士		1
电信官	一等电信佐	1	下士		1
电信员	二等电信佐	1	一等兵		3
电信员	三等电信佐	1	一等看护兵		2
军医官	一等军医佐	1	二等兵		3
军需员	一等军需佐	1	三等兵		3
书记员	上尉同等	1	公役		3
副军士长	准尉	1	炊事兵		3
司药	准尉	1	摇电兵		6
司书	准尉同等	1	合计		41

---

〔1〕海军第四布雷总队部编制表与第三布雷总队部同。

水雷的制造与供应

制雷工厂沿革

抗战爆发之初，海军在上海的制雷工作，对淞沪抗战和江阴阻塞战都具有十分重要的意义，这使海军内外都充分意识到，在未来作战中，为长期抗战计，必须保护好中国海军的制雷能力。于是，在上海沦陷之前，海军周密安排所有制雷人员及时向后方转移。早期制雷的负责人周应骢和曾国晟极力鼓舞起制雷技术人员及老工匠的斗志和信心，向他们强调制雷工作在未来抗日战争中的重要性，说服他们立即内迁，并给予他们种种优待与便利。结果，这批人员在曾国晟的率领下，由上海撤往无锡，再由无锡撤往内地。周应骢则一度留在上海努力抢购制造水雷所需的器材，分批分道向内地运输，以应堵塞长江航道，阻止日军西进的需要。周应骢说："后来这批人员在内地，很快就发挥了作用。从内河及香港内运的器材，也很快就在内地的工厂用于制造水雷及其他军用物资了。当时最主要的是造水雷。因海军原存水雷无几，而战事不知要延长多久，长江及各河道需要许多水雷，造水雷的工业，在湖南与四川急需建立。水雷在战事上的作用已陆续表现出来，蒋介石的国防部也尽量合作。据统计，抗战九个月在长江用水雷炸沉及炸伤敌舰艇六十二艘。直到抗战结束，水雷制造一直继续下去。"[1]

制雷人员是分批离开上海的，一部分人员乘自备的"庆安"号小火轮从内河驶往无锡去南京，另一部分人员乘外国商船从长江驶往南京。制雷人员王衍

---

[1] 周应骢：《陈绍宽与旧中国海军》，《文史资料选辑》第85辑，第174—175页。

绍回忆说："陈兆俊和我最后离开上海，乘英商'太古'号轮船到达江阴下游的江北口岸码头，上岸后走一段旱路越过江阴江面封锁线到江阴上游，再乘另一艘英商'太古'号轮船到达南京。""到达南京已是夜晚，且国民党中央政府各机关已全部撤离。

在上海的中国军民赶制水雷

我们都十分焦急，恰好海军义胜炮艇停泊在南京下关附近江中，经陈兆俊同艇长梁序昭联系后，我们就乘该艇离开南京赴汉口。""当时从上海分两批撤退的人员已先后到达汉口，先在汉口市汉安里海军联欢社设试制水雷办公处，以后在武昌找到'彭公祠'作为办事处，并修建制雷工场。"[1]

　　1938年6月，马当要塞吃紧，湖口、九江各段遍设雷区，用雷数量骤增，武昌一厂不敷应付，海军临时在长沙添辟新厂，分工赶制。当时，炸药来源紧张，海军经向航空委员会协商，调拨旧式炸弹熔化配用。为应此项工作需要，海军又在岳阳设立装药、合拢两厂。据王衍绍回忆，装药工厂由吴贻荣负责管理，同时派王衍绍到汉阳兵工厂学习熔装TNT炸药的操作规程，回来后到岳阳装药工厂作具体技术指导。

　　9月，武汉局势日渐紧张，海军接受前次教训，提早准备，在不妨碍武昌雷厂制雷工作的原则下，将大部制雷机件西移，在长沙正式设厂，共策进行。在筹备迁厂过程中，由于准备充分，制雷工作未受影响，当放弃武汉时，武汉上游及荆湘各处水道用雷，均比较充裕。在武昌雷厂全部转移时，常德雷厂也正式设立。这样，长沙和常德两座制雷厂承担了原武昌雷厂的全部任务，成为海军制雷的中心。

　　11月13日，长沙发生大火，长沙雷厂在仓促之际，无法抢运材料，略有

----

〔1〕王衍绍：《抗战期间海军制造水雷概述》，《福州文史资料》第14辑，第110页。

损失，海军遂将长沙雷厂归并常德雷厂，同时在重庆筹设分厂。

1939年3月，海军鉴于常德接近战区，交通虽较便利，但遇时局紧张时，监造室及其雷厂工作恐无法照常进行，须在后方预为布置，于是派黄璐前往湖南辰溪筹备设厂，并屯存机件材料等事宜，择地分设办事处建筑仓库。当月，黄璐由于奉命与黄贻庆先后赴贵阳筹备设立转运站，分设办公处及无线电台、材料库、修车间、卡车房等，以利制雷材料输运，到辰溪的任务由何家澍接替完成。

4月1日，海军总司令部为进一步加强对水雷的制造工作的管理，裁撤了海军监造室，正式成立了海军水雷制造所，厘定编制后颁布施行。任命曾国晟兼任水雷制造所中校所长，制造所下设总务、工务、机务、材料、运输、会计等六个股，以林奇、陈宗芳、黄贻庆、林秉来、曾万里、江守贤分任股长，所需官兵由原海军监造室调补。工务股下设电工、检验、装配、雷索四个组及熔装炸药工厂。工厂附设试验漂雷浮力用的试验池。熔药工厂及试验池均设在常德上游佛光寺内，距离常德制造水雷的工场约十几公里，以策安全。该所还在香港、桂林、长沙等地设三个办事处，在辰溪、贵阳、龙州、海防等地设四个转运站，并于常德、桂林、贵阳等处分设无线电台，使制雷工作从材料的运输、水雷的建造、成品的发放等程序更加顺畅。不过，海军水雷制造所是海军总司令部根据战时需要设置的临时机关，其编制含有暂行性质。

随着战局的发展，水雷供不应求，4月26日，海军抽派一部分官兵工匠在重庆南岩野猫溪设立了水雷分厂，林惠平任中校厂长，为水雷制造所加工零部件和购运原材料，还制造川江应用水雷。[1]

为加强材料和成品的运输，1940年1月6日，海军水雷制造所在昆明正式设立转运站，该转运站设主任及办事员等，内分运输、材料、总务、车务、修车等各组，并附设短波无线电台。

1940年7月，湖北宜昌、沙市相继沦陷，湖南常德处于战区边缘，受到日军威胁，出于安全考虑，海军水雷制造所决定迁至辰溪，原设之辰溪转运站暂行撤销。同时，独山、靖西两转运站因越南政府实行禁运，国际线路变迁，奉令结束，两站官兵拨归水雷制造所遣用。迁移工作完成后，水雷制造所在辰溪

---

〔1〕张祁：《抗日时期海军在陪都重庆》，《福州文史资料选辑》第15辑，第158页。

设置了办公场所和制雷工厂，并在辰溪上游上麻田设熔药工场和试验漂雷浮力用的试验池。

1941年12月，海军水雷制造所设立常德办事处及芒市转运站。

1944年3月，海军水雷制造所改称"海军第二工厂"，下设制雷、机械、炼油三个部，分别由王衍绍、黄以燕、黄贻庆负责，除生产水雷外，还制造工作母机和提炼汽油，一直到1945年抗战结束。[1]

海军水雷制造所编制表[2]
（1943年9月）

	职别	阶级	人数		职别	阶级	人数
所部	所长	中校	1	运输股	股长	少校	1
	所员	少校	4		股员	上尉	4
	所员	上尉	4		股员	中尉	15
总务股	股长	少校	1	会计股	股长		1
	股员	上尉	3		股员		3
	股员	中尉	12		股员		16
	军医官	上尉	2		司书		6
	军医员	中尉	4	合计			165
	译电员	少尉	3	第一一十一电台	电信官	一等电信佐	1
	司书	准尉	4		电信员	二等电信佐	1
	司药	准尉	2		电信员	三等电信佐	2
	看护上士		1		电机副军士长	准尉	1
	看护兵		2		电机上士		1
工务股	股长	少校	1		电机中士		1
	股员	上尉	4		电机下士		1
	股员	中尉	16		公役		1
	绘图员	少尉	4		炊事兵		1
	技工长	准尉	7	合计			10

〔1〕王衍绍：《抗战期间海军制造水雷概述》，《福州文史资料》第14辑，第112页。
〔2〕杨志本主编：《中华民国海军史料》，海洋出版社1987年5月版，第649—650页。

（续表）

	职别	阶级	人数		职别	阶级	人数
机务股	股长	少校	1	贵阳转运站	主任	上尉	1
	股员	上尉	4		办事员	中尉	2
	股员	中尉	20		公役		1
	机工长	准尉	9		炊事兵		1
材料股		少校	1	合计			5
		上尉	3				
		中尉	6				
记附							

水雷的制造与布设

海军在制造水雷的过程中，既借鉴了西方国家制造水雷的传统方法，又根据抗战初期国内制雷材料和工具十分艰苦的实际情况，造出了多种适合在中国江河湖海布放的水雷产品。这些水雷总体上分为固定水雷和漂流水雷两种。固定水雷又有视发水雷（或称有线水雷）和触发水雷（或称机械水雷）的区别。

视发水雷的装药量一般分100磅、200磅、300磅三种，布放的时候将雷体沉到水底，形成一个固定的雷区，各水雷通过电线与雷区岸边控制室的触发开关相连接，控制室附近设有监视哨实施不间断的监视，如有敌舰进至水雷有效火力范围，监视哨迅速通过电话通知控制室，控制室人员按动触发开关击发水雷，对敌舰实施攻击。这种水雷隐蔽性强，命中率较高，杀伤力较大。曾在第一布雷总队第五大队工作过的何鹤年描述了一次在湘江布放有线水雷的完整过程："在视发水雷雷区简图中，可看到雷区中共有十颗有编号的水雷。这些水雷是把国产的固定雷改为沉雷，沉在水底，每个雷都接上电缆通到视发水雷控制室。控制室中有手按发电机，可以发电临时接在编号的线头上，使所要爆炸的水雷发火。""布雷时，美海军上尉陈普（Champ，机关枪设计工程师）和我分别在A、B两观察台上观测，台上各设有陆地测量用的精密经纬仪（theodolile）一部，用以观察水雷落水时相对于某一固定目标的夹角，并记下数据，即每一沉雷的位置是用两水平夹角表示。布雷后这两个经纬仪的位置就

固定不动了。两观察台上有
电话与视发水雷控制室相通。
一旦敌舰上驶，A、B两观察
台不断观察敌舰与某固定目
标间的夹角，并用电话通知
控制室，控制室值班人根据
布雷时A、B两台所记下的数
据，来判断敌舰在哪颗沉雷
的上方，即可使用手按发电

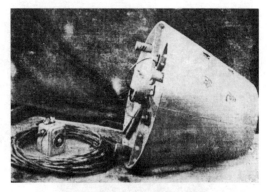

爆炸"出云"舰之"海丙"式视发水雷

机使该雷发火，以击沉敌舰。"[1]其缺陷是需要守军掩护，一旦守军撤离，则
雷区的作用也随之消失。淞沪抗战时，中国海军敷布于蕰藻浜各防区要点的水
雷，以及用于破坏桥梁铁路的水雷，均属此种。

　　为了便于主动攻击日军军舰，海军还专门设计了"海丙"式视发水雷，该
式水雷为圆锥形，高32英寸，上部直径15英寸，下部直径30英寸，前者为浮
力筒，后者为装药室。雷体上有一电线连接岸上触发装置。使用时，潜水员将
水雷推至所需位置，然后通知岸上人员触动触发开关引发爆炸。海军谋炸日旗
舰"出云"号时就经过了这样的程序。由于该式水雷是针对谋炸特定目标而专
门设计的，所以比一般视发水雷的装置简单得多，属简便型视发水雷。1938年
8月，武汉形势吃紧，田壁工程处由外籍工程师设计了一种视发水雷，准备配
属于葛店区要塞，制造任务交由一家外国公司完成，海军仅负监制责任。工程
完成后，海军发现，这项工作不仅建造迟缓，耗资甚巨，而且与原定合同规定
质量相去甚远，但在军事委员会的饬令下被迫接收，故难以发挥作用。

　　触发水雷的重量不等，分为300磅、200磅、150磅、100磅和50磅等，雷
体为圆筒形或球形，内装TNT炸药，雷壳上端设有多个触角，以软金属制成，
内装玻璃制的电液瓶。如触角被碰弯曲，则角内玻璃瓶破碎，电液流出，因而
接电，引发爆炸。触发水雷在布放时，先要测量预定雷区的水深，然后研究布
放位置，根据水深情况，分别按不同深度系上不同尺寸的钢索，钢索另一端系

---

〔1〕何鹤年：《抗日战争中海军水雷战点滴》，《福州文史资料》第14辑，第107页。

中国海军制造的"海丁"式触发水雷

"海丁"式触发水雷与圆形雷坠

"海戊"式触发水雷及雷坠

"海丁"式触发水雷及方形雷座

准备装配的水雷触角

于沉坠，布放时将水雷、钢索和雷坠同时放入水中，此时，雷体由于雷坠的重力作用将半浮于水中，约在水下1.5米至2.0米深处固定位置。该种水雷布放的密度视港口、水道、湖湾的宽窄程度以及地区的重要程度而定。有时密集敷布，有时疏散布放，均能构成雷区，敌舰一旦进入警戒线之内，便处处都有自行碰触的可能。触发水雷的特点是不需要专门人员监视和操纵，设置较为简便，容易大面积地控制水域，敌舰不容易清扫，故而对敌舰能构成一定的威慑。

抗战开始时，海军研发的触发水雷主要有两种，即"海甲"式和"海乙"式。"海甲"式水雷雷身为圆筒形，高34英寸，直径30英寸，上部为浮力筒，设四个触角，下部为装药室，可装炸药300磅，适用于轰炸建筑物。海军炸毁日方浦东三井海军码头，即用此式水雷。"海乙"式水雷是在"海甲"式基础上的改进型，形式与"海甲"式略同，只是雷顶添装一个保险机，改四个触角为五个触角，用于敷布黄浦江等处。1938年初，为适应长江航道作战，海军又研制并生产了"海丁"式触发水雷，该水雷呈圆柱形，高28英寸，直径26英寸，内装炸药270磅，有五个触角，配有雷坠。雷坠有两种，一种是圆筒形，一种是带有滑轮的方形，后者用钢骨水泥制成，可推行于布雷船的轨道上，敷布起来更加便利。该雷杀伤范围45英尺至50英尺。当时，这种水雷每月成批生产1000具，至武汉陷落止，武昌制雷厂共生产"海丁"式水雷六七千具，马当以下各水道均用此种水雷封锁。8月，为应武汉下游急需，以及浙江和洞庭湖湖沼所需，海军设计制造了"海戊"式系留触发水雷，该雷高24英寸，直径22英寸，装药100磅，有四个触角，并配有圆柱形雷坠，其杀伤范围25英尺。1939年发动长江布雷游击战后，海军为配合漂雷的使用，研制生产了一种装药仅15磅的小型触发水雷，用于敷布湖沼要区。后因该雷威力太小，遂将装药增加至20磅，是为"海辛"式。1940年，海军还设计制造了装药为200磅和150磅的两种触发水雷。至此，海军自制的触发水雷已达七种。

国民政府军事委员会在1937年拟定长江阻塞计划时，对视发水雷和触发水雷的使用进行了严格规定。当时以通州和镇江为布雷重点，明确规定通州水道用触发水雷，镇江水道用视发水雷。敷设的方法是：敷设一线分为三列，布成梯形，先在海图上定地点，划定水雷位置、深度及其距离，然后实行敷设；水雷的间隔以能确实炸毁轻巡洋舰、驱逐舰为准，并视所用水雷的大小而定；水

"海庚"式漂雷

球形漂雷

雷的深度以最低低潮面下6英尺为准，随当时情形而酌定。水雷设备的存放，地点须隐蔽并加以防护，设备如监视所以及电话、电报、测量仪器、光学仪器、修理机械、布雷器材、通信旗帜等尤须筹备完善，如果是视发水雷，则须设置试验室及观测所。观测所的地点有明确要求，须设内外两观测所，外观测所测算敌舰的距离及经过水雷线之准确时间，其位置约在水雷线之延长线上；内观测所测算敌舰应由几号水雷经过，其位置约在与水雷线成垂直之线上，该两地点极须隐蔽而便于防护。水雷线的防护，须设立监视所，设置强光探照灯，于水雷线附近敷设伪雷等。水雷敷设前应考虑的情况包括水之深浅、潮之涨落、流水力量、水底性质、气候及风力、水雷位置之偏差等，水雷敷设后应考虑的情况包括潮汐江流之影响、水雷位置之查察及其调整等。[1]这些详细的规定说明，战前军事委员会对水雷的敷设有相当的研究。但是在实战过程中，由于条件的限制，不可能按照设计所规定的标准实施，一般都要因陋就简。

上述两种固定水雷，无论是视发还是触发，在封锁港口和航道中都必不可

[1]《1937年国民政府军事委员会拟长江阻塞计划草案》，《民国档案》1997年第4期，第25页。

少。然而，它们都带有纯粹防御的性质，缺乏攻击性。于是，海军根据实际情况又研制出一种带有攻击性的漂流水雷，亦即漂雷。漂雷的制作方法与触发水雷基本相同，只是重量较固定水雷稍轻，形状有圆筒形和球形两种。1938年上半年，海军在马当以下水道敷布了大量

中国海军制造的漂雷

"海丁"式触发水雷，日舰不敢驶近，多屯泊于芜湖江面，无法使之触雷碰炸，海军于是制成一种轻坠水雷，利用长江水流向下激冲特点，布放江中，使其顺流向芜湖、大通方向敌舰冲击。4月14日，这种轻坠水雷第一次获得战果，炸沉了大通两艘日舰。7月，海军进一步改进这种轻坠水雷，制成了"海庚"式漂雷。该雷雷身为椭圆形，雷底为球形，装有四个触角，装药150磅，杀伤范围35英尺至40英尺。该雷本身具有轻微浮力，雷体几乎全部没于水中，露出水面之极小部分，可以加以伪装。该式水雷携带方便，极具攻击性。曾在水雷制造所担任中尉股员的池孟彬描述的制作方法是：首先打造一个圆形球体，球体中空，以备装炸药。外有四个雷角，在准备布雷时装上雷管。所谓雷管就是装有导电液的玻璃管，玻璃管朝外的部分用软铅封住，里面接电池，不用时毫无危险性，布雷时装上雷管，待碰触目标物，玻璃管破裂，导电液流到电池里促使电极通电即可引爆，既安全又实用。[1] 12月，海军设计制造了一种适用于洞庭湖内的小型漂雷，命名为"海己"。该雷装药50磅，其他指标不详。至此，海军自制的漂雷共有两种，与触发水雷形成密切配合。

　　漂雷在布放时，需用球形浮标通过系维索系在水雷上，用以调整水雷的浮力，使雷体不浮在江水上面，也不下沉于江底，经常保持在离水面以下约2米的深度漂浮。球形浮标外涂上接近江水的颜色或西瓜皮色的油漆，有时上面还要覆盖杂草、树枝、木板之类的伪装物，使敌人不易发现。漂雷的主要特点是具有进攻性，在航道中可以随着水流的方向主动撞击敌舰，是日军最

----

〔1〕《池孟彬先生访问记录》，台湾"中央研究院"近代史研究所1998年4月版，第28页。

惧怕的一种水雷。当然，漂雷的缺陷也是很明显的，它的战力往往持续的时间较短，在航道中一旦随着水流越过攻击目标，就对该攻击目标失去了效力，只能碰撞下一个目标。因而，漂雷需要布雷队连续不断地施放，才能形成持续的攻击力。

以上可见，海军在短短的一年多时间里，就设计制造了十余种水雷，可谓成绩斐然。从淞沪战役打响到海军制雷机构迁往武昌前夕，海军制雷工作虽未专案办理，但根据作战需要，随时制造，效果显著。1938年3月以后，海军制雷工作各有专案，至1939年5月底，共完成了十四案，它们分别是：第一案为田壁阻塞用定雷（指触发水雷，下同）；第二案为加强田壁阻塞用定雷；第三案为补充大通下游用定雷；第四案为富春江用定雷；第五案为加强富春江阻塞用定雷；第六案为武汉上游用定雷；第七案为黄鄂四区用漂雷；第八案为黄鄂四区用定雷；第九案为补充富春江用定雷；第十案为补充武汉上游用定雷；第十一案为荆湘、洞庭发水用定雷；第十二案为川江用漂雷；第十三案为靖港、乔口用漂雷及定雷；第十四案为川江游动水雷队用漂雷。[1] 有了专案，海军的制雷工作目标明确，分工适当，规模扩大，效率提高，制雷能力大大增强。

水雷的制造和布设是发挥水雷作用的两个不可或缺的相联环节，布雷环节往往比制雷环节更加困难和危险。在布设水雷时，布雷设施不可缺少。抗战初期，由于海军舰艇损失巨大，置办专门布雷船只颇感困难。经海军反复论证和研究，后将新式舰艇分别改装，安装雷轨，配置布雷设备。继又征用各小火轮，改装应用。这些船只尽管不如新式舰艇那样敏捷灵便，但在布雷人员的操纵下，作用也十分明显。担任布雷工作的海军舰艇有："咸宁""义宁""威宁""崇宁""长宁""绥宁"等，轮船有："平明""万利""新福兴""金大""楚发""永平""远东""万泰""仁和""同福""三星""楚吉""湘沅""新春和""飞鸢""宁昌""洪泰""源通""翔云""达通"等。这些舰艇和轮船，跟随各布雷队分布于各个航道执行布雷任务，均付出巨大牺牲。仅1938年7月至11月，海军的布雷舰艇、轮驳、运雷艇被日军炸沉者就有37艘，伤者有15艘，

---

〔1〕殷梦霞、李强选编：《国家图书馆藏民国军事档案文献初编》第八册，国家图书馆出版社2009年6月版，第260页。

员兵伤亡颇多。[1]

在制雷和布雷的问题上，人员的培训也是不可缺少的，海军将这一任务交给了水雷制造所。1940年，海军水雷制造所继续召集官兵，进行培训。1月至6月，将256名官兵分四期培训。培训结束后，选派士兵欧阳泰等70名前往长江中游布雷游击队遣用，其余官兵均分别派赴各区执行抗战任务。

由于在长江抗战中，水雷自始至终是海军抗战的主要兵器，而这种兵器的作用随着国民党军队的节节退却与日俱增，所以从军事委员会到海军总司令部都给予高度重视和关照，就连历来对海军不重视的蒋介石，也看到了水雷的威力，始终不曾削减制雷经费。周应骢回忆说："总司令部搬到重庆，海军部队驻在贵州桐梓一带，环境恶劣，经费支绌，蒋介石对海军又不重视，陈绍宽先生处境十分困难。怎么办？只好靠造水雷吃饭。蒋介石政府虽然在海军薪饷上卡得很紧，但造水雷用款还是照拨的。这时陈绍宽先生让我与曾国晟负责，生产出好几种水雷，如漂雷、触角雷、电放雷等，用作沿江布雷。这些水雷也起到了阻碍敌舰西进的作用。"[2]

陈绍宽对水雷制造工作的重视自不待言，他经常询问、了解制雷情况，注重解决水雷制造所的困难，还抽出时间亲自检查制雷工作。1940年11月15日至27日，他在赴前方巡视时，沿途逐一巡阅贵阳水雷制造所转运站、辰溪水雷制造所、常德和长沙水雷制造所办事处、株洲水雷制造所转运站等处，不但检查制雷工作，而且还鼓舞官兵的士气。

陈绍宽在"咸宁"舰上试验水雷

---

〔1〕殷梦霞、李强选编：《国家图书馆藏民国军事档案文献初编》第九册，国家图书馆出版社2009年6月版，第316页。

〔2〕周应骢：《陈绍宽与旧中国海军》，《文史资料选辑》第85辑，第175页。

当然，海军的水雷制造工作并不是一帆风顺的，时常要面临巨大困难和危险。第一，日军对中国海军的布雷作战恨之入骨，在遭到中国海军水雷重创时，经常恼羞成怒，以最残酷的手段实施报复。他们不但残害被俘的布雷人员，而且出动飞机寻找制雷地点实施轰炸。1940年9月4日，日军出动大批飞机空袭辰溪，由于袭击突然，海军水雷制造所官兵躲避不及，有25人被炸牺牲，严重影响了制雷工作的进行。

第二，由于制雷设备简陋，存储条件差，汉奸破坏等因素的存在，官兵们还时常要面临着水雷爆炸的危险。有一次，存放于辰溪上游上麻田的几十个待运水雷突然爆炸，经过调查，发现在雷棚附近山沟里有一根很长的电线，直通雷棚方向，分析可能是日军利用汉奸从事破坏。事后，水雷制造所找到了掩护条件比较好的山沟，在仙人溪、桃竹溪、万兴庵等三处修建了正式雷库，用以储存生产后待运的水雷。[1]据统计，水雷制造所在辰溪前后共筹建大小储药库和储雷库十座。

第三，战争时期制雷材料难以筹措，制雷工作经常面临材料短缺的局面。制雷耗量最大的当属钢铁和炸药，钢铁的搜集开始主要依赖海军各造船所和海军军械处的余存，后随着战局的发展，仅有的余存远远不能满足需要，海军则分别向各地钢铁厂、电料厂购办，当钢铁厂、电料厂也出现钢铁短缺时，便不得不采取外购方式解决。炸药的筹措开始依靠各兵工厂的提供，后兵工厂自身生产都不够使用，难以为海军提供接济，海军也只能转向外购。既然是外购，就面临着货源、经费、运输等诸问题。就货源来说，上述材料主要是从美国的相关公司购买，存在着有无充足存货的问题；就经费来说，抗战期间各种外购物资数量庞大，存在资金短缺问题；就运输来说，材料进入中国的渠道，主要是经海运在越南和缅甸上岸，再通过滇越铁路、桂越铁路和滇缅公路运往中国，存在通道是否畅通问题。1940年6月，中越铁路因法国的投降而中断，而滇缅公路也曾一度因英国的背信弃义而封闭，导致制雷材料的运输十分困难。这些问题，可以通过海军的一次TNT炸药外购案来加以说明。

---

〔1〕王衍绍：《抗战期间海军制造水雷概述》，《福州文史资料》第14辑，第112页。

1940年6月，海军总司令部向军事委员会提出从美国购买446吨TNT炸药案，理由是"完成本年度制雷计划，以利抗战"。军事委员会对此十分积极，蒋介石亲自指示钱币司、国库署和贸易委员会，要"一面电询，一面陈报实情"。三个单位不敢怠慢，于当月致电美国纽约的任嗣达和李国钦查询价格。得到的答复是每磅1角2分25，446吨约合美元12.1万余元，较前期价格有所回落。7月，海军总司令部因奉令增制漂雷，遂将1940年度长江江防用雷100磅漂雷500具、定雷1500具，150磅漂雷500具、定雷500具，改为100磅漂雷1500具、定雷500具，150磅漂雷1000具、定雷500具。这样，炸药的消耗量增加了，海军总司令部向军事委员会提出，将原购炸药由446吨，增至1000吨，并恳请趁美国有现货，即早办理。蒋介石立即批示："事关尔后作战，深属重要，希核办具报。"财政部部长孔祥熙接电后回复："关于海军总司令部所需梯恩梯一千公吨，除前购之四四六公吨外，兹再电美加购五五四公吨，补足原请购数量，俟运输有办法时，即行起运。"

似乎一切都很顺利。然而几个月过去了，美国方面依然没有炸药起运的消息，这使陈绍宽十分着急，因为制雷工作不能停止。于是他于10月份向财政部提出，先借用兵工署炸药1000吨，以缓解制雷急需之压力。对此兵工署十分为难，在给财政部的答复中称："查海总部廿七、廿八两年度制造水雷，拨借本署梯恩梯先后已达二千一百二十吨。本年度复拨借制造鄱阳湖水雷用十二吨，长江江防水雷用一百三十吨。前以顾全该部完成巩固陪都江防水雷工程，又将所短少之五十七吨于上月敬日一次拨借。统计历年拨借数量共达一千三百一十九吨之多。本署实已尽最大之勉力，经将拨借困难情形，承办部稿呈报委座鉴核，并恳赐饬该部，嗣后制雷所需梯恩梯，本署不能再行拨借，以免影响出品。各在案。近以该项炸药购运不易，本署所存者供应各厂需要尚苦无法维持，正待该部偿还

美国海军第三舰队中校情报官梅乐斯

济用，嘱再挪用一节，因事实困难，歉难照办。"可见兵工署的日子也不好过。

1940年11月中旬，美国方面终于有了消息，说明年1月可起运第一批200吨，其余年内可全部到货。最终，提供炸药的美国杜邦公司于1941年2月11日将第一批炸药300吨正式装船起运，5月到达；第二批525吨于7月装船起运，10月到达；第三批175吨则于8月装船起运，10下旬到达。这样，至最后一批炸药运到，距海军总司令部呈报外购炸药案已一年又四个月。[1]

第四，在完成繁重的制雷工作的同时，海军还要应付国民党内部激烈的派系斗争。1942年4月，美国海军第三舰队中校情报官梅乐斯以美国海军驻重庆观察员的身份来华，谋求解决几个重要问题：计划在中国东南沿海一带敷设水雷；为适应战略上的需要，提议登陆中国东南沿海夹击日本，并商谈准备工作；商谈中美气象情报合作事宜。无论是海军总司令陈绍宽还是海军水雷制造所所长曾国晟，都意识到这是获取美国在制雷方面技术和材料支持的有利时机，应该加以利用。可是，要实现这一愿望却困难重重。

关于在东南沿海一带敷设水雷问题，是这次梅乐斯来华的首要任务，按照常理，美国方面应与中国海军取得联系。可是，蒋介石却命令军事委员会调查统计局副局长戴笠负责洽办。蒋介石明明知道梅乐斯的任务，特别他十分清楚中国海军制雷工作的重要性，如果洽办顺利，梅乐斯的到来将给海军的制雷工作带来技术、设备等方面的支持，为什么他还要将任务交给戴笠呢？曾经参与此事处理的曾国晟透露了其中的隐情。

梅乐斯在来华之前，宋子文在纽约为他饯行，其中作陪的有国民政府驻美武官萧勃、驻英武官周应聪以及美国国务院的一些官员。萧勃获悉梅乐斯之行的目的后，立即电告戴笠，戴笠认为，这是倚仗美国染指海军的好机会，便命萧勃在美国先行拉拢梅乐斯。其实，梅乐斯此时早已从美国国务院、陆海军情报署以及美国驻华武官的报告中得知，戴笠在中国是一个声名狼藉的人，从心眼里不愿意与之合作。可萧勃极力美化戴笠，说他是蒋介石手下一位极其重要的人物，官阶是少将，是中国安全机构的主持人云云，使梅乐斯消除了一些顾

---

〔1〕见《海军总司令部向美购运炸药的一组文件》，中国第二历史档案馆：《抗日战争正面战场》(下)，凤凰出版社2005年8月版，第1763—1770页。

虑。[1]戴笠在国内也展开工作，设法使蒋介石同意梅乐斯来华之事交给他来办理。所以，当美国国务院通知梅乐斯来华的照会由外交部转到军事委员会时，最初由第一厅批交海军办理，后蒋介石直接命令交由戴笠办理。

就在萧勃按照戴笠的指示拉拢梅乐斯之时，周应骢在美国也展开了对梅乐斯的工作，他一面建议梅乐斯来华后，在了解中国海军的作战情况时，要与水雷制造所所长曾国晟联系，以便了解中国海军的制雷和布雷情况；一面写信给曾国晟，略述事情的经过，让他争取获得美方对中国海军制雷工作的支持。显然，周应骢的工作难以抵挡戴笠的谋算。不过，在国内，曾国晟还是就获得美方对制雷工作的支持做出了积极的努力。曾国晟回忆说：

> 梅乐斯飞到重庆时，戴笠亲到机场迎接，把梅接到他预先精心布置的住所，加以特殊款待。戴并陪同他拜见了蒋介石。
>
> 戴笠一直没有让梅乐斯与陈绍宽见面，倒是美驻华武官某上校带梅拜访过陈一次，陈亦曾宴请他们，我在座奉陪。梅不讲礼貌，陈对他感到讨厌。
>
> 未几，梅乐斯要赴我国沿海察看港湾形势，要求有一位熟悉沿海情况的中国官员陪他前往，海总部命我承担此任。我由辰溪到重庆，先见陈绍宽，然后去军委会第二厅报到。厅长郑介民告诉我说："梅顾问和戴主任去西安，约一个月后始返，你在这里等候好了。"我在重庆闲着无事，向军委会请假去昆明转运站视察，在昆明刚呆三天，即接到昆明军统检查站转来军委会的电报，令我飞回重庆。
>
> 我到了重庆，在曾家岩晤见了梅和戴笠，这已是他来华后约一个月了。梅一见我就出示周应骢的介绍名片，问我中国海军布雷和辰溪水雷厂设备的情况。接着他告诉我，这次来华的任务有如下几项：1.察看中国沿海的敌情，以便使用飞机布雷；2.筹设观察台，侦察敌舰行动，指示美国潜艇前往袭击；3.相机协助中国海军行动。梅说完这一番话后就打开地图，

---

〔1〕杨明堂著：《从无名英雄到有名英雄》，台湾"国防部总政治作战部"1978年4月版，第61页。

说是要先往万县去看那里的一个水雷厂的设备。他说美国支援中国的磁性水雷的零件是要在中国厂配备的，以节省运费。万县水雷厂规模小，设备差，我向梅、戴建议说："你们不是要去沿海察看吗？从重庆去万县然后再到沿海各地，是不顺路的，而且万县水雷厂配备零件的条件比辰溪水雷厂差，不如从这里顺路去辰溪厂，然后再到东南沿海各地，这样较为节省时间。"梅乐斯赞同我的意见，第三天我就陪同他前往辰溪。戴笠则由重庆先飞往韶关，与我们会齐后再同往沿海各地。梅在辰溪看了水雷厂，认为可以配备美国水雷的零件，于是我请邓兆祥的布雷队员林葆恪先到韶关等候，准备协助我工作。

……离辰溪后，我们一行经衡阳、韶关、闽北转浙江温州，再取道闽东到福州、厦门、龙岩等地。沿途都住进戴笠布置好的招待所，天天设宴，美国人吃得不亦乐乎！到达韶关后，戴笠和我们由浙江转入闽北浦城。在抵达由浦城去温州途中的江山县时，戴接蒋介石电告，飞返重庆去了，由戴的一个科长陪梅乐斯。……

梅乐斯离开温州后，径往福州。我则往闽东沿海各县察看几个地点，然后到福州与梅会齐同往厦门。梅在厦门嵩屿盘桓很久，认为在那里可以建立一个观察台，以监视敌舰通过厦门港的活动。

……由龙岩回到韶关后，我想梅乐斯此人既不好相处，又不便和他顶撞，与其勉为周旋，不如脱身为好。我便托词说："我得到韶关转运站通知，海总部电召我返渝，歉难奉陪，留下林葆恪给你做伴。"梅说："你既有公事，不敢勉强。"于是与他分手了。临行时，梅对我说，他将回国一趟，再来时可派些人员，拨些物资给辰溪水雷厂。

我离开韶关后，梅乐斯也放弃了琼州海峡之行。不久，他们到重庆，接着梅就飞回美国去了。约过三个多月，梅从美国带一大批人员又到了重庆，这一回，梅挂上了美国海军准将的头衔。我接海总部电令自辰溪到重庆与梅会面时，先往白象街办事处看望陈绍宽，陈的秘书告诉我，戴笠派的一辆小轿车在这里等候我三天了。我怕引起无谓的疑虑，叫人对司机说："曾厂长不用小轿车，请你回去，并谢谢戴主任。"于是，我便打电话向陈报到，不料陈在电话中厉声地说了一句："不要上人家的当呵！"陈的疾言厉声使我很恼火，我把电话搁下了，但又懊悔冒失，再挂电话，又接不上。

　　第二天，我赴戴的招宴，当晚宿在梅的卧室，他让我睡在舒适的床上，自己却睡地铺。他对我谈了回国的情况以后，说："我可以告诉你一件秘密，但你不能泄露。"说罢，郑重地拿出一张手抄的合同草案片段给我看。草案内容分两个部分：一是协助办理对敌情报的合同，主要是为国民党政府训练情报特工人员，并供应武器与设备。这实际上就是后来中美合作所特务机构组织的原始计划。这时我悟到他上次与戴笠飞赴西安可能就是与此事有关。一是协助中国训练海军人员，提供装备和布放新水雷的合同。梅出示草案后，颇为严肃地对我说："头一部分合同，戴将军已同意，经最高当局考虑后，就会签订。第二部分合同，戴将军尚有所待，目前还不同意进行。"谈到这里，梅提出要我和他与戴合作，接着他又说："蒋委员长对陈绍宽上将是不信任的，我知道陈受过英国人的训练，有海军专长，是个正直廉洁的人；但蒋委员长既然不信任他，就应该干脆不用，另换可以信任的。不过这是中国内部的事，我无权过问。"至于第二部分合同概要完全属于海军业务，戴为什么不能同意签订，梅没有说明，但所谓戴笠"尚有所待"，那无非是打算攫取海军。梅又一次说："我希望同你和戴将军合作。"我听了一怔，觉得事情并不简单，便打断他的话说："我的英语很差，原谅我，请说慢点。"他点点头，放慢点说了下去，大意是："我们合作在这一条件下：你必须与海军隔离，与陈将军隔离，来到戴将军这里。你如同意，明天我介绍你和戴当面谈谈，你可当面向戴提出你的要求和条件。"听了他的话，我意识到这分明是要牵着我的鼻子走，并要把我卷入间谍活动的漩涡。我答道："要让我考虑。"梅逼着问："要考虑多少时间？"我答："一两个钟头。"梅说："只能给你三分钟。"说完就抬起手来看表。这时我猛忆起陈绍宽在电话里说的"你不要上当"的话，便决定拒绝梅乐斯的要求，我说："梅准将，合作共同对敌，是我应尽的职责，但请允许我先问你，你是不是正规海军出身的？"梅答："是。"我接着说："你应该体谅我，作为一个正规出身的海军军人，我是要一辈子为海军工作的。你理解我这样的想法吗？"梅不待我说完，即说："懂得,懂得。"他耸起肩膀,双手一摊,静默了一会,接着说："对不起,上校!我不能帮助你了。"说罢便蒙头而睡。

次晨,我离开了梅乐斯,深感陈绍宽处境不妙,但也不敢把梅的话原原本本向陈汇报,我只向陈说："看来,戴要问鼎海军。现在与梅不宜接近,请您设法争取同他联系,这对海军可能有好处。"陈同意我的意见,即发请帖宴梅,不意请帖被军委会二厅退回,上批:"请梅顾问赴宴,必须得到戴主任同意。"是戴的四大台柱之一潘其武的笔迹,就这样,陈被切断了和梅乐斯的联系。

过了几天,梅派林葆恪约我同往散步,他对我说:"你不同意和戴合作,使我不能帮助你,但我答应过帮助你工厂的人员学习制作新式水雷和布雷扫雷的技术。我既说了,一定会派两名军官带磁性水雷到你厂工作一段时间。你的助手林葆恪,请允许留给我使用。"我和梅乐斯的联系就到此为止。[1]

后来,梅乐斯果然履行诺言,给海军水雷制造所派来了工程顾问,专门指导制造磁性水雷。郑天杰1943年9月1日调任海军总司令部少校候补员时,就奉命前往辰溪,担任美籍顾问爱德华德·纪飞浪(Cilfillan Edward)少校的联络官达半年之久。纪飞浪原系大学教授,在梅乐斯的征召下,奉派为中美军事合作时期驻华之海军工程顾问,他除了指导中国海军磁性水雷的制造外,还给海军工厂讲授电子课程。1944年1月,纪飞浪奉调离开辰溪,赴北非服役。[2]

尽管梅乐斯履行了诺言,但从规模上看,对中国海军制雷工作的帮助依然是微不足道的,到目前为止,笔者还未见有中国海军抗战中使用磁性水雷的记载,从这一点上说,国民党内的派系斗争,的确损害了中国海军的抗战利益。

毫无疑问,曾国晟、周应骢等海军人士,为抗战中的制雷工作做出了突出的贡献,这是无论军事委员会还是海军总司令部都给予充分认可的。1940年7月8日,海军总司令部以"派兼海军水雷制造所所长之军衡处中校科员曾国

---

〔1〕曾国晟:《梅乐斯来华与美英干预旧海军内政琐记》,《福建文史资料》第8辑,第66—71页。
〔2〕《郑天杰先生访问记录》,台湾"中央研究院"近代史研究所1990年5月版,第79页。

晟发明制造水雷，并在抗战期间计划敷布，先后击沉敌舰艇船，勋绩卓著，特呈请优叙"。当日，奉军事委员会代电，曾国晟获得国民政府所颁五等云麾勋章。1941年9月19日，海军水雷制造所香港办事处主任周应骢（1941年11月调任驻英海军中校武官），采办制雷器材及调度运输著有功绩，奉军事委员会颁给干城甲种二等奖章。

艰苦的布雷作战

与陆地上的游击战相比,水上布雷游击战由于其对象的特定性,而具有诸多特点,而这些特点决定了它比陆上游击战实施起来更加困难。第一,地域固定而环境复杂,游击队必然活动于江海湖沼地区,而这些地区往往是敌人重点控制且自然环境复杂的区域,从而限制了游击队的机动性和灵活性;第二,游击方式单一,每一游击队要完成任务,必须经过水雷运输和水雷布放两个必不可少的环节,容易被敌人摸清规律,采取相应的破坏手段;第三,对水雷的依赖性大,一旦水雷运输和供应出现问题,作战行动就会被迫停止,无法从敌方获得水雷补充,难以形成连续作战;第四,游击队人力有限,在水雷运输和布放时,必须依赖陆军部队、地方武装和人民群众的帮助和配合,从而存在着多方协同问题;第五,作战效果难以控制,对敌人的打击程度主要依当时的敌情、自然条件而定,具有较大的偶然性。

正是由于布雷游击战的上述特殊困难,使得中国海军的长江布雷游击战开展得那样艰难、曲折和悲壮。

英勇出击

在长江中游布雷游击队正式成立的同时,海军于1940年1月划定长江第一布雷游击区,其区域包括自湖口至芜湖的沿江各地带。1月20日,长江中游布雷游击队各队分头出发,奔赴第三战区各任务区。4月,第一布雷游击区自湖口扩展至江阴,自此以后,在绵长的战线上,水雷的爆炸声此起彼伏,中国海军的长江抗战呈现出一派新的气象。

"同志们！同胞们！抬着笨重的水雷要走百十里崎岖的道路，确是很艰苦的工作！可是我们为着国家，为着民族，为着替已死的同胞报仇，我们得干！得咬紧牙关硬干，苦干！你们的父兄不是被敌人杀死过吗？你们的房屋不是被敌人烧毁过吗？你们不是都发誓过要报仇吗？但是你们都怨恨你们自己没有枪！今天你们的报仇机会到了！水雷是鬼子的送命符！我们能炸毁几艘鬼子的兵舰、汽艇！炸死几百倭奴！就是等于我们一个人杀死几个鬼子！不是偿了我们的报仇的夙愿吗？同志们！忍耐一时的辛苦！在你们觉得最艰苦的时候，你就想你可以马上杀死几个仇人！……"[1]这段慷慨激昂的话语，出自一位布雷队长对即将出征的布雷游击队员们的训话，正是这种朴素的为国家、为民族、为同胞复仇的情感，鼓舞着这些失去兵舰的海军官兵，义无反顾地走上抗日前线。

大量史料显示，布雷游击队官兵的每一次出击都是一次冒险之旅，但他们杀敌热情高涨，行动果敢，不畏艰险，写就了若干传奇故事，让我们走进这些故事，去感受那些属于中国海军官兵的、真实的、不寻常的春夏秋冬和日日夜夜。

就在长江中游布雷游击队开赴战区的当天夜里，深入贵池的布雷游击队在两河口布放水雷15具，立时炸沉日军汽艇一艘，炸死日军13人，伤5人。这次布雷战果辉煌，可过程异常艰难。当时正值隆冬，那天黄昏，天空阴沉，寒风凛冽，田埂上出现了三三两两向前行进的人们，他们穿着各式各样的服装，好像匆匆赶路的老百姓，其实，他们就是布雷游击队的官兵和运输水雷的部队，正往一个预定的地点集结。天亮时，他们赶到了一个小村庄，秘密地休息了一个白天。又一个黄昏来临，天空阴云密布，北风吹得更加疯狂，天黑之后，细雨夹杂着雪花翻卷而至，更增加了几分寒冷。布雷游击队和运输兵又上路了。由于天气恶劣，加上部队饥寒交迫，途中就有几个运输兵因冻饿而死。

经过艰苦的行军，部队终于到达了长江边，可他们看到的江面，浪涛翻滚，小船颠簸，要想把水雷搬运上船，非常困难。在搬运过程中，有几个士

---

[1] 乐渊：《进袭途次》，《海军抗战事迹汇编》，海军总司令部编译处1941年12月版，第293—294页。

1941年3月，海军布雷队第三大队大队长郑天杰摄于皖南至德孔村

兵被狂狼卷入江中，好在他们水性好，身体强壮，从而避免了被江水吞噬的厄运。等全部水雷搬运上船，天已经蒙蒙亮了。他们顶着风浪，冒着小船被打沉的危险，张开半张帆，向江心驶去。天亮后，曾有一艘日军运输舰从下游开来，队员们非常兴奋，想获取这次布雷的第一个战果。可是，由于日军运输舰速度快，运雷小船行驶迟缓，还没有行至敌运输舰的前头，已被运输舰赶上，形成平行之势，水雷遂失去对它的攻击作用。由于小船伪装完善，运输舰上的日军也未看出破绽，与小船擦肩而过。队员们在遗憾之余，完成了布雷任务。不过下游的一艘日军汽艇就没那么幸运了，成为这次布雷的牺牲品。[1]

这次布雷，是波澜壮阔的海军长江布雷游击战的先声，尽管此后的每次布雷行动，其人员、地点、环境、条件等各不相同，但都有着同样的勇气、艰险和悲壮。长江中游布雷游击队第二大队第四分队上尉队长郑天杰所描述的率部第一次出击，就充满了传奇色彩：

二十九年一月三十日（夏历己卯年十二月二十二日），布雷游击队第二大队[2]首度出发执勤，地点为湖口下游之永和洲江面。此次任务系由陆军第一四七师师长章安平指挥，使用兵力计陆军一个团，工兵队，与海军布雷游击第二大队。敌军以为黄茅塘当地湖水足以阻碍我们的进路，未料我们依然从容偷渡。距湖面六百公尺处即为敌人据点，山头有敌人的钢炮，火网交叉封锁湖上的所有航路。全队人马仅赖小船渡过湖边，越过山坡田

---

〔1〕张浑么：《满江红》，《海军抗战事迹汇编》，海军总司令部编译处1941年12月版，第289—291页。

〔2〕应为第二队。

野，经过山脚，来到永和洲江边，事前恰妥沦陷区民船如约在江面静候。

布雷队员到达江边后，迅将漂雷装船，再解缆离岸，安置溶化塞，去触角罩，装上电液瓶，定好深度，分批施放。是夜，最后一批水雷到达江边时，已将拂晓。为使大队安全撤离，我向大队长严智报告，未完成之任务，由我率领四名队员继续完成。并决定于达成任务后暂时渡江留在江北望江，伺机返防。

……第二大队此次布雷后，当晚在永和洲下游即有敌船舰被炸沉没。江面顿时紧张起来，敌机出动沿江低飞侦察。江面亦戒备严紧，驻守据点之敌军向沦陷区开炮示威。敌军汽艇成群结阵溯江而上，企图扫捞我方布置的水雷，敌军并于沦陷区内展开清乡。我与四名队员暂住沦陷区区长家中。第四日，经百姓探悉，敌军戒备似稍松弛。乃由他们护送我们步行到江边，南渡返防。时值严冬，渡船锚链陷于结冰之江岸，我们持船篙掘出之，始得成行，于晨曦中渡过长江。为免目标太显露，一行五人拉长了距离前行，沿途由带队之乡人领路，每人相距约四五十步。我走在前面，时在雪地上划记箭头，暗示四名兄弟行进的正确方向。不料一个多钟头以后，后面竟落伍了两名队友，我十分焦急，我方哨兵排长亦十分为其担心。不料，返回队部后，竟见落伍之两兄弟已经先到一步。原来他们另由一位百姓带路，于途中遭敌军截留搜查。三人十分机警，告诉敌军："我们都是良民！"并出示良民证以取信之。该名敌军见三人穿着与一般良民不同，怀疑他们是中国军队。三人立即回答敌军："这是工作服，我们是做工的。"敌军借机搜刮三人身上的毛衣与所穿的胶底鞋，始将三人放行。游击布雷任务，十分艰巨危险。我每于执行任务抵达江边时，装一瓶长江水，拾一把沦陷区的泥土带返，内心感触万千。[1]

郑天杰还说，布雷游击队官兵的生活也很艰难，赴前线出任务时，或者寄宿于祠堂、庙宇，或者寄宿于逃难百姓遗下的空房里，或者寄宿于空旷的田野

---

〔1〕《郑天杰先生访问记录》，台湾"中央研究院"近代史研究所1990年5月版，第68—70页。

中。他率领队员出任务时，曾经以农家晒谷用的箩筐充任睡铺，一箩筐睡五人，上下覆以稻草，以蔽风寒，曾有一名队员因而冻死。执勤行军中，每名队员以白毛巾系颈为记，便于后面的队员识别，不致迷途。前行的队员也须不时发出"石阶""左（右）转"的警语，提醒后行人员注意。任务完成返回队部时，队员每因疲累已极，常有边行边打盹的情形发生。[1]

1940年春节刚过，天气依然寒冷，布雷游击队在冰天雪地之中，继续着刚刚开始的这种特殊的游击战。3月9日，刚刚完成了一项布雷任务的游击队员张浑么，依然沉浸在回忆中，他要把难忘的瞬间记录下来，告诉民众，留给后人。他写道：

> 雪花依然纷纷地在空中飞舞着，原野上自然界都装上银妆，的确是美观似图画一般。路上已经积了好几天的雪有一尺多那么厚了，村民都躲在家里避寒，路上找不到一个行人，大地上冷静得像死一般的沉寂。

> 队伍奉命拨配×师，离了大队，踏上雪的征途，整队的健儿背着简单的行囊，小心地在雪中前进，生怕跌了一交（跤），给人笑话，大家一条心向同一目标前进，沉寂得像大地一样万籁无声，唯有脚步踏在雪里沙沙之声交响着，大家没有一个人觉得寒冷，说着辛苦，他们内心的热抵得外面的雪冷，谁说辛苦，谁就是无用的家伙，不配在我们队伍里，没有谁敢说辛苦，反正他们实在也不觉在（得）怎样的辛苦，在雪中运动，毕竟也是一种很有趣的事哩！

> 这样的在雪地走了两天到达了师部，找到宿营的地方休息一天，第二天又推进到更前方去。雪已经霁了，很难看见的太阳出来了，可是路上的雪正在溶化，比前两天更难走。师部派了一位余参谋引我们去……到天黑才到达目的地。

> 我们既到驻扎地后，于是就着手进行工作。第一步先侦察进出路情形和江水状况，可是敌人警戒很严，好似晓得我们的企图，有些防备，侦探

不能到达江边，废然而返。我们想既然到了这个地方，无论如何困难，总要达到我们所担负的任务，我们只有不怕艰险，才能够完成我们的任务，于是又派侦探潜往侦察。这一次可达到所侦察的目的了。但是，进出路的情形十分恶劣，原来通达江边只有一条路，必须经过敌人几个哨位，这样就发生困难了。在没办法之中另辟了一条途径，那实在不能说是途经，因为既没有途，又没有径，差不多都是些荒地和湖沼。而那些湖沼呢，因为是在冬末的时候，稍高的地方到（倒）没有水，低陷的地方却有水，深的有七八尺，浅的也有两三尺。而所谓没水的地方雪才溶化，也是泥泞不堪。我们只要选没水和浅水的地方，安些路标，也就可以绕到江边，不过运动困难些罢了。

有了这么一个进出路，虽然十分恶劣，我们也就很满意了，因为再去找第二条路也不可得了，运动固然困难，我们也不能顾虑那么多了，我们就这样毅然决定从这条路去实施。

黄昏时候，队伍由警戒线开始运动了，每个健儿跃跃欲试的情绪不能自抑地表于面部，而心中仍能力持镇静和决心。我们什么都部署好了，没有一个人说话。在皎洁月光之下，月色虽然有些寒光迫人，我们也忘记了寒冷，唯有两脚自动地交换着迈步前进，虽在水中涉躐着也不觉得怎样的冰冷。四周的沉寂，给惊起在空中的飞雁戛戛而鸣的所冲破了，我们愈前进，那水草中的一群群的雁愈惊起飞鸣，衬在这样月夜里情景，的确有些诗意。四邻村庄的野犬，因着我们一大群的人愈迫近，而狂吠得愈凶，至今我们夜里听见野犬狂吠，下意识就联想起这月夜的情景，留下不可磨灭的印象。野犬狂吠的声音愈凶愈猛这就告诉我们愈近村庄了。我们由村庄外边挨过去，奇怪得很，那野犬眼睁睁地望着我们不敢狂吠，反而发出低微的呻吟之声。村庄的山上就是敌人的哨位了啊！我们愈加沉寂地走过去，这样的擦过几个敌人哨位，快要到江边了。

在月光底下，敌人已经发觉我们队伍在运动，哨兵开始搜索，砰！砰！打了两枪，山上敌人就响应了，达！达！轰！轰！机关枪杂在大炮里混合发射着。就在这个时候，下游的江面发现"噗噗"的声音，原来敌汽艇也来了，我们的机关枪早就安在江边预防这一着，把它扫一阵，敌艇就狼狈而退。而据点上敌人很想冲出来，但他们不晓得我们是什么企图和有多少兵力，胆小如鼠的敌人，经我们予以相当还击后，终是没敢冲出来。

就在开火的当儿，我们冲到江边，每个健儿都奋不顾身地按着预先分配好的职务开始作业，将一个个水雷放下水去，动作迅速而确实，态度沉着而灵活，所以能够很快的（地）就完成了任务。每个健儿心里愉快地奏着凯旋歌回来，而敌人还在那里毫无目标地乱轰其人民血汗所制成的炮弹，我们很替他可惜！

那不顾粉身碎骨的家伙——水雷，终给它如愿以偿了，一个敌汽艇首先迎着它，它不动声色的（地）撞过去，一个虽是粉身碎骨，而一（个）也是血肉横飞，把六十几个敌人送回他们老家去。其余灰（伙）伴看了眼红心热，终也给它抓着一个机会，逢着一只敌驱逐舰，但它的心切于立功，未免慌张些，没有找到要害的地方，就奋不顾身的（地）冲过去，所以只重伤她（它）——敌舰，虽然没有把她（它）去见海龙王，可是也伤亡了几（个）敌人，找回代价。还有一个懒皮的家伙落伍了，伏在水边，出其不意地把一个敌运粮的木船炸得片甲不留。最奇怪的有一个家伙，它不幸被敌捞获了，拘在岸上，它惭愧得很做了俘虏，但它早存了牺牲的决心，不甘屈服，敌人不晓得它的存心和个性，把它的火性怒发起来，给五个敌人同归于尽。

也许还有其他的伙伴干着壮烈的事迹，我们还没有探到，把它们淹没了，这是很抱憾的一椿事啊！[1]

这支布雷游击队不久又在同一区域出了一次任务，获得的战果比第一次更大，令官兵们激动不已。

仿佛春天在布雷游击队官兵的频繁往返中过得特别快，1940年的夏天很快来临。尽管告别了寒冬的严酷，但炎热的夏季依然使布雷游击队官兵面临着严峻的考验。在这个夏天里，游击队员们依然保持了乐观向上的态度，他们对遇

---

〔1〕张浑么：《黑夜布雷回忆录》，《海军抗战事迹汇编》，海军总司令部编译处1941年12月版，第317—319页。

到的许多趣事记忆犹新。一位在汉江布雷的队员对他们的行军路遇有一段既有趣又有情的描述：

　　天色忽然变了！突然黑云四布，下起雨来，不管下雨也好起风也好，今晚总是要出发的，军人是不怕饥饿、风、霜、雨、雪的，研究好了布放的位置，找好了向导，幸雨稍停了，在茫茫的黑夜里，向目的地出发。因为雨刚好打湿了堤路，所以特别显得滑。有一组民夫连雷带人摔倒了，他们大吃一惊因为他们知道雷是猛烈的爆物呀！幸雷都没有损害。
　　……
　　虽然是初夏，已炎热得使在征途上的战士，满身流汗！游击区的老百姓确实极热忱的，和极爱国的。当我们进一市镇休息，老百姓总是很快的，自动的，送茶给我们喝，兄弟们都坐下来"歇脚"，因为连日的奔波，所以皮肤皆晒成赤褐色，乡人皆竞相来看这群从未见过的武士。有几位兄弟是那么高大，高大得有点像外国人，加上皮肤又那么赤褐，于是乡下互相私语："这恐怕是外国志愿兵？"在他们的心目中是没有想到本国尚有这样特别的武器的！有一位老板很有礼貌地问我："贵队是否有外国志愿兵？"……经我们竭力的解释，及告诉他们我们的任务和出身，他们有的愣了半天，忽然惊奇的自言自语："我们还有海军？"……于是他们询问我们由哪里来，向哪里去，我乘机告诉他们许多海军抗战的故事，及沿江的战绩，和浅显的抗战必胜理论。每个人听了都张大了眼睛流露着衷心无限钦敬的神气……
　　……
　　运输确实是最感困难的一件事！虽然是湖泊交错，但因久旱不雨小河皆涸，所以全部运输都用人工，工兵和民夫担任着抬这猛烈的爆炸物——水雷的任务，道路已经破坏得只能走单人了，堤上到处堆起了"国防阻塞堆"，桥梁当然更破坏了！靠近前线的军民是想尽了千方百计去阻止敌人机械化及炮兵的活动的，假如敌人只徒步而来，那咱们的步兵比他英勇多了，如果他想来进犯，那简直是送死！
　　在猛烈的阳光下，一步一步地向我们的目的地移动，都没有怨辞，只有咬紧牙关硬干！

就是这群官兵，在出发后的第三天早晨，听到了下游猛烈的水雷爆炸声，数艘日军的汽艇灰飞烟灭。当他们获悉有七八十名日本鬼子被炸得粉身碎骨、血肉横飞时，不禁吟诵到："可怜汉水堤边骨，犹是东京春闺梦里人！"[1]

中国海军布雷游击队不分昼夜的出击，沉重打击了日军的长江航运，迫使日军不断对布雷游击队出没的区域经常实施疯狂的"扫荡"。然而，由于日军的兵力有限，在长江沿岸留下若干防御空隙，而在这些缝隙中，布雷游击队的活动此起彼伏，弄得日军顾此失彼，这更激起了它们强烈的报复心。一方面，它们利用汉奸的窥探和飞机的空中侦察，获取布雷游击队的活动情报，对布雷游击队实施突然的拦截和围堵。在鄱阳湖附近的一些村庄，一位布雷游击队队员就遇到了这样的情况，他发现，村庄的老百姓看见他们这些番号与以往部队不同的国军，脸上就露出担忧，假如此时听到飞机声，他们会拼命向山上跑，问起原因，老百姓回答说："因为你们住在我们的庄上，平常讲话的声音和他处不同，每日的动作也不一样，故此很容易给没有民族性的汉奸晓得，他会……"[2]从此以后，一些布雷游击队便注意把身上不同于友军的番号牌取下，或干脆不住在村庄和镇子上，选择山沟、破庙、土地堂等地方宿营。

在第二次长沙会战中，第二布雷总队第一、第五两个大队在安徽贵池配合陆军第五十军所部在秋浦河发动攻势，因为阵容庞大而被日军发现，双方展开激战，布雷游击队强行进袭，不料在完成任务后撤退时，遭到日军包围，布雷游击队官兵被困于田中，部分被俘，部分冒险泅渡者，或被枪杀，或被拘获。日军还在田地四角放火焚烧，并不时向田中射击。这次战斗，第一大队大队长程法侃，队员蒋菁、王国贵及部分士兵被俘，布雷队员朱莘庄、范祥元阵亡。第五大队队员陈炳焜、林巽遒、魏兆雄均负伤。[3]

另一方面，日军对俘获的布雷游击队官兵及相关人员实施残酷的杀害，企图"杀一儆百"。1940年4月6日，海军长江中游布雷游击队雇用的谍报员陈

---

〔1〕乐渊：《进袭途次》，《海军抗战事迹汇编》，海军总司令部编译处1941年12月版，第292—295页。

〔2〕余宝华：《我们在前方》，《海军抗战事迹汇编》，海军总司令部编译处1941年12月版，第332页。

〔3〕《郑天杰先生访问记录》，台湾"中央研究院"近代史研究所1990年5月版，第71页。

木生，奉派潜入江西湖口敌占区探索敌情，不幸被日本海军俘获。残暴的日军用锯将其活活锯死，然后将残骸抛掷于江中，以发泄对海军布雷游击队的仇恨。[1]

残酷的杀戮并没有动摇中国海军布雷游击队打击日军的决心，此后，日军的损失依然如故。

进入1941年春天后，日军沿长江南岸大肆搜索，加派驻防部队，增加据点，防止布雷游击队的渗透，给布雷游击队的行动造成了很大困难。加之有一个时期，江面上的日军舰船害怕被炸，减少了活动，布雷游击队的布雷行动有所减少，但并未放弃，他们的任务根据日军舰船的多寡出动，只要有动静，不管如何艰难，走山路、沿田埂，用尽各种方式深入敌后完成布雷任务。

密切配合

中国海军长江布雷游击战之所以能够得以广泛开展，除了自身的勇敢奋斗精神之外，还有两个重要因素不可或缺，一是陆军部队和陆上游击队的协同与配合，二是沦陷区广大民众的大力支援。

开赴各战区的布雷游击队，在编制上配属于陆军部队，他们的任务也是随着战区的任务而展开。换言之，他们的行动是整个战区战斗行动的一部分。另一方面，布雷游击队的人员编制有限，无法独立完成水雷的运输和敷布任务。因此，他们在执行任务时必须有陆军部队、陆上游击队以及民夫的协同与配合。

陆军部队和陆上游击队的任务主要是在运输过程中担任搜索、掩护、运雷等工作，在布雷过程中担任警戒，出动的数量随任务的大小而有所不同，有时一个连（队），有时两个连（队），有时甚至是一个团；民夫的任务就是利用小车、担架等工具，有时采用肩扛方式来运输水雷，出动的人数也是根据布雷的

---

〔1〕1940年5月，海军总司令部以陈木生服务勇敢，此次冒险侦察，死难可念，经依照战时阵亡例，呈请军事委员会核转给恤。1941年2月19日，海军总司令部发出训令：海军长江中游布雷游击队总队部谍报员陈木生，原名植楷，充江西湖口县政府战地工作队第一区培湖乡第八保核心组长，潜入敌区，协助海军布雷工作，被敌惨杀一案，先后由海军总司令部及第三战区司令长官部呈请给恤，奉军事委员会核定各款：1.于湖口县建立抗战阵亡纪念坊时，将陈植楷刊入，俟军事平定后，由江西省政府饬县办理；2.交铨叙部从优核恤；3.免除子女学费，交教育部核办；4.入祀湖口县忠烈祠；5.将事绩交政治部表扬。

429

数量多少来确定。这些以协同布雷游击队为宗旨的军民，其工作是极其繁重而艰苦的，更是必不可少的。

在湖北省阳新县，有一支国民党的地方部队，番号是湘鄂赣边区挺进军第十九支队，该支队是第一次长沙会战后由国民党各路游击队合编而成的。1940年以后，第十九支队奉命配合海军布雷游击队实施长江布雷。对于当时的具体情况，第十九支队支队附樊作民有一段详细的回忆：

> 我县半壁山滨临长江，在这一带布放水雷最为适宜。当时我县属第九战区，由九战区下达命令到湘鄂赣边区挺进军总指挥部，转令我第十九支队担任运雷任务，并协同海军部[1]派来的敌后布雷队完成布放任务。
>
> 我支队接到这一重大任务后，立即召开各级军官会议，商讨运雷和布雷事宜。当即决定责成副支队长吴桂斋全权办理，限期完成任务。为了慎重起见，决定兵分两路，一路由第四大队大队长芦剑华率领一个中队先到长江边的半壁山一带进行侦察，作好先遣工作，为布雷创造条件；另一路则责令第一、二、三大队大队长各抽调所部，分两个步骤运雷。此时上级来的四十枚大水雷已运至咸宁温汤镇，我支队运雷任务即从温汤运至我支队驻地——艾家祠，再由艾家祠运至半壁山江边。至于与海军布雷队洽商协作事宜，则由我同布雷队张队长接洽。
>
> 运雷第一步由第三大队大队长尹省春率明春、樊诚两个中队带领两百多个身强力壮的民工，昼息夜行，一路上朝温汤镇出发。
>
> 这段路程将近一百公里，须翻越幕阜山的五里坳和樊关，经敌军据点懋口对面山以及阳辛镇后背山陈谷堡等地，崇山峻岭，羊肠小道，时值初秋，天气炎热，行走困难。水雷状如石磙，每个重达百公斤，四人抬一个，上山下山另加一人扶护。行运时，一般都拉开距离，防止被日、伪发现，夜晚行动至为保密。幸所派押运人员得力，民工吃苦耐劳，一路上隐蔽得宜，未发生任何事故，经过十天冒险的艰苦行军，安全运抵支队部。
>
> 派往江边的先遣队（包括我个人在内）来到江边后，中队部驻在半壁

---

[1] 应为海军总司令部。

山附近村庄内，分路派员前往沿江一带认真侦察。当时沿江北岸之敌据点有圻州、田家镇、武穴；江南岸之敌据点为富池、讳源口。这一带水域，时常有敌之散兵及小股浪人在江边出没，抢掠掳奸，刺探军情，江边居民和沿江船民都恨之入骨。为了制伏敌之游弋窜扰，我们一方面对两岸的所有船只，全部调来南岸加以隐蔽、控制，并动员船民就地对江面严加监视，有动静随时报告；另一方面，我方派人伪装富商，将大船载运货物，诱敌浪人前来买货，就地擒敌。这诱敌之计，果然有效。一天，敌浪人数名乘小船来我"货船"做生意，我方出其不意，突然袭击，当场毙敌两名，俘敌两名，这一小小胜利，使沿江几个据点之敌，颇受震动。因不知我方虚实，未敢轻动；因此敌之散兵浪人再也不敢随意到附近一带江面窜扰了。这就为布雷创造了有利条件。

先遣工作有了一定进展的加急快信，传到支队部后，支队部马上命令三个大队长各率一个中队带领两百民工将三十八个水雷（原四十个，内有两个坏了）从艾家祠启程，朝江边沙村、半壁山方向运去。

这一趟，比第一趟难度还大，由于运雷工作，不但人数多，目标大，山多路远，笨重难抬；而这次所经过的鲁家山、龙角山、赤马山、筠山等山群，都是开敞性的山，山路上人烟较密，容易泄密；其次要经过日军的三大据点：三溪、白沙、陶港附近的小道，还要越过几条马路。所以事先必须作好周密部署，方保无失。为了缩小目标，确保安全，所以决定在兵力上分散安排。三个大队各属的中队，分段负责，你手交我手，部队先期到达，沿途放哨警戒等候。先由三大队运至三溪附近交一大队接运过三溪；再由一大队运至白沙附近交二大队接运过白沙；然后再由二大队运交先遣中队，翻赤马山直接运至江边。这样，终于在一个漆黑的夜晚，平安运抵指定的目的地。

1940年，池孟彬在布雷游击队着陆军军服留影

水雷运到后，我们向海军布雷队交了数，由布雷技术人员逐一仔细检查加上引爆装置，复查之后，即分批装入几十支（只）小船中，伪装成捕鱼小船；另外再派十多只较大的木船，每船配上一班枪兵，一挺机枪，巡江保护。次日夜间，执行任务的船只，向江上齐发，一到指定地点，布雷队技术人员即将所载三十八个水雷，一齐放到江中去。浪涛滚滚的大江，载着半沉半浮的众多水雷，顺水向下游缓缓漂去。

任务胜利完成后，我们回支队缴令。海军布雷队辗转驻进洋港，日本侵略军投降后才归建制。事后，我们得到了上级通令嘉奖。对主持其事的副支队长吴桂斋，还奖了一枚金质奖章。[1]

沦陷区广大人民不畏艰险对布雷游击队工作的全力支持，也是布雷工作得以顺利完成的不可缺少的条件，同时也激发起布雷游击队员为解放民众而奋斗的精神。正如布雷游击队员郑大超所说："在那边，我知道一些沦陷区里的民众现状，为着家乡，为着祖国，他们并没有一分钟忘记杀敌！他们关心我们这一种的工作！听到上项（水雷炸沉日军舰艇）消息时的热烈兴奋的情绪，直使人流泪！可是他们的疾苦，说不出的疾苦，又有谁来救济，他们热望着胜利早日来临！"[2]

池孟彬在安徽作战时所得到的群众支持，令他终生难忘。他回忆说：

在安徽时，皖省姑娘都很热情，我们每到一个村落，村姑们都很大方地泡茶、烧饭接待。尤其布雷前均由谍报人员带领到特约的甲长家里，先了解江边情报，再探听是否有小船，以利工作。而日军舰船时受水雷破坏，常将小船搜走，但沦陷区的百姓，知道我们是国军游击队，都特别帮忙，他们表面受日本人的牵制和压迫，但暗地里都非常爱国。最值得注意的是，帮我们找船的都是所谓的"伪组织"的人，他们是乡镇保安队，负

---

〔1〕樊作民：《我参加转运水雷狙击日舰的经过》，《阳新文史资料》第1辑，第94—99页。

〔2〕郑大超述，赵志明稿：《江×归来》，《海军抗战事迹汇编》，海军总司令部编译处1941年12月版，第314—315页。

责维持沦陷区的秩序，给予游击队的协助也最大。

　　记忆特别深刻的是，有个三代同堂的大甲长，颇有田产，甲长是第二代的年轻人，其父已老，不主事。我们第一次到那个地方时，因为没有民船，需等待消息，遂住在甲长家中，他们招待我们吃饭，大家谈笑如一家人。甲长的妹妹很漂亮热情，也很能干。她们多缚小脚，平时帮忙放牛。有次我和刘英伟二人一起去出任务，又经过该甲长家探情报，他家外面是一片油菜花田，煞是好看，甲长的妹妹采了油菜花回来招待我们。时间久了，她还替我们量脚各纳了一双布鞋，我们穿上后既合脚又舒适，感觉特别温馨。[1]

　　在布雷过程中遇到危险时，群众的帮助更是难能可贵。第二布雷总队第五大队被日军包围于田间的那次战斗，部分官兵可谓死里逃生。队员刘耀璇后来感慨地说，他与大队长林遵均藏于玉蜀黍田中，日军开始放火，布雷官兵赤手空拳，无法冲出，真有坐以待毙之感。他们在田中露宿两昼夜，忍饥挨饿，滴水未进。后来视情况稍有好转，正试图逃离时，有一位老妪持两大桶米饭和一盒酸菜，来到田间，让他们食用。他们吃完后，老妪卸下围裙将剩余米饭包起，准备提供给藏于田中的其他中国官兵食用。此时，他们的眼眶湿润，感动之情，难以言表。[2]

　　另外，还有少数布雷游击队与中国共产党领导的新四军有着密切的联系。长江中游布雷游击队第三队队长郑震谦曾说，他在苏南实施游击布雷时，配属于新四军，受到陈毅第一支队的大力支持。地下党发动沦陷区人民群众，侦察敌情，引导他们越过封锁线，挺进到江边，布雷后再行撤出。若无老百姓协助，恐怕一步也走不成。其他地区可能也是如此。[3]

　　〔1〕《池孟彬先生访问记录》，台湾"中央研究院"近代史研究所1998年4月版，第30—31页。

　　〔2〕《郑天杰先生访问记录》，台湾"中央研究院"近代史研究所1990年5月版，第72页。

　　〔3〕陈书麟编著：《陈绍宽与中国近代海军》，海洋出版社1989年10月版，第65页。

丰硕战果

在1940年3月5日的《东南日报》上，刊载了一条惊人的新闻，标题是"我军击沉了十余艘敌舰，敌尸五六百皆随波漂去"。在这个标题下，第一段新闻电讯是："中央社浮梁电：上月（二月）二十五日湖口石钟山附近击沉敌运输舰滨田丸一艘（载重八九百吨），并炸毙敌官兵二百余人，敌曾派舰捞获尸体七十余具，敌因重大损失，遂移怒民众，连日在沿江一带大肆烧杀，为状至惨。"这一消息一经刊出，民心振奋。一位名叫虞起的记者，闻讯专门采访了创造这一战绩的布雷游击队所归属的陆军师的副师长，这位副师长面带喜色，自豪地向记者讲述了这次战斗的经过：

> 这两年来我们始终扼住了长江的两岸，敌人屡次的"扫荡"，没有法子奈何我们，反而敌人的兵舰在长江里几乎无时不受我们袭击，敌人的守备队虽然布满江边，可是我们队伍依旧能够自由出入沿江一带。单就这个事实，就可以相信抗战的最后胜利一定是有把握的。
>
> ……
>
> 马当——这个地名是大家所熟悉的。在武汉会战时，这著名的要隘上，曾经展开过激烈的血战，而今却默默地只剩下江水日夜在鸣咽。然而马当是我们的，我们的战士又出现在它前面了。我们英勇的弟兄在这里附近的小孤山布下了几十个水雷，他们得意地回去了，留下一些侦察兵在江岸上窥望着。一月三十日一只大型的敌舰傲慢地驶了过来，江面上到处漂流着危险的水雷，无情的（地）闯了过去。"轰！"江水怒溅了，大型敌舰立刻失去他（它）傲慢的态度，尽力挣扎着，开足马力向下游驶去。但终究没有用了，大量的江水从破隙奔进船舱，到了三十里以外，就完全沉没了。
>
> 敌人异常的愤怒，二月三日派出四只汽艇在江面上搜查，他们在江面上布着红色的标线，警告上下船只，只许沿标线走。然而搜索是没有用的，我们第二次的水雷又布下去了。
>
> 在旧历年除夕，我们又以水雷给敌人作春礼，这一次是在杨家山。次日早上，一只敌人的铁板船驶下来，满装着货，据说单是船，就值得五百万元。水雷漂过去，碰上了，轰的一声，三四十个敌兵在水面上绝望

的呼号着，挣扎着……

搜雷的小汽艇又出现了，这一次不独搜不到水雷，四只搜雷的汽艇，倒有三只反给水雷炸了去！

敌人的长江舰队司令着了急，打电报去责问防护长江的守备队，这一带守备队约有一千多人，怎么连百来里的江岸都守不住呢？藤田上校也急了，去责问两岸的守兵，两岸的守（兵）还是懵然弄不清楚，于是南岸的说"支那兵"是北岸过来的，北岸的说是南岸过来的。结果还是拿老百姓来出气，把北岸的老百姓房子都烧了，老百姓杀了很多。然而杀吧，烧的（吧），中国的军队和民众杀敌的情绪更高涨，第三次的袭击又来了。

第三次是在二月三十三日的晚上，这一次又是大风雪，天气比前一次更坏，但两次伟大的收获已把弟兄们热烈的情绪提到最高点，使他们忘记了风雪之苦。

这一次是更大规模的。一百多个水雷抬到了江边，一百多个，这数目是惊人的，运输兵抬不了，老百姓和游击队来帮助，这一次是布在鄱阳湖口的上游。

二十四号早上十点钟，两只敌人的汽艇给炸毁了，每只汽艇虽载着一百多个兽军，但这收获仍不能满足。到了二十五号上午十一点三十分，一只运输舰"滨田丸"贸贸然驶近来，驶到石钟山附近，碰到了水雷，发出一声狂烈的爆炸声，蓝烟囱倒下去了，灰色的船身裂开了，二三百兽官兽兵从裂缝滚落到水里。渐渐地，蓝色的烟囱也沉没下去了，滔滔的江水无情地翻滚着他们破碎的尸身。[1]

据海军方面统计，开展广泛布雷游击战的第一年，即1940年，海军布雷游击队及要塞炮队仅在长江监利至黄陵矶、鄂城至九江、湖口至九江各段，就取得了击沉日中型舰15艘，运输舰22艘，商船3艘，汽艇61艘，驳船8艘；击伤日中型舰14艘，小型舰18艘，运输舰19艘，商船5艘，汽艇49艘，驳船4艘，

---

[1] 虞起：《水雷歼敌记》，《海军抗战事迹汇编》，海军总司令部编译处1941年12月版，第321—324页。

共计218艘的战绩。其在各战区中伤沉未获查悉者不在此数。

据粗略统计，海军在各布雷游击区的布雷情况及取得的战绩大致如下表：

第一布雷游击区战绩一览表[1]

布雷情形			收获成果				
年 月 日	数量	月 日	敌舰触雷地区	敌舰种类	触炸情况	艘数	备考
1940.1.20	15	1.20	贵池两河间	汽艇	沉	1	死敌13人，伤敌5人
1940.1.20		1.21	贵池大通间	运输舰	沉	1	敌军员兵死伤辎重损失甚重
1940.1.28	5	1.30	繁昌附近	运输舰	沉	1	敌军员兵死伤辎重损失甚重
1940.1.30	42	1.30	湖口下游之永和洲	汽艇	沉	1	死敌员兵14人
1940.1.30		1.30	马当小孤山间	中型舰	沉	1	满载步兵
1940.1.30		2.6	彭泽附近	中型舰	沉	2	敌死伤人数未详
1940.1.30		2.9	彭泽附近	运输舰	沉	1	死敌员兵30余人
1940.2.3		2.4	杨家山	铁板船	沉	1	满载货物，敌三四十人伤亡
1940.2.3		2.4	杨家山	汽艇	沉	2	敌死伤人数未详
1940.2.7	14	2.7	汪家套	装甲舰	沉	1	敌死伤人数未详
1940.2.7	10	2.11	繁昌江坝头	商船	沉	1	敌军人员辎重损失甚多
1940.2.17	16	2.18	前江口上游大王庙附近	汽艇	沉	1	死敌40余人
1940.2.23	77	2.24	石钟山	汽艇	沉	2	敌死伤人数未详
1940.2.23		2.25	石钟山	巨型运输舰	沉	1	舰名"滨田丸"，死敌140余人伤40余人
1940.2.23		2.28	马当	中型舰	沉	1	死敌50余人伤30余人
1940.2.25	20	2.26	前江口	中型舰	沉	1	死伤敌数十人

---

[1] 参见中国第二历史档案馆：《抗日战争正面战场》（下），凤凰出版社2005年8月版，第1859—1872页。

（续表）

布雷情形			收获成果					
年　月　日	数量	月　日	敌舰触雷地区	敌舰种类	触炸情况	艘数	备考	
1940.3.14 1940.3.15	5 57	3.19	马当	巨型运输舰	沉	1	舰名"奉阳丸"，死伤敌30余人	
1940.3.14 1940.3.15	5 57	4.2	马当	中型舰	沉	1	敌死伤人数未详	
1940.3.19	5							
1940.4.22	17	4.24	安庆上游数公里之官洲	运输舰	沉	1	敌军用品损失甚重，死伤人数未详	
1940.4.26	17							
1940.5.22	11							
1940.6.1	8	6.17	旧县附近	商船	沉	1	敌辎重货物损失甚重，伤亡人数未详	
1940.6.1		6.19	大通附近	汽艇	沉	1	敌死伤人数未详	
1940.6.1		6.19	大通附近	小火轮	沉	1	敌死伤人数未详	
1940.6.4	5							
1940.6.13	4							
1940.6.15	6							
1940.6.17	19	6.18	安庆附近	运输舰	沉	1	满载军火人员全毁	
1940.6.17		6.18	安庆附近	汽艇	沉	3	人员全毁	
1940.6.18	37	6.19	白沙洲	汽艇	沉	1	死敌10余人	
1940.6.18		6.23	白沙洲	汽艇	沉	5	死敌30余人	
1940.6.18		6.24	白沙洲	汽艇	沉	3	死敌20余人	
1940.6.18		7.2	黄溢附近	汽艇	沉	1	人员全毁	
1940.6.21	5	6.25	鲁港	巨型运输舰	沉	1	舰名"西善丸"，死伤人数80余人	
1940.7.20	34	7.21	彭泽上游黄孤屯之方湖口外	运输舰	沉	1	舰名"凤朝丸"，死伤人数60余人	
1940.7.20		7.21	彭泽上游黄孤屯之方湖口外	运输舰	沉	1	舰名"吉阳丸"，死伤人数未详	
1940.7.20		7.24	彭泽附近亚字号洲	汽艇	沉	1	敌死伤人数未详	

（续表）

| 布雷情形 | | | 收获成果 | | | | |
年 月 日	数量	月 日	敌舰触雷地区	敌舰种类	触炸情况	艘数	备考
1940.8.24	1						
1940.9.1		9.1	大通和悦洲附近	汽艇	沉	1	敌死伤人数未详
1940.9.1		9.2	芜湖旧县间	巨型运输舰	沉	1	敌死伤600余人，从事捞尸达数日之久
1940.9.15	4	9.17	大渡口上游	运输舰	沉	1	敌军用品损失甚重，死伤人数未详
1940.9.15		9.17	大渡口上游	大驳船	沉	2	满载货物员兵损失情况未详
1940.9.15		9.18	大渡口附近	运输舰	沉	1	敌军用品损失甚重，员兵死伤数目未详
1940.9.20	1	9.23	大渡口下游十里江面	中型舰	沉	3	该船号数为"108"，沉没后有敌汽艇12艘驰往打捞
1940.9.20		9.23	大渡口下游十里江面	汽艇	沉	2	敌死伤人数未详
1940.9.23	2	9.26	香口东涯字桥江面	运输舰	沉	1	敌辎重员兵损失甚重
1940.9.23		9.26	香口东涯字桥江面	中型舰	沉	1	敌死伤人数未详
1940.9.24	1						
1940.9.27	1						
1940.9.27	2						
1940.10.26	2	10.27	八亩田下游	汽艇	沉	2	敌死伤人数未详
1940.10.26	3	10.27	贵池下游	中型舰	沉	1	敌死伤人数未详
1940.10.26		10.27	大通附近	巨型运输舰	沉	1	满载军火损失甚重，员兵死伤230余人
1940.10.26		10.28	大通和悦洲	运输舰	沉	1	舰名"兴洋丸"，满载汽油弹药，全部燃烧达数小时至天黑始行沉没，员兵死伤甚重

（续表）

布雷情形			收获成果				
年　月　日	数量	月　日	敌舰触雷地区	敌舰种类	触炸情况	艘数	备考
1940.10.26		10.29	大通和悦洲	汽艇	沉	1	敌死伤人数未详
1940.10.26		11.6	贵池附近	大驳船	沉	1	满载货物，死伤敌8人及伪组织工人20余名
1940.10.30	20	11.6	吉阳属扫帚沟	汽艇	沉	1	敌死伤人数未详
1940.11.6	40	11.7	毛淋洲附近	运输舰	沉	1	满载辎重死伤人数未详
1940.11.6		11.8	乌石矶江面	运输舰	沉	1	满载辎重死伤人数未详
1940.11.15	20	11.19	东流附近	运输舰	沉	1	敌辎重损失甚重，员兵伤亡100余人
1940.11.16	20	11.16	安庆附近官洲	汽艇	沉	1	毙敌100余人
1940.11.27	55	11.27	长生洲江面	运输舰	沉	1	敌死伤人数未详
1940.11.27		11.27	长生洲江面	汽艇	沉	1	敌死伤人数未详
1940.11.27		11.28	大通上游约5华里江面	中型舰	沉	1	载大小高射炮8门，大小平射炮6门，并其他军械甚多，死伤敌400余人
1940.11.27		11.29	佘水洲附近	大铁驳	沉	1	敌死伤人数未详
1940.11.27		11.30	梅埂附近	汽艇	沉	1	敌死伤人数未详
1940.11.27		12.3	荻港	中型舰	沉	1	敌死伤人数未详
1940.12.9	5	12.17	黄石矶	中型舰	沉	1	敌死伤人数未详
1940.12.23	20	12.24	大通下游	巨型舰	沉	1	敌死伤人数未详
1940.12.25	4	12.26	黑沙洲	汽艇	沉	1	敌死伤人数未详
1940.12.28	20						
1940.12.30	20						
1941.1.1	未详	1.1	张家港附近	运输舰	沉	1	敌员兵物资损失数目未详，但事后亟调汽艇9艘从事打捞达2小时始返

（续表）

布雷情形			收获成果				
年 月 日	数量	月 日	敌舰触雷地区	敌舰种类	触炸情况	艘数	备考
1941.1.1		1.4	安庆上游官洲	运输舰	沉	1	敌死伤人数未详
1941.1.16	20	1.17	东流江面	小型运输舰	沉 重伤	2 1	敌死伤人数未详
1941.1.16		1.17	东流下游临江塔附近	汽艇	沉	1	敌死伤人数未详
1941.1.17	20						
1941.1.22	20						
1941.1.24	15	1.25	铁板洲	运输舰	沉	1	载汽车20余辆，马数十匹，并敌兵200余人
1941.1.26	48	1.26	前江口上游	汽艇	沉	1	艇上人员全毁
1941.1.26		1.26	江心洲上游之洲头北港	运输舰	沉	1	敌死伤人数未详
1941.1.26		1.27	乌沙峡	小火轮	沉	1	敌死伤人数未详
1941.1.30	30	2.21	东流乌石矶江面	汽艇	沉	1	敌死兵8人伪军4人
1941.3.7	33	3.8	黄溢下游	巨型舰	沉	1	该舰先后触水雷3具，立成齑粉，损失极重
1941.3.8	20						
1941.3.16	50						
1941.3.25	30	3.26	香口附近	中型运输舰	沉	1	载敌兵五六十人，马匹弹药甚多，仅救出敌兵20余人
1941.3.30	20						
1941.4.12	20	4.12	鲁港	运输舰	沉	1	载军用品甚多并敌兵数十人
1941.4.12		4.13	芜湖下游玉溪下张家湾	汽油船	沉	1	敌死27人并小炮2门、机关枪10余挺
1941.5	未详	5.22	方湖	汽艇	沉	4	毙敌四五十人
1941.6.5	13						

（续表）

布雷情形			收获成果					
年　月　日	数量	月　日	敌舰触雷地区	敌舰种类	触炸情况	艘数	备考	
1941.9.26	5							
1941.9.28	10	9.29	东流西南之天生洲	中型运输舰	沉	1	敌死伤人数未详	
1941.9.28		9.29	东流西南之天生洲	汽艇	沉	2	敌死伤人数未详	
1941.9.30	10	9.30	黄溢附近	汽艇	沉	1	敌死伤人数未详	
1941.9.30		9.30	前江口	运输舰	沉	1	敌死伤人数未详	
1941.9.30		9.30	前江口	汽艇	沉	1	敌死伤人数未详	
1941.10.2	10							
1941.10.3	16	10.4	屏风山附近	汽艇	沉	1	毙敌员兵40余人	
1941.10.7	6	10.8	马当附近	运输舰	沉	2	舰名"山田丸"及"村木丸"，满载敌兵出事后打捞舱中抬出尸体200余具	
1941.10.8	10							
1941.10.13	20	10.16	小孤山	炮舰	沉	1	舰名"立野丸"，敌员兵死伤未详	
1941.10.18	11							
1941.10.22	16	10.23	湖口附近	汽艇	沉	1	敌死伤人数未详	
1941.10.22		10.23	湖口附近	中型舰	伤	1	敌死伤人数未详	
1941.10.22		10.25	湖口附近	运输舰	沉	1	敌死伤人数未详	
1941.10.31	15	11.6	彭泽江面	汽艇	沉	1	敌死伤人数未详	
1941.12.6	5	12.6	东流之天生洲	汽艇	沉	1	敌死伤人数未详	
1942.1.9	8	1.16	湖口附近	汽艇	沉	1	敌死伤人数未详	
1942.1.17	8	2.2	石钟山江面	汽艇	沉	1	敌死伤人数未详	
1942.2.21	10							
1942.2.22	10	2.22	马当	小火轮民船	沉	3 1	敌死伤人数未详	
1942.2.22		2.28	东流吉阳阁间	汽艇	沉	2	敌死伤人数未详	

（续表）

布雷情形			收获成果				
年　月　日	数量	月　日	敌舰触雷地区	敌舰种类	触炸情况	艘数	备考
1942.3.19		4.6	东流天生洲附近	汽艇	沉	1	敌死伤人数未详
1942.5.22		5.24	乌石矶	汽艇	沉	1	毙敌30余人
1942.5.22		5.29	香口附近	大型汽艇	沉	1	满载粮食弹药并敌官兵40余人
1943.4.24							
1943.5.1							
1943.6.1	1	6.3	安庆	运输舰	沉	1	敌死伤惨重
1943.12.8		12.9	安庆	运输舰	沉	1	满载军火并敌兵千余人
1943.12.22							
1943.12.27							
1944.1	1						
1944.1.5	1	1.6	东流之大士阁江面	小火轮	沉	1	毙敌翻译官3员及敌人10余人
1944.1.5		1.15	大通江面	大铁驳	沉	1	死伤敌兵百余人
1944.6.30		7.8	旧县江面	拖船民船	毁	18	敌损失甚巨

第二布雷游击区战绩一览表

布雷情形			收获成果				
年　月　日	数量	月　日	敌舰触雷地区	敌舰种类	触炸情况	艘数	备考
1940.6.20		6.21	富池口	运输舰	沉	1	满载军用品死伤敌百余人
1940.6.20		6.22	九江江面	汽艇	伤	2	敌死伤人数未详
1940.6.24		6.24	龙坪镇附近	汽艇	沉	3	敌死伤10人连下列驳船人数计算在内
1940.6.24		6.24	龙坪镇附近	大驳船	沉	1	
1940.7.5	1	7.5	武穴附近	汽艇	沉	2	敌死伤人数未详

（续表）

布雷情形			收获成果				
年　月　日	数量	月　日	敌舰触雷地区	敌舰种类	触炸情况	艘数	备考
1940.7.25	6	7.26	半壁山	大驳船	沉	1	敌死10余人
1940.10.16	16						
1940.10.17	14	10.17	马头镇	汽艇	沉	1	敌死伤数人
1940.10.17		10.17	九江附近小池口	大驳船	沉	2	载货
1941.1	未详	1.12	武穴下游	中型舰	沉	1	敌死伤人数未详
1941.1.17	8						
1941.1.18	6	1.25	九江附近新洲	运输舰	沉	1	敌死伤人数未详
1941.8.15	20						

第三布雷游击区战绩一览表

布雷情形			收获成果				
年　月　日	数量	月　日	敌舰触雷地区	敌舰种类	触炸情况	艘数	备考
1940.4.24	6	4.30	新堤附近	汽艇	沉	1	敌死伤人数未详
1940.5.9	9	5.20	樊罗许	汽艇	沉	6	敌死六七十人
1940.6.13	15						
1940.6.14	10	6.14	彭市河脉旺咀间	汽艇	沉	3	敌死30余人
1940.6.14		6.15	彭市河脉旺咀间	汽艇	沉	3	敌死40余人
1940.6.15	10						
1940.6.18	30						

　　这些战果，不是留意中国海军抗日作战的人们，很难相信和理解，就连蒋介石也曾一度表示过怀疑。从1940年10月至1941年2月，陈绍宽连续六次致电蒋介石，呈报该段时间内海军布雷游击战取得的部分战果。例如1940年12月13日电称："十一月沁日上午，敌运输舰一艘在长生洲江面触雷沉没后，敌

即以汽艇四艘由下江口向南北港上驶扫雷，其中一艘复触雷沉没，遂停止扫捞。俭日，敌水上飞机六架由安庆沿江向芜湖方面搜索，当日复有敌舰一艘在大通上游约五华里处触雷沉没。卅日，敌汽艇一艘内载食盐，复在梅埂触雷沉没，立成齑粉。现敌在两河口增兵，每日在王家缺、朱家庵一带巡视，并将该处保长及良民捕去询问。"

12月29日电称："十一月艳日，敌铁驳一艘在佘水洲附近触雷后拖往上游，至安庆西门附近沉没。又十二月三日敌军舰一艘在铜陵县坝埂头附近触雷后，漂流将到获港时沉没，舰上敌人全数淹毙，损失惨重。又坝埂头敌在江中捞起漂雷一具，该雷在岸边爆炸，炸死敌数名。"

1941年2月25日电称："一月有日，敌运输舰一艘，内载汽车二十余辆、马数十匹、敌兵二百余人，在铁板洲附近触雷沉没。"

日本海军"势多"炮舰被中国海军所布水雷炸毁，此为"势多"舰在江南造船厂修理时舰首情况

蒋介石接到战报后，将信将疑。可能是出于对陈绍宽的不信任，他没有直电陈绍宽询问，而是致电顾祝同和薛岳，核实战果的真实性。他说："该布雷队所报成果是否确实，希查明核实具报。"顾、薛二人经过仔细核查，发现海军布雷游击队的战果，比陈绍宽呈报的还要多，于是在向蒋介石汇报这些战果的同时，分别做出了"均系属实"和"经查属实"的结论，[1]蒋介石这才完全相信陈

〔1〕见《海军总司令部关于长江中游布雷游击队布雷战果致蒋介石代电》和《蒋介石为海军布雷队成果与顾祝同薛岳来往电》，中国第二历史档案馆：《抗日战争正面战场》（下），凤凰出版社2005年8月版，第1770—1773页。

绍宽的呈报，并从此对海军的水雷制造在经费和物资上大开绿灯。

海军的布雷游击战，对扰乱、妨碍日军长江航运起到了关键作用。对此，日军感受最深。当中国海军布雷游击队日益活跃之时，日军几乎无计可施，它们曾绞尽脑汁，想方设法加以遏制，这从它们张贴于江岸村庄的布告中，可窥见其黔驴技穷之态。布告写道：

> 奖赏重金，搜寻党军放置之机雷。
>
> 一向以来，×军及抗日便衣队，连战连败，无计奈何，穷余之策，乃放置些个机雷，随江而下，想要碰沉日本舰船，然而日本军早已看破这个奸计，用妥当方法，预为防范了，因此丝毫未受损害。但是中国一般民船，却并不知有此事，无意中不幸而一碰机雷，则轰然爆发，立刻沉碎，遭殃惨死者，不乏其数，情实可悯！然而党军之迷妄悖乱，一至于此，枉死无辜，真是为天人所不容。
>
> 日本皇军不忍坐视中国同胞遭受如此惨苦，而为保护一般无辜良民起见，除极力防堵这种党军暴虐行为之外，特定奖励办法，令民众搜寻报告，此乃一面为农民保全自家，一面为增进中日两国福祉的善计，可谓两得其便。
>
> 奖励办法：
>
> （一）密告党军及受党军嘱咐的汉奸，放置机雷者，奖赏三十元。
>
> （二）发现机雷所在，报告日本皇军者，奖赏三十元。

布告贴出后，中国的广大民众早已看穿其伎俩，没有任何反应。无奈，日军又四处张贴标语，谓"擒获布雷人员一名者，奖赏一百元"，"捞获机雷一个者，奖励五十元"云云，依然一无所获。

有一个日本随军记者，由南京乘坐军舰赴武汉，沿途碰到漂雷，心惊胆裂，在杂志上发表一文，其大意是：长江的机雷太多了，太危险了！舰船在长江航行，需要很多人在舱面瞭望，而漂雷在水中又是那么难以望见的东西。一遇到漂雷，生命只在须臾，千钧一发，大家慌乱起来，喊的喊，叫的叫，侥幸的避过了，大家安静了。没有多久，舱面又喧乱起来了，一会儿又平静下去。

这样的一天忙乱了好几次，真是头痛的事，还幸生命没给它弄掉。[1]

　　一个个鲜活、生动的例子，勾画出一幅中国海军长江布雷游击战的全景画，这幅画卷，场景宏大而深远，色彩绚丽而凝重，意蕴深刻而悲情，充分展现了中国抗日战争的另一个侧面。

　　当然，这场水上游击战也留有很多遗憾，比如在布雷过程中，忽视了布雷行动给长江两岸广大百姓带来的影响，布雷游击队官兵过多地依赖百姓，往往在完成布雷任务后一走了之，没有认真地考虑日军的残酷报复给当地百姓带来的深重灾难。例如，1941年10月8日，日运输舰"山田丸"号和"村木丸"号满载日兵由安庆上驶，至马当附近江面触中国海军所布水雷沉没，日军立即实行起捞，从舱中抬出尸体二百余具。日军对该区民众深加怨恨，将数名民船船户活埋，保甲长也受到审讯。日军还不断派出飞机在彭泽、马当间江面低飞，以图报复。[2] 中国海军布雷队有时对水雷的保管也不力，日军发现岸边有水雷时，往往迁怒于当地百姓，使百姓惨遭杀戮。

　　〔1〕张浑么：《敌人的盲肠》，《海军抗战事迹汇编》，海军总司令部编译处1941年12月版，第301—303页。
　　〔2〕杨志本主编：《中华民国海军史料》，海洋出版社1987年5月版，第351页。

反思篇

长江抗战的意义及其他

从黄浦江到川江，在长达1600余公里的长江航段上，中国海军以阻塞战、袭击战、要塞战、水雷战以及布雷游击战等多种超乎寻常的战法，与日军进行了整整八年的顽强战斗，取得了令人瞩目的战绩。尽管这些战绩在中国抗战史上常常被淹没在正面战场和敌后战场的声威中，加之"海军抗战事略极少发表，盖不欲故事宣传"[1]，使人们难以窥其全貌，但其重要意义足以透过历史的尘封，让后人回味和总结。同时，中国海军的长江抗战又是迫不得已的无奈选择，中国海军是在日军深入中国腹地的情况下，几乎完全脱离主战装备，通过采用最原始战法、使用最简陋武器取得这些战绩的，这与世界战争加速走向现代化的背景，无疑是极不相称的。因此，在长江抗战的同时，海军中的有志之士还始终在进行痛苦而深刻的反思，他们对晚清和民国时期海防建设种种弊端的梳理和对海军建设理论的探索与思考，都为后人提供了有益的启示和借鉴。

〔1〕高晓星编：《陈绍宽文集》，海潮出版社1994年7月版，第229页。

长江抗战意义何在

从表面看，中国海军的长江抗战与正面战场和敌后战场的大规模战役相比，有些微不足道，但是，它发生于日军西进的水上交通要道上，扰乱的是日军的核心作战计划，对整个战局的影响是显而易见的。归结起来，最重要的意义有以下几点：

扰乱了日军的战略计划

战争之初，中日双方自然都要制定明确的战略计划，规定作战指导方针、目的、要领、步骤等事宜。按照战争的一般规律，战略计划的规定往往是制定者最有利、最理想的选择，一旦确定，如无特殊情况，作战双方均不会轻易进行变动和更改。因此，在战争过程中，打乱敌方的战略计划，使敌方难以实现战略意图，是保证己方战略意图实现，进而取得战争胜利的首要条件。

中国海军作为弱旅，已经完全丧失了在海上阻止日军实现战略计划的条件，国民政府将其主力撤入长江，是发挥其作用的唯一正确选择。然而，海军能否将有限作用充分发挥，还要看诸方面因素的影响，特别是海军自身的表现。实践证明，战争一开始，中国海军以突然的方式、坚定的决心、巨大的魄力建立起来的阻塞线，其坚固性、有效性和持久性，远远超出日军的想象，给日军实施其战略计划设置了巨大障碍。在淞沪战役中，黄浦江阻塞线的建立以及中国海军对日舰的袭击，"直接延长了沪战时日，打破了敌人速战速决之梦想，奠定了最后胜利的基础。其后敌人乃不得不迂回至金山卫登陆，而我陆军遂亦能从容退出上海，此则完全是海军阻塞黄浦江的计划有以致之。"[1]

前已说明，由于黄浚父子对国防委员会会议内容的泄露，日军提早知道了中国海军封锁长江的意图，在封锁之前仓皇撤出了长江中的舰船和人员。然而，日军完全没有料到江阴阻塞线对日后的作战所产生的巨大作用，所以在中国海军实施封江的过程中，没有采取有效的破坏手段，致使中国海军在宽阔的江面上，没有受到任何干扰，把几十艘舰船从容布置于合适的位置并沉入水底，不能不说是日军的重大失策。如果他们能够想到日后在打通江阴阻塞线时要付出沉重代价，那么激烈的海空战也许会提前上演。中国海军恰恰利用了这一有利时机。

高崻分析得好："封锁港道虽然是一种消极的防御办法，但用在我们海岸线绵长而海军实力不足的国家，是不二的法门。最初敌人的计划，确是想利用它的优势的海军，配合着陆空两军，用立体的姿态，向南京挺进，迫我定城下之盟。可是敌人并未曾考虑到，我们对于江阴的港道，会神速地封锁起来；敌人更未曾逆料到，江阴的封锁线，我们会建成得金城汤池般的坚固，使它的军舰，完全陷入无作用的状态，这是敌人向我发动侵略以来第一次所受到意外的严重打击。敌人不能够利用着它的优势，失去了水路作战的意义，战局的前途，便于此时，深深地种下来了必败的恶因，这虽然一半由于敌军战略的失算，同时也不能泯灭了我们忠勇的海军将士在战情紧迫之中建成防线立下来的伟大功绩！""当我们在江阴工作的当中，冒险冲上来，虽然说是有我们海军的主力舰队掩护工作，断不至给我们一个从容工作的机会。我们就在这回看透敌海军的弱点，至少可以看出它的情报不严密，和作战不勇敢。"[2]

正是由于这道阻塞线出人意料的阻遏，使得日军不得不对作战计划进行部分调整。据日方记载："战争开始后中国将海军主力置于江阴要塞的掩护下，不仅阻碍南京方面的空中作战，且以有力之巡洋舰'平海''宁海'二舰威胁着我沿长江下游行动的大舰艇。因此第三舰队司令部认为无论是出自空中作战或是封锁作战，均需迅速将其击灭。""最初计划在空袭南京完了后，使用第二联

---

〔1〕高晓星编：《陈绍宽文集》，海潮出版社1994年7月版，第235页。

〔2〕高崻：《抗战期中封锁长江水道和水雷防御的价值》，《海军抗战事迹汇编》，海军总司令部编译处1941年12月版，第82、84页。

合航空队的全部，首先以舰战机压制上空，以舰攻之一部牵制陆上防空炮台，乘其间隙，以所余全部兵力强行低空轰击，一举击沉'平海''宁海'二舰，然后扫荡小舰艇。但由于情况紧迫，乃决定以一部实施。9月20日19时，长谷川长官命令第二、第五空袭部队于21日中午以后攻击江阴方面的中国舰艇（特别是'平海''宁海'）。"[1]这就充分证明了江阴阻塞线对日军战略意图的扰乱和破坏。

日军战略意图的落空，大大增加了中国守军战略意图实现的可能性。早在国民政府军事委员会做出封锁长江决定的时候，其战略意图就十分明确："第一，使日本海军舰队不能直航南京及其以西以切断淞沪方面国军地面部队之退路；第二，在淞沪会战末期（十一月中旬）使日军乘舰溯江之追击部队（一个师团强），无法越过江阴，不得不在吴福线之前方浒浦口登陆，不能达成包围击灭国军之目的；第三，使而后国军在南京弃守时能顺利渡江北上，以增加徐州方面第五战区之兵力。"[2]自从阻塞线建立后，上述意图随着战局的不断发展，逐渐走向实现，最终达到了目的。正如曾万里分析的那样："这短短四十天的江阴防守战，就协同陆军的意义上说，我们曾消弭了敌人利用其优势海军溯江上犯的野心，曾阻遏了东战场作战部队的侧面威胁，因而粉碎了敌人速战速决的企图，达到了初期消耗战的最高目的。"[3]

江阴阻塞战发生六年以后，陈绍宽在认真研究了这场战役的基础上，论述了陆上抗战和水上抗战的关系，阐明了江阴海军作战的地位和作用。他说："抗战的序幕一开，弥漫的战云就紧罩住我们的首都，我们海陆两军同时采取守势，陆军在淞沪作战，保卫京沪铁路；海军在江阴作战，保卫长江水道。目的都在于拱卫京畿。长江水路不守，敌舰就可进迫首都；同样的京沪铁路不守，敌军就要侵入南京。如果给敌舰沿长江先至下关，那么在淞沪作战的我方部队一定是腹背受敌；如果给敌军沿京沪路先至南京，那么在江阴构成的阻塞

〔1〕（日）日本防卫厅防卫研究所战史室著：《日本海军在中国作战》，中华书局1991年1月版，第264页。
〔2〕《国民革命战史》第三部抗日御侮第三卷，台湾黎明文化事业公司1978年4月版，第117页。
〔3〕曾万里：《由海军抗战事迹说到现阶段海军军人的重大使命》，《海军抗战事迹汇编》，海军总司令部编译处1941年12月版，第98页。

线当然也不能够保持甚久。这是有相联的关系，一点也不能偏重哪一方面。可是水陆两方共同作战四个月的结果，在敌人沿京沪路全线进入南京城，甚至窜到芜湖数天之后，下关的江面尚无敌舰发现，江阴阻塞线依然横锁中流。这在第一个时期中，海军对于防守任务是尽到了责任。这个时期，海军所采的战术，是以舰队为主体，用舰队和要塞力量，来保卫江阴阻塞线的安全。"[1] 这一分析，当是符合事实的。

在接下来的武汉会战中，由于中国海军在长江中游利用阻塞线、水雷、炮台实施节节抵抗，日军遇到了同样的问题，尽管与江阴阻塞线不同，这些战法没有跳出日军的预料之外，但日军还是不得不经常改变作战计划。

1938年4月上旬，日军开始着手研究汉口作战计划，决定以主力军沿淮河进攻大别山北面地区，以一个军沿长江进攻。担任长江进攻的陆军为华中派遣军第十一军，它将与海军配合，利用安庆作战的战果，伺机占领黄梅、九江一线。[2] 日军十分清楚，实现这一战略意图，关键在于溯江作战，否则，付出的代价将难以预料。为此，日军决定将中国守军的注意力从长江水面上移开，以便为日军寻机打通航道创造条件。因此，日军在对外宣传上颇费了一番心思。华中派遣军在《配合下期作战宣传报道要领》中明确规定："关于扬子江两岸的陆上作战，在陆军的领导下适当地发表，把敌人的注意力从溯江作战转移到陆地上来。""关于溯江作战，禁止一切消息报道，何时解除由陆、海军协商后确定。但解除时机可能在占领湖口或九江以后，主要要看当时情况。"[3] 为什么日军处心积虑地要把中国守军的注意力吸引到陆地作战上来？目的很明确，就是要乘虚完成长江正面的突破，因为海军在水上的配合，对整个战局来说，实在是太重要了。

然而，日军煞费苦心地谋求吸引中国守军的目光之举，在中国海军的坚决抵抗面前化为泡影。实际上，中国海军的长江防御力量和官兵的注意力，并不以日军的宣传与否而有所变化，长江航道对日军来说，只要有中国海军的努力

〔1〕高晓星编：《陈绍宽文集》，海潮出版社1994年7月版，第318—319页。

〔2〕（日）日本防卫厅防卫研究所战史室著：《中国事变陆军作战史》第二卷第一分册，中华书局1979年10月版，第111—112页。

〔3〕同上，第114页。

奋战，就是难以逾越的。

1938年6月18日，日本华中派遣军命令波田支队配合海军沿长江行动，占领湖口及九江地区，同时，海军部下达大海令，命令驻中国方面舰队攻占九江。然而，波田支队的先头部队于22日从安庆起航后，受到中国陆海军的阻击，无法继续上驶，只能在香口登陆，然后继续陆地行军，于26日占领马头镇要塞。波田支队主力原计划一举溯江攻占湖口，但因海军从香口到湖口间的航路需要启开时间，于是变更计划，于27日从安庆起航，依然在香口登陆，先头部队沿陆路前进，而后占领彭泽。[1]对此，华中派遣军司令官畑俊六在6月27日的日记中记述道："海军扫雷艇日前因触敌水雷以致陆战队约180人全部没于海底。为此，海军颇为消极，打通水路之速度缓慢。若坐以等待，占领湖口则需要多时间，故陆军决心单独进攻湖口。"在6月28日的日记中又写道："波田支队全力前进攻打湖口，第二梯队亦于今晨在香口登陆。据悉，该方面约有两师中国军队逐渐向波田支队集中扑来，且海军打通水路亦受到马头镇附近十分坚固之封锁，加以水雷数量颇多，已形成陆军单独前进之势。因此决定令第一〇六师团为后援由香口登陆集结于马头镇、青乡附近。"[2]

从这一过程可见，由于水路的阻塞，日军不得不数度改变作战计划，由陆路进军，这样不但增加了伤亡，而且其进军速度也受到严重影响。

1938年8月1日，日军为尽快拿下田家镇，华中派遣军司令官畑俊六和中国方面舰队司令长官及川古志郎交换了《为准备攻占汉口有关溯江作战及鄱阳湖作战陆海军协定备忘录》，其中的"作战要领"称："海军继攻占九江以后，以扬子江部队打开扬子江水路，在8月下旬进入田家镇方面。""陆军应以一部分兵力攻占江岸要地，协助上项作战，海军应援助陆军在水上的机动及运输。""海军航空部队主要应大力协助这次作战。"[3]

上述计划似乎很周密，但完全忽视了中国海军在长江抗战中的作用，因而

---

〔1〕（日）日本防卫厅防卫研究所战史室著：《中国事变陆军作战史》第二卷第一分册，中华书局1979年10月版，第115页。

〔2〕章伯锋、庄建平编：《抗日战争》第二卷（上），四川大学出版社1997年6月版，第593页。

〔3〕（日）日本防卫厅防卫研究所战史室著：《中国事变陆军作战史》第二卷第一分册，中华书局1979年10月版，第124—125页。

在实施过程中，虽然日陆军在尽力攻占江岸要地，航空部队也在不断对田家镇阵地实施空袭，但海军不仅无法"打开扬子江水路"，"援助陆军在水上的机动及运输"，而且在水雷和要塞炮台的严密阻击下，甚至不敢越雷池一步，这样就使陆海协同计划完全落空，于"8月下旬进入田家镇方面"的计划也就变成了梦想。直到9月28日，日军才依靠陆军从后背突袭将田家镇全部攻陷，比原计划规定时间整整迟了一个多月。

在武汉会战中，日军依然是"海军落后于陆军"，直到10月26日海军才进入汉口，但日本海军已经习惯于在长江遭创后为自己编制借口，"宣传照例巧妙"，这令畑俊六也十分不满，他认为，与海军相比，"陆军之报道相当笨拙，将来须改善"。[1] 显然，畑俊六此时并未完全意识到海军溯江作战的难处。

在湖南、湖北的各次会战中，日军的计划和想定无不把陆海军协同放在重要地位加以考虑，比如在鄂西枣宜会战中，日军就计划以中国方面舰队第一遣支舰队一部和海军联合航空队协助作战，陆军第一军还和海军联合制定了《陆海军关于鄂西作战的协定》[2]。但从作战过程看，由于中国守军对荆江和川江的严密封锁，日本海军除了联合航空队能抓住适当时机与陆军实施密切协同外，其舰艇部队与陆军的协同始终难以实现。

保证了沿江工业的内迁

中国近代化工矿企业，绝大多数集中于沿海和长江流域，这是中国近代工业布局的一大特点。全面抗战爆发后，国有企业和部分民营企业以其拥有的资金、设备和技术，肩负着战时军队的装备补充以及后勤供应等任务，因而是中国军队竭力保护的对象，也是日军摧毁或掠占的主要目标。

"卢沟桥事变"发生后，国民政府并未意识到抗战的长期性，也就没有对工矿企业的内迁做出积极部署。在上海，第一个提出工业内迁建议的是大鑫钢铁厂总经理余名钰，他于1937年7月14日和8月3日，分别致函国民政府有关

---

〔1〕章伯锋、庄建平编：《抗日战争》第二卷（上），四川大学出版社1997年6月版，第623页。

〔2〕（日）日本防卫厅防卫研究所战史室著：《中国事变陆军作战史》第三卷第二分册，中华书局1979年10月版，第7页。

部门和蒋介石，要求"政府协助内迁"，"指定办法，将商厂在最短期间内移设内地"，"使民间实力得以保全，长期抵抗，得以达到最后胜利之目的"。与此同时，拥有三百余家企业，十多万职工的中华国货联合会，也上书国民政府，要求政府组织内迁，并表示："誓为我政府长期抗战做后盾，以争取最后胜利。"该联合会在抗战爆发后专门成立了特种委员会，主动为政府承担制造水壶、干粮袋、背包、皮靴、胶鞋、刺刀、大刀、钢盔、制服、雨衣、营帐、电网、防毒面具、医药用品等军需品，[1]内迁的意义重大。

在战局的推动下，国民政府军事委员会于1937年7月22日正式下令设立了国家总动员设计委员会，把资源动员作为中心业务，责成资源委员会[2]具体实施。资源委员会遂提出迁移机器及工厂的建议，企业内迁拉开帷幕。

在抗战过程中，沿江工业的内迁经历了两次高潮，第一次是淞沪战役开始后，上海的工业向湖北、湖南等地的迁移；第二次是武汉会战前夕，湖北、湖南的工业向四川的迁移。这两次迁移，政府和企业都面临着两个最为突出的问题，这就是时间问题和运输路线问题。而这两个关键问题的解决，都与中国海军的长江抗战密不可分。

首先，在时间上，全面抗战开始后不久，日本就放弃了战争不扩大政策，发出"三个月灭亡中国"的狂妄叫嚣，源源不断地增兵中国，对于上海工业来说，内迁工作已经到了最紧要关头。然而，国民政府在战前并未全面掌握上海工矿企业的内迁想法，对内迁地区也没有进行认真考察，直到1937年7月底8月初，才派资源委员会专门委员林继庸对上述情况进行考察和了解。8月9日，林继庸向国民政府行政院提交内迁上海民营工厂议案，10日，行政院批准这一议案，并决定由资源委员会、财政部、军政部、实业部各派一名代表共同组成"上海工厂迁移监督委员会"，以林继庸为主任，驻沪主持迁移事宜。12日，成立了"上海工厂联合迁移委员会"，上海工业内迁工作才算进入实质性阶段。13日，日军发起对上海的进攻，内迁工作迅即被推入战火之中。

8月22日，上海顺昌机器厂首先内迁，接着，新民、上海、合作、精一、

---

〔1〕孙果达：《抗战初期上海民营工厂内迁经过》，《抗战时期内迁西南的工商企业》，云南人民出版社1989年2月版，第5页。

〔2〕1935年4月由国防设计委员会易名，并由参谋本部改隶军事委员会。

大鑫、利用等机器厂相继开始内迁。随着战事愈来愈烈，加入内迁行列的企业在不断增加，筹集资金、装箱搬运、准备船只、购地建筑等一系列问题也接踵而来。面对这种情况，国民政府内部也出现了问题，相关部门各行其是，相互掣肘，使内迁工作雪上加霜。这种情况令各界十分担忧，上海市社会局在给实业部的公函中迫切表示："军用工业战时固属重要，而有关民生之工业在长期抗战中亦不可缺少，况我国工业基础原极脆弱，而各种工厂又多集中于上海一隅，倘不设法予以迁至后方地带，则其未来直接间接之损失，实堪隐忧。"[1]

在如此艰难的局面中，企业把完成内迁工作的希望，寄托于中国守军的顽强抵抗，热切盼望他们能为内迁赢得更多的时间。中国守军果然不负众望，在淞沪战役中，整整坚持抗战三个月，为企业内迁赢得了宝贵时间。在这期间，中国海军功不可没，他们利用阻塞线，迟滞了日军前进的步伐，大大延迟了日军夺取上海的速度。

据统计，从"上海工厂迁移监督委员会"成立到上海陷落的三个月中，民营企业共动用木船499艘，迁出工厂148家，工人2100多名，机件物资1.24万吨。在迁移过程中，由于机件笨重，木船容量不大，许多工厂只得分批装运，其迁移时间大大拉长。如华生电器厂内迁物资1200多吨，分六批共27艘船装运，最大的船装272吨，最小的船只能装8吨，时间持续了一个月；顺昌机器厂内迁物资343吨，分四批共17艘船装运，历时整整两个月。其他如中华标准铅笔厂、大鑫钢铁厂、华成电器厂、益丰搪瓷厂、美亚丝绸厂、中华书局、龙章造纸厂等企业在内迁过程中也大致如此。[2]在此基础上，上海工厂迁移监督委员会还呼吁："上海工厂迁移，失之太晚，无锡、南通之工厂应速着手。"[3]接着，无锡、武进、南通、启东、江阴、太仓等地工厂的内迁工作相继展开。就在民营工厂的内迁接近尾声之时，上海炼钢厂奉兵工署命令，于11月初分批迁往武汉，成为全面抗战开始后第一个内迁的国营兵工厂。[4]之后，位于南京

〔1〕孙果达：《抗战初期上海民营工厂内迁经过》，《抗战时期内迁西南的工商企业》，云南人民出版社1989年2月版，第12页。

〔2〕同上，第18—19页。

〔3〕中国第二历史档案馆：《中华民国史档案资料汇编》第五辑第二编财政经济（六），江苏古籍出版社1994年6月版，第395页。

〔4〕黄立人：《抗日战争时期工厂内迁的考察》，《历史研究》1994年第4期，第123页。

的金陵兵工厂、中央南京飞机制造厂等也相继内迁。这些国营兵工厂从数量上看尽管不多，但其机器设备、技术力量、企业管理和工人数量，都远远超过民营工厂，是抗战军需的主要制造者，其内迁意义更大。试想，如果没有中国海军在阻塞线上的坚守，从而赢得充足的时间，这些企业如何能够从容内迁？国民政府的一位参与江阴要塞建设的德国军事顾问，在强调江阴要塞的重要性时说："向后撤退，江阴要塞炮即显得特别重要。在撤退的整个期间（在南岸要塞炮阵地已经失陷后，北岸要塞仍然在固守中），所有日本特遣舰队之兵力均被阻止，其想随江而上突破要塞封锁处之企图也受到很大的限制。"[1]当然他清楚江阴阻塞线在其中所起的无可替代的作用。

在第一次大规模内迁中，大多数民营企业的落脚点选择在了武汉地区，还有部分迁往四川重庆、云南昆明、湖北宜昌、湖南长沙、广西桂林、贵州贵阳等地。8月12日，上海工厂迁移监督委员会派员赴武汉物色房屋、堆栈及工人住宿处所，以便上海迁移工厂运到武汉后有所安置。他们认为武昌徐家棚、鲶鱼套及汉阳均有适宜地点，同时发现汉阳铁厂余屋甚多，可资利用。到1938年2月，迁达武汉的上海企业达121家。

占领南京后，日军加快了沿江西进的步伐。蒋介石此时已经感到，武汉也并非久留之地，他明令工矿调整委员会，"筹划战时工业，以川、黔、湘西为主"，"将各厂继续内迁，以策后方生产之安全"。因而，有很多企业刚刚在武汉落脚，有些甚至还没有开工，便又开始做迁移的准备。由于重庆地区交通便利，自然条件优越，因而成为企业内迁的最佳选择地。可是，进入重庆的交通要道川江，自1937年12月至1938年5月期内，均在枯水期内，上游仅通小轮，运输能力每月仅6000吨。而各军事机关迁川物资数量巨大，且因军事关系重要，须优先分配运输，即以兵工各厂而论，先后运达四川的器材，约有4万吨之多，其他机关尚不在内。故所剩吨位以备迁移民营工厂之用者，为数殊微。1938年1月至5月，民营工厂物资由汉口运出者，计1.4万余吨，而到重庆者仅4000余吨，其余大部分滞存宜昌待运，解决这一问题，依然需要时间。

〔1〕《德国赴华军事顾问关于"八·一三"战役呈德国陆军总司令部报告（续完）》，《民国档案》1999年第3期，第64页。

1938年5、6月间，日军迫近武汉外围马当地区。长江之上，中国守军尽管利用要塞和水雷做好了节节抵抗的准备，但要保住武汉已十分困难，从武汉再次将工矿企业内迁又一次变得紧迫起来。6月，经济部工矿调整处呈报国民政府："本处业经筹划，将所有武汉民营工厂再行内迁，曾于本月六、七两日召集各厂代表谈话，估计约需船位一万五千余吨，其中赴川者约一万吨，赴湘西者约五千吨，派员分别向运输机关接洽。现因所有运输工具将专备军事机关运用，故不得不将规模较大之工厂重要机件，在各军事机关物资未集合前，先行令其抢运一批，其余则拟利用外轮及木船陆续装运。然因数量过巨，恐难于短时期全部清运。"〔1〕字里行间透出内迁工作的紧迫性。

到武汉陷落前夕，从汉迁出的工矿企业，共有二百余家，其中上海企业有一百余家，另外，兵工署组织拆迁炼铁、炼钢、轧钢、动力、机修及铁路运输用轨道、车辆等设备机件共3.7万余吨，而内迁这些企业和设备所耗费的时间长达半年之久。这半年正是中国守军在长江上节节抵抗的时间，他们的英勇作战使日海军与陆军的协同计划变为泡影，日军每迈出一步都要耗费相当的时间，而这些时间，正是中国守军为内迁工厂赢得的时间。

1938年10月武汉失陷后，国民政府原定建设为国防工业中心的湖南湘潭、醴陵、衡阳等地，已经变为前线或濒临战区，已落脚的工矿企业必须再迁，而中国海军在荆江、川江的抗战，又为这些企业的内迁提供了时间保障。

其次，在内迁的运输通道上，尽管当时水陆交通线有五条可以选择，但国民政府毫不犹豫地选择和依赖长江航线，不仅因为这条航线快捷、便利，更因为中国海军的长江抗战，保证了这条航线在工业内迁期间的安全。

在第一次大规模内迁中，上海各企业起初从苏州河启程到镇江，再由镇江转武汉。闸北失守后，改由黄浦江转入松江，再经苏州、无锡至镇江。在镇江方面，上海工厂联合迁移委员会专门设有镇江办事处，协助各工厂转运。〔2〕在内迁的高峰时期，几百艘木船浩浩荡荡航行于长江航道，颇为壮观。一位当事人曾描述说，当人们看到在江河上无数张帆挂橹的木船顺着风力，朝着水流，

---

〔1〕中国第二历史档案馆：《中华民国史档案资料汇编》第五辑第二编财政经济（六），江苏古籍出版社1994年6月版，第434页。

〔2〕同上，第391页。

蚂蚁样的继续不断渡过了千数百里的时候，该意料不到那些行动笨拙得可怕的木船里，尽是满载着无数吨的轮盘、动力之类的机械。[1]

这些船只在航行过程中，虽然有时也会遭到日军飞机轰炸，但它们绝不会受到日军舰艇的威胁和攻击，因为此时江阴阻塞线在中国海军的坚守下，牢牢将日军舰艇挡在了阻塞线之外。

在第二次大规模工业内迁中，马当阻塞线及其上游的各要塞、雷区起到了同样的阻敌作用，日舰在它们面前常常不敢越雷池一步，而内迁运输船只在中国海军的引导下，却能畅通无阻，从容完成内迁任务。

总之，中国海军的长江抗战与陆军相配合，在粉碎日军速战速决战略计划的前提下，为沿江工矿企业的两次大规模内迁赢得了宝贵的时间，提供了较为安全的水上通道。这些内迁工业，把最先进的机器设备、最需要的原材料、最熟练的技术工人带到了内地，为正面战场生产了急需的武器弹药、军需物资和生活用品，有力地支援了抗战。这也是中国海军对抗日战争的重要贡献。

消耗了日军的有生力量

中国海军的长江抗战，在给日军的进攻造成重大困难的同时，还有效地消耗了日军的有生力量。在淞沪抗战中，中国海军用鱼雷、水雷袭击日海军旗舰，使其受到严重损伤，日军港口、码头、物资等也在袭击中遭重创。在保卫江阴阻塞线的战斗中，日军至少有5架飞机被击落，9架被击伤，消耗重磅炸弹300余枚。[2]马当阻塞线上，海军炮队击沉日艇3艘，击伤巡洋舰1艘，田家镇要塞海军炮台击沉日舰8艘。[3]特别是广泛开展布雷游击战以后，日海陆军的舰艇、装备、物资、人员等损失难以数计，而这些损失，常常被国人所忽视。据统计，1938年7月至11月间，日舰艇触中国海军水雷沉毁者（汽艇不计在内），立即得到布雷队报告以及外国海军情报确认的有9艘。在上海各船厂秘密调查

---

〔1〕孙果达：《抗战初期上海民营工厂内迁经过》，《抗战时期内迁西南的工商企业》，云南人民出版社1989年2月版，第19页。

〔2〕曾万里：《由海军抗战事迹说到现阶段海军军人的重大使命》，《海军抗战事迹汇编》，海军总司令部编译处1941年12月版，第98页。

〔3〕杨世恩：《抗战过程中高海军对于国家之贡献》，《海军抗战事迹汇编》，海军总司令部编译处1941年12月版，第94页。

获悉，日舰因舰底触雷受伤拖往上海修理者，就有15艘以上。综合各方面的情报，日舰在这期间的伤沉之数，总共有37艘之多。[1]

这是一则来自日本国内的报道，它是日本的"评论家"根据日军的亲身经历所采写的。报道称：

中国方面似早预知日军攻汉尤以溯江为作战中心，在长江一带，早已布置非常坚固之防卫阵形，在两岸陆上不消说得，即在江上其所布置障碍防卫之物，周密完备，令人惊讶。如凿沉汽船，或凿沉满载石块之帆船，或两者并用，以阻塞水路。开启之时，不能（仅）需要技术，而且需要久长之时间，譬如黄浦江封锁所用之日清汽船，在上海战事停止后，日方招聘许多技术人员，受十个月以上之时间，还只能捞起极小的部分，其困难可知。

中国方面复在江上敷设无数之机械水雷，一种为触发的水雷，一种为管制的水雷，触发水雷浮于水面之下，而长江之水又极浑浊不清，在水面之下浮有任何的危险品，在水面之上是完全不能觉察的。兵舰航行一经触到这种水雷，立刻就炸发粉碎；管制水雷是沉于江底，用引火电线连接岸上，还有敌舰经过，随时可以引火爆发。这种水雷和机雷，满江都有，布置绵密，在当未审慎除去以前，实无法冒险前进。

此外，中国方面复在江面用种种形式与方法，源流着无数铁丝与铁网，假使日舰在航行之时，将此类东西卷入铁축之内，即不能开行，尤须设法除去，否则全部机械将受损伤。海军士卒，平时对于此类东西，已审觉戒惧，今在此人为的大量撒布的铁丝网中航行，自然更觉费力。

除此以外，中国方面复在江面漂流着许多的木材，长约丈半至二丈，直径自二尺至三尺，并在两端装置铁丝和长钉，日本兵舰上驶，往往东碰西撞，困难易（异）常。

中国方面封锁长江的办法大抵如此。当然在两岸要地，还有好多的军

---

[1] 殷梦霞、李强选编：《国家图书馆藏民国军事档案文献初编》第九册，国家图书馆出版社2009年6月版，第316—317页。

事设备，如堡垒、重炮阵地、瞭望哨、监视哨，日本军舰无时无刻不在这种情形之下，排除万难，以十艇先导，冒险地艰苦前进。因为要先除去上述种种封锁的困难，只有先利用极小的舟艇开路之一法，而此种小艇，防御力量极薄，每遭两岸华军阵地猛烈炮击，牺牲极大。此种小艇之主要工作，在寻觅华军所设置水雷机雷之所在，设法使之爆破，或载运炸药至拦江坝边炸毁凿沉之帆船，以打开封锁之路线，因为不经过此项初步工作，则大小兵舰都无从上驶，所以此种小艇队只好不顾一切在华军炮弹纷飞之下去完成他们所担负的任务，然后引大舰前进。

溯长江之难，真难如登青天。特别是水量，在极短距离中也忽增忽减，全无一定。水流又非常之急，缓的地方也有"三节流"，急的地方打破"五节流"，而且只好跟着前船一路航进，因为两边还有许多的水雷机雷，随时有触发的危险，所以日本海军溯江作战，是冒着相当的危险与困难，而且也需要相当的时日。[1]

在报道中，尽管日本的"评论家"出于影响国内情绪的忧虑，没有透露日军遭受损失的具体数据，但"炸发粉碎""审觉戒惧""牺牲极大"等言谈话语，难以掩盖日军损失的严重性。其实，日方无论怎样掩盖，不断发展的战局都会直观地告诉世人，日军在长江流域倒了大霉，而且这个霉还将继续倒下去。陈季良在1944年就通过日本海军的无力表现，看出了日本必然失败的趋势，他在弥留之际坚定地说，日本侵略者的彻底失败已经在望了。

体现了中华民族的不屈精神

中华民族在长期发展中早已养成吃苦耐劳、威武不屈的性格，表现在作战中，常常是"誓与阵地（战舰）共存亡"的视死如归的英勇壮举。在中国海军的长江抗战中，处处可以看到这种不屈的精神。

江阴阻塞线上的战斗，极大地激发了中国海军广大官兵的抗日激情，坚定

---

〔1〕次行：《寇舰溯江录》，《海军抗战事迹汇编》，海军总司令部编译处1941年12月版，第393—394页。

了民众抗战的信心。在四十多天的战斗中，从指挥抗战的将领，到操作武器的士兵，都表现了视死如归的英雄气概，一些官兵的牺牲壮烈非常，可歌可泣。特别是各舰毫无遮拦地暴露于敌人的火力之下，其沉没的悲途早已注定，但官兵们依然坚守着心爱的战舰，誓与战舰共存亡。在大量资料中，没有发现有海军官兵擅离职守、离舰逃亡的记载，这为以后的长江抗战树立了鲜明的榜样。正如时人所赞叹的那样："敌人舰队因江阴封锁严密，并有军舰扼守，舰队无法冲入，乃采用飞机轰炸战术，并专对于我们的仅有的主力舰之宁海平海各舰，极力轰炸；故宁平各舰无日不在十余架至数十架敌机轰炸之中，无日不在用高射炮抗御敌机之中，舰中员兵，伤亡枕藉，无不前仆后继，瞄准发射，海空大战前后历时四十余天，时江阴江面从无一员一兵托故请假登岸者，亦无一兵一卒登岸出差，不如期回舰销假者，阵容的整齐，与员兵拼死的决心，实为始料不到，而为海军抗战最光荣之历史的一页。"[1]曾万里分析道："就海军本身说，由于大小各役尝试的成功，和铁血的教训，全体官兵们更加振发了同仇敌忾的精神，坚定抗战必胜的信念。"[2]

在马当、湖口、田家镇、葛店诸要塞作战中，海军炮队屡次坚守到最后一刻才撤离阵地。武汉保卫战中，萨师俊和他的"中山"舰官兵在金口的抗敌壮举，震惊全国，至今令国人津津乐道，其精神俨然成了一座丰碑。

在长达七年的长江布雷游击战中，海军官兵的足迹踏遍了长江流域，他们有时忍饥挨饿，露宿荒野，有时长途跋涉，翻山越岭，有时与敌激战，拼死突围，有时惨遭杀戮，壮烈殉国，无不表现了"慷慨赴征程，杀敌凯旋归"的爱国精神。

海军官兵的表现，为海军赢得了尊严，为海军赢得了荣誉。1939年1月，海军总司令陈绍宽对海军抗战官兵的表现给予高度评价，向军事委员会特别呈报了抗战有功人员，他明确指出，海军中将第一舰队司令陈季良，前率舰队在江阴奋勇抗战，著有功绩；海军少将第二舰队司令曾以鼎，自抗战以来，率舰

---

〔1〕郭寿生：《悼念曾万里同志》，《中国海军月刊》第三期，1947年6月30日出版，第34页。

〔2〕曾万里：《由海军抗战事迹说到现阶段海军军人的重大使命》，《海军抗战事迹汇编》，海军总司令部编译处1941年12月版，第98页。

队、炮队、雷队，先后在江阴及长江一带，担任江防，努力抗战，著有功绩；海军少将前海军厦门要港司令高宪申（前系海军"平海"军舰舰长）、海军少将海军总司令部舰械处处长陈宏泰（前系"宁海"军舰舰长），均在江阴抗战甚力，著有功绩，且身受重伤；海军中校海军总司令部军衡处铨叙科科员曾国晟，自抗战以来，淞沪江浙以及长江等处所用水雷，均系该员发明，并由其负责制造，极著成绩；海军少校布雷队队长前"平海"军舰副长叶可钰，布设沿江及浙省流域水雷，既著功绩，而前在"平海"军舰副长职内，抗战尤为勇敢得力；海军少校布雷队队长韩廷杰，所有长江布雷事宜，均系该员负责办理，并督率雷队员兵执行，甚著功绩；海军上尉周仲山、郑天杰，担任布放沿江漂雷，均甚勇敢，著有功绩。[1]当月，军事委员会发布命令，陈季良、曾以鼎各记功一次，陈宏泰、高宪申、叶可钰、韩廷杰、周仲山、郑天杰各给华胄荣誉奖章。5月，海军奉军事委员会命令，授予江阴战役及长江一带抗战功勋卓著的陈惠陆海空军乙种一等奖章，授予孔繁均、王宜生、陈兰藻陆海空军乙种二等奖章，陈永相、林桂尧各给奖金，林深、邵仑、陈嘉枬各记功一次，刘崇端等25人均传令嘉奖，并呈请奉令嘉奖之刘馥、张鸣骞改颁奖章，用昭激劝。

据不完全统计，到抗战结束为止，海军共有170名官兵受到国民政府军事委员会的奖励，其中获华胄荣誉奖章的7人，七等宝鼎勋章的1人，陆海空军甲种一等奖章的3人，陆海空军乙种一等奖章的9人，陆海空军乙种二等奖章的113人，光华甲种二等奖章的1人，光华乙种一等奖章的3人，光华乙种二等奖章的33人。[2]这是中国海军的荣耀，也是中国军队的荣耀。

---

〔1〕秦孝仪主编：《中华民国重要史料初编——对日抗战时期》第二编作战经过（三），台湾中国国民党中央委员会党史委员会1981年9月版，第26—27页。
〔2〕参见中国第二历史档案馆：《抗日战争正面战场》（下），凤凰出版社2005年8月版，第1852—1859页。

长江抗战遗憾何在

长江抗战创造了若干奇迹，但这并不意味着中国海军在长达八年的作战中无懈可击，在悲怆的牺牲中，代价和教训依然值得总结。

第一，战术失误，导致牺牲过大。从整个战局来说，阻塞长江本来就是一次仓促的行动，它是"为了缺乏准备的缘故，对于江防防御几乎措手不及，所以不得不在仓惶急遽之中，花了许多商船或军舰，出于沉船封锁的一种冒险方法"，[1] 也是一种无奈的选择。从战争实践看，无论是建立江阴阻塞线，还是建立马当阻塞线，其选择都是正确的。问题是，在军事当局做出阻塞长江的决定之前，并未对阻塞线上的作战样式、作战规模做出合理的预测，更没有对海军的牺牲做出评估。特别是在做出阻塞长江决定时，海军没有参加讨论和决策，事后也未对防守战的性质、特点、形式、战法等进行认真分析和论证，造成对海空战准备不足，导致仓促应付，甚至惊慌失措。各舰艇的作战任务、停泊位置、相互配合、与陆协同、弹药储备等，均未形成一套完整的方案。其结果是，舰船在水上仅用于对空中作战，充当了活动炮台的角色，毫无章法地运动于没有遮拦的江面上，暴露于日军空中火力之下，增大了损失。而具有攻击特性的鱼雷快艇，也只能参与消极的防守，其特长完全无可发挥，作用微乎其微。如果战前陈绍宽等人能够预料到日军发动的攻击战将是一场海空战，并做相应的部署，比如将各主力战舰舰炮卸下，移于陆上建立炮台，主要依靠陆上

---

〔1〕高戴：《抗战期中封锁长江水道和水雷防御的价值》，《海军抗战事迹汇编》，海军总司令部编译处 1941 年 12 月版，第 84 页。

火力，而舰船进入适当泊地加以规避等，那么，中国海军不仅能够达到与实战相同的防守目的，而且还将使主力战舰得以保存。在马当等阻塞线上，由于中国海军舰艇损失殆尽，作战方式变为要塞战和水雷战，故而促使日军的进攻方式也发生了变化，在江阴阻塞线上遇到的问题自然就不存在了。但是，新的问题随之而来，那就是战前军事当局对陆海协同问题强调得不够，致使陆军严重漠视海军的作用，忽视与海军的配合，海军则缺乏对日军攻破炮台后路的应对措施，常常处于腹背受敌的境地，抑制了作用的发挥。对于这一点，军事当局和海军都有不可推卸的责任。

第二，海军内外的派系斗争，影响了抗战情绪，妨碍了海军战力的发挥，造成了能量的内耗，增加了不必要的战争成本。

从海军外部环境来看，国民党军队的派系倾轧，高级将领之间的矛盾斗争，自始至终都存在着，即使是在战争最激烈的时候也没有停止。"闽系"海军的代表陈绍宽先后与何应钦、陈诚等都有过很深的矛盾，而何应钦、陈诚等人都是可以左右大局的重量级人物，他们的限制和掣肘，对海军抗战的妨害是极大的。就拿陈诚来说，抗战中做了很多限制、分化、瓦解海军的事情，曾国晟都历历在目，他曾在回忆录中专门分析陈诚集团与陈绍宽领导的海军总司令部之间的矛盾，揭露陈诚对海军的打击报复行为。他列举了陈诚的以下做法：

紧缩海军经费：日军紧迫湘西，陈绍宽为辰溪水雷厂的内迁请拨一笔款子，被批驳了。一九四一年日军攻占独山，海校从贵州桐梓迁来重庆，请拨迁移费，又不获准。陈诚并强迫海校迁回原处，陈绍宽置之不理，迁移费终被陈诚卡住，不给报销，连残余几艘军舰的煤炭费也被核减。就这样，陈诚在经费上把陈绍宽卡得动弹不得。

剥夺海军的人事权：军政部对海军所请派的驻外武官人选，和请派的留学生均不予批准。海总部对下属请求有不准时，陈诚则予以批准。如海军陆战队旅长林秉周在第五次"围剿"时，被派担任护卫湘西至衡阳公路的任务。林与陈绍宽意见不合，于抗战爆发后，请求辞职，海总部不准，林径向陈诚请求，陈诚即予批准，并派他的高参洪懋祥（福建人）接替陆战队旅长。陈诚几乎无视海总部的存在了。

分化闽系海军：陈诚还从分化闽系海军入手，给陈绍宽以沉重的打击。陈诚的亲信王东原任中央训练团教育长时，入训的闽系海军军官不经海总部选送，而是直接由军委会指名的。凡入训者，王必召见谈话。当时被召见的青壮年军官中以林祥光最受王青睐，林被王拉拢后，即调为委员长侍从室参谋，以后由林出面与海军军官直接联系。林曾两度有意于我，说王东原希望我去中训团帮王做一番事业，并以中训团中队长职务为饵，我都予婉谢。林即用蒋令向海总部调我，我以病辞，终不入彀。王东原又用军委会名义，调海总部所属机构的海军人员到国防研究院。该院教官曾万里，就是林祥光持蒋令直接交给其本人，把他调到中训团受训后拉过去的。陈绍宽对陈诚使用王东原分化闽系海军，直接调员的做法极为不满，而唯一对抗的办法，就是把林祥光、曾万里等人说成是"逃员"，并请军委会通缉他们。军委会当然不予理会，"逃员"安然无恙，仍自由出入于海总部，陈绍宽亦无可奈何。[1]

抗战后，陈诚则极力否定海军的战绩，他认为："因为我们没有海军，长江非但不是我们的'天堑'，反而资为敌用，牵制了我们大量的江防部队，结果还是防不胜防，可笑之至。而沿江重镇，在敌海军炮火协同轰击之下，尤感不易守御，这是武汉会战和淞沪会战同有的一大劣势。"[2]然而，他却忘记了在评价武汉保卫战中陆军的表现时所说的话："我们以十敌一，好像我们中国军队太不济事。可是我们备多力分，在任何一个接触的当面，我们的兵力都不占优势。则在装备、训练显居劣势，尤其制空权完全操之于敌的情况之下，我们的屈居下风，实在也是无可奈何的事。"[3]在这两种看法中，陈诚先是将武汉会战失利的责任推给海军，继而又指责陆军的作战不力，显然他是想把海军的抗战与陆军的作战不力混为一谈，借此发泄他对海军的不满。

从海军内部环境来看，派系斗争造成的负担也相当沉重。拿建立和防守江阴阻塞线来说，布设水雷的分工问题、防守中的配合问题、撤退时的相互

---

[1] 曾国晟：《记陈绍宽》，《福建文史资料》第8辑，第181—182页。
[2]《陈诚回忆录——抗日战争》，东方出版社2009年10月版，第60页。
[3] 同上，第55页。

协调问题、战绩的归属问题等等，都形成了"电雷系"与"闽系"的掣肘，影响了抗战。更为严重的是，在空前惨烈的江阴海空战斗中，"闽系"海军人员竟把电雷学校鱼雷快艇的行动与汉奸行为联系起来，大大影响了海军的抗战情绪。时任"宁海"舰二副的陈惠指出："江阴封锁线上的日日夜夜令人难以忘怀，尤其当时封锁线上发生的一些反常现象，深深地留在脑际。1.正要执行江阴封锁线计划之时，日舰竟抢先冲过江阴逃离长江，若非事前获得准确的情报，其行动哪能如此及时和迅速。2.在防守江阴封锁线的日子里，夜间实行严格的灯火管制，可是时常发现信号弹划过漆黑的夜空。3.九月廿三日海空激战开始前，江阴电雷学校突然出动十余艘鱼雷快艇在封锁线江面穿梭游弋，响声雷动，严重干扰我舰视听，到能够听清敌机声时，敌机群已迅速侵入我防地上空，造成匆促应战的被动局面。""这些现象显然不是偶然的、孤立的，其中是否存在着某种不可告人的活动，殊属费解，在中国人民进行英勇顽强并付出巨大牺牲的抗日战争中，少数民族败类却在充当可耻的汉奸角色，令人至今痛恨不已。"[1]我们说，真正的汉奸行为无可置疑地要遭到谴责、揭露、鞭挞和惩处，但把电雷学校的作战行动与汉奸行为相联系，实在过于牵强。在翻阅档案史料时，笔者发现了蒋介石的一份手令，是专门指示欧阳格侦察敌探情况的，手令全文是："江阴。欧阳教育长：江阴对岸各城乡必有敌探与无线电秘密设置，望多派得力人员及宪兵，到各城各乡设法侦查密察。中正。"[2]说明蒋介石对欧阳格是十分信任的，如果电雷学校有上述大张旗鼓的汉奸行为，蒋介石不会不知道，也不会不进行严厉惩处。事实也证明，电雷学校的官兵无论是在淞沪战役的袭击日舰"出云"号行动中，还是在江阴阻塞线防空作战行动中，都表现了英勇的抗敌精神，这是有目共睹的事实，遭到谴责是不应该的。由此可见，派系斗争所造成的影响如此深远，以至于让当事人在多年后依然耿耿于怀。

第三，在长江抗战中也有少数海军官兵不顾民族危难和军人的职责，贪生怕死，临阵脱逃，受到了严厉的制裁。案例除了前文中提到的洞庭区炮队队长

[1] 陈惠：《江阴封锁线上的战斗》，《福州文史资料选辑》第2辑，第135页。
[2] 秦孝仪主编：《中华民国重要史料初编——对日抗战时期》第二编作战经过（二），台湾中国国民党中央委员会党史委员会1981年9月版，第210页。

罗致通被开除军籍以外，还有电雷学校快艇大队大队长杨保康，于1938年7月25日弃职潜逃，并卷拐公款公物，遭海军通缉；"湖鹰"鱼雷艇书记员林其渊于1938年10月间被派往田家镇炮台服务，拒不到差，被开除拿办；海军陆战队第一旅炮兵连上尉连长李永元、中尉连附孙玉荣、少尉连附石金玉、准尉特务长林雄青、译电员蒋达等，在1938年9月至11月间弃职潜逃，被撤职通缉。另外因案遭通缉的还有海军陆战队第一旅旅部少校参谋刘葆业、"民生"舰舰长郑世璋等。[1]他们的弃职或潜逃是海军英勇抗战主旋律中的一个杂乱音符，影响了军心士气，削弱了海军的战斗力。

----

〔1〕殷梦霞、李强选编：《国家图书馆藏民国军事档案文献初编》第八册，国家图书馆出版社2009年6月版，第316—317页。

海军对自身建设的深刻反思

1939 年 11 月，海军军官曾万里在一次演讲中，以一个沉重的话题开篇，他说：海军军人的活动区域，平时是海洋；海军军人的活动单位，通常是军舰。时至今日，经过了两年多的牺牲和消耗，不独是军舰差不多没有了，就是军舰所赖以活动的全部海洋，也几乎非被占领，便被封锁。于是，多数人每感到失望，有的热血填膺地满怀着"请缨无路"和"英雄无用武之地"的悲观阴影，甚至进一步还怀疑到我们海军此后的存在问题。

十分明确，曾万里提出的是一个自抗战以来一直困扰着海军官兵的难题，这个难题可以被破解为两个疑问：为什么海军会失去海洋和军舰？海军的前途在哪里？

抗战还在艰苦地进行着，海军还在从事着任何人都无法替代的工作，如果任上述问题无休止地缠绕着海军官兵的思路，无疑将给海军的抗战士气带来严重影响，更将为中国这个濒海大国海上力量的战后前途，蒙上浓浓的阴影。于是曾万里大声疾呼："我认为决不宜让这种不应有的现象，继续存在的，我们亟应虚心地加以检讨，详明地加以解释，和严厉地加以纠正。"[1]

实际上，早在全面抗战爆发前的若干年，陈绍宽等海军军官就意识到了上述问题的存在，他们极力分析问题的成因，寻求解决问题的方法，但由于种种不利因素的制约，使得他们多年的努力变得徒劳。1937 年，战争的爆发使这个

---

[1] 曾万里：《由海军抗战事迹说到现阶段海军军人的重大使命》，《海军抗战事迹汇编》，海军总司令部编译处 1941 年 12 月版，第 96 页。

问题变得异常尖锐，陈绍宽等人突然发现，战争期间是解决这个问题最紧迫、也是最有利的时机，于是，一场对海军建设的深入反思伴随着抗日战火悄然展开了。

介绍世界海军发展情况

世界反法西斯战争，海洋是主战场之一，海军理所当然地成为海上战场的主角。大西洋战场和太平洋战场上的腥风血雨，使中国海军军人产生了促使国人了解世界海军、海战情况，重新认识中国海军的强烈意识。

抗战开始以后，特别是太平洋战争爆发以后，国内报刊发表介绍与分析世界海军、海战情况的文章逐渐增多，粗略估计大约有几十篇。例如1938年1月，《东方杂志》发表了萧恩承的文章《太平洋上日美海军根据地及各国之航空竞争》，将日美两国在太平洋上的海军基地建设情况做了详细比较，分析了两国"针锋相对"的紧张局势。[1] 1941年，同一杂志又发表了《美国整军大预算及海军的战时编制》[2]《玛泰滨大海战》[3] 等文章，前者援引英国媒体的报道，说明美国决定建立亚洲舰队，"对于日本在远东之暴行具有加强抵抗之决心"的观点；后者介绍了意大利海军和英国海军在地中海玛泰滨展开的海战情形。《抗战三日刊》也分别发表了《横行太平洋的日本三个舰队》《英美苏海军大活动》《海军竞争白热化》等多篇介绍、报道世界海军的文章。《海军杂志》《军事杂志》《海军整建》等军事期刊更不消说。

国内报刊对世界海军的高度关注，为中国海军抓住有利时机，推动海军建设营造了氛围。海军人士趁机发表言论，宣传海军在现代战争中的重要作用以及世界强国海军的成长之路，提醒人们注意中国海军与世界强国海军的差距。1940年4月，陈绍宽在重庆《海风月刊》创刊号上撰文指出："位于沿海界域之国家，国防之巩固与否，胥系于海军实力之强弱，而处海权争衡之世界，则海军实力尤与国际地位有密切之关系。"他借用过去孙中山先生的一番话，来强调中国海军与世界海军差距带来的严重后果。他说："总理对世界各国海陆

---

〔1〕《东方杂志》第三十五卷第六号。
〔2〕《东方杂志》第三十八卷第三号。
〔3〕同上，第九号。

军备探讨綦详，并云我国的海陆军和各险要地方没有预备国防，外国随时可以侵入。篇中关于海军战斗力之比较，尤多反复申论，认为任举一国之海军力，皆足以破吾防而亡吾国。凡此遗教谆谆，沉痛深切，直已明示吾人以非有相当之海军力，将无以求存于今日也。"[1] 1941年4月，他又为《海军建设月刊》撰文，论述海军建设问题。其中，他介绍了对英、美、日三国海军调查的最新情况：英国海军拥有舰艇885艘，300余万吨；美国海军拥有舰艇643艘，230.6万余吨；日本海军拥有舰艇324艘，131万余吨。在此基础上，各国又展开造舰竞争，舰艇数量还在不断增加，这是中国海军无法比拟的。就海军经费而言，上述各国海军经费开支，更是中国海军望尘莫及的：美国海军经费是中国的2000倍，英国是1472倍，法国是497倍，意大利是266倍，日本是113倍。为此，陈绍宽呼吁，要抛弃过去"陆主海从""优空弃海"的陈旧观点，在"海陆空三者并重，海陆不能畸形，海空亦须平衡"[2]的基本思想指导下，建设中国海军。

对世界海军发展状况的宣传，大大提高了社会各界对海军的关注，增强了他们对建设中国海军的紧迫感和认同感，为未来海军的发展奠定了社会基础。

探索中国海军衰败原因

中国海军在抗战中的悲戚境遇，是其几十年发展中积弊的最终暴露，它不断促使海军军人在艰苦抗战的同时，努力探寻造成这一局面的原因，以给未来的海军开辟一条光明的道路。因此，抗战期间各种思想不断涌现，观点层出不穷。

1939年下半年，一位海军军人在一篇文章中发出了这样的感叹：海军"几十年来不只没有复兴的生气，而且苟延残喘，没有一天不是在惨淡中度过，做着海军的军人，真是感到惶愧万分，不知所措"。字里行间流露着悲愤。接着他分析了造成这一悲剧的原因："中国根本就是一个物质落后的国家，对于建舰，这笔庞大经费，当然是不容负担的。而且为了建造一只健全的军舰，他所需的

---

〔1〕高晓星编：《陈绍宽文集》，海潮出版社1994年7月版，第231页。
〔2〕同上，第285页。

费用，就可成立一军以上的陆军，或者可以买到几百架最新式的飞机。一般人存着这种观念，所以海军始终站在被人人遗弃的状态！"随后，他又阐明了这一悲剧所带来的严重后果："中国和日本根本就不是陆地相达的国家，它要来举行大规模侵略的时候，一定要经过海洋的运输，若果我们有了强大的海军，它不经过一场重大海军的牺牲，有什么方法可使几十万的匪类踏进我们的领土呢？这是国家对海军的一点错误，也是抗战以来，我们一件最能忽略的事情。"[1]

尽管这位作者的思想并未达到十分全面、十分深刻的程度，但他完成了一次反思海军发展的思维历程。这样的思考，在许多海军军人的头脑中不断进行着。

1940年7月和9月，陈绍宽连续发表了《海军抗战三周年纪念》和《纪念伟大的"九二三"》两篇纪念文章，总结海军抗战工作的得失，其中断断续续谈到中国海军建设走入困境的成因。对于晚清时期中国海军建设的种种弊端，他认为应归结于清政府政治的崩溃。他说，甲午战争"如果认为是海军的失败，不如说是整个陆海军的失败；如果认为是军事不利，不如说是政治的崩溃"。[2]对于民国成立以后至抗战前中国海军持续衰弱的原因，他认为是政府对海军的轻视造成的。他说："设在抗战以前，政府能允宽筹经费，扩展海军，国人亦知相与鼓吹促进，使新海军之伟大建设，早日观成，倭寇知我有备，或稍戢其阴谋，不敢发难；至少亦可固我国防前线，拒敌于门户之外，不致侵入堂奥。"[3]其中也隐含着对民国政治的指责。

1943年5月，陈绍宽在《海军杂志》上发表了题为《如何建设中国之海上国防》的文章，明确指出阻碍海军发展的五个因素：

> 一是民族保守的特性。中华民族爱好和平，数千年来自给自足，熙来攘往，不求向外发展。前代政府甚至对于人民出洋，说为不安本分之人，悬为厉禁，以致国人对于海洋兴趣极为淡薄，因之海外情形之如何发展，

---

〔1〕一删：《不要埋没了抗战期中活跃的海军》，《海军抗战事迹汇编》，海军总司令部编译处1941年12月版，第106—107页。

〔2〕高晓星编：《陈绍宽文集》，海潮出版社1994年7月版，第255页。

〔3〕同上，第241页。

亦不加以研究。

二是陆主海从主义。中国自古以来，如周之猃狁，秦汉之匈奴，五胡乱华，唐之回纥、吐蕃，宋徽钦北狩，元清入主华夏，历代外患几皆在大陆方面。所以秦筑长城，汉平西域，其功绩在历史中传诵不朽，而戚继光所创造的海塘碉堡，则成为麟角凤毛，未为后人所注重。

三是优空制海偏见。自从空军势力发达，交战国家尽量利用空军争取战果，遂不免使一般短视者创为空军万能，海军时代业经过去之说。

四是海军建设费用问题。海军造舰造械，建立军港及各种设备，自然是需款甚巨，因此一般人心理中，以为建设陆军与空军需费较省，而收效亦速，同样地可以抗敌。

五是少数畛域之见。一般军事专家，非不知海防为国防的重要之一环，但为个人的立场起见，难免除本身所属的方面外，不乐于为其他部门鼓吹。[1]

陈绍宽认为，上述五个因素均是思想认识问题，在海军建设上，只有解决了这些思想认识问题，才能在物质建设上顺利进行，日趋发展。

曾任海军部总务司文书科中尉译电员的翁仁元则以更加犀利的观点全面分析了海军建设长期停滞的原因。他认为，原因之一是"历史的失败"。"回观我们海军，在满清时代，因李鸿章不善治军，又因当时建设海军之掣肘太多，故我北洋舰队，于民国前十八年的中日战役中，全军覆没，战后，又为了那拉氏祝嘏，挪用海军协款兴筑颐和园。民国以来，军阀作乱，上无统一政府，下受民众重陆轻海之军事思想之限制，于是更无充实海军的机会。"

原因之二是"政府的失败"。"最近十年来，政府方面，多不明了海军在临海国的军事价值，也不想学美、法两国的国防政策。不是认为中国经济无法建设海军，便是认为现在空军之增强，势已迫成海军为可有可无的奢侈品。他们对待海军，用句抽象的话说，尚远不如民初的袁世凯，即使拿正驱我们海军做内战急先锋的九一八前后相比较，亦有天地之别。难怪它们才用与以比例制

---

〔1〕高晓星编：《陈绍宽文集》，海潮出版社1994年7月版，第309—312页。

征收印花税似的保办制，不管海军武力是否充备，也不管海军经费够不够支配，而从按月五十万定额（不分经常费或临时费），逐渐削减至按月三十余万，复由三十余万，再削减至最近为世界任何小海军国所未创先例的最小定额。而我们海军在政治上，向来不若英、美、日、法等国有支配政治与策动民众的权力……我们海军经费既然这么竭蹶，则陈绍宽先生无论其从海军本身的节饷省料上打算盘，赶速完成平海、宁海两巡洋舰，逸仙、永绥、大同、自强四巡洋炮舰，德胜、威胜两飞机运送船，民生、民权、咸宁三炮舰，宁字、胜字号十数艘小炮艇，以及江南、马尾两新船坞，而我海军实力，当亦不够与敌国海军在海上作大规模的舰队战。何况敌方海军，曾经其全国朝野五十余年努力的！但我们如在最近十年来，政府当局把陆军或内战费的半数，每年移充海军建设，则此次抗战，我海军虽不能一举扑灭敌方整个海军，但敌军要想在我沿海肆扰，或掩护其陆军强登陆，我知其决不若此次这么容易！就以抗战中的一切损失指数而言，也决不会达到这么惊人的巨大！"

原因之三是"民众见解的错误"。"民众方面，不但与政府一样的不识海军的军事价值，并且仍执于重陆轻海的传统军事思想。他们根本不想搜集我们海军材料，做一次科学的研究，他们只从我们海军的表面上观察，普遍地责难我们海军怎么的没有人才，怎么的不争气，怎么的保持封建组织，以及怎么的凭着旧舰勇于内战而怯于外战，最后又凭着自己的幻想，主张废弃海军，把旧舰改为商船，扩充空军，或只制造潜水舰与航空母舰，以巩固海防。这些空头言论，偶然一看，似很有理，其实你若跑进海军中客观地研究一下，你会承认那些话，都很不合理，因为民众有了这些错误的观念，无形中已都怀着瞧不起我们海军的心理，对于海军人员的行动和组织，往往不加以适当监督，对于海军军备，也不给予适当注意和倡导，这无异是给我们海军永远不可推动的压力，迫我们做政治、军事的孤岛，天天被狂风大浪打击；这样，我们海军做件小事，要想获得各方同情，本已很难，如其单靠本军努力，扩大军备，那更是梦中之梦。"[1]

也正是在这样的条件下，海军不得不选择与之名分不太相称的抗敌方式，正如陈绍宽所说："要知道，海军并不是没有了海就没有了军，海军也不是专

---

〔1〕翁仁元著：《抗战中的海军问题》，黎明书店1938年5月版，第3—6页。

靠海面作战的，海军作战的任务很大，海军作战的部门很广，除了用舰队在大海作战以外，还有许多的战斗性能、战斗手段。我们要一步一步地在适应战斗环境下发挥下去，抗战一天未结束，最后胜利一天未降临，放在海军肩膀上的责任，只有一天天加重，一切还要看我们最后的努力。"[1]

陈季良也是一位海军建设的积极思考者，他以抗战中的切身感受，深切地提醒人们："倘使我军有充分力量，自可担任国防第一线，拒敌于海洋外。敌既难封锁我沿海口岸，及登陆作战企图（亦难实现），不特各地免遭蹂躏，即战局亦自因之改观。"[2]

这些对中国海军建设问题的深入探讨，既有理论分析，又有实践例证，在抗战期间形成了一股可贵的思想潮流，推动人们在逆境中寻找中国海军发展的出路。

提出未来海军建设规划

抗日战争几乎让中国海军彻底覆没，然而，在陈绍宽等人的思想中，这恰恰是中国海军获得新生的起点。陈绍宽说："海军为国家民族武力所寄托，居今日而欲保国家之主权，争民族之生存，自须有强盛之海军也。况吾国海疆绵亘，门户洞辟，倘不扩充海军，将何以御外侮而固吾圉。"[3]于是，他理直气壮地再次开始为中国海军的未来描绘美丽蓝图。

1941年3月，陈绍宽等20位军政大员联名向国防最高委员会报呈了《遵照总理国防计划发展海军建设案》，提出分三个阶段循序渐进发展海军的方案：第一阶段，建设维持国内水上治安之海军，以五年为限，预计造舰5万吨，耗资5亿元；第二阶段，从事于护航护渔之海军建设，以五年为限，预计造舰10万吨，耗资15亿元；第三阶段，建设攘外之海军，约以十年为度，预计造舰20万吨，耗资30亿元。[4]该案在中国国民党第五届中央执行委员会第八次会议上获得通过，大大增强了陈绍宽对未来海军建设的信心。

---

〔1〕高晓星编：《陈绍宽文集》，海潮出版社1994年7月版，第323页。
〔2〕陈季良：《从抗战中感到我国应积极建设海军之必要》，《海军杂志》第十一卷第一期。
〔3〕高晓星编：《陈绍宽文集》，海潮出版社1994年7月版，第238页。
〔4〕同上，第277—278页。

1942年6月，陈绍宽在中央训练团第二十期党政训练班的演讲中强调："中国是滨海的大陆国家，是立国于太平洋，是生存在太平洋的近沿，而为其唯一的支柱。当兹大太平洋时代，若中国没有强盛的海军，把握海权，则太平洋中的野心国家时时掀风作浪，太平洋就永远不会得太平。"[1]一年多以后，当他再次为中央训练团演讲时，他提出了一个令人吃惊的庞大的海军建设计划。

首先，明确了中国沿海的区划和海军的任务。他把中国沿海分为四个区：第一区由安东起，沿岸向西顺推，经过辽宁、河北，一直到山东半岛东北角的成山头；第二区由成山头一直向南部沿海延伸，以至江苏的长江口为止；第三区由扬子江向南，一直到汕头为止；第四区由汕头以南，经海南岛一直到与越南交界的地方。在这些区域，海军的任务是，战时把握制海权，平时维持沿海沿江的水上治安，剿除盗匪，保护渔业航业，保护各岛屿的居民，宣慰各地方的侨民。

其次，规定了海军建设的内容和目标。内容包括水上建设、岸上建设和训练人才。具体目标为：水上建设，按照四个区配置舰队，每个区配备战斗舰1队、重巡洋舰2队、轻巡洋舰3队、驱逐舰6队、潜艇6队、航空母舰1队、鱼雷快艇50艘，其余潜艇母舰、供油船、给碳船、修理舰、布雷舰队、扫雷舰队等也要配备。四个区以外的长江、珠江也要各设一个舰队，长江舰队应配备舰艇30艘，珠江舰队应配备舰艇15艘。此外，还要设置练习舰队和测量舰队，练习舰队配备练习舰5艘，测量舰队配备测量舰6艘。岸上建设，主要是开辟军港，建造铁路、电台、造船场、船坞、码头碇位、浮桩、贮油库等设备。还要建设水陆机场、防空防潜设备、潜艇根据地、航空站、学校、练营、兵器库、粮秣装备厂库等。训练人才，主要增强海军人员的学识，普通学科要有航海、枪炮、鱼雷、水雷、轮机、通信、电务、造舰、造械、海军航空等内容，海军指挥人员要有大学训练，从事战略、战术、军法等研究。另外，还要培养军需、军医等人才。

再次，规定了舰船的具体数量、吨位和武备。沿海四个区，每区战斗舰1队5艘，4区4队共20艘，该种舰排水量1万至5万吨，配置主炮8至12门，口径11至18英寸，配置副炮、高射炮若干门；每区重巡洋舰2队，每队5艘，4

〔1〕高晓星编：《陈绍宽文集》，海潮出版社1994年7月版，第305页。

区8队共40艘，该种舰排水量在1万吨左右，配置8英寸主炮8至10门，副炮、高射炮若干门，3管或4管鱼雷发射装置3至4座，此外还要配带飞机；每区轻巡洋舰3队，每队5艘，4区12队共60艘，该种舰排水量3000至8000吨，配置6英寸主炮4至12门，副炮、高射炮若干门，鱼雷发射管2至3座；每区驱逐舰6队，每队5艘，4区24队共120艘，该种舰排水量800至2500吨，配置4至4.7英寸主炮，以及鱼雷发射管2至3座；每区潜艇6队，每队5艘，4区24队共120艘，该种艇200至3000吨，携带鱼雷10至30具或水雷20至60具；每区航空母舰1队5艘，4区4队共20艘，该种舰排水量数千至3.5万吨，装载飞机20至100架；每区鱼雷快艇50艘，4区共200艘。这样，4区共配备舰艇580艘。再加上长江、珠江两个舰队的炮舰45艘，中国海军共计拥有舰艇625艘。

在公布了这个计划后，陈绍宽恳切地说："建设海军，我们退可以守卫本土，进可以称雄海上，国家成败利钝，可以说是由我们自决。中国是太平洋上的一个地大物博民众的国家，如果我们并没有忘记了我们祖先所留给我们这样的大基业，那么我们就不要忘记了海军建设。"[1]

这一计划是陈绍宽在对中外海军进行比较的基础上，经过认真分析与论证，为未来中国海军规划的一个完整的建设蓝图。此后，他又分别于1944年7月和11月在《海军杂志》上发表了《怎样建设中国海军》和《论中国海军建设》两篇文章，进一步强调实现这一蓝图的重要性。

然而，这一庞大的海军建设计划，在艰难的抗战时期是没有实现可能的，即使在战后数年之内能否实现，也难以看清。这不仅由于实现这一计划需要巨大的花费，而且由于陈绍宽的愿望尚属一厢情愿，他的热诚能否打动蒋介石主导的国民政府，还是一个未知数。对于这一点，陈绍宽心里十分清楚，所以他在抗战胜利前夕制订《海军分防计划》的时候，充分考虑了蒋介石及国民政府的承受力，将未来海军建设的目标大大降低。单从舰艇看，规划建设海防舰队、江防舰队和其他舰船三部分。其中海防舰队每一海军区配备1队，全国4区共4队，其各种舰艇总数为战斗舰16艘、航空母舰12艘、重巡洋舰16艘、轻巡洋舰64艘、驱逐舰96艘、潜水舰96艘、驱潜舰48艘、鱼雷快艇160艘，合计508

---

〔1〕见高晓星编：《陈绍宽文集》，海潮出版社1994年7月版，第324—330页。

艘；江防舰队配置于长江、珠江、松花江、黑龙江等处，拥有大中小型炮舰共计75艘；其他舰船包括练习舰、测量舰、补助舰等，共计9艘。表面看，总数量与最初计划差别不大，实际上，大型舰艇的数量削减甚巨，吨位大大减少。比如战斗舰、航空母舰、重巡洋舰、驱逐舰、潜水舰的数量分别减少了4艘、8艘、24艘、24艘、24艘，增加了驱潜舰、鱼雷快艇等小型舰艇的数量。并且建设计划以30年为限，第一期10年计划建造各种舰艇191艘，共27.5万余吨。[1]

尽管如此，这依然是陈绍宽精心搭建的一座空中楼阁，因为此时的蒋介石考虑的并不是建设一支何等规模的海军问题，他考虑的是对国民政府之外如何发动一场全面内战、对国民政府之内如何夺取"闽系"海军控制权的问题，而这两个问题都将对海军建设产生沉重打击。

1945年9月，蒋介石在军政部内设立海军处，由军政部长陈诚兼任处长，掌管海军的行政、教育、训练、建造等事项，这样就分割了海军总司令部的权力，把陈绍宽给架空了。在受降问题上，蒋介石也故意给陈绍宽设置障碍，使蒋陈矛盾进一步加深。10月，军事委员会命令陈绍宽亲率"长治"号等军舰从南京开往渤海湾，截击由烟台向辽东渡海的八路军。陈绍宽对蒋介石的命令本来就有抵触情绪，此时又见蒋介石不顾抗战的巨大创伤，悍然发动内战，心中顿时怒火升腾，他借口军舰需要修理而拒不奉命北上，反而率"长治"舰南下台湾视察。这一举动使蒋介石极为恼怒，蒋陈矛盾随即公开化。蒋介石扬言要处置陈绍宽，陈绍宽则愤然提出辞职。

1945年12月，国民政府将海军总司令部撤销，陈绍宽黯然卸去海军总司令之职，从此他离开了主持长达17年之久的"闽系"海军，其建设海军的一切梦想也随之烟消云散。

陈绍宽作为一代海军名将，在中国近代纷乱的海军舞台上，叱咤风云40年，为海军发展做出了突出贡献，他的离职，是国民党政府新一轮派系斗争的前奏，也预示着国民党海军又一个灰暗时期的来临。

可是，历史并不以蒋介石的意志为转移，仅仅三年多的时间，中国海军就迎来了一个崭新的时代，这也许正是陈绍宽所期盼的！

----

〔1〕见高晓星编：《陈绍宽文集》，海潮出版社1994年7月版，第388—394页。

参考文献

史 料

［1］广州民国日报,1923-08-15,1925-04-14.

［2］海军期刊.海军部海军编译处,1930,1,2.

［3］海军杂志,4,5,6,9,11,16.

［4］海事,6.

［5］申报,1932-01-26.

［6］生活,1933,7.

［7］申报年鉴(二十二年度):"国防•海军".

［8］海军整建月刊.海军整建月刊社,1940,1.

［9］海军建设月刊.海军建设月刊社,1941,2.

［10］抗战(抵抗),第八号,第十八号.

［11］东方杂志,1938,35,1942,38.

［12］中国海军月刊,1947(3).

［13］民国档案,1985(1),1987(1-4),1988(1),1997(2)(4),1999(2)(3),2006(4).

［14］纵横,1995(4).

［15］档案与史学编辑部.档案与史学.档案与史学杂志社,1997(4).

［16］全国政协文史资料研究委员会.辛亥革命回忆录(第六集).北京:中华
　　　书局,1963.

［17］(日)防卫手册,1980.

［18］秦孝仪.中华民国重要史料初编:对日抗战时期.台湾:中国国民党中央

委员会党史委员会,1981.

[19] 中国现代文学史资料汇编(乙种)宋之的研究资料.北京:解放军文艺出版社,1987.

[20] 杨志本.中华民国海军史料.海洋出版社,1987.

[21] 郭廷以等.白崇禧先生访问记录.台湾:"中央研究院"近代史研究所,1989.

[22] 陈布雷.陈布雷回忆录.台湾:王家出版社有限公司,1989.

[23] 陆宝千,官曼莉.郑天杰先生访问记录.台湾:"中央研究院"近代史研究所,1990.

[24] 日本防卫厅防卫研究所战史室.日本海军在中国作战.北京:中华书局,1991.

[25] 张力.黎玉玺先生访问记录.台湾:"中央研究院"近代史研究所,1991.

[26] 刘广凯.刘广凯将军报国忆往.台湾:"中央研究院"近代史研究所,1994.

[27] 胡厥文.胡厥文回忆录.北京:中国文史出版社,1994.

[28] 高晓星.陈绍宽文集.北京:海潮出版社,1994.

[29] 郝盛潮.孙中山集外集补编.上海人民出版社,1994.

[30] 中国舰艇工业历史资料丛书编辑部.中国近代舰艇工业史资料.上海人民出版社,1994.

[31] 中国第二历史档案馆.中华民国史档案资料汇编.第一至五辑,南京:江苏古籍出版社,1994.

[32] 周美华.国民政府军政组织史料.台湾:"国史馆",1996.

[33] 季啸风,沈友益.中华民国史史料外编——前日本末次研究所情报资料.桂林:广西师范大学出版社,1996.

[34] 张力,曾金兰.池孟彬先生访问记录.台湾:"中央研究院"近代史研究所,1998.

[35] 海军人物访问记录(第一辑).台湾:"中央研究院"近代史研究所,1998.

[36] 钟汉波.四海同心话黄埔.台湾:麦田出版股份有限公司,1999.

［37］洪喜美.国民政府委员会会议记录汇编.台湾:"国史馆",2001.

［38］文史资料选编(第四卷).福州:福建人民出版社,2002.

［39］海军人物访问记录(第二辑).台湾:"中央研究院"近代史研究所, 2002.

［40］汤锐祥.护法运动史料汇编.广州:花城出版社,2003.

［41］中国第二历史档案馆.抗日战争正面战场.南京:凤凰出版社,2005.

［42］全国政协文史委员会.文史资料存稿选编.北京:中国文史出版社,2005.

［43］文闻.旧中国海军秘档.北京:中国文史出版社,2006.

［44］王宜林.中国近现代史上的海军世家.北京:知识出版社,2007.

［45］孙元良.亿万光年中的一瞬——孙元良回忆录.台湾:时英出版社,2008.

［46］殷梦霞,李强.国家图书馆藏民国军事档案文献初编.北京:国家图书馆 出版社,2009.

［47］陈诚.陈诚回忆录——抗日战争.北京:东方出版社,2009.

［48］中国政协文史馆.文史资料选辑.北京:中国文史出版社,1960(4),1983 (85),1987(113),1999(134).

［49］福建省政协文史资料编辑室.福建文史资料.福州:福建人民出版社, 1984(8),1988(19).

［50］福州市政协文史资料工作委员会.福州文史资料选辑,1983(2),1995(14), 1996(15).

［51］江苏省地方志编撰委员会.江苏地方志,1995(3).

［52］江阴市政协,文史资料研究委员会.江阴文史资料,1989(9).

［53］湖北省政协文史资料委员会.湖北文史资料,1987(2).

［54］湖北省政协文化文史和学习委员会.湖北文史.北京:中国文史出版社, 2003(1).

［55］武汉市政协文史资料委员会.武汉文史资料,1985(4),1987(4),2011(1)(2).

［56］武昌县政协文史资料研究委员会.武昌县文史资料,1986(1).

［57］阳新县政协.阳新文史资料,1987(1).

［58］会理县政协文史资料研究委员会.会理文史,1986(2).

［59］贵阳市政协文史和学习委员会.贵阳文史,2008(5).

［60］湖南省政协文史资料研究委员会.湖南文史资料.长沙:湖南人民出版社,1987(26).

［61］鞍山市政协文史资料研究委员会.鞍山文史资料选辑,1983(1).

［62］罗家伦,黄季陆.革命文献.13-15,25-30,49-52,台湾:中央文物供应社,1956—1970.

专　著

［1］王叔达.八一三上海抗战史.民强出版社,1937.

［2］翁仁元.抗战中的海军问题.黎明书店,1938.

［3］海军抗战事迹汇编.海军总司令部编译处,1941.

［4］谢冰莹.汉奸现形记.战时出版社.

［5］陈真,姚洛合.中国近代工业史资料.北京:生活·读书·新知三联书店,1957.

［6］包遵彭.中国海军史.台湾:中华丛书编审委员会,1970.

［7］蒋纬国.国民革命战史:第三部抗日御侮.台湾:黎明文化事业公司,1978.

［8］杨明堂.从无名英雄到有名英雄.台湾:"国防部总政治作战部",1978.

［9］日本防卫厅防卫研究所战史室.中国事变陆军作战史.北京:中华书局,1979.

［10］孙中山.孙中山全集(第二卷).北京:中华书局,1982.

［11］何应钦.日军侵华八年抗战史.台湾:黎明文化事业公司,1982.

［12］蔡廷锴.蔡廷锴自传.哈尔滨:黑龙江人民出版社,1982.

［13］秦孝仪.总统蒋公思想言论总集.台湾国民党党史委员会,1984.

［14］日本防卫厅防卫研究所战史室.长沙作战.北京:中华书局,1985.

［15］孙中山.孙中山全集(第九卷).北京:中中华书局,1986.

［16］李惠,李昌华,岳思平.侵华日军序列沿革.北京:解放军出版社,1987.

［17］唐生智,刘斐.正面战场:南京保卫战,北京:中国文史出版社,1987.

［18］(日)外山三郎.日本海军史.北京:解放军出版社,1988.

［19］薛岳,赵子立.正面战场:武汉会战,北京:中国文史出版社,1989.

［20］中国人民政治协商会议西南地区文史资料协作会议.抗战时期内迁西

南的工商企业.昆明:云南人民出版社,1989.

[21] 陈书麟.陈绍宽与中国近代海军.北京:海洋出版社,1989.

[22] 高晓星,时平.民国海军的兴衰.北京:中国文史出版社,1989.

[23] 陈书麟,陈贞寿.中华民国海军通史.北京:海潮出版社,1993.

[24] 海军司令部《近代中国海军》编辑部.近代中国海军.北京:海潮出版社,
1994.

[25] 武月星.中国抗日战争史地图集.北京:中国地图出版社,1995.

[26] 章伯锋,庄建平.抗日战争.成都:四川大学出版社,1997.

[27] 中国抗日战争史学会,中国人民抗日战争纪念馆.中国抗日战争大事记.
北京出版社,1997.

[28] 苏小东.中华民国海军史事日志.北京:九州图书出版社,1999.

[29] 陈明福.中山舰沉浮纪实.北京:海潮出版社,2000.

[30] 王晓华,张庆军.中华民国之谜.合肥:黄山书社,2005.

[31] 萨苏.国破山河在——从日本史料揭秘中国抗战.济南:山东画报出版社,
2007.

[32] 萨苏.尊严不是无代价的——从日本史料揭秘中国抗战.济南:山东画
报出版社,2009.

论 文

[1] 陈礼荣.民国"肃奸"的一大疑案.中华读书报,2002-03-20.

[2] 陈降任.抗战时期中山舰金口喋血记.中外杂志,2006,79(1).

[3] 郜合启.抗战中的中日海战.湖北档案,2008(9).

[4] 高乐才,刘彬.奉系军阀与东北海军的创建.东北师大学报(哲学社会科
学版),2006(5).

[5] 高晓星.中国海军对日抗战和受降述评.民国档案,1999(1).

[6] 韩真.海军长江抗战述论.军事历史研究,1995(3).

[7] 韩真.陈绍宽与国民政府海军部.漳州师范学院学报(哲学社会科学版),
2002(4).

[8] 胡海波.抗战中的中国海军水雷战探析.军事历史,1995(3).

［9］黄立人.抗日战争时期工厂内迁的考察.历史研究,1994(4).

［10］黄山松.抗战期间民国海军的整合.中共浙江省委党校学报,2006(6).

［11］黄山松,郑萍萍.民国北京政府时期海军军费筹措及其影响.杭州师范学院学报(社会科学版),2008(2).

［12］杰锋.清除江阴水下封锁线,历时12年完成清航打捞.上海滩,2001(5).

［13］吕晓勇.日本近代海防思想与海军近代化.军事历史研究,2004(1).

［14］陆伟.卢沟桥事变前的日本海军与对华开战决策的形成.党史研究与教学,2002(3).

［15］马幼垣.抗战期间未能来华的外购舰.台湾"中央研究院"近代史研究所集刊,1996(26).

［16］牛淑萍.中国海军长江抗战初探.安徽史学,1999(1).

［17］潘前芝.陈绍宽海防思想论析.军事历史研究,2007(4).

［18］潘前芝.论抗战初期国民政府的民船征用问题.抗日战争研究,2010(1).

［19］邱夕海.民国时期东北海军的兴衰.军事历史,2009(1).

［20］史滇生.抗日战争中中国海军的水雷战.南京社会科学,2005(8).

［21］史滇生,史习基.西安事变前后中日海军的动向.军事历史研究,2001(4).

［22］石方杰.中国海军与武汉保卫战.江汉论坛,2003(12).

［23］苏小东.中国海军抗战评述.军事历史研究,1996(2).

［24］苏小东.抗日战争中中国海军的战略战术.抗日战争研究,1996(1).

［25］苏小东.一·二八淞沪抗战后的声讨海军风波.军事历史研究,2008(3).

［26］吴兆宽.论局部抗战期间中国海军的整军备战.军事历史研究,2010(1).

［27］张颖华.抗战时期经济事业内迁及其对西南区域的影响.湖南省社会主义学院学报,2005(2).

［28］仲华.1931—1937年间国民政府海军建设述论.南京政治学院学报,2004(5).

后 记

在各方的共同努力下，这本《中国海军长江抗战纪实》终于出版了。在此，我衷心感谢山东画报出版社的同仁为本书的出版所做的工作，特别感谢怀志霄编辑所付出的艰辛努力，还要感谢我的战友、同事、家人对我写作此书给予的帮助与鼓励。

萌发写作此书的念头是在十几年以前，当时，正值我从事中国海军历史教学与研究20周年，从内心希望能将20年中研究的一些成果系统梳理出来，特别是感到在20年的工作中所积累起来的资料，可以支撑此书的写作，于是便选定了"中国海军长江抗战"这一论题。

中国的抗日战争是一场全民族的反侵略战争，它以恢宏、惨烈、悲壮、持久载入世界战争史册。中国海军的抗战是中国抗战史的一个重要组成部分，而长江抗战是中国海军抗战的主旋律。在几千公里的战线上，中国海军官兵以低劣的武器装备，以阻塞战、水雷战、要塞战、布雷游击战等多种战法，与日寇进行了长达八年的艰苦作战，体现了中华民族不畏强暴、视死如归的气概和崇高的爱国主义精神，值得大书特书。同时，中国海军的长江抗战在整个抗战史上又具有一定的战略价值，它与陆上抗战配合，打乱了日军速战速决的战略计划，粉碎了日寇"三个月灭亡中国"的狂妄梦想，保证了长江沿岸和沿海工业设施的内迁，为持久抗战保存了实力，赢得了时间，应该给予应有的历史地位。

上述原因，成为我完成此书的不竭动力。在三年多的写作中，我查阅了大量史料，阅读了若干论文和专著，对不少问题进行了研究和考证，终于形成了一篇完整的文字。

当然，这篇文字对我来说，还有很多不满意的地方，一方面，对有些问题思考得还不够深入，论述得还不够全面；另一方面，由于众所周知的原因，现存于台湾的一批档案史料还无法利用，使本来就十分缺乏的海军史料显得更加不足，再加之近几年工作繁忙，没有更多的时间对原来的书稿进行全面修订。另外，照片质量不高、数量不多也是影响此书水平的一个因素，这些都有待于今后加以克服与纠正。

最后，向所引用资料的整理者、编者、作者，以及图片的拍摄者表示崇高的敬意！

马骏杰

2023年10月于山东威海